KÜNSTLER GÄRTEN
in der PROVENCE

JULIA DROSTE-HENNINGS
AUFNAHMEN VON MARIO CIAMPI

KÜNSTLER GÄRTEN
in der PROVENCE

HIRMER VERLAG MÜNCHEN

Schutzumschlag
Vorderseite: Sacha Sosnos Werke folgen Vorlagen aus der klassischen Antike, die der Künstler etwa lebensgroß aus Metall schneidet und als Umriss, Negativform oder Silhouette vor die Landschaft stellt (Abb. S. 53).
Rückseite: Der »Cerchio« Bruno Romedas erscheint wie auf der Mauer schwebend (Abb. S. 127).

Abb. S. 2: Ein Rosenstrauß im Garten von Angelica Julner und Michel Muraour

Die Deutsche Nationalbibliothek verzeichnet diese Publikation in der Deutschen Nationalbibliographie; detaillierte bibliographische Daten sind im Internet über »http://dnb.d-nb.de« abrufbar.

Titel der italienischen Originalausgabe: Provence Artists' Gardens
© 2008 Verba Volant
Deutschsprachige Ausgabe:
© Hirmer Verlag GmbH, München 2008

Alle Aufnahmen von Mario Ciampi, mit Ausnahme von Seite 153: Roger Moss.

Projektmanagement: Karen Angne
Lektorat: Ines Dickmann, Kerstin Ludolph
Satz: Petra Ahke, soloschwimmer, Berlin
Druck und Bindung: Sing Cheong Printing Co. Ltd., Hongkong

ISBN 978-3-7774-4135-1

Printed in China

Alle Rechte vorbehalten

INHALT

6	Einleitung
8	Bernar Venet – Ein Reich mit zwei Gesichtern
22	Arman – Ein Gesamtkunstwerk
38	Ben Vautier – Der zweigeteilte Garten
50	Sacha Sosno – Der antike Hain
58	Théo Tobiasse – Der paradiesische Garten
68	Tomek Kawiak – Ein Garten im Taschenformat
76	Yvon Le Bellec – Ein afrikanischer Traum
86	Jean-Claude Farhi – Der Palmengarten
96	Werner Lichtner-Aix – Der »Hortus conclusus«
106	Peter Klasen – Das moderne Amphitheater
118	Robert Courtright und Bruno Romeda – Der Terrassengarten
130	Louis Cane – Der Garten am Meer
140	Henri Olivier – Der Blick in den Himmel
152	Dominique Lafourcade – Der »Garten Eden«
170	Bernard Dejonghe – Der unberührte Garten
180	Karen Joubert-Cordier – Der gemalte Dschungel
188	Helga Lannoch – Der gefaltete Garten
198	Franta – Der Blick in die Ferne
206	Bernard Pagès – Der Garten, der keiner ist
216	Angelica Julner und Michel Muraour – Ein Garten als Stillleben
226	Fondation Maeght – Ein kollektiver Traum

EINLEITUNG

Denkt man an die Provence, so entstehen vor dem geistigen Auge Bilder von blühenden Lavendelfeldern, Weinstöcken und Olivenbäumen. Die ganze Region ist von einem dichten Teppich aromatischer Kräuter wie Thymian, Rosmarin, Fenchel und Bohnenkraut, der sogenannten Garrigue, überzogen. An der Côte d'Azur ergänzen Zitrusbäume, Mimosen, Palmen, Cycas und Agaven das überreiche Angebot an Pflanzenarten, die in dem Mikroklima nahe der italienischen Grenze prächtig gedeihen. All diese Gewächse sind heute untrennbar mit dem Landschaftsbild von Provence und Côte d'Azur verbunden und sogar zur Grundlage verschiedener Wirtschaftszweige in Landwirtschaft und Industrie geworden – man denke etwa an die Parfumherstellung rund um Grasse. Dabei wurden viele dieser für die Region typischen Pflanzen erst in jüngerer Zeit hier angesiedelt.

Weinstock und Olivenbaum brachten schon um 600 v. Chr. die Griechen mit. Im 15. Jahrhundert führte René von Anjou, genannt »Le bon Roi René«, den aus Persien stammenden Maulbeerbaum ein, mit dessen Blättern die Seidenraupen gefüttert wurden. Zitruskulturen sind im repräsentativen Wohnumfeld für Frankreich erst nach dem Italienfeldzug König Karls VIII. von 1495 überliefert. Eine regelrechte »Revolution« des Landschaftsbildes ist den Engländern zu verdanken, die im frühen 19. Jahrhundert die klimatischen Vorteile der Côte d'Azur entdeckten und diese während der Wintermonate zu ihrer zweiten Heimat machten. Die als leidenschaftliche Gärtner bekannten Angelsachsen brachten aus aller Herren Länder Palmen, Agaven, Araukarien, Mimosen und Eukalyptus an die Côte, um nur einige der herausragenden Spezies zu nennen. Sie schufen einige jener Gärten in und um Menton, dem wärmsten Ort an der Küste, die noch heute für ihre Schönheit berühmt sind. So locken dort alljährlich die Gärten »Serre de la Madone« oder »Le Clos du Peyronnet« zahlreiche Besucher an.

Nach den Engländern, die mit zielsicherem Instinkt herausragende Regionen entdeckten und so zu Vorboten eines nachhaltigen Tourismus wurden, kamen reiche russische Familien, die sich neben nordfranzösischen und Pariser Adelsfamilien fantastische Villen in und um Nizza errichten ließen. Im Gefolge des (Geld-) Adels zog auch bald die geistige Elite in den Wintergarten Europas, Literaten und Künstler ließen nicht lange auf sich warten.

Unter den bildenden Künstlern ging als einer der berühmtesten Vincent van Gogh (1853–1890) in die Provence, wo er in leuchtenden Farben und eruptivem Stil seine Eindrücke malte, oder Paul Cézanne (1839–1906), der als Einheimischer – er stammte aus der Nähe von Aix-en-Provence – die Landschaft rund um die Montagne Sainte-Victoire in zahlreichen Bildern festhielt.

Pierre-Auguste Renoir (1841–1919) gehörte zu den ersten Malern, welche die Côte d'Azur zu ihrer Heimat machten. 1907 bezog er in Cagnes-sur-Mer ein Haus inmitten eines prächtigen Gartens, dessen Olivenhain als Motiv in seinen späten Ölgemälden erscheint. Begeistert von Landschaft, Klima, Licht und Lebensstil, ließen sich in der ersten Hälfte des 20. Jahrhunderts immer mehr Künstler an der Côte d'Azur zeitweilig oder dauerhaft nieder. Zu den namhaftesten unter ihnen zählen Paul Signac (1863–1935), Henri Matisse (1869–1954), André Derain (1880–1954), Pablo Picasso (1881–1973) oder Jean Cocteau (1889–1963).

Neben Paris entwickelte sich Nizza zu einem Magneten für Künstler und Intellektuelle. Dies sollte vor allem in den ersten Jahren des Zweiten Weltkriegs relevant werden, da Nizza bis 1942 unter dem Vichy-Regime stand und von den Truppen Hitlers nicht besetzt war. Intellektuelle, Künstler und reiche Auswanderer, die über den Hafen von Nizza Europa verlassen wollten, suchten hier gleichermaßen Zuflucht. Einige der vermögenden Emigranten kauften vor der Ausreise noch Kunstwerke, und so lebte trotz des Krieges der Kunstmarkt in Nizza bis 1942 fort. Er wurde, wenn auch nur zögerlich, bereits im Jahr 1944, nach der Befreiung durch die Engländer, wieder aufgenommen.

Darüber hinaus lockt die Provence mit ihrem einzigartigen Klima und ihren milden Wintern, der überreichen Vegetation, den Düften, die Tag und Nacht in der Luft liegen, dem Licht, das – anders als im Norden – stärkere Kontraste verspricht, und einem unvergleichbaren Lebensgefühl von Freiheit, Esprit, Internationalität und Lebensfreude.

Dieser Esprit spiegelt sich in Verschmelzung mit dem Temperament der Künstler auch in ihren Gärten wider: Diese sind manchmal intim, dann mondän, nahezu unberührt oder klar strukturiert einem strengen Konzept folgend angelegt, als Skulpturenpark oder als »Hortus conclusus« geplant, ausschließlich mit Pflanzen der Region bestückt oder bestechend durch ihre Artenvielfalt. Üppige Blütenpracht findet man selten, da die Hitze vielen Blumen abträglich ist. Der typisch provenzalische Garten gleicht einer Symphonie in Grün und Silber. Hinzu kommt das landschaftlich vielfältige Profil der Regionen Provence und Côte d'Azur, das von alpinem Hochgebirge und Hügeln über weite Ebenen bis zum Meer hin reicht und entscheidend den Charakter eines Gartens prägt. Zwei Elemente haben jedoch alle Gärten gemeinsam: Schattenplätze und Wasser. Das kostbare Nass, in heißen Regionen seit jeher Inbegriff von Luxus und Wohlergehen, ist in Form von Schwimmbädern oder Brunnen, Flüssen und Teichen präsent und macht das Leben in der sommerlichen Hitze erträglich.

So individuell die Persönlichkeiten der einzelnen Künstler sind, so unverwechselbar sind die Gärten, die von ihrer Hand erschaffen wurden.

Links: Der Schreibtisch von Dominique Lafourcade

BERNAR VENET

EIN REICH MIT ZWEI GESICHTERN

Bernar Venet, der Entscheidendes zur Entwicklung der Konzeptkunst beigetragen hat, wurde 1941 in Château-Arnaux-Saint-Auban in der Haute-Provence geboren. Als Zehnjähriger entdeckte er die Malerei für sich und begann mit der für ihn charakteristischen Systematik, in den folgenden Jahren die Gemälde großer Künstler zu studieren. Venet schrieb sich 1958 in Nizza an der städtischen Kunstschule, der Villa Thiole, ein. Ein Jahr später arbeitete er als Bühnenbildassistent an der dortigen Oper.

1961 verpflichtete ihn das Militär zu seinem knapp zweijährigen Wehrdienst, den der junge Künstler unter anderem in den Kriegsgebieten Algeriens absolvierte. Zurück in der Militärbasis von Tarascon, richtete Venet sich dort ein Atelier ein. In dieser Zeit entstanden die »Teerbilder«, schwarze Monochrome, die anstelle von Farbe mit Asphalt bemalt sind, und etwas später die Aufschüttungen von Kohlebriketts auf den Fußboden.

1963 kehrte der Künstler nach Nizza zurück. Dort lernte er unter anderen Arman kennen, der ihm 1966 den Weg nach New York ebnen sollte, indem er ihm sein dortiges Atelier zur Verfügung stellte. Ende desselben Jahres übersiedelte Venet endgültig nach New York.

1966 stellte Bernar Venet eine industriell gefertigte Röhre gemeinsam mit dem dazugehörigen technischen Plan aus und präsentierte damit der staunenden Öffentlichkeit die erste rein »monosemantische Arbeit«. Die fotografisch abgelichteten und extrem vergrößerten technischen Pläne und mathematischen Formeln waren der letzte Schritt in Richtung Konzeptkunst. Um absolute Objektivität garantiert zu wissen, bat Venet Fachleute wie Techniker oder Mathematiker, die jeweiligen Formeln auszusuchen, wobei als Kriterium der Auswahl nicht der ästhetische Aspekt, sondern die Bedeutung für die jeweilige Disziplin herangezogen wurde.

In logischer Konsequenz seines Konzepts, welches die Person des Künstlers aus dem Schaffensprozess ausklammerte, zog sich Venet 1971 als aktiv Schaffender zurück und beschränkte sich auf seine Arbeit als Theoretiker. In den folgenden Jahren lehrte er unter anderem in Paris an der Sorbonne Kunsttheorie und schrieb zahlreiche Bücher. In dieser Zeit zog Venet nach Frankreich zurück, wobei er in New York ein Standbein beibehielt. Mit der Zeit litt er zunehmend unter dem selbst auferlegten Verbot, künstlerisch tätig zu sein, und nahm 1976 – entgegen aller konzeptuellen Prinzipien – seine handwerkliche Arbeit wieder auf.

Durch den sich einstellenden künstlerischen Erfolg nun auch finanziell abgesichert, steigerte Venet seine Arbeiten ins Monumentale. Ab 1979 bestimmen im Wesentlichen drei Serien seine Tätigkeit: die »Lignes indéterminées«, zu Spiralen gebogene Stahlträger oder im schrägen Winkel aufgestellte Geraden, die wie die Fortsetzung unendlicher Linien in den Himmel ragen, die »Arcs«, Bogen, deren Öffnungsgrad als Zahl in den Stahl eingraviert ist, sowie die »Angles«, in unterschiedlichen Neigungsgraden positionierte Winkel.

Bernar Venet zählt zu den bedeutendsten lebenden Künstlern. Seine Skulpturen sind auf zahlreichen öffentlichen Plätzen weltweit zu sehen. So schenkte

Angeregt durch den Skulpturengarten Donald Judds in Marfa (Texas), schuf Bernar Venet einen weitläufigen Park, der seinen Werken aus Stahl einen gebührenden Raum bietet und mit ihnen eine Einheit bildet.

etwa der französische Staat 1987 der Stadt Berlin zu ihrem 750-Jahr-Jubiläum einen »124,5° Arc«, der seither auf dem Uraniaplatz zu bewundern ist. Unter den zahlreichen Preisen und öffentlichen Ehrungen sticht jene 2005 verliehene zum Ritter der Ehrenlegion hervor, die höchste Auszeichnung, die der französische Staat vergibt.

Bernar Venet, der seit 1974 sein Leben zwischen New York und Frankreich teilte, kaufte 1989 ein Anwesen in Le Muy, einem kleinen Ort im Département Var. Es handelte sich dabei um eine Fabrikhalle inmitten eines großen Parks sowie um eine alte Mühle, die etwas abseits davon nahe einer Brücke an einem Fluss liegt. Der Künstler, der sofort dem Charme des Ensembles erlegen war, restaurierte das alte Haus und verlieh der Anlage seine heutige Gestalt.

Hinter der Mühle, die als Wohnhaus ausgebaut wurde und eine bedeutende Sammlung zeitgenössischer Kunst beherbergt, öffnet sich ein kleiner, intimer Garten. Eine niedrige, mit Efeu überwachsene Mauer umschließt diesen Bereich. Hohe Bäume rahmen die Rasenfläche, und unter den tief herabhängenden Ästen eines Wacholderbaumes steht halb versteckt eine Sitzgruppe. Ein Magnolienbaum und eine Gruppe von Palmen bilden die Rahmung für den Blick auf den Fluss, der sich in zwei Wasserfällen in ein tiefer gelegenes Flussbett stürzt und mit lautem Rauschen für konstante Wassermusik sorgt.

Das Wasser des kleinen Kanals, das einstmals die Räder der Mühle antrieb, fließt heute nahe der Mühle in einen kleinen Weiher, der romantisch unter den tief herabhängenden Ästen einer alten Trauerweide liegt. Mittels einer Schleuse regelt sich der Wasserstand von selbst. Als Bekrönung dieser Idylle ziehen zwei schwarze Schwäne ihre friedlichen Runden in dem dunkelgrünen Wasser.

Bei einem Blick über die Mauer in Richtung Fluss entdeckt man einen schmalen, geschotterten Weg, der oberhalb des Wassers auf halber Höhe eines Steilhangs in sanfter Schwingung von der Mühle wegführt. Nach einer Biegung teilt sich der Weg. Der linke Arm lenkt die Schritte hügelabwärts direkt auf ein Schwimmbad zu, das nur zwei Meter oberhalb des rauschenden Flusses liegt. Der rechte Arm des Weges führt durch einen Bambuswald und öffnet sich in einen weiten Park. Hier atmet ein völlig anderer Geist als in der poetischen Traumwelt um die Mühle. Wendet man sich um, so schließt sich der Bambuswald zu einer dichten Wand, die den Weg zu verschlucken scheint. Der Fluss ist hier weiter entfernt, da dieser Teil des Gartens höher liegt, und das Wasserrauschen dringt nur noch aus der Ferne ans Ohr. Einzig das efeuüberwachsene Rund eines ehemaligen Ziehbrunnens erinnert an die ehemalige Mühle. An dieser Stelle hat man die Intimität des Privatgartens verlassen und das Reich des Künstlers betreten.

Die weite Fläche rund um die ehemalige Fabrik erlaubte es Bernar Venet, den idealen Rahmen für seine Kunstwerke zu schaffen. Aus dem hellgrünen Rasenteppich wachsen hohe Bäume wie Erlen und Pappeln. Olivenbäume, hohe Kiefern und Palmen verteilen sich über das weitläufige Grundstück. Agaven und Pampasgras säumen das Hochufer. Was auf den ersten Blick wie die zufällige Anordnung alter Bäume erscheinen könnte, entpuppt sich als streng durchdachtes, wohlstrukturiertes Konzept. Die Bäume sind je nach Pflanzenart zu Gruppen zusammengefasst. Alter Baumbestand wurde dabei nach Bedarf ergänzt oder reduziert. Hoch aufragende »Lignes indéterminées« stehen in der Nähe alter Pinien, die runden »Arcs« beziehen niedrigere Gruppen von Büschen und Bäumen in ihr Blickfeld mit ein.

Allein die Palmengruppen auf der dem Hochufer gegenüberliegenden Längsseite des Gartens hat der Künstler zur Gänze neu anlegen lassen, eine Idee, deren Realisierung in das Jahr 2004 zurückreicht. Venet kombinierte dafür hoch- und niedrigwachsende Palmenarten, die als Rahmen für die zahlreichen Skulpturen des Künstlers dienen. Pflanzen und Skulpturen sind auch hier aufeinander abgestimmt, ergänzen sich gegenseitig und steigern die Wirkung eines jeden Elements: wie etwa eine zur Spirale gedrehte »Ligne indéterminée«, die dergestalt vor eine Gruppe von Fächerpalmen positioniert wurde, dass sie, seitlich von hohen Palmen eingerahmt, den Durchblick auf mehrere kleinwüchsige Exemplare dieser exotischen Pflanze freigibt. Venet strebte in den 1970er Jahren in seinen Arbeiten nach der totalen Negation der Künstlerpersönlichkeit, die hinter einem Werk steht. Dies führte in der Konsequenz zu der Idee des absoluten Kunstwerks, das sich auf nichts anderes als sich selbst bezieht und auch in keinem historischen Kontext steht, der »monosemantischen« Arbeit. Doch diese Radikalität seiner Jugend, über die der Künstler heute selbst lächeln muss, ist dem dialogischen Konzept seines Gartens, das den Austausch zwischen Werk und Umgebung betont, gewichen.

Links: Jedes der zahlreichen Kunstwerke, hier im Vordergrund eine als Spirale gebogene »Ligne indeterminée«, tritt mit einer Baum- oder Palmengruppe in Beziehung. Je nach Blickwinkel verändert sich der Dialog zwischen Natur und Kunstwerk.

Folgende Doppelseite, links: Die Oberfläche der Stahlarbeiten – hier die Enden dieser »Arcs« – verändert sich unter den Witterungseinflüssen und bekommt eine samtene Struktur.

Folgende Doppelseite, rechts: Durch die Öffnung der »Arcs« blickt man auf eine »Accumulation« von Stahlketten von Arman.

Oben und rechts: Am Ufer ragen die zu einem Bündel geschweißten Stahlträger dieser leicht gebogenen »Arcs« auf und beziehen so räumlich den Fluss in die Gartengestaltung ein.

Folgende Doppelseite, links: »Arcs«, die perspektivisch die dahinter liegende Kieferngruppe mit einbeziehen (links oben), wie zufällig hingeworfene, gelb lackierte Röhren (rechts oben) und ein schwarz lackierter »Angle«, dessen strenge Geometrie mit den alten, knorrigen Bäumen kontrastiert (links unten). Die weiße Sitzgruppe entspricht in ihren klaren Formen dem künstlerischen Konzept Venets.

Folgende Doppelseite, rechts: Das rechte Hochufer des Flusses ist mit Agaven und altem Baumbestand bewachsen. Hier beginnt der »Ateliergarten« des Künstlers.

Zwei niedrige, weiß getünchte Gebäude rahmen den Park an seinen Schmalseiten. Die größere, näher an der Mühle gelegene Halle ist die ehemalige Fabrik, die Venet als Atelier beziehungsweise als Ausstellungsraum nutzt und wo Künstler und offizielle Gäste empfangen werden.

In der Längsachse der »Fabrik«, die – obwohl heute zweckentfremdet – ihren Namen beibehalten hat, liegt ein großzügig dimensioniertes Schwimmbad. Das dunkle Blau des Wassers verschmilzt mit dem tiefen Grün, das sich im Schatten der Bäume auf dem Rasen abzeichnet. Die mit weißen Platten verlegte Terrasse mit den dazu passenden, in funktionalem Design gestalteten Sitzbänken korrespondiert mit der nüchternen Geometrie der »Fabrik«.

Als architektonisches Gegengewicht zur »Fabrik« errichtete der Künstler »La Galerie«, ein modernes Gebäude aus Stahl und Eisen, das als Ausstellungshalle für außergewöhnliche Installationen dient. Weitet man den Blick auf die Gesamtheit des Parks, so fällt die harmonische Ausgewogenheit zwischen Kunst und Pflanzen einerseits und der dazwischen liegenden freien Fläche andererseits auf.

Der Garten Bernar Venets ist so außergewöhnlich wie die Künstlerpersönlichkeit selbst. Neben dem lyrischen, intimen Privatgarten an der Mühle, wohl verborgen vor zudringlichen Blicken Unbefugter, entwickelte der Künstler mit seinem Garten rund um die »Fabrik« ein Reich, das den inneren wie äußeren Dimensionen seiner Skulpturen adäquat ist und seinerseits Ausdruck künstlerischen Schaffens ist. Es ist ein Garten, dessen Perspektiven sich ausschließlich durch die Bewegung erschließen: Erst im Wandern über den Rasen wird die harmonische Abstimmung von Pflanzengruppen und Skulpturen aufeinander deutlich. Während der »Mühlengarten« verträumte Winkel birgt, liegt dem Park zwischen Atelier und Galerie jene Struktur und Weite zugrunde, die in ihrer Klarheit das Konzept der Arbeiten von Bernar Venet reflektieren.

Links und rechts: Oberhalb des Flusses mit seinen zwei tosenden Wasserfällen liegt eines von zwei Schwimmbädern. Die türkisfarbenen Mosaiksteinchen des Beckens nehmen die klare Farbe des benachbarten Gewässers als Reflex wieder auf. Während sich der Bambuswald hinter dem Schwimmbecken in die Natürlichkeit des Ortes einfügt, verleihen blühende weiße Rosen in schwarzen Vasen am Rande des Beckens dem Ensemble schlichte Eleganz.

Folgende Doppelseite, links: Das Spiel von Licht und Schatten in der Skulptur zieht sich als Nebenthema durch das Œuvre des Künstlers.

Folgende Doppelseite, rechts: Bernar Venet posiert vor der blank polierten Fassade der »Galerie«, die das Grün des Rasens reflektiert. Die Schatten der umliegenden Bäume zeichnen sich wie ein Vorhang darauf ab. Eine mehrere Tonnen schwere »Ligne indéterminée« aus Stahl lehnt in scheinbarer Leichtigkeit an der Wand des Gebäudes.

ARMAN

EIN GESAMTKUNSTWERK

Arman, Mitbegründer des »Nouveau Réalisme«, wurde 1928 als Armand Pierre Fernandez in Nizza geboren. Sein Vater stammte aus Spanien und verdiente den Lebensunterhalt für die Familie als Antiquitätenhändler. 1946 schrieb sich Arman an der Ecole nationale des arts décoratifs in Nizza ein, 1949 ging er für zwei Jahre nach Paris an die Ecole du Louvre. Darüber hinaus studierte er Archäologie und orientalische Kunst. Noch in Nizza hatte Arman den gleichaltrigen Yves Klein kennengelernt, mit dem er sein lebhaftes Interesse für den Zen-Buddhismus, die Rosenkreuzer und den Kampfsport Judo teilte.

Zu den unzertrennlichen Freunden gesellten sich alsbald der Kunstkritiker Pierre Restany sowie der Maler Claude Pascal. In stundenlangen Gesprächen entwarfen sie gemeinsam eine neue Sichtweise von Kunst, die 1960 in der feierlichen Unterzeichnung des von Pierre Restany verfassten »Manifeste du Nouveau Réalisme« gipfelte. Zahlreiche Künstler schlossen sich der Bewegung im Laufe der Jahre an, so unter vielen anderen Ben Vautier, Sosno, Niki de Saint Phalle oder Jean Tinguely.

Die Kunsthändlerin Iris Clert organisierte 1958 in ihrer gleichnamigen Pariser Galerie eine der ersten Einzelausstellungen Armans. Als auf dem Katalog sein Name aufgrund eines Druckfehlers ohne das »d« am Ende erschien, entschloss sich der Künstler, diese ungewöhnliche Schreibweise seines Namens beizubehalten.

1959 schuf Arman seine ersten »Poubelles«, in Plexiglas eingeschweißte Inhalte von Papierkörben, um so ironisch auf das Konsumverhalten der Wohlstandsgesellschaft aufmerksam zu machen. Aus dieser Idee entwickelten sich die monumentaleren »Accumulations«, Anhäufungen identischer Gegenstände, die Arman Anfang der 1960er Jahre als Weiterentwicklung der »Poubelles« ersann.

1961 realisierte Arman seine ersten »Colères« (»Wutanfälle«), Aktionen, in denen er systematisch Gegenstände zertrümmerte und die in dem »Conscious vandalism« gipfelten. Bei dieser Aktion zerschlug er 1975 die Einrichtung einer mit Hilfe seiner Frau Corice Canton eigens für diese Aktion möblierten amerikanischen Mittelklassewohnung innerhalb von zwanzig Minuten mit einer Axt. Ab 1963 erregte Arman mit seinen »Combustions« (»verbrannten Gegenständen«) Aufsehen.

Neben der Realisation zahlreicher öffentlicher Aufträge wie etwa der beiden Skulpturen an der Gare Saint-Lazare in Paris, »L'Heure de tous« und »Consigne à vie« (1985), zweier säulenartiger Anhäufungen aus bronzenen Uhren beziehungsweise Koffern, widmete sich der Künstler auch der Herstellung von Möbeln, die aus Teilen von Musikinstrumenten zusammengesetzt wurden, sowie der Ölmalerei, wobei er unzählige Pinsel oder Farbtuben direkt auf der Leinwand fixierte. Seine Werke sind in wichtigen Museen und Sammlungen weltweit vertreten, wie etwa im Metropolitan Museum of Art und im Museum of Modern Art in New York, im Centre Pompidou in Paris, im Musée d'art moderne et d'art contemporain in Nizza, in der Fondation Peggy Guggenheim in Venedig und im Hara Museum in Tokio, um nur einige der wichtigsten zu nennen. Im Oktober 2005 starb Arman in New York.

»Monsieur Teste«, ein bronzener Herakles, aus dessen Körper Wasserhähne und an Duschschläuchen hängende Duschköpfe ragen, steht vor dem mit unzähligen Waschmaschinentrommeln verkleideten Wohnhaus. Hier realisierte Arman das Prinzip der »Accumulation«, der Anhäufung von Gegenständen.

Links und rechts: Waschmaschinentrommeln überziehen nicht nur Dach und Fassade des Wohnhauses, sondern auch die Decke und eine Säule des überdachten Eingangsbereichs. Die grüne Wand aus Büschen sowie großzügige Glasfenster tragen zu fließenden Übergängen zwischen außen und innen bei.

Folgende Doppelseite: Die zu einem Brunnen aufgetürmten Waschbecken der »Toto's Fountain« komplettieren inhaltlich die »Grotte«, eine überdachte Terrasse, vor deren Eingang sie aufgebaut sind. Sechs Wasseranschlüsse leiten das Wasser, das aus den Hähnen der obersten Becken fließt, um sich von dort in die unteren Becken zu ergießen.

Seite 28 und 29: Die Terrasse wölbt sich wie eine Grotte tief in das Wohnhaus. Das grotesk anmutende Ensemble der mit Zahnrädern verkleideten Wände, der Traktorensitze um den Tisch und der aus Muscheln zusammengefügten Büste darauf erinnert stilistisch an den Manierismus. In der Tat zählten auch zu jener Zeit künstliche, reich verzierte Grotten zu den beliebten Spielereien des Adels.

Arman, der schon als junger Mann sein Leben zwischen New York, der Heimat seiner zweiten Frau Corice Canton, und der Côte d'Azur teilte, errichtete auf dem Grundstück seines Vaters in Vence ein kleines Wochenendhaus, um mehr Zeit in seiner alten Heimat verbringen zu können. Ab 1966 baute er das Feriendomizil zu einem geräumigen Wohnhaus aus, ein großzügiges Atelier sowie die Konstruktion eines Schwimmbades schlossen sich an. Der bereits vorhandene Baumbestand, zu dem auch Nadelhölzer wie Kiefern und Lärchen zählen, wurde durch Magnolienbäume, Ahornarten und Mimosen ergänzt, die mit ihren Blüten im Frühjahr und dem bunten Laub im Herbst Farbtupfer setzen. Palmen, prächtige Yuccas und Cyca-Pflanzen, Pampas-Gras und Bambus ergänzen die Artenvielfalt. Aufgrund des dichten Bewuchses von Büschen und Kirschlorbeer sowie durch die steile Lage am Hang sieht man jedoch, gleichgültig welchen Standpunkt man wählt, von den einzelnen Gebäuden jeweils nur einen »Ausschnitt«. Man wähnt sich in völliger Abgeschiedenheit und vergisst, dass das Anwesen von Nachbarhäusern dicht umbaut ist.

Der schmale Weg führt von der Straße den steilen Hügel des Grundstücks bergab, vorbei an dem unverändert erhaltenen Elternhaus aus den 1950er Jahren zu jenem Bereich, den Arman im Laufe der Jahre immer mehr für sich eingenommen hat. Alle Gebäude, die der Künstler errichtete, gleichen überdimensionalen Skulpturen. Sie scheinen die vollendete Umsetzung der Ideen des »Nouveau Réalisme« zu sein, jenes neuen Realismus, der keine Trennung zwischen Kunst und Alltagsgegenständen mehr kannte, sondern vielmehr letztere in die Kunst integrierte oder sie selbst zu Kunstgegenständen erhob. In diesem Punkt der Pop Art verwandt, unterscheidet sich der »Nouveau Réalisme« von der amerikanischen Strömung jedoch grundsätzlich in der sehr viel freieren Wahl der Materialien und Ausdrucksformen, wenn man nur etwa an die »Accumulation« Armans oder die »Compression« von seinem Mitstreiter César denkt. Allen Künstlern dieser Richtung ist die Grundidee eines freien Experimentierens mit Materialien und einer thematischen Reflexion der Gesellschaft in ihrer Kunst gemeinsam, ohne jedoch jemals mit erhobenem Zeigefinger Kritik zu üben oder gar moralisch zu werden. Vielmehr ist in den Werken stets ein humoristischer Unterton spürbar.

Dies zeigt sich etwa bei dem Wohnhaus, das an einem Hang liegt und zu dem runde Scheiben als Stufen hinabführen. Der Künstler verkleidete das Gebäude mit Hunderten von Waschmaschinentrommeln, die in der Sonne gleißen und dem architektonisch schlichten Bau ein merkwürdiges Aussehen verleihen. Die Wände der »Grotte« seitlich des Hauseingangs sind mit Tausenden von alten Zahnrädern übersät; die Büste darin ist nach manieristischer Art mit Muscheln verziert. Sie steht auf einem eisernen Rundtisch, der von eisernen Stühlen umgeben ist. Diese bestehen aus alten Traktorensitzen auf mächtigen Sprungfedern. Ganz im Esprit des Manierismus bleibend, befindet sich an diesem kühlen Ort auch ein Brunnen, »Toto's Fountain« genannt, der jedoch – nun wieder ganz Arman – aus übereinander gestapelten Waschbecken besteht.

Durch das Haus gelangt man auf die großzügige, nach Süden ausgerichtete Terrasse des Wohnhauses. Diese ziert, gerahmt von zwei Palmfarnen (*Cycas*

Revoluta), eine »Traction« von 1991 in Gestalt eines vom Künstler den Elementen Feuer und Wasser preisgegebenen Oldtimers. Derart traktierte Gegenstände sind als Fortführung der 1963 begonnenen Serien der »Combustions« zu verstehen. Dabei handelte es sich um Dinge wie Musikinstrumente, Möbel oder Autos, die der Künstler nicht mit der Spitzhacke, sondern durch Verbrennen zerstörte. Arman lehnte sich mit derartigen Aktionen zum einen gegen die althergebrachten, einengenden Regeln und Konventionen des Spießbürgertums auf und prangerte darüber hinaus die Macht und Gewalt an, die Technik und Massenkonsum auf Menschen bis hin zur völligen Unterdrückung ausüben.

Humor wird auch anhand der Fassade des von Efeu bewachsenen Ateliers deutlich, das oberhalb des Wohnhauses aus dem Grün von gestutzten

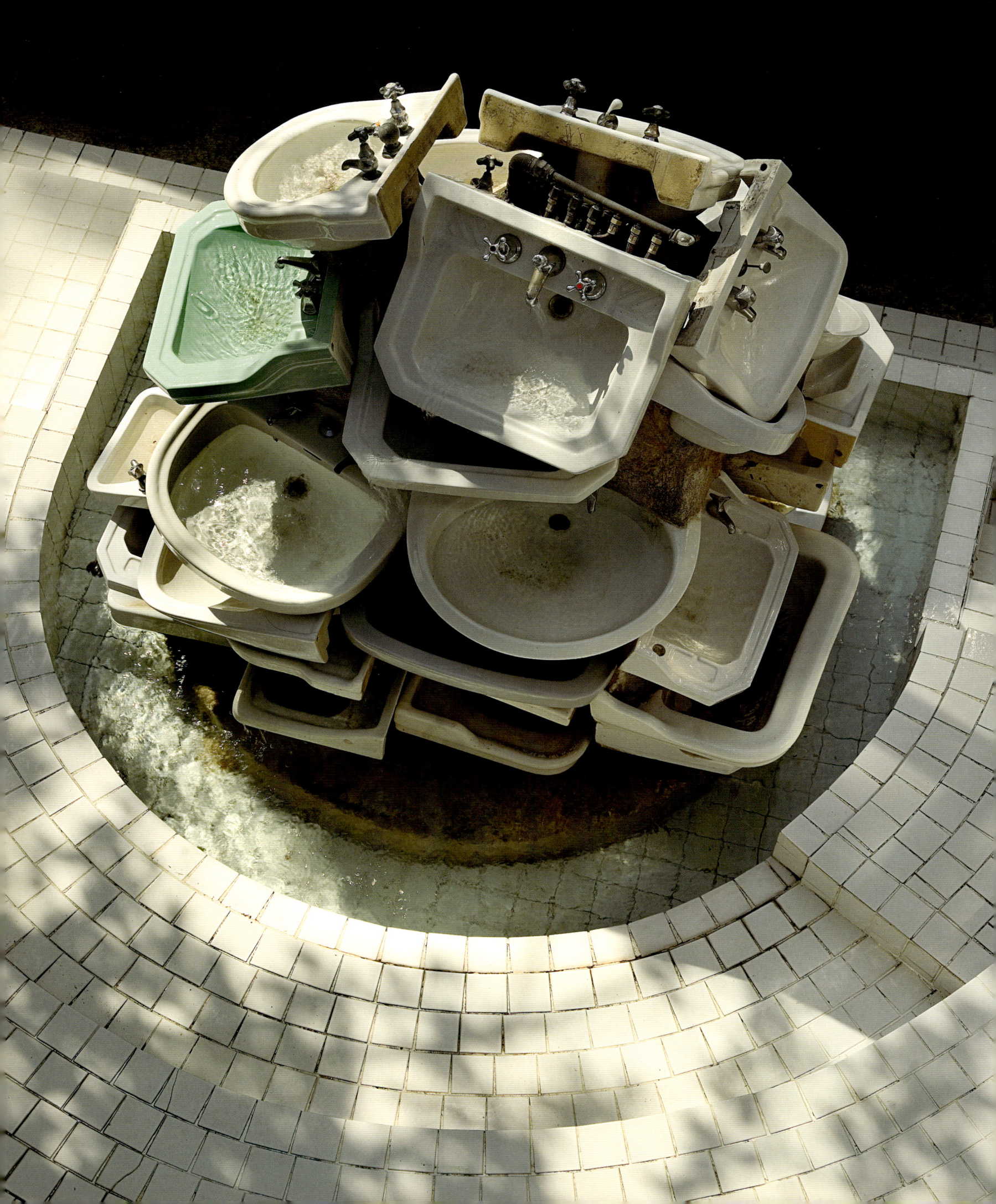

Oben: In der Kunst Armans kommt jener Humor zum Ausdruck, der wesentlicher Teil seines energiegeladenen Charakters war. So entspricht etwa die Aufstellung eines »verrotteten« Autos (»Traction«, 1991) auf der Wohnzimmerterrasse nicht unbedingt dem konventionellen ästhetischen Empfinden.

Rechts: Für Arman fand ein Werk seine Vollendung oftmals erst durch den Titel, der die primäre Erscheinung des Dargestellten häufig konterkariert oder eine ironische Note zufügt, so wie hier die »Hommage to Garment District«, in Beton gegossene Nähmaschinen und Nähmaschinentische.

Kirschlorbeerhecken und alten Bäumen herausragt. Ungezählte Uhrblätter überziehen als dichter Teppich die Fassade. Davor befindet sich eine vier Meter hohe Skulptur »Hommage to Garment District« von 1972 (ein gleichnamiges Werk steht im Israel Museum in Jerusalem), eine »Accumulation« alter Nähmaschinen und Nähmaschinentische, die Arman in Beton gegossen hat.

Treppen führen an Werken von Künstlerfreunden, so unter anderem von Jean-Claude Farhi, vorbei auf die abseits des Hauses liegende Hochterrasse. Dort steht auch die Skulptur »212,5°« von Bernar Venet in der Mitte des betonierten Plateaus. Zwischen den großzügig dimensionierten Hochbeeten, in denen vereinzelt Rosen und Palmen aus dem Rasen wachsen, erscheint unter anderem der Bronzeabguss eines Denkmals von Lenin.

Verborgen hinter einem dichten Wald aus Bambus und Pampasgras und eingebettet in das ruhige Grün der alten Bäume ist nicht minder spektakulär der Bereich um das Schwimmbad, das auf der untersten Ebene des Terrains unterhalb des Wohnhauses liegt. Die Stufen dorthin münden in einen überdachten Bereich, der außen wie auch innen mit alten Telefonen zugepflastert ist. Der Efeu, der langsam das Gebäude verschlingt, beginnt allmählich, die Hunderte von Telefonhörern, die an ihren Kabeln von der Decke herabbaumeln, den neugierigen Blicken zu entreißen. Eine relativ schmale Terrasse führt um das Schwimmbad zu jenem Gebäude, in dem die Schwimmbadtechnik untergebracht ist. Auf dem Flachdach glänzt eine Sammlung kupferner Destillierkessel, die einstmals für die Parfumherstellung benutzt worden sind, welche seit der Mitte des 18. Jahrhunderts im nahen Grasse angesiedelt ist.

Haus und Garten Armans bilden mit seinem Leben und Werk eine unverbrüchliche Einheit: ein Gesamtkunstwerk, das Zeugnis ablegt von der überbordenden Energie und dem Humor eines Menschen, der keine Konventionen kannte und der als treibende Kraft einer Bewegung eine ganze Generation von Künstlern nachhaltig beeinflusst hat.

Vorhergehende Doppelseite: Das Atelier des Künstlers ist mit alten Zifferblättern überzogen. Dieses »Memento mori«, das Mahnen an die Vergänglichkeit der Zeit, ist ein altes Motiv aus der Malerei und mag an der Fassade des Ateliers auch die Schnelllebigkeit des Kunstmarktes mit evozieren.

Links: Auf dem Dach des Gebäudes, in dem die Schwimmbadtechnik untergebracht ist, stapeln sich historische Destillierkolben aus Kupfer, die ehedem zur Herstellung von Parfum benutzt wurden.

Rechts: Eines der ungewöhnlichsten »Poolhäuser« des 20. Jahrhunderts ist das von alten Telefonen überwucherte Gebäude in Armans Garten. Das sanfte Grün der umgebenden Pflanzen wirkt im Vergleich zu diesem Chaos nahezu »verharmlosend«.

Folgende Doppelseite: Über eine Treppe gelangt man durch die grottenähnliche Architektur – Arman wiederholt das Thema bei der Terrasse seines Wohnhauses – zum Pool. Unzählige Telefonhörer hängen an ausgeleierten Kabeln von der Decke herab und tragen zu dem skurrilen Aussehen des Raumes bei.

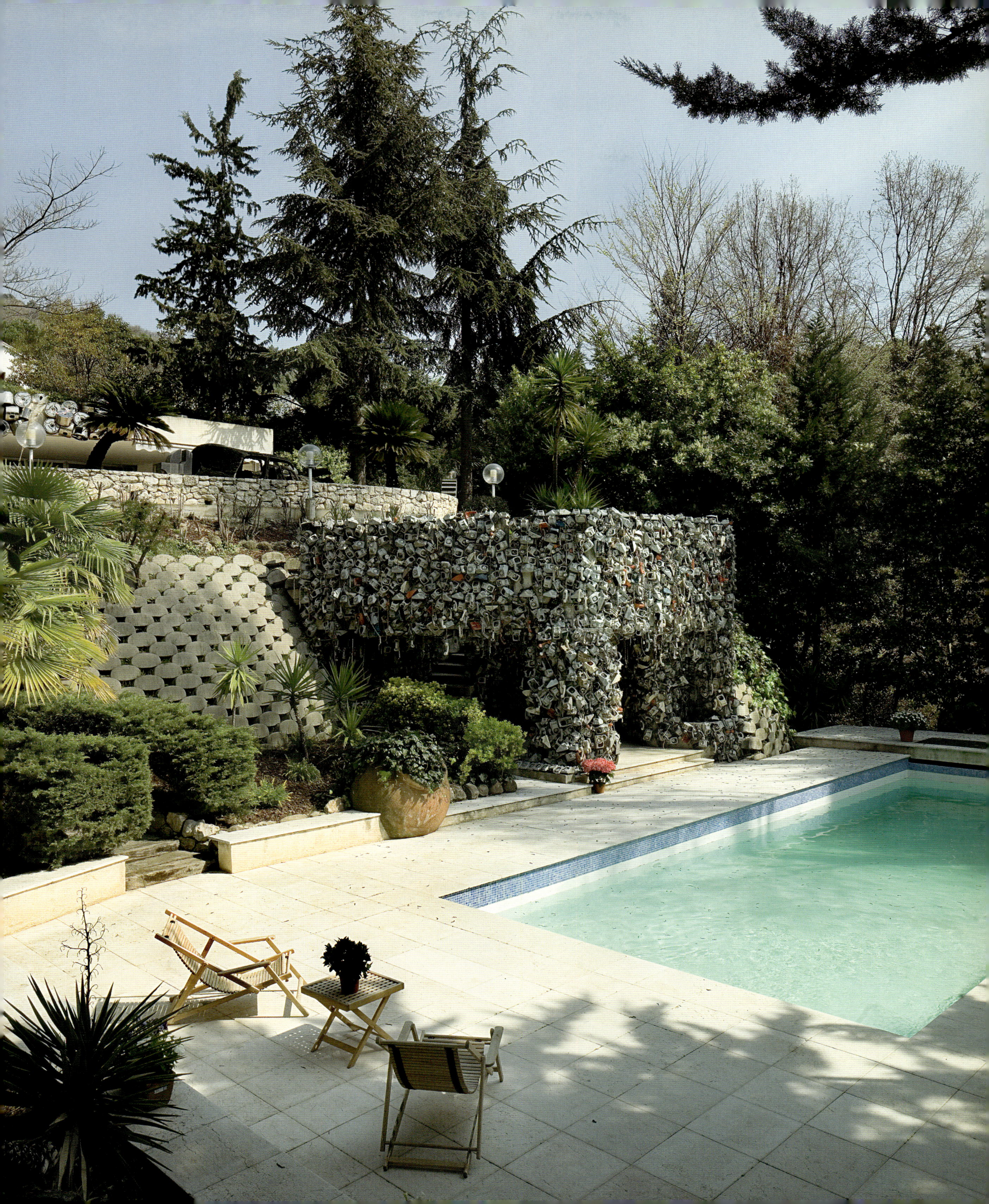

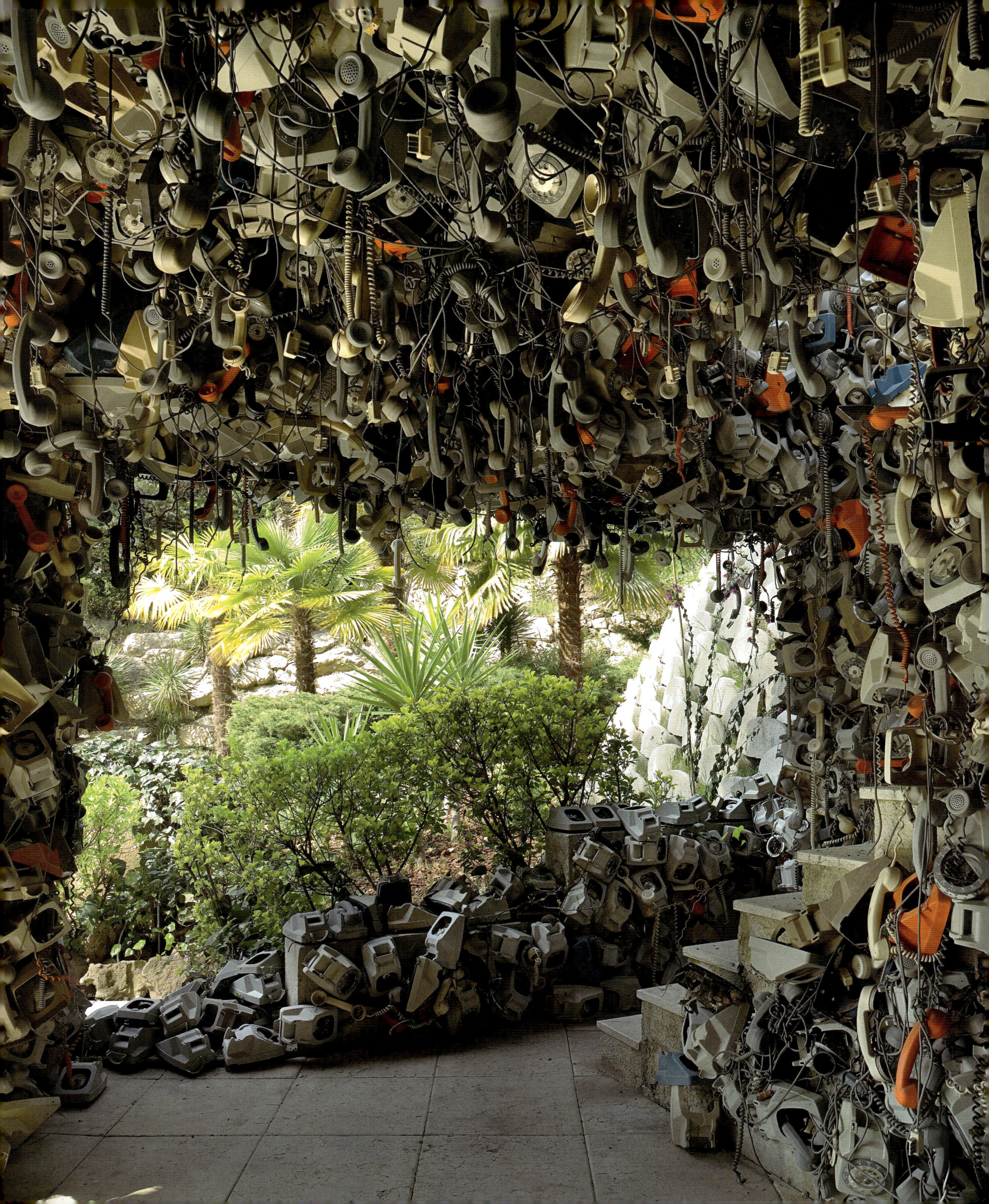

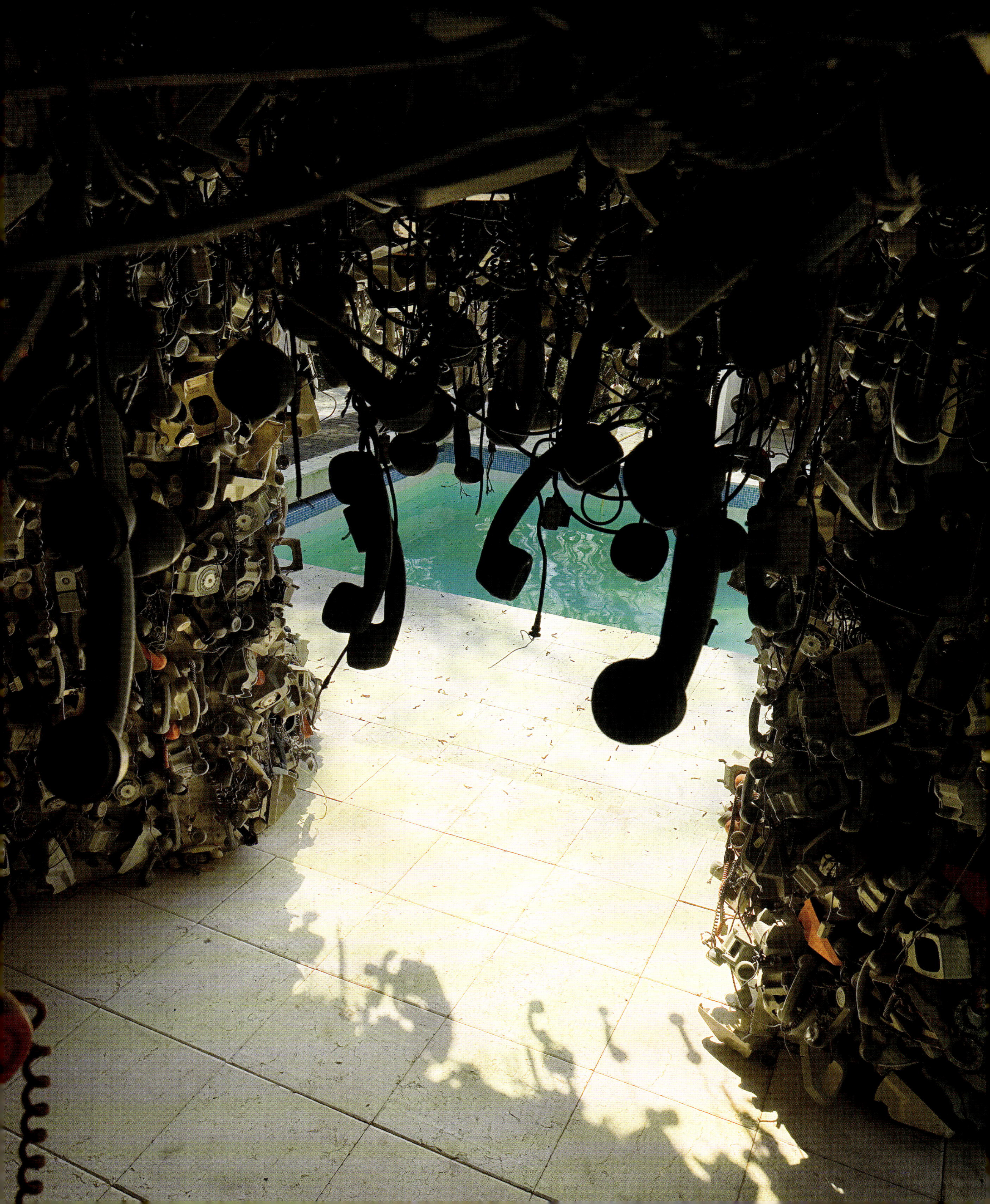

foutez moi
LA MAIOUN DE'ARTISTA
RIEN
CHANSONS
BIÈRES
La Lorraine
ciel mon mari
BLEU BEN BON
Ducellier
chacun sa vie chacun ses mots
silence
NOUVEAU
tout est hypocrisie
le beau est laid
Parla ta lenga
ENTRÉE
BEN RERARE
BICOU
vie
CIGARETTES ARMADA
VIE
PAPA
Il n'y a pas de solution car il n'y a pas de problème M. DUCHAMP

BEN VAUTIER

DER ZWEIGETEILTE GARTEN

Links: Auf der überreich dekorierten Fassade von Bens Haus findet sich unter dem Dach auch die Tafel mit der auf okzitanisch verfassten Aufschrift »La Maioun de artista«.

Folgende Doppelseite: Der Garten besteht im Wesentlichen aus einer großen Terrasse, wo der Künstler alles, was ihn fasziniert, aufstellt. Eines unter vielen Fundstücken ist das ehemalige Ortsschild von »La Vérité«, das hier in seinem wörtlichen Sinn, »die Wahrheit«, die Evidenz des Ben'schen Kosmos unterstreicht.

Benjamin Vautier, kurz auch als Ben bekannt, zählte in den 1960er Jahren zu den führenden Mitgliedern der Fluxus-Bewegung. Der Künstler wurde 1935 in Neapel geboren. 1949 ließ sich die ursprünglich aus der Schweiz stammende Familie in Nizza nieder, wo Ben in der zweiten Hälfte der 1950er Jahre Yves Klein und Arman traf, die ihn mit den Ideen der »Nouveaux Réalistes« vertraut machten. Auch die Werke Marcel Duchamps, der in seinen »Readymades« vorgefertigte Objekte wie etwa den berühmt gewordenen »Flaschentrockner« (1914) zu Kunst erklärte, beeindruckten ihn nachhaltig. In dieses avantgardistische Umfeld eingebettet, entwickelte Ben sehr früh seinen eigenen Stil. Er stellte fest, dass erst die Signatur des Künstlers ein Kunstwerk als solches definierte, und begann daraufhin alles, was ihm unter die Hände kam, zu signieren – einschließlich den Werken anderer Künstler, des eigenen Körpers und selbst von Dingen, die man, da sie immateriell sind, nicht mit seinem Namenszug versehen kann, wie etwa Gott oder ein Loch. Mit der Erklärung, fortan nichts mehr signieren zu wollen, beendete Ben 1962 diese Aktionen. Von 1958 bis 1973 betrieb er in Nizza das »Magasin«, einen Laden für gebrauchte Schallplatten. Im Laufe der Jahre gestaltete er die Fassade und die Inneneinrichtung des Geschäftes in dem ihm eigenen Stil: Ungezählte Fundstücke verwoben sich mit Schrifttafeln, auf denen Bens unverkennbare Schreibschrift prangte, zu einem dichten Gewebe. Der Laden wurde zu einer Sehenswürdigkeit Nizzas – 1994 stellte das Centre Pompidou in Paris die Fassade aus. 1960 veranstaltete Ben im ersten Stock des Geschäftes, dem »Laboratoire 32«, seine erste Einzelausstellung mit dem Titel »Rien et tout«, die er in der Zeitung mit einer fingierten Todesanzeige »Ben est mort« bewarb – fügte jedoch in einem Postscriptum an, dass der Plattenladen weiterhin geöffnet sei.

1962 schloss sich Ben der Bewegung Fluxus an, die im selben Jahr unter anderen von George Maciunas und Nam June Paik gegründet wurde. Hans Arp, Yoko Ono und John Cage zählten zum engeren Kreis. Die Bewegung gilt als die experimentellste Kunstrichtung des 20. Jahrhunderts und umspannte die gesamte westliche Welt.

1980 wird der inzwischen etablierte Künstler zum Mentor einer neuen jungen Bewegung, der »Figuration libre«, der er in einem Artikel der Zeitschrift »Flash Art« auch den Namen gab. Seit den 1990er Jahren kompiliert Ben Objekte, Bilder und Fotos aus seinen verschiedenen Schaffensperioden zu neuen Werken und vereint diese durch seinen immer wiederkehrenden Schriftzug.

Das außerhalb von Nizza gelegene Wohnhaus, das Ben mit seiner Frau Annie bewohnt, und der dazugehörige Garten sind ein Gesamtkunstwerk. Schon von weitem sticht die schrillbunte Hausfassade aus dem Ensemble mehr oder weniger konventioneller Villen in der Umgebung heraus. Die dreistöckige Fassade ist – so wie einstmals der Plattenladen Bens – von unten bis oben mit Comic-Elementen, diversen Gegenständen wie etwa Verkehrszeichen und Schrifttafeln überzogen. Sein Schriftzug, in leuchtender Farbe und in kindlich

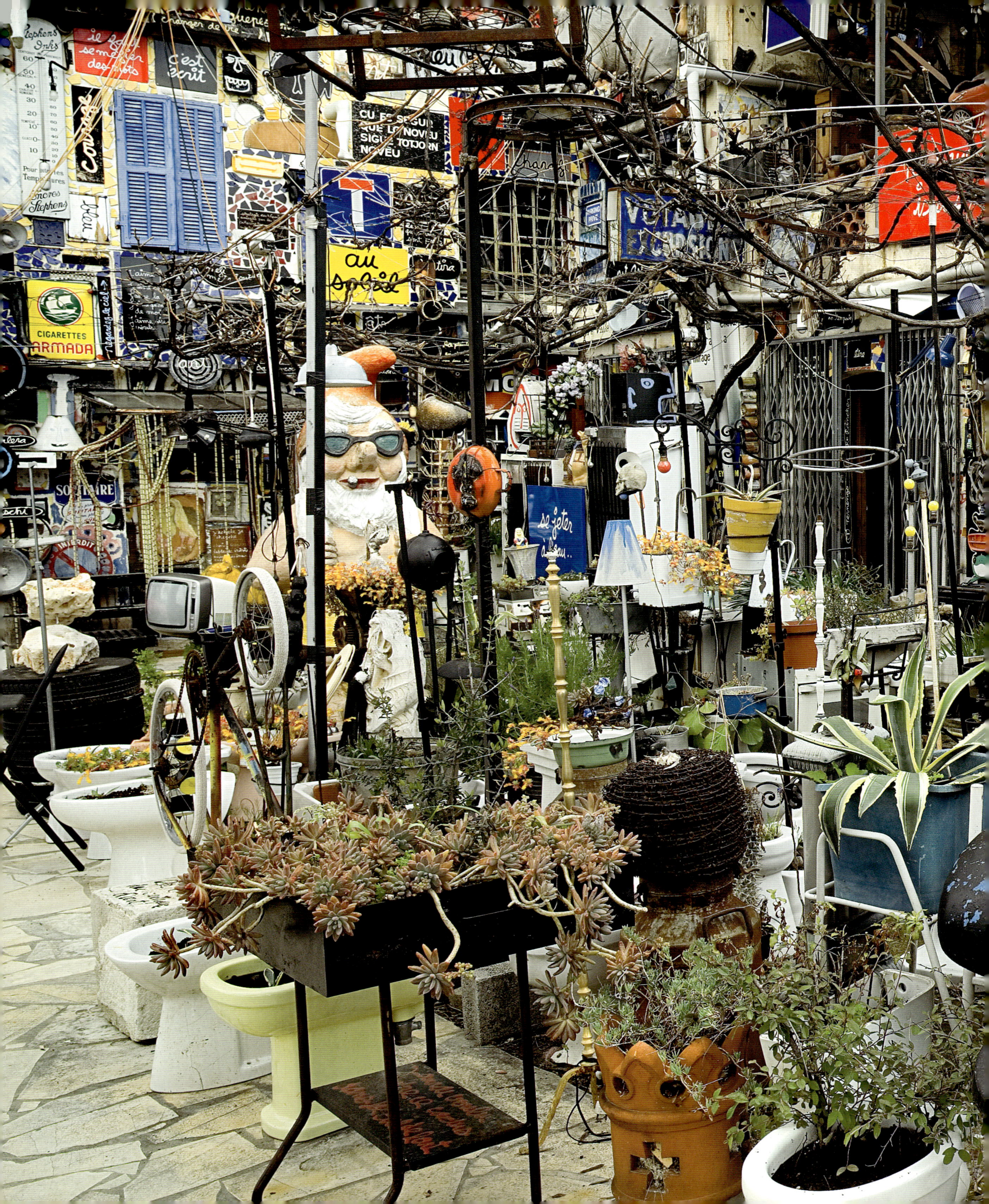

c'est écrit
au soleil
CIGARETTES
ARMADA

La Vérité

anmutender Schreibschrift auf beliebige Objekte oder auf Leinwand aufgetragen, wurde bereits in den 1960er Jahren zu seinem Markenzeichen. Darin hält Ben seine persönlichen Wahrheiten fest, Anweisungen wie »Ne pas parler« (»Nicht sprechen«) und Erklärungen, die in objektive Feststellungen wie »Cette toile pèse quatre kilos« (»Diese Leinwand wiegt vier Kilo«) oder subjektive Aussagen wie »Je suis jaloux des autres« (»Ich bin auf andere eifersüchtig«) münden. Als besonders exzentrisch ragen aus der Fassade einzelne Beine von Schaufensterpuppen und – zur Gartenseite hin – der Kopf eines Nashorns als dreidimensionale Elemente heraus. Dieses gewollte, »organisierte Chaos« setzt sich auch in jenem Teil des Gartens fort, der auf einer Ebene mit dem Atelier liegt und den der Eintretende als Erstes wahrnimmt.

Eine steile Böschung flankiert rechter Hand die Einfahrt. Um das Erdreich bei starken Regenfällen vor dem Abrutschen zu sichern, werden derartige Böschungen in der Regel bepflanzt oder mit speziellen Steinen belegt. Ben entschloss sich gleichsam für eine »Mischvariante« aus beiden Lösungen: Im Schachbrettmuster alternieren grün-gelb gestromte Agaven (*Agave americana »Striata«*) und – anstelle der Steine – alte Fernsehgeräte beziehungsweise Computer, die fest in das Erdreich gedrückt dieses nun stabilisieren. Vor der Terrasse steht ein alter Wohnwagen – Teil der Sammlung des Künstlers – mit der Aufforderung »Venez tout dire« (»Kommen Sie und sagen Sie mir alles«).

Der Blick auf die Terrasse, von der aus man eine herrliche Aussicht über die Hügel bis Nizza hat, ist eher dazu angetan, dem Besucher zunächst die Sprache zu verschlagen. Dicht gedrängt stehen unzählige ausrangierte Bidets, Toiletten und Waschbecken, alte Grillgestelle und Kochtöpfe auf hohen Sockeln, je eine Waschmaschine, Badewanne und Mülltonne. Doch aus jedem Hohlraum, der sich bietet, quellen dicht die mannigfaltigsten Variationen von Sukkulenten wie *Aenonium haworthii, Crassula ovata, Graptopetalum paraguayense*, Zwerg-Agaven und Zwerg-Yuccas hervor. Iris, Bonsai-Bäumchen und sogar ein kleiner Olivenbaum haben in ihren alternativen »Blumentöpfen« eine neue Heimat gefunden. Das Ensemble ist von einer gewaltigen, mit Wein bewachsenen Pergola überfangen.

Unmittelbar vor dem Haus rahmt eine etwa einen Meter hoch aufragende Mauer das blaugekachelte Becken eines Miniatur-Pools. Es wird von einem lebensgroßen, rosaroten Krokodil bewacht und somit als unbenutzbar deklariert. In der Tat befindet sich auch kein Tropfen Wasser in dem Becken. Um einen großen Tisch herum gruppieren sich acht Stühle, wobei der Vorsitz laut Schriftzug dem »menteur«, dem Lügner, vorbehalten ist. Sieht man unter anderem über ein Skelett und eine lebensgroße schwarze Kuh hinweg, deren weißer Schriftzug darüber aufklärt, dass ein Künstler keine Milchkuh sei, genießt man einen weiten Blick in die Landschaft. Auf Schritt und Tritt begegnet man Kuriosem, ist zwischen Schmunzeln, Kopfschütteln und hellem Auflachen hin- und hergerissen. Der Betrachter kann nicht unbeteiligt bleiben. Unweigerlich denkt man an Fluxus. Vom Dadaismus ausgehend, eng verbunden mit Musik, Aktion und Happening verkörpert er die »Auflösung der Kunst & Leben-Dichotomie, Spiel und Witz, Vergänglichkeit, Einzigartigkeit« (Dick Higgins). Ben selbst erklärte, dass »Fluxus vielmehr eine Geisteshaltung als ein Produkt ist« (»Fluxus is an attitude rather than a product«).

Rechts an der Terrasse vorbei führt ein schmaler Weg hügelan. Hier liegt auch das Sommeratelier des Künstlers. Einzelne Zweige der Weinlaube ranken sich herauf, doch sind sie hier das einzige Grün. Denn im Schatten des Schilfdaches setzt sich das Prinzip der Anhäufung von Gegenständen fort. Anstelle von Blumenampeln hängen an starken Drähten aufgefädelte Bücherstapel von den Eisenträgern der Deckenkonstruktion.

Nur wenige Schritte weiter führt eine Stiege zu einer weiteren Terrasse: Auf der Brüstung des Geländers stehen Dutzende von Blumentöpfen, die unter anderem mit duftenden Küchenkräutern wie Basilikum oder Thymian bepflanzt sind. Blumenampeln hängen an Ketten von der Decke herab, und selbst gezogene Bonsai-Bäumchen und Orchideen zieren das Kopfende eines langen Holztisches. Die anheimelnde, intime Atmosphäre dieses Ortes unterscheidet sich wesentlich von den beiden anderen Terrassen. Der Grund dafür liegt darin, dass dieser Ort in den Zuständigkeitsbereich von Bens Frau Annie fällt.

Der Weg verläuft weiter hügelan zum Eingang des Hauses. Aus der Böschung gegenüber wachsen Weinstöcke, die über den Weg hinweg zum Hausdach gezogen wurden und eine schützende Laube bilden. Mit bunten, zerbrochenen Kacheln gefliese Stufen führen zur Haustür, gegenüber lenkt eine mit schwarzen und weißen Fliesen belegte Treppe in den höher gelegenen Teil des Gartens. Eine Reihe von Büschen beschreibt die Trennlinie zwischen Bens Garten und jenem seiner Frau. Nach der Anhäufung von Gegenständen, die fast den Weg zum

---

Rechts: Zahlreiche Beine alter Schaufensterpuppen ragen aus der Fassade. Zweihundert Stück habe er gesammelt, meint der Künstler lachend. »Es waren eben zufällig diese Beine, hätte es sie nicht gegeben, dann hätte ich etwas anderes genommen!« Seine Kunst ist nicht objektivierbar, sie ist untrennbar mit seiner Person, seinem Ego verbunden.

Folgende Doppelseite: »In mein erstes Bidet habe ich einen großen Kaktus gepflanzt – ich gebe zu, dass dabei ein erotischer Hintergedanke mit im Spiel war«, erklärt der Künstler. Seither hat sich die Idee, in Bidets, ehemalige Toiletten und ähnliches Geschirr Blumen und Sukkulenten zu pflanzen, verselbständigt.

tout est
c'est quoi la haine ?
ciel mon mari
1F
sieu ben
tout est hypocrisie
no more art
NOUVEAU
chacun sa vie
J'ai peur des mots
qu'on m'aime
noir et blanc
J'emmerde les impérialistes
NON
BEN RERARE
Parla ta lenga
Pour tes les Temp atures
Encres Stephens
LE BON LAIT
CINEMA
Je suis inqui
HOTEL

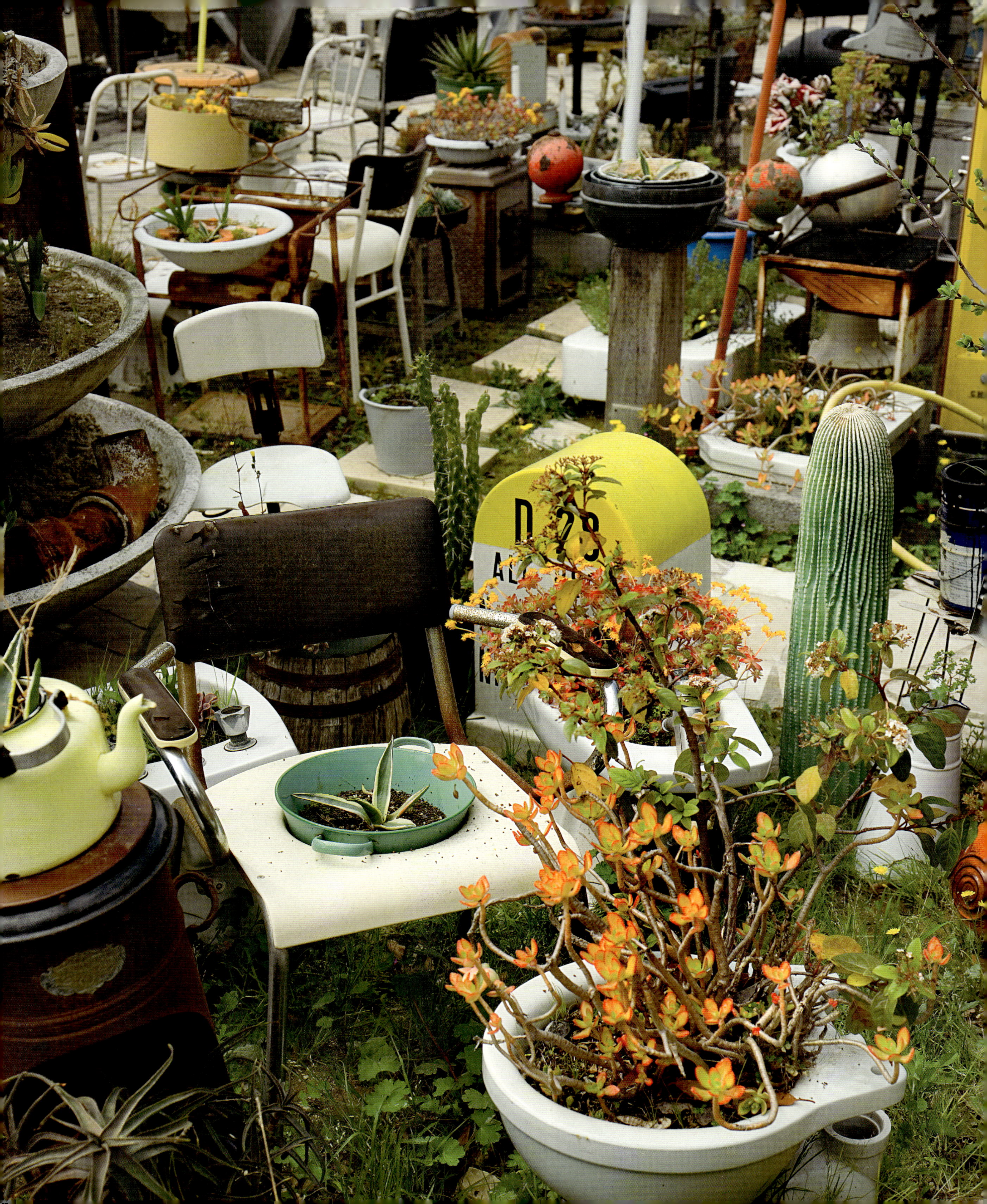

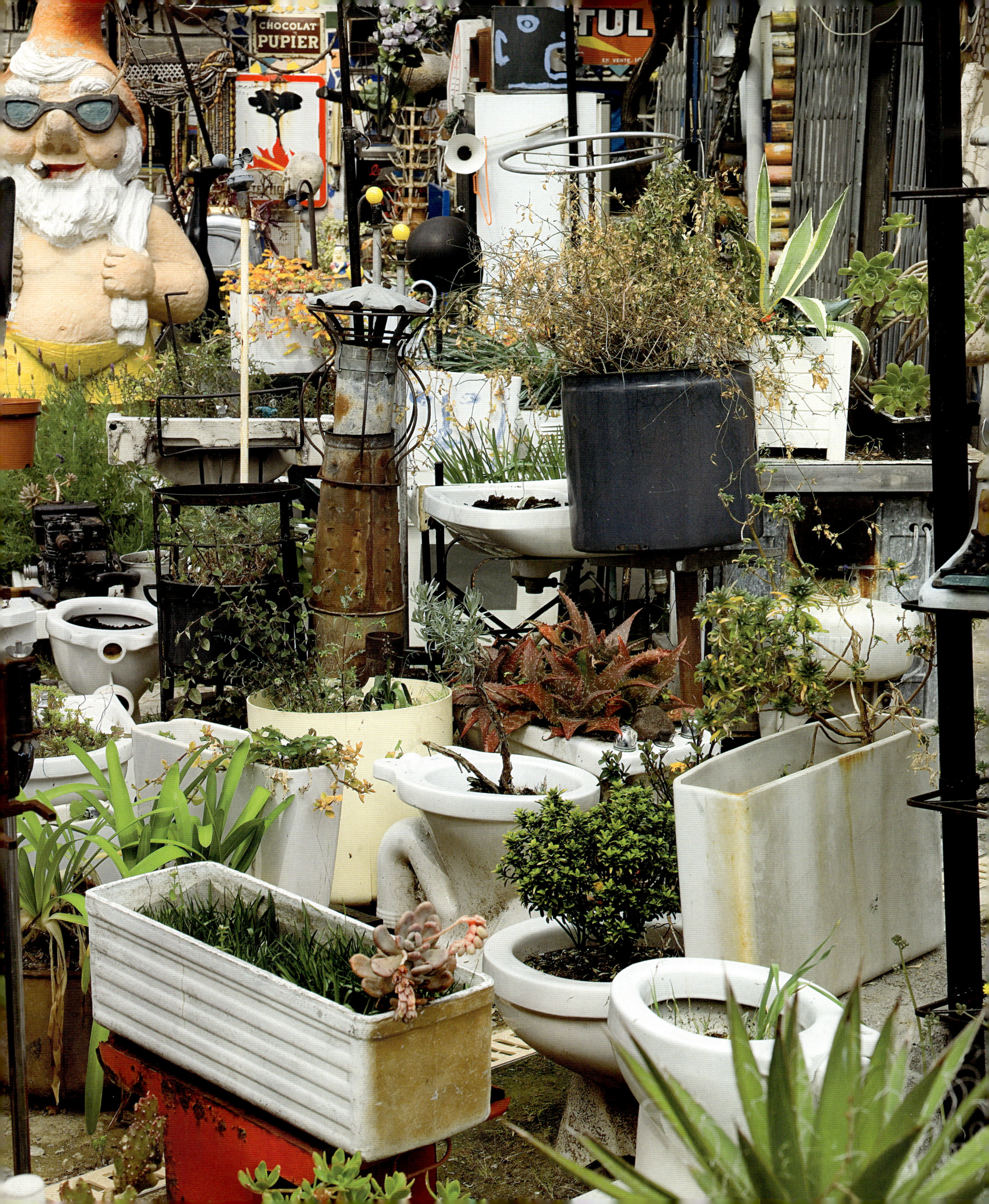
CHOCOLAT
PUPIER

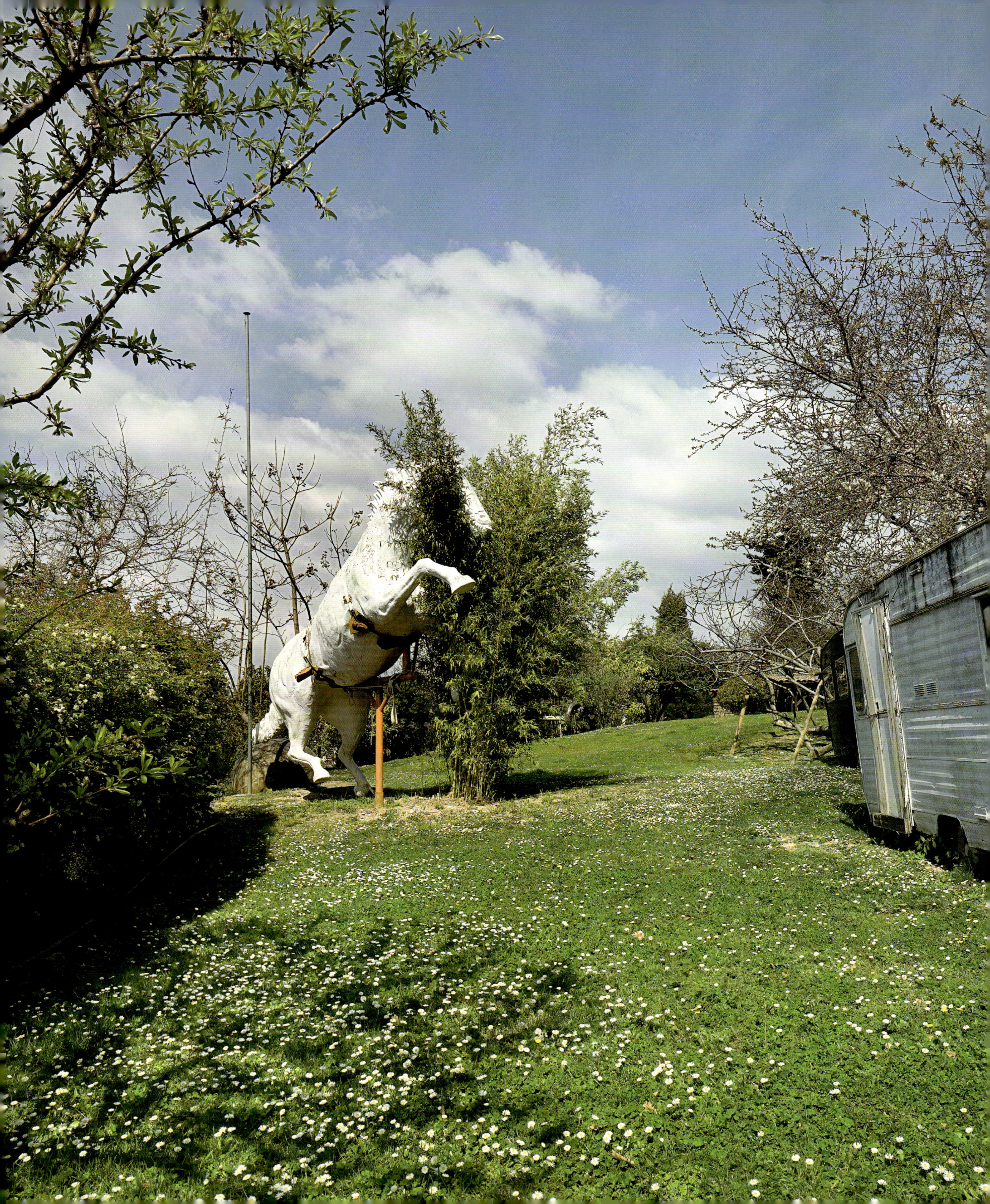

Oben: Grün-gelb gestromte Agaven (*Agave americana »Striata«*) im Wechsel mit alten Fernsehgeräten und Computern stützen den Steilhang und bereiten den Besucher optisch auf eine ungewöhnliche Gartengestaltung vor.

Links: In dem parkähnlichen Teil des Gartens erlaubte Bens Frau Annie nur ein riesiges, weißes Pferd sowie ein paar alte Wohnwagen.

Folgende Doppelseite, links: Auf einer Tafel auf dem Gartenhäuschen wirft der Künstler die rhetorische Frage auf: »Je ne sais pas qui je suis?« (»Ich weiß nicht, wer ich bin?«). Ein Blick in den Garten gibt zumindest eine Antwort darauf.

Folgende Doppelseite, rechts: »Ich sammle alles und kann nichts wegwerfen«, bekennt Ben.

Haus versperren, könnte es keinen größeren Kontrast zu der Ordnung jenes parkähnlichen Teils des Gartens geben. An Jasmin- und Fliederbüschen vorbei wird der Schritt auf eine weite, gepflegte Rasenfläche gelenkt, in die sich in elegantem Schwung ein ungewöhnliches, annähernd nierenförmiges Schwimmbad bettet. Helle Steine rahmen das kühle Nass, und an markanter Stelle, dort, wo das Becken einbuchtet, wächst eine etwa fünf Meter hohe Yucca-Palme aus den Steinen heraus. Ein dichter Bambuswald setzt zum Hang hin hinter einer Mauer die optische Grenze. In der Verlängerung des Schwimmbads verdeckt eine Gruppe von Bananenstauden nur mit Mühe die einzige »folie« (»Verrücktheit«), die Ben in Annies Garten platzieren durfte. Man erkennt das Hinterteil eines weißen Pferdes, das zum Sprung über einen Bambuswäldchen ansetzt. Der Schimmel besitzt etwa die dreifache Größe seiner lebenden Artgenossen. Wieder gehen Realität und Kunstwelt ineinander über, um schließlich im Sinne von Fluxus miteinander zu verschmelzen. An dieser Stelle verengt sich der Garten, ein üppiger Feigenbaum schiebt sich von links in den Weg. Erst aus dem hintersten Teil des Gartens sieht man das stolze Ross, wie es sich hinter dem Bambus aufbäumt. Zwischen Mandelbäumen, Kiefern, Feigen und anderen Obstbäumen grüßt noch einmal eine Kollektion von Ben: Fünf alte Wohnwagen nehmen den schmalen Sporn des Grundstücks ein, das hier zur Straße hin enger wird.

Die Gartenbereiche von Ben Vautier und seiner Frau könnten gegensätzlicher gar nicht sein. Auf der einen Seite steht das geordnete Chaos, in dem sich der Künstler – jede eventuelle Veränderung sofort bemerkend – mit schlafwandlerischer Sicherheit bewegt. Dieser Teil ist Inbegriff der Kunst Bens und Ausdruck seiner Persönlichkeit. Auf der anderen Seite herrscht die »wahre Ordnung«, die jedem, der nicht Ben ist, sehr viel vertrauter anmutet. Ben Vautier verkörpert wie kaum ein anderer den Leitspruch Emmet Williams': »Das Leben ist ein Kunstwerk und das Kunstwerk ist Leben.«

wer bin ich?
ÇA
BANDE
je ne sais
pas qui
je suis?
VENCEREM
LE MO
LES A

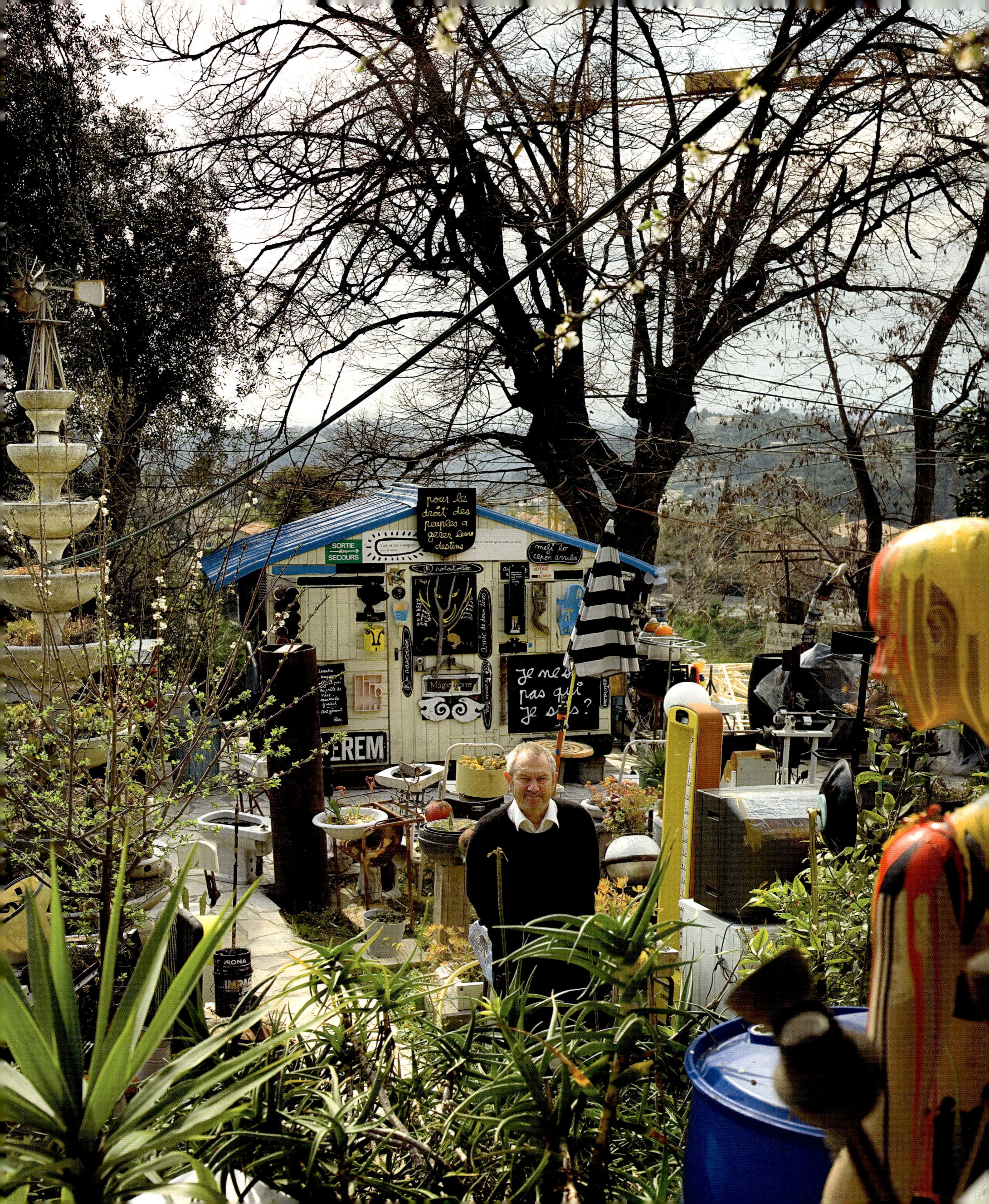

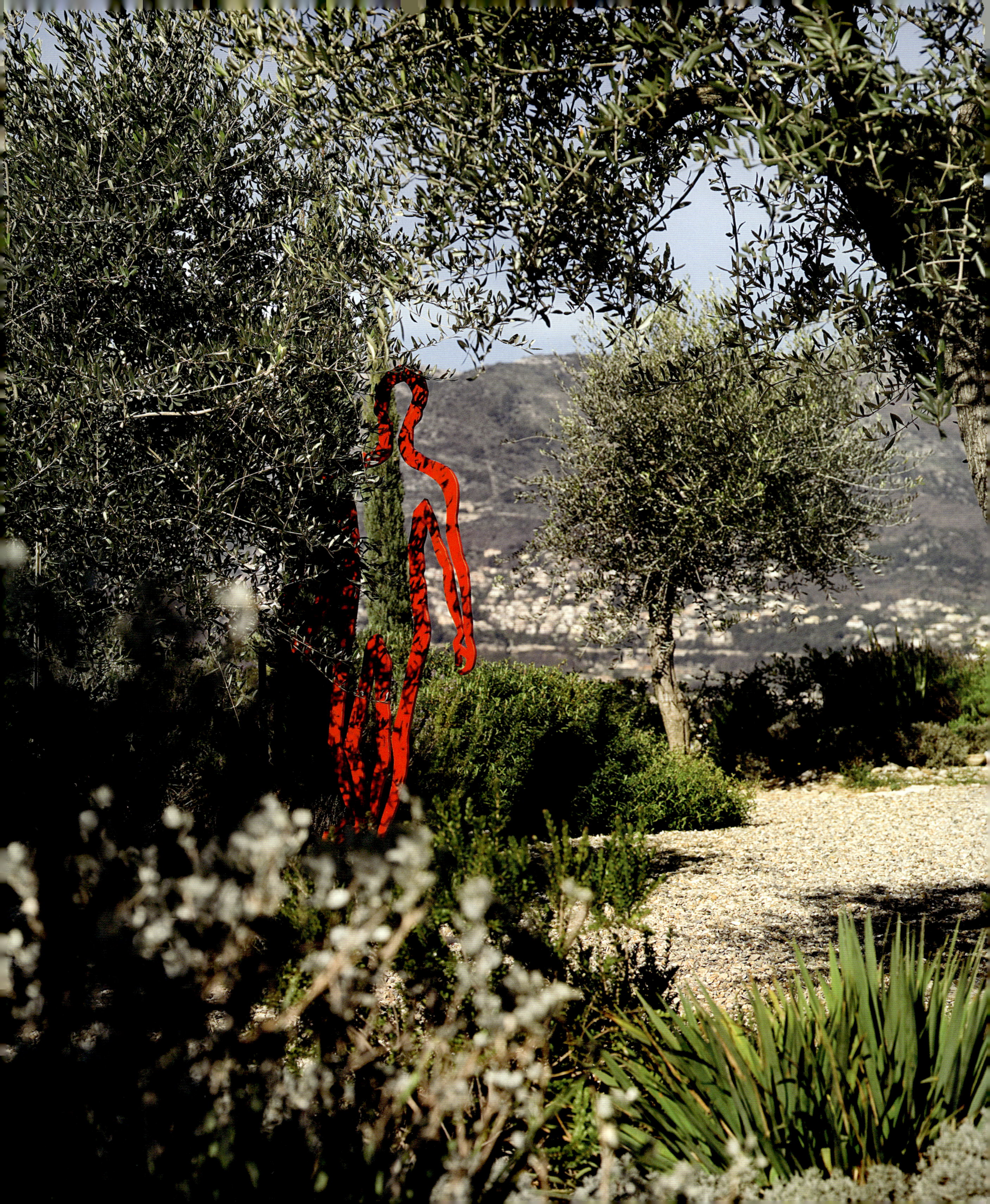

SACHA SOSNO

DER ANTIKE HAIN

Zwischen Ölbäumen und niedrig wachsenden, duftenden Büschen wie Lavendel, Santolin und Rosmarin steht die antiken Skulpturen nachempfundene Silhouette einer männlichen Gestalt.

Sacha Sosno wurde 1937 als Alexander Joseph Sosnowsky in Marseille geboren. Seine früheste Kindheit verbrachte er in der Heimat seines Vaters, der Stadt Riga in Lettland. 1948 übersiedelte die Familie in die Heimatstadt seiner Mutter, nach Nizza, wo sie in einer Mietwohnung des Palais Régina als Nachbarn von Henri Matisse wohnten. 1956 lernte er Arman und Yves Klein kennen. Als Sacha Sosno die monochromen Bilder von Yves Klein sah und die Dimension ihrer Radikalität erkannte, zerstörte er nahezu alle abstrakten Gemälde, die er selbst bis dahin geschaffen hatte. Er schrieb sich an der Sorbonne in Paris ein, wo er Politik, Rechtswissenschaften und Orientalische Sprachen studierte und darüber hinaus die Klasse für Fotografie und Film besuchte. 1961 kehrte Sosno nach Nizza zurück und gründete die Zeitschrift »Sud-Communications«, für die er noch im selben Jahr seinen ersten Artikel über die Ecole de Nice schrieb, eine Gruppe von Künstlern, der er sich wenig später selbst anschließen sollte. In den folgenden Jahren arbeitete er als Journalist, Fotograf, Filmemacher – er realisierte unter anderem zahlreiche Reportagen für das französische Fernsehen – sowie als Fotoreporter und Kriegsberichterstatter in Irland, Bangladesch und Biafra.

Über all diesen Tätigkeiten verlor Sacha Sosno jedoch nie seine künstlerischen Ambitionen aus den Augen. Sosnos Berührungspunkt mit der Gruppe der »Nouveaux Réalistes«, auch Ecole de Nice genannt, war die Grundidee, dass Kunst nicht von der gewohnten Umgebung des Menschen getrennt und in Museen verbannt werden dürfte, sondern vielmehr für jedermann sichtbar und zugänglich im öffentlichen Raum positioniert werden sollte. In den 1960er Jahren entstanden die ersten »Oblitérations« (»oblitérer«, französisch für »auslöschen« oder »entwerten«).

2001 fand die feierliche Eröffnung seines bislang wichtigsten Werkes statt, der Zentralbibliothek der Stadt Nizza. Gemeinsam mit dem Architekten Yves Bayard und dem Schiffsbauer Francis Chapus realisierte Sacha Sosno als künstlerischer Leiter das kühne Projekt, seinen Entwurf der »Tête carré« als weltweit erste Architektur in Gestalt einer Skulptur umzusetzen. Das 28 Meter hohe Gebäude aus Aluminium ist rein äußerlich ausschließlich Skulptur: Auf einer realistisch aufgefassten Büste, die bis zur Unterlippe präzise der menschlichen Anatomie folgt, sitzt ein Kubus als Kopf. Fenster verschwinden hinter einer dunklen Membran und treten am Außenbau nicht in Erscheinung. Mit Schmunzeln denkt man an die umgangssprachliche Bezeichnung »tête carré«, mit der man einen starrsinnigen, verstockten Menschen belegt. Mit dieser Architektur-Skulptur hat Sosno sein Ideal, Kunst für alle sichtbar sowie der Öffentlichkeit zugänglich und nutzbar zu machen, in die Tat umgesetzt.

Anlässlich der Olympischen Spiele 2008 gab die Stadt Peking bei Sosno eine Monumentalskulptur in Auftrag. Sein »Saut vers un matin serein« (»Sprung in einen guten Morgen«, 2006) zeigt in einer gelben Platte die Negativform eines galoppierenden Pferdes und ist gleichsam eine Synthese von chinesischem Symbolismus mit moderner westlicher Kunst.

Rechts: Viele der plastischen Werke Sosnos folgen Vorlagen aus der klassischen Antike, die der Künstler etwa lebensgroß aus Metall schneidet und, unlackiert oder in einer der drei Primärfarben Rot, Gelb oder Blau gefasst, als Umriss, Negativform oder Silhouette vor die Landschaft stellt.

Folgende Doppelseite, links: Sosno liebt den assoziativen Umgang mit historischen Formen und Ideen: Die scherenschnittartige Kontur einer antikisierenden Säule erlaubt den Durchblick auf die Weite der dahinter liegenden Landschaft. Dies erinnert an städteplanerische Konzepte des barocken Rom, die von jedem erdenklichen Punkt der Stadt aus die Kuppel des Petersdoms sichtbar machten.

Folgende Doppelseite, rechts: Nicht nur antike Themen reizen Sacha Sosno, sondern auch Modesportarten wie etwa Golf inspirieren den aufgeschlossenen Künstler. Der weite Blick in die Landschaft lässt die geringe Größe des Gartens vergessen.

Im Jahr 1991 fand Sacha Sosno ein Grundstück in den Weinhügeln von Bellet nordwestlich von Nizza, wo er sich mit seiner Frau niederlassen und ein Haus bauen wollte. Da das Land jedoch inmitten eines traditionellen Weinanbaugebietes lag und vom Katasteramt als landwirtschaftliche Nutzfläche ausgewiesen war, legten die beiden kurzerhand einen eigenen Weinberg sowie einen Olivenhain an. So erhielt Madame Sosno, nunmehr als Nebenerwerbsbäuerin deklariert, eine Baugenehmigung für das Wohnhaus und ein Atelier. Das Ehepaar bewirtschaftete Weinberg und Olivenhain jahrzehntelang selbst und produzierte eigenen Wein sowie Öl. Bei der Weinlese halfen zahlreiche Freunde, darunter auch viele Künstler, die am Ende der Arbeit unter der Weinlaube vor dem Atelier des Künstlers Erntedankfest feierten.

Haus, Atelier und Garten liegen auf einer Hügelkuppe oberhalb der eigenen Wein- und Olivenhänge. Von dem kleinen Grundstück aus genießt man einen weiten Blick auf die Berge im Norden, über die Hügel im Westen und Richtung Süden bis auf das Meer hinab. Ein schmaler, steiler Zufahrtsweg führt auf den nordseitig ausgerichteten Platz hinter dem Atelier. Dort stehen zwischen alten Olivenbäumen am Rande des Plateaus Skulpturen des Künstlers: der gelbe Umriss einer dorischen Säule, die rote Silhouette eines Diskuswerfers sowie die Umrissformen je einer weiblichen und einer männlichen Gestalt in antiken Umhängen. Skulpturen wie diese entstanden aus der Idee der »Oblitérations«. Sacha Sosno möchte Dinge »verbergen, um [sie] besser sehen zu können« und auf diese Weise Menschen dazu »zwingen [obliger], ihre eigene Vorstellungskraft anzuregen«. Durch seine Tätigkeit als Fotograf wusste der Künstler nur zu gut, wie leicht die sichtbare Realität durch einen geringfügig veränderten Blickwinkel verfremdet werden und sogar zur Unwahrhaftigkeit geraten kann, und stellte damit auch die Frage nach der Wahrhaftigkeit von Wahrnehmung. Sosno übermalte zunächst Partien von Fotografien, blendete sie gleichsam aus, so dass der Betrachter das nicht Sichtbare in seiner Phantasie frei ergänzen muss. Diese Methode übertrug er auf Ölgemälde und schließlich auf die Skulptur, die bald neben der Fotografie zu seinem stärksten Ausdrucksmittel werden sollte. Für seine vollplastischen Skulpturen verwendet Sosno mit Vorliebe weißen Marmor oder Bronze. Manche dieser Figuren wachsen aus einem glatt polierten Quader heraus, andere erscheinen wie in Kuben eingeschweißt oder sind nur zur Hälfte vollendet. Sosno, der als junger Mann mehrfach an archäologischen Ausgrabungen teilgenommen hatte, spannt mit seiner Neuinterpretation antiker Vorlagen eine Brücke zwischen Vergangenheit und Gegenwart. In Kombination mit dem Ölbaum, der erst von den Griechen im 6. Jahrhundert v. Chr. in der Provence heimisch gemacht worden war, und vor der Weite des Hügellandes, das sich dahinter auftut, erhalten die Skulpturen in Sosnos Garten eine heroische Würde. Die Landschaft dahinter erhält ihrerseits einen »Rahmen« und erfährt durch den gewählten Ausschnitt eine neue Bedeutung.

Der Vorplatz mündet in den kleinen, nach Westen ausgerichteten Garten. Ein breiter, mit großen, weißen Rundkieseln bestreuter Weg führt am Atelier vorbei zum Wohnhaus, flankiert von einigen alten Olivenbäumen. Linker Hand liegt hinter einer Reihe von niedrigem Rosmarin, Lavendelbüschen und silberblättrigem Heiligenkraut (*Santolina Chamaecyparissus*), die den Weg einfassen, der kurz geschnittene Rasen, der mit seiner geringen Fläche bis an das nüchtern-moderne Ateliergebäude reicht. Inmitten der Pflanzung von duftenden Sträuchern und Stauden stehen auch hier einzelne Ölbaume. Der Eingang des Ateliers wird von einer Weinlaube überfangen, von der im Herbst schwer die goldgelben Trauben hängen.

Vor dem Wohnhaus verbreitert sich der Kiesweg zu einer Terrasse. Wieder bestimmen die in lockerer Reihung gepflanzten Olivenbäume, deren Stämme weitläufig mit hellen Steinen eingefasst sind, den Rhythmus der Anlage. Dazwischen buchten breitere oder schmälere Nischen aus, in denen Sitzgruppen, Steinbänke und Liegestühle zum Verweilen einladen. Nach Süden schließt der Garten mit einem kleinen, hellgrünen Rasenteppich ab. Ein dicht bepflanztes Massiv fasst die Terrasse über die gesamte Länge ein: Lavendel, Heiligenkraut, Zistrosen (*Cystus x cyprius*), echter Lorbeer, nadelfeine Wacholderbäume, Yucca und Weinstöcke, Blauraute (*Perovskia atriplicifolia*) und Schopflavendel (*Lavandula stoechas*), Rosmarin und Thymianpolster beleben mit ihren vielfältigen Blattformen, Duftnoten und Farbvariationen an Silber-, Grün- und Violetttönen die Pflanzung und unterstreichen den Gesamteindruck einer tiefen Ruhe.

Der Garten Sacha Sosnos besitzt trotz seiner objektiv geringen Größe jene Weite, derer seine antikisierenden Skulpturen bedürfen. Es ist der großzügige Blick in die Ferne, vor dessen Horizont die antiken Gestalten wirken können. Hier finden Vergangenheit und Gegenwart zu einer harmonischen Einheit.

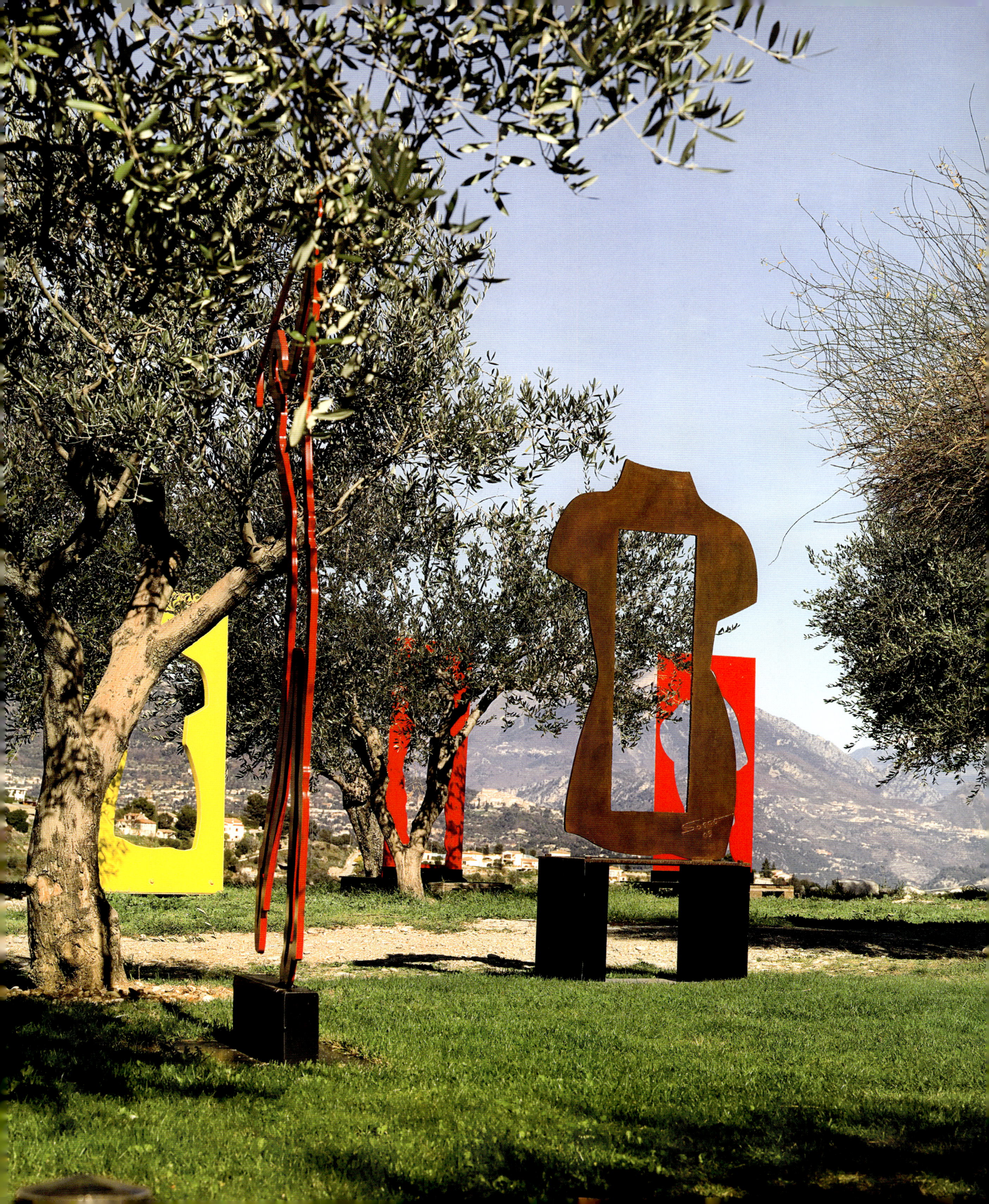

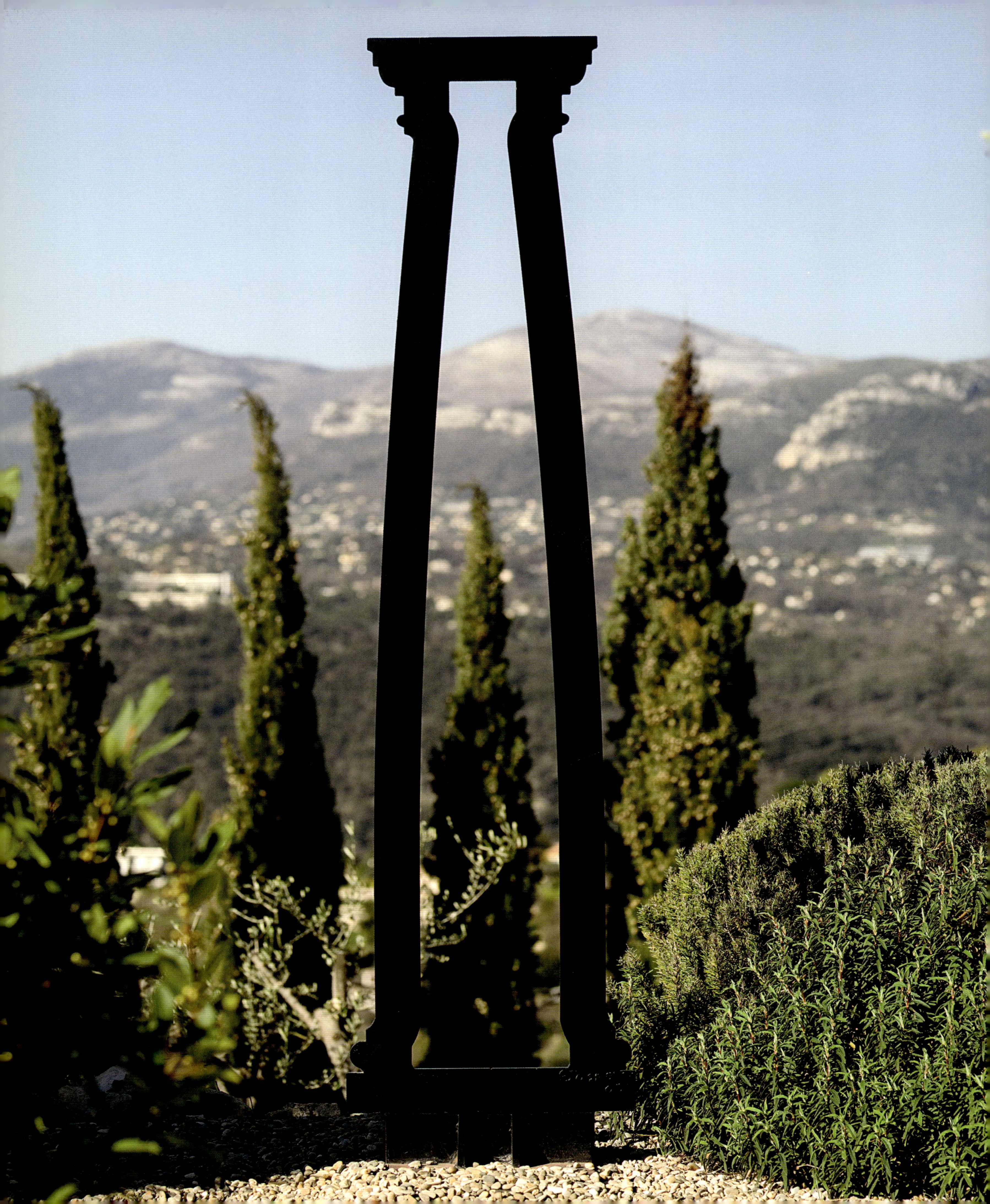

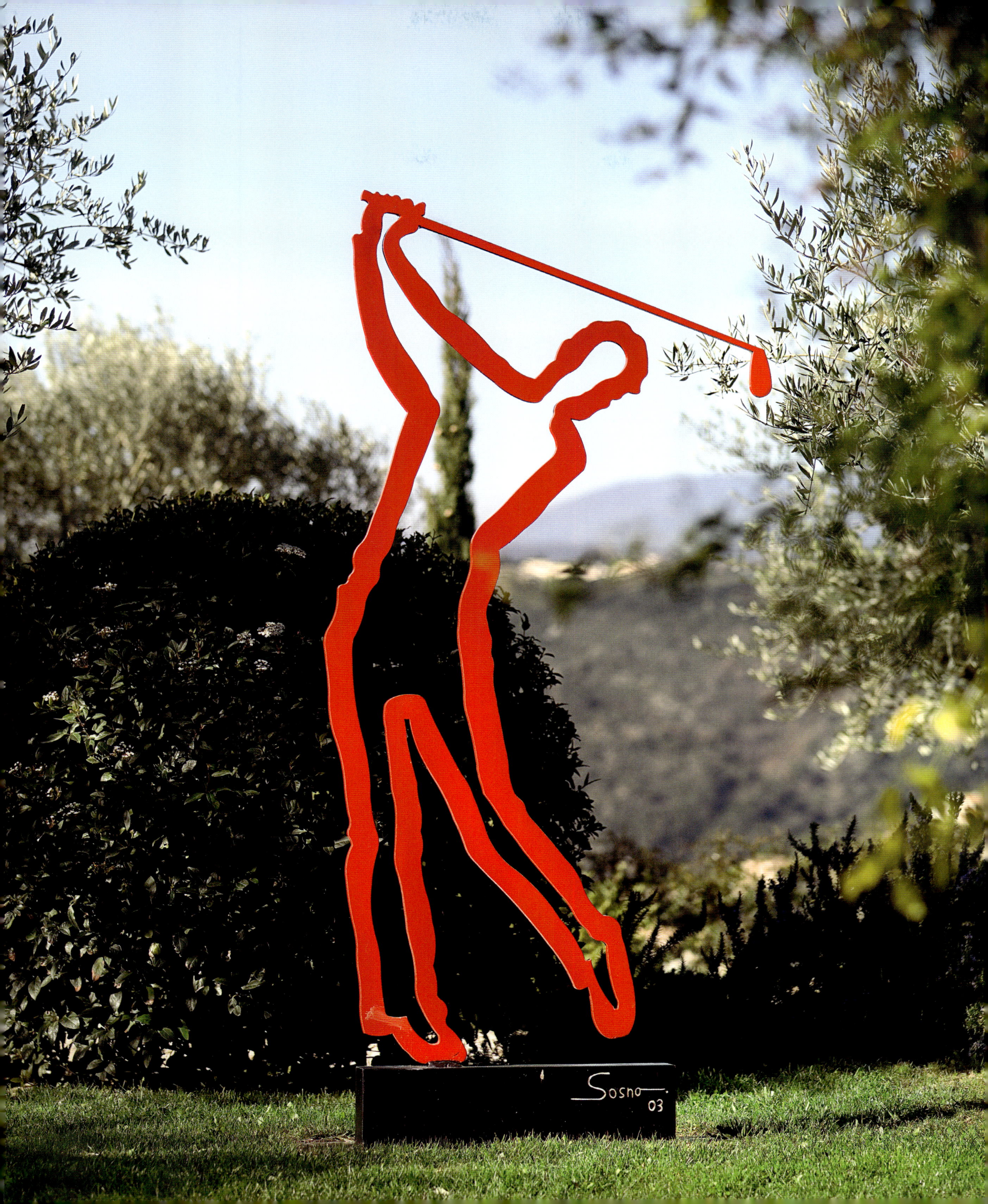
Sosno
03

Oben: Die Olivenbäume auf seinem Grundstück hat Sosno aus der weiten Umgebung zusammengetragen. »Immer, wenn aufgrund einer Baustelle ein Baum entfernt werden musste, ließ ich ihn hierher bringen und einpflanzen.« – Ein aufwendiges Unternehmen, denn die Länge der Wurzeln entspricht der Höhe dieser Bäume.

Rechts: Der »Grandseigneur« antikischmoderner Skulptur, der Jongleur der Durch- und Ausblicke: Sacha Sosno.

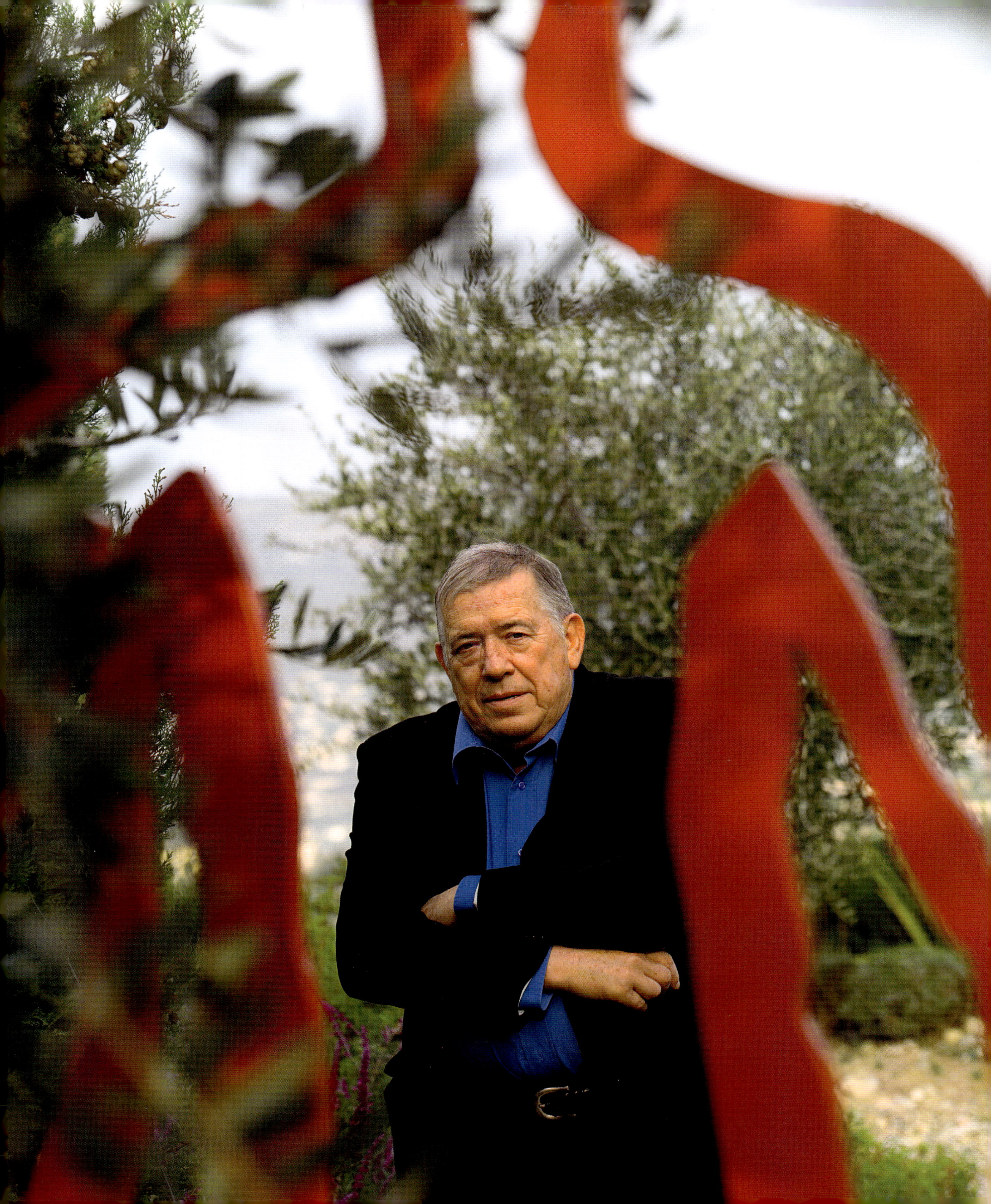

DER PARADIESISCHE GARTEN

THÉO TOBIASSE

Théo Tobiasse wurde 1927 in Jaffa (Palästina) geboren. Seine Familie lebte in Litauen, musste das Land jedoch aus politischen Gründen verlassen. Ziel der Flucht war Paris, wo sich die Familie 1931 niederließ. In der Zeit des Faschismus reichten die finanziellen Mittel zu einer Flucht vor den Nationalsozialisten nicht aus, weshalb die vielköpfige Familie sich von 1942 bis 1944 verstecken musste. Diese zwei Jahre in einer verdunkelten Pariser Wohnung prägten den Jugendlichen zutiefst. Als einzige Zerstreuung diente der Familie ein Band Griechischer Sagen und die Bibel. In dieser Zeit begann Théo Tobiasse zu zeichnen. Als 1944 Paris von den Alliierten befreit wurde, endete auch für die Familie Tobiasse der Albtraum. Der junge Mann nahm eine Stelle als Grafiker in einer Druckerei an, die sich auf Kunst-Drucke spezialisiert hatte. 1950 sollte sich sein in den Jahren der Dunkelheit genährter Traum nach Licht, Sonne und einem nicht enden wollenden blauen Himmel endlich erfüllen: Tobiasse ließ sich in Nizza an der Côte d'Azur nieder. 1961 nahm er an einer Gruppenausstellung in Nizza teil, wo ihm der Preis für den besten Nachwuchskünstler zugesprochen wurde. Der Pariser Galerist Armand Drouant nahm den Künstler sofort unter Exklusivvertrag, was neben der künstlerischen Anerkennung auch finanzielle Sicherheit mit sich brachte. Es folgte eine Zeit intensiver Reisetätigkeit, die Tobiasse nach Japan, Kanada, in die USA und mit Regelmäßigkeit nach New York führte.

Die Poesie eines Marc Chagall, die Farbigkeit und Technik George Rouaults, die Frauen von Henri Matisse und natürlich das Werk von Pablo Picasso, an dem sich alle Künstler seiner Zeit reiben und messen mussten, sind nur einige der Namen, die als Quellen der Inspiration zu nennen sind. Der Autodidakt Théo Tobiasse setzt sich in seinen Gemälden wie in der Bronzeskulptur, der er sich in geringerem Umfang widmet, mit der Sensualität der Frau, der Familie, biblischen Themen und immer wieder seiner eigenen Biografie auseinander. Tobiasse verwendet oftmals Mischtechniken, wobei vor allem Grafik und Zeichnung eine große Rolle spielen. In der Regel setzt er neben seine Signatur auch den Bildtitel als Schriftzug, der oftmals den Inhalt des Dargestellten erklärt, in manchen Fällen aber auch darüber hinaus auf eine weitere Bedeutungsebene führt.

Zu den wichtigsten öffentlichen Aufträgen zählen die Neugestaltung der Kapelle St-Sauveur in Cannet, für die Théo Tobiasse neben den Fresken auch die Glasfenster, Mosaiken und Kultgegenstände entworfen hat, sowie die Glasfenster der Synagoge an der Esplanade in Straßburg. Eine rege Ausstellungstätigkeit weltweit – Paris, London, New York, Chicago, Miami, Stockholm, Tokio, Osaka, Taïpeï, um nur einige Städte zu nennen – bestätigen den Erfolg des Künstlers.

Nachdem Théo Tobiasse schon 15 Jahre an der Côte d'Azur gewohnt hatte, erstand er 1975 einen alten »mas provençale«, ein typisch provenzalisches Bauernhaus mit dicken Mauern aus gelbtonigem Naturstein. Das Haus liegt am Ortseingang von St-Paul-de-Vence und stammt in seinen Grundmauern aus der Zeit der Französischen Revolution. Die Anfangsjahre waren der Renovierung des

Der Garten von Théo Tobiasse besticht durch die Vielfalt an Pflanzenarten und die liebevollen Arrangements von Blumentöpfen.

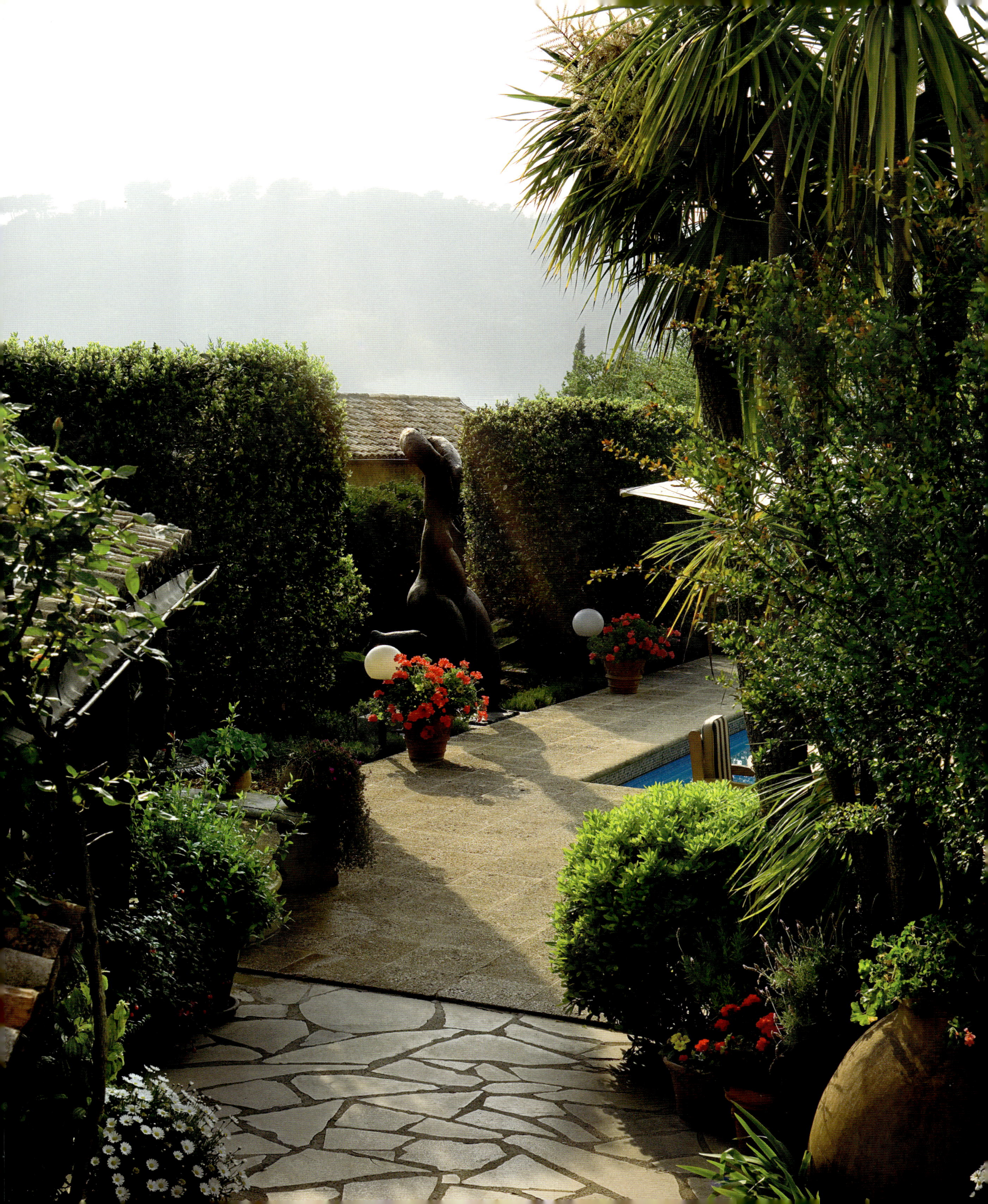

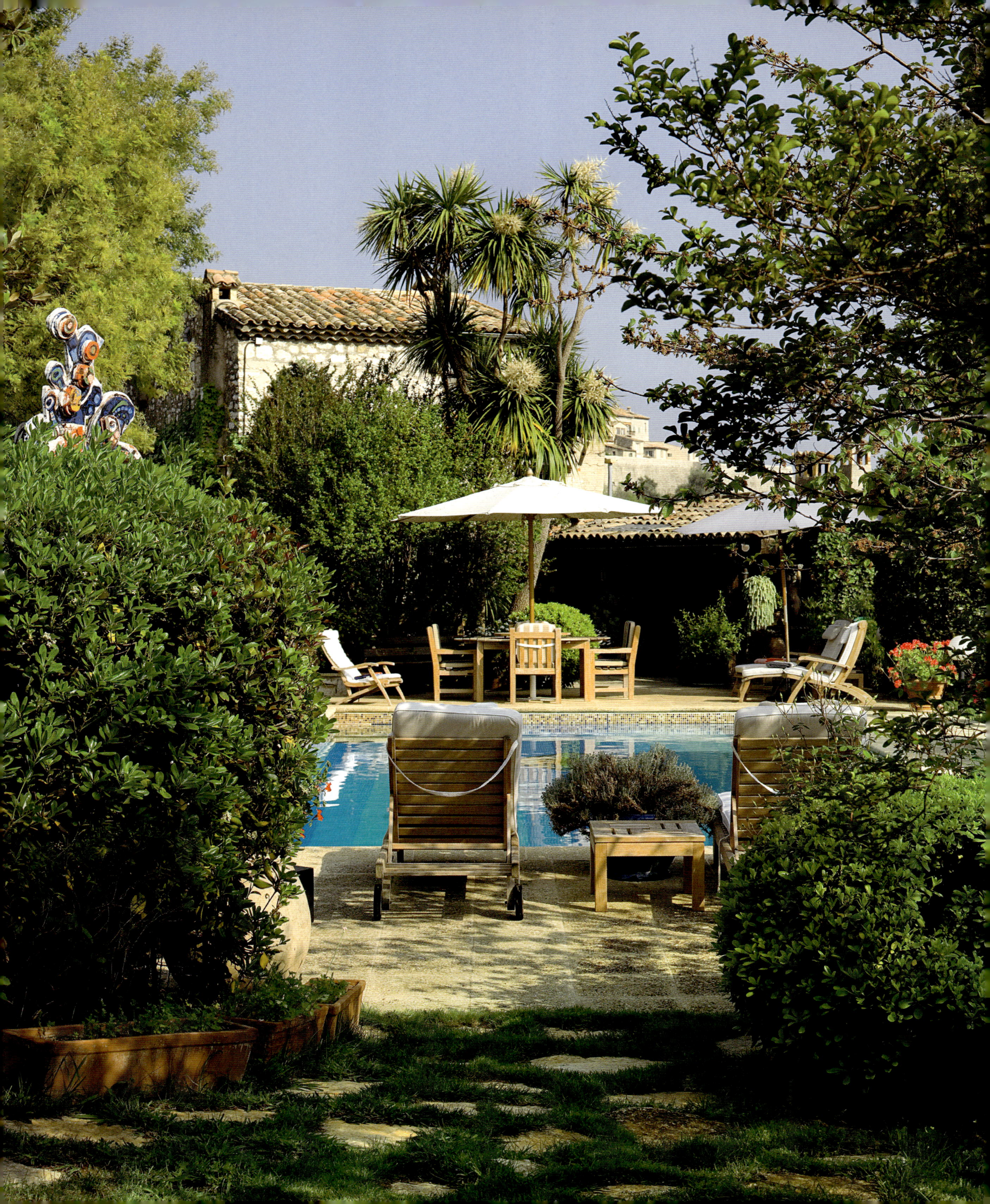

Links: Das Schwimmbad ist von dichtem Grün umgeben, das sich auf der Terrasse in den zahlreichen Blumentöpfen fortsetzt. An die Terrasse schließt sich unter einem niedrigen Vordach die offene Sommerküche an, dahinter erhebt sich das Wohnhaus.

Unten: Das Schwimmbad ist mit kleinen quadratischen Fliesen in abgestuften Blautönen ausgelegt. Am Grunde des Wassers erkennt man als Mosaik »La Rose de Saron«. Ein doppeltes Schriftband – einmal in lateinischen und einmal in hebräischen Lettern – umzieht die Darstellung der Pflanze.

Folgende Doppelseite, links: Zur gelösten Atmosphäre eines Schwimmbades passt die Bronzeskulptur der tanzenden »Mirjam«, der biblischen Schwester von Moses und Aaron.

Folgende Doppelseite, rechts: Die aus acht bemalten Eisenplatten zusammengesetzte Skulptur der »Musiker« steht ebenfalls auf der Schwimmbadterrasse.

Hauses und der Einrichtung eines geeigneten Ateliers gewidmet. Erst anschließend nahm der Künstler die Gestaltung des Gartens in Angriff. Eine Keramiktafel am hohen Eingangsportal nennt den Namen, den Théo Tobiasse seinem Anwesen in Anlehnung an einen Spruch aus dem Hohen Lied der Liebe gegeben hat: »La Rose de Saron«. Das Versprechen auf eine sich immer wieder zu schönster Blüte öffnenden Blume, die auch jede Trockenheit übersteht, löste der Künstler in seiner Gartengestaltung ein. Ein breiter Weg führt auf das Haus zu. Hohe Mimosen, Mispeln und Sauerbäume (*Oxydendrum Arboreum*) spenden dichten Schatten. Bergenien (*Bergenia cordifolia »Purpurea«*), Verbenen und niedrig gestutzte Malvenbüsche säumen den Weg. Dahinter setzen eine Bananenstaude und ein Feigenkaktus (*Opuntia ficus-indica*) exotische Akzente. Rot blühende, niedrig gehaltene Oleander bilden eine weitere Farbnote auf der von Rosa bis Rot abgestuften Palette. Die Oberfläche einer Bronzeskulptur des Künstlers, halb Katze, halb Mensch, bietet ein interessantes Licht- und Schattenspiel.

Der Weg mündet in einem kleinen, mit roten Ziegeln gepflasterten Vorplatz, der die beiden Häuser auf dem Grundstück miteinander verbindet. Das linke dient als Atelier und Gästehaus und ist bis unters Dach von einem dichten Geflecht aus dunkelblättrigem Efeu und einer Prunkwinde (*Ipomea indica*) bedeckt, aus dem sich leuchtend große, purpurblaue Trichterblüten abheben. Eine schmale Steintreppe führt hinauf zum Eingang des Wohnhauses. Bunter Efeu umwächst dicht das Geländer, eine Konifere markiert den Fußpunkt des Aufgangs. Rechts davon leitet – gleichsam als architektonischer Gegenakzent – eine als Halbrund gebildete und sich nach unten verengende Treppe in den tiefer gelegenen Gebäudeteil über. Jede Stufe ist beidseitig mit Blumentöpfen geschmückt. In den teils blau glasierten, teils naturbelassenen Tongefäßen prangen Pelargonien, Perlmoos, Petunien, Ficus Benjamin, Schiefteller (*Achimenes »Little Beauty«*), Fuchsien und kleinwüchsige Kakteenarten. Rechts von der Treppenanlage öffnet sich zum Garten hin eine großzügig angelegte Sommerküche. So nennt man eine mit offenem Grill, Herd, Kühlschrank, Spülbecken, Vorratsschränken und – als Herzstück des Ganzen – einer langen Tafel ausgestattete Küche, die nur an zwei, manchmal – so wie hier – an drei Seiten von einer geschlossenen Mauer umgeben ist. Ein auf schweren, alten Balken liegendes Dach schützt gegen Regen und Hitze, durch die zum Garten hin sich öffnende Seite streicht ein stetes Lüftchen. Sommerküchen liegen meist an der Schnittstelle zwischen Wohnhaus, Garten und Schwimmbad und sind gleichermaßen die Quintessenz mediterraner Wohnkultur. Auch die Sommerküche von Théo Tobiasse öffnet sich zum Pool. An dem schweren Holzpfeiler, der das Vordach stützt, rankt eine als Topfpflanze gezogene Bleiwurz (*Plumbago auriculata*) mit ihren Dolden himmelblauer Blüten empor. Noch im Schatten des Vordaches steht geschützt auf einem weißen Rundtisch in einem großen weißblauen Porzellantopf ein prächtiger Orchideenkaktus (*Nopalxochia M. A. Jeans*). An der unter freiem Himmel befindlichen, sonnigen Seite desselben Pfeilers gruppieren sich vor einer grünen Wand aus Papyrus weitere Blumentöpfe mit Gardenien, Portulak (*Portulaca grandifolia*) und anderen blühenden und immergrünen Gewächsen.

Die Terrasse verbreitert sich, bietet Raum für eine weitere Sitzgruppe und öffnet sich schließlich zum Schwimmbecken. Von hier genießt man einen einzigartigen Rundblick über die Hügel südlich von St-Paul-de-Vence bis hin zum Meer. Hinter dem Wohnhaus, das man ebenfalls von hier aus sehen kann, erhebt sich majestätisch der mittelalterliche Ortskern von St-Paul. In loser Reihung fassen Lorbeer- und Feuerdornbüsche die Terrasse an ihrer Südseite ein. Die Höhe der Büsche täuscht etwas über das stark abfallende Gelände hinweg – darüber hinaus kaschieren sie den Blick auf die stark verbauten Hügel unterhalb des Grundstücks. Blickfang ist die überlebensgroße Bronzeskulptur einer tanzenden Frau von der Hand des Künstlers. Auf der gegenüberliegenden Längsseite des Schwimmbeckens schwingen die Wogen der grünen Einfassung sanft bis auf die Terrassenfließen hin aus. Vor dem Hintergrund des alten Baumbestandes erscheint eine in strenger Form geschnittene Oleanderhecke. Eine etwas niedriger gestutzte Hecke aus Feuerdorn schiebt sich geschickt vor den weniger dicht be-

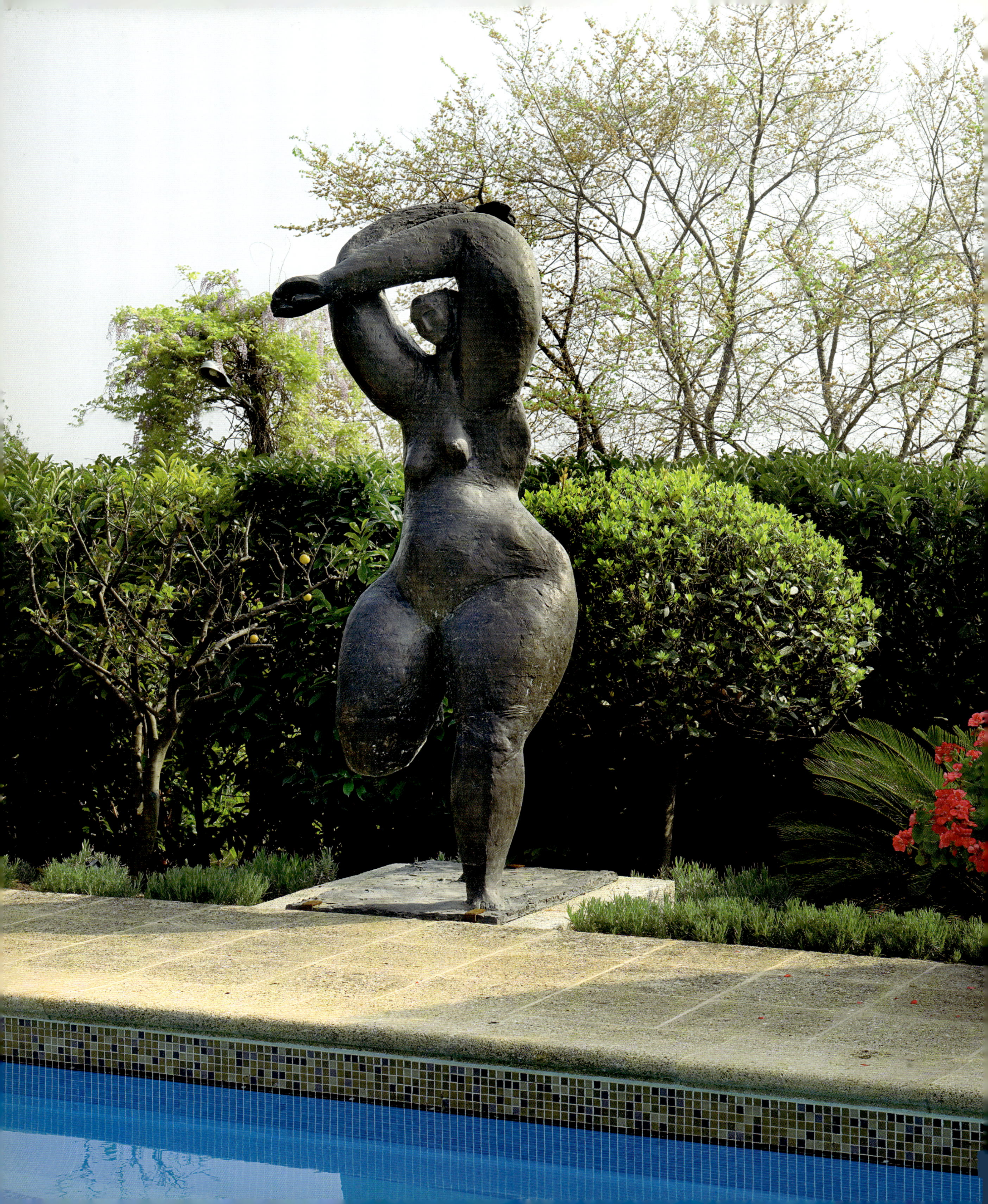

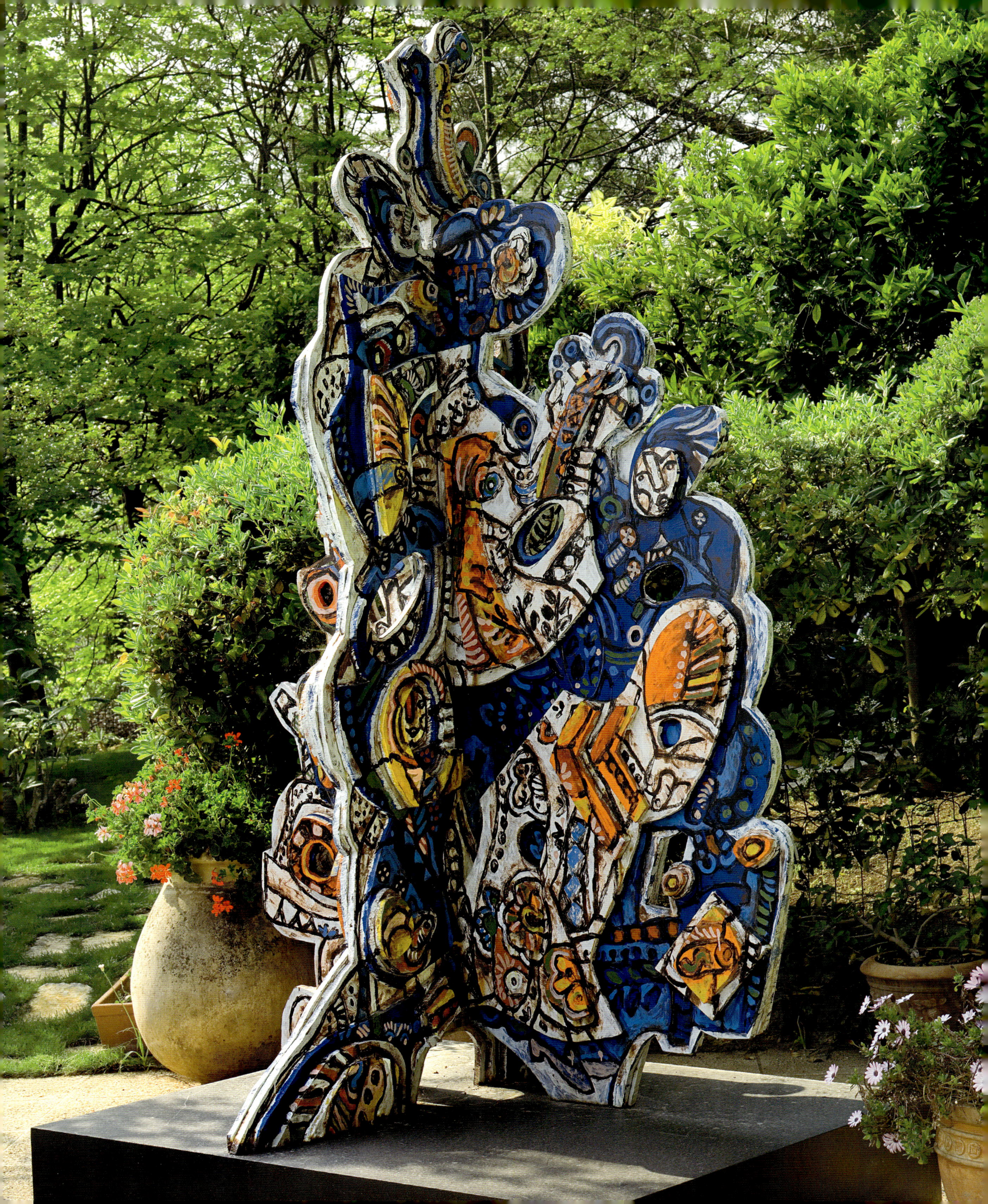

Oben: Vogelscheuche und Esel als »Wächter« des Obstgartens, wo im Frühjahr Narzissen, Iris und Rosen in die Baumblüte einstimmen.

Rechts: Der mächtige »Kopf des Moses« nimmt das Zentrum des Obstgartens ein; der Künstler hat dafür jenen Augenblick der Erzählung ausgewählt, als Moses sein Volk bei dem Tanz um das Goldene Kalb entdeckt und in unbändigen Zorn gerät.

Folgende Doppelseite, links: Seitlich des Zufahrtsweges steht die mächtige Bronzeskulptur des »Molochs«, einer phönizisch-kanaanäischen Gottheit, der nach Überlieferung des Alten Testaments Kinder als Opfer dargebracht wurden.

Folgende Doppelseite, rechts: Théo Tobiasse in seinem grünen Paradies.

laubten unteren Teil des Oleanders. Zu Füßen des Feuerdorns wiederum sorgen Töpfe, die mit überhängenden rot blühenden Geranien, Petunien, silberblättrigem Lavendel und orangerot oder violett blühenden Wandelröschen (*Lantana*) bepflanzt wurden, für einen fließenden Übergang. In diese schwingende Linie der Blumentöpfe schmiegen sich weiß und grün gestrichene Sitzbänke.

Die Idee, große und kleine Blumentöpfe auf oder entlang von Natursteinmauern oder auf Stufen zu stellen, zieht sich als Leitmotiv durch den ganzen Garten. Beidseitig einer kleinen Treppe, die linker Hand in einen Obstgarten führt, wachsen dichte Polster mit margeritenähnlichen Blüten (*Dimorphotheca*) und Lavendel, davor sorgen Töpfe mit Zyklamen und Portulak (*Portulaka Grandifolia*) für eine Rhythmisierung der Komposition. Auf einer freien Fläche zwischen den Obstbäumen zieht eine Bronzeskulptur von Théo Tobiasse die Blicke auf sich. Es handelt sich dabei um die Darstellung des übergroß dimensionierten »Kopfes des Moses«. Biblische Themen, insbesondere aus dem Alten Testament, nehmen im Schaffen des Künstlers einen breiten

Raum ein – jedoch nicht aus religiösen Gründen, wie Tobiasse nicht müde wird zu betonen. Das Alte Testament interessiert ihn vielmehr als fesselnd erzähltes Geschichtsbuch, das den Menschen als Spiegel dienen kann.

Von diesem Teil des Gartens gelangt man in einen versteckten Abschnitt, der durch eine Hecke vom Obstgarten getrennt und nur durch ein kleines Türchen erreichbar ist. Dahinter verbirgt sich der Gemüsegarten des Künstlers, in dem in üppiger Fülle Auberginen, Kürbisse, Kartoffeln und Tomaten reifen. Basilikum, Salbei, Rosmarin und andere Kräuter, die für die mediterrane Küche unerlässlich sind, ergänzen das wohlschmeckende Angebot. Von hier aus genießt man die schönste Aussicht auf St-Paul-de-Vence, da sich kein störender Neubau in den Blick schiebt.

Théo Tobiasse hat einen Paradiesgarten angelegt, der alle seine Ansprüche erfüllt: So findet man neben Bereichen für konviviales Zusammensein Obst- und Gemüsegärten – denn der Paradiesgarten von Théo Tobiasse soll mit seinen Früchten seine Bewohner auch ernähren.

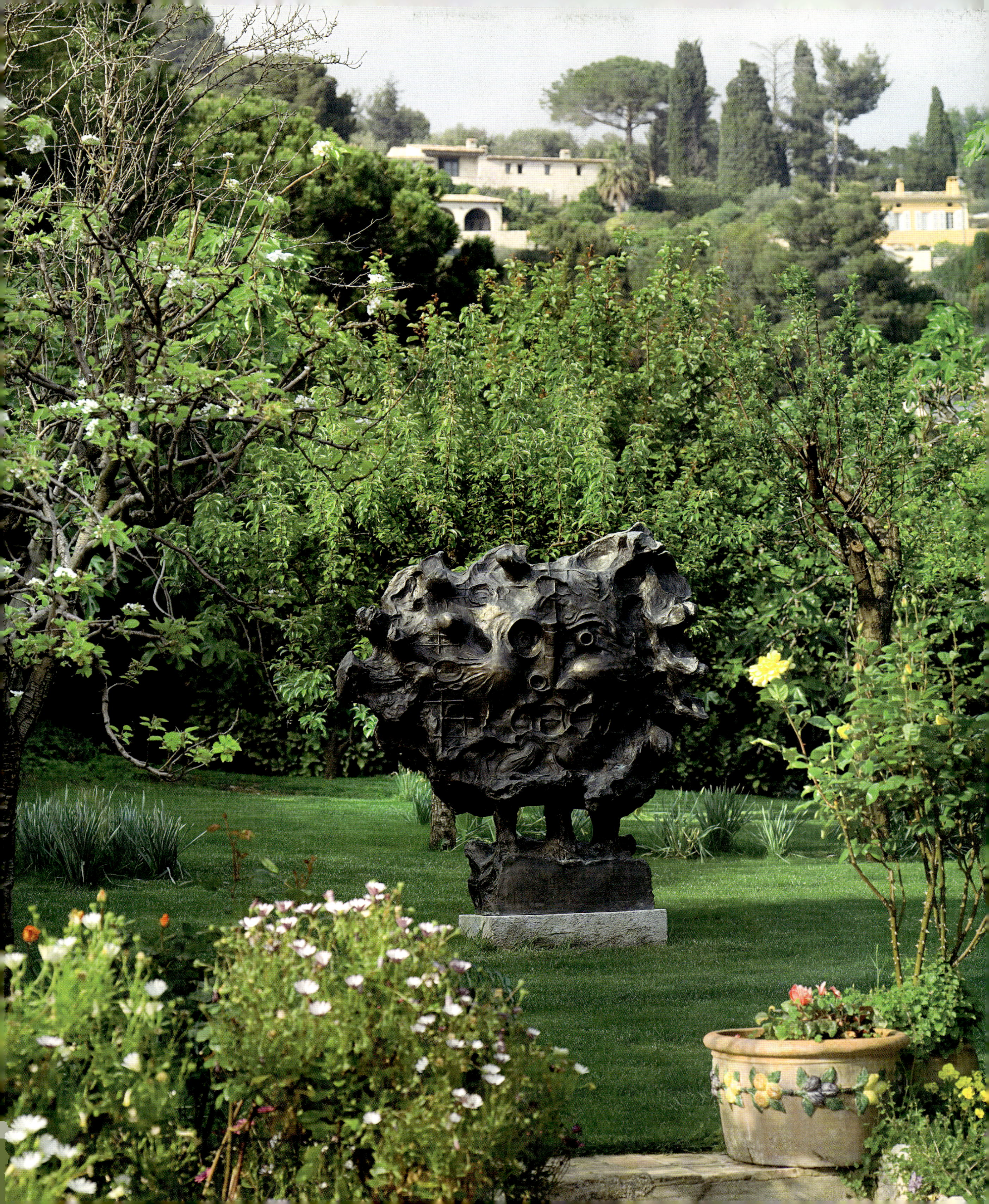

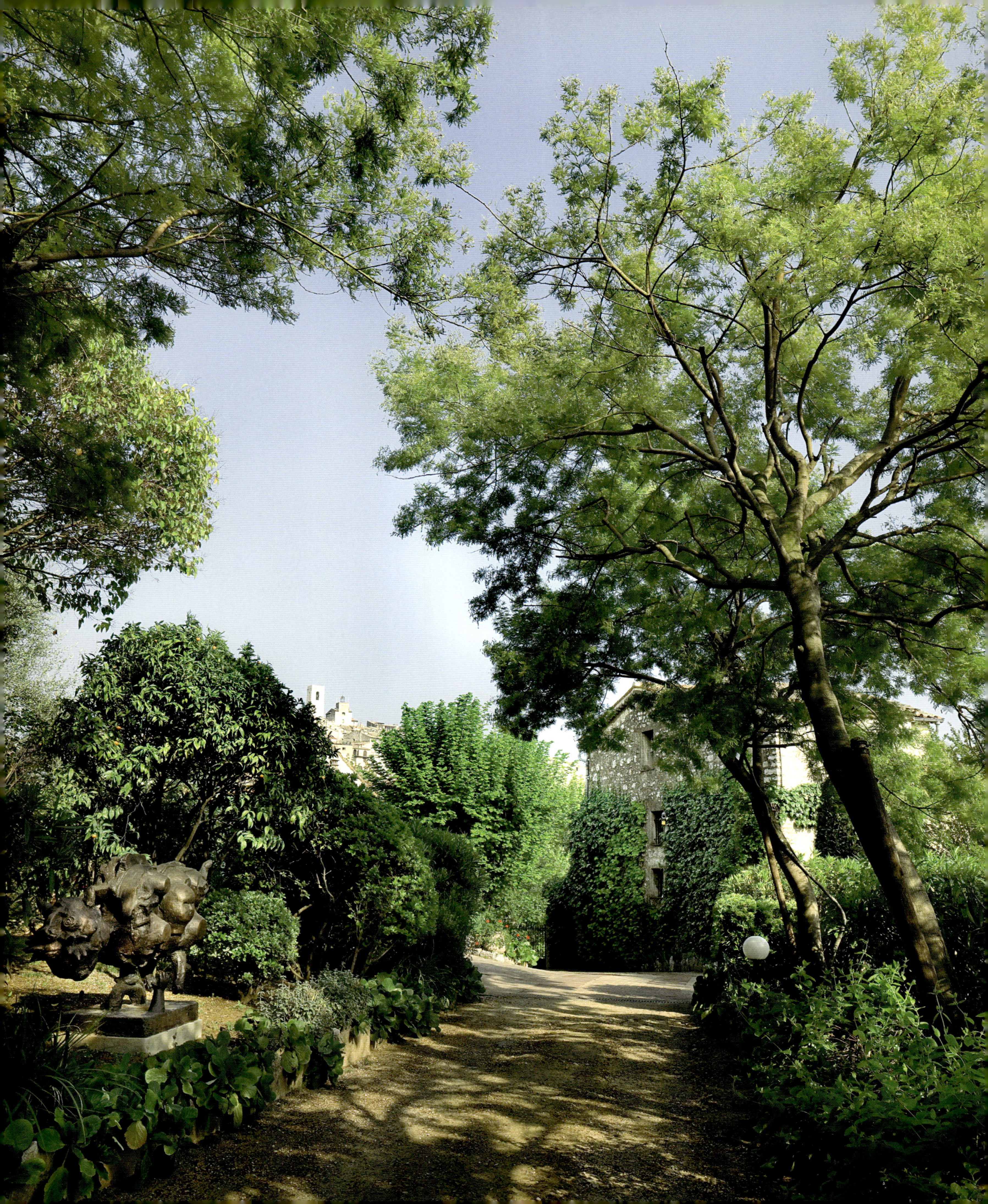

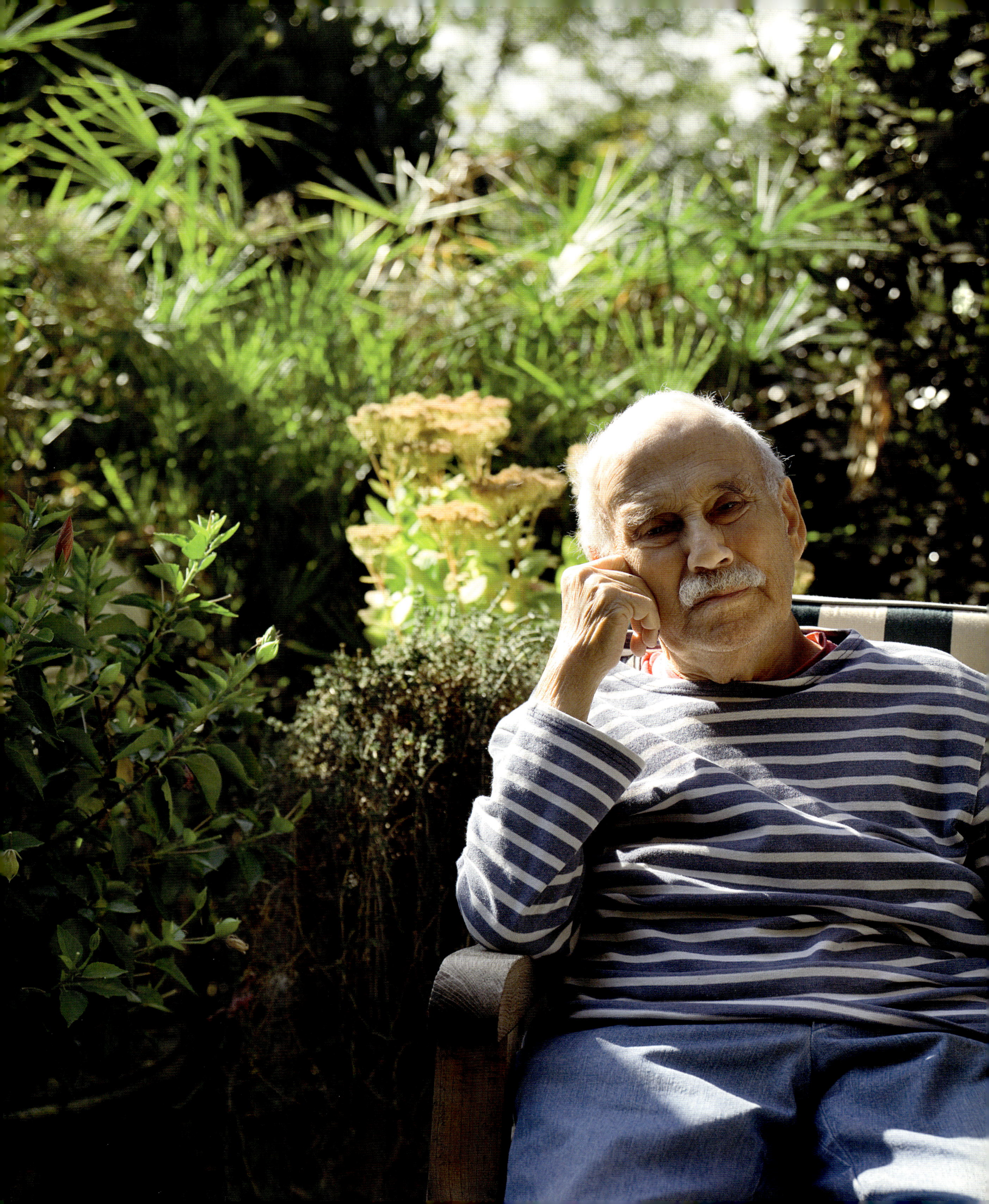

TOMEK KAWIAK

EIN GARTEN IM TASCHENFORMAT

Oben: Atelier und Wohnhaus von Tomek Kawiak befinden sich auf einem kleinen Grundstück vor den Toren von Grasse.

Rechts: Eindrucksvoll ist die Reihe der hohen Zypressen entlang dem Weg, der zum Atelier führt. Dieses Gebäude ist mit wildem Wein bewachsen, von dessen hellem Grün sich die türkisfarbenen Fensterläden absetzen.

Der Bildhauer Tomek Kawiak stammt aus Polen. 1943 geboren, erfuhr er an der Kunsthochschule von Warschau eine umfassende Ausbildung in den Fächern Malerei und Grafik, Keramik und Architektur, die er 1968 mit einem Diplom abschloss. Drei Jahre später verließ er seine Heimat und schrieb sich in Paris an der Ecole des Beaux-Arts in der renommierten Klasse von César ein. César Baldaccini (1921–1998), eines der Gründungsmitglieder der »Nouveaux Réalistes«, zählte nicht nur zu den unkonventionellsten Künstlern seiner Zeit, sondern war darüber hinaus ein begehrter Lehrer, da er seine Schüler dazu ermutigte, die ausgetretenen Pfade der Kunst zu verlassen und neue Wege zu beschreiten. Nach seinem Studienabschluss 1973 ließ sich Tomek Kawiak in Frankreich nieder. Von 1977 bis 1990 lehrte er am Institut d'arts visuels in Orléans.

Für Tomek Kawiak zählt Reisen zu den essenziellen Dingen des Lebens, da seiner Überzeugung nach das Kennenlernen anderer Kulturen den eigenen Esprit weitet und den Blick öffnet für die Unterschiede und Gemeinsamkeiten zwischen Völkern und Nationen. Der Künstler stellte mit Schmunzeln fest, dass zu den großen, weltumspannenden Gemeinsamkeiten im ausgehenden 20. und beginnenden 21. Jahrhundert nicht religiöse, philosophische oder ideologische Überzeugungen, sondern vielmehr ein Bekleidungsstück zählt, die Jeans. Anfang der 1990er Jahre begann Kawiak, diese zum Kultobjekt aufgestiegene Hose zu thematisieren. Kawiak erhob das Kleidungsstück zum Kunstobjekt und stellte es in den Mittelpunkt seiner Arbeit. Seine plastischen Werke zählen zum Bestand internationaler Sammlungen und Museen wie des Museum of Modern Art in New York, des Fonds national d'art contemporain in Paris oder des Meguro Museum of Art in Tokio.

Auch ein Weltenbummler wie Tomek Kawiak braucht ab und an ein Refugium, von dem aus er zu neuen Unternehmungen aufbrechen kann. 1990 verwirklichte sich der Künstler einen seiner Träume: Er kaufte ein Haus in St-Antoine-de-Grasse. Das Grundstück, auf dem sich das alte Bauernhaus und das Ateliergebäude befinden, ist denkbar klein. Von dem Eingangstor, das die schmalste Stelle des Grundstücks markiert, öffnet sich das einen dreieckigen Grundriss beschreibende Stückchen Land. So erhaben die hohen Zypressen entlang der Einfahrt nicht zuletzt durch ihre Größe wirken, so problematisch und kostspielig ist ihr Erhalt. Der französische Gesetzgeber schreibt vor, dass die flach wurzelnden Bäume aus Sicherheitsgründen eine Höhe von sieben Metern nicht überschreiten dürfen. Zu groß ist die Gefahr, dass ein Sturm sie entwurzelt und Menschen, Tiere, Häuser oder Sachgegenstände zu Schaden kommen. Aus diesem Grund haben sich einige Gärtnereien und Baumschulen auf die Beschneidung hoch wachsender Bäume spezialisiert, was sich solche Firmen mit stattlichen Prämien vergolden lassen.

Entlang einer niedrigen Mauer, welche die gegenüberliegende Seite des Weges einfasst, blühen im Frühling dunkelblaue Iris. Das relativ schmale Rasenstück, das sich zwischen Weg und Umzäunung

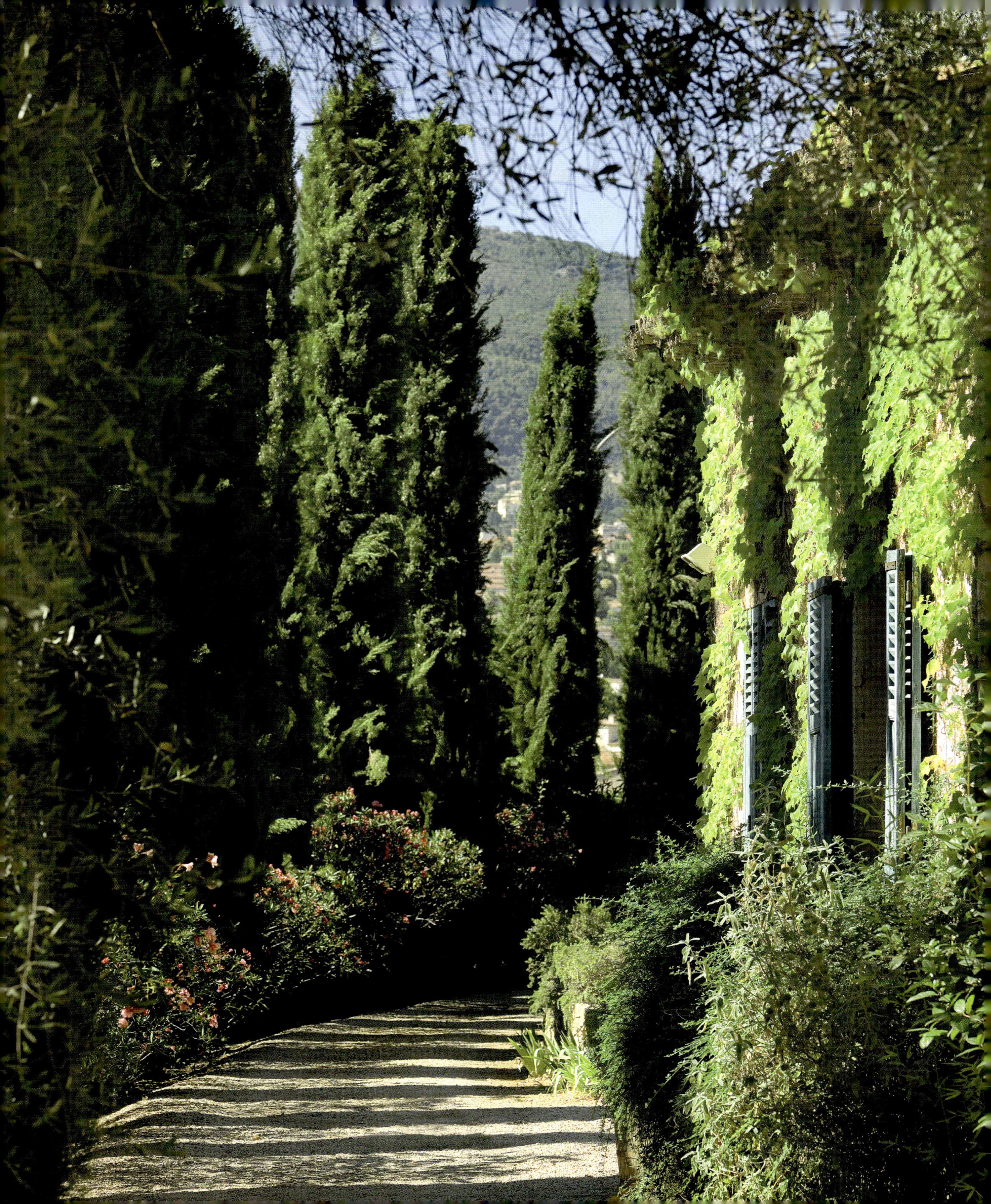

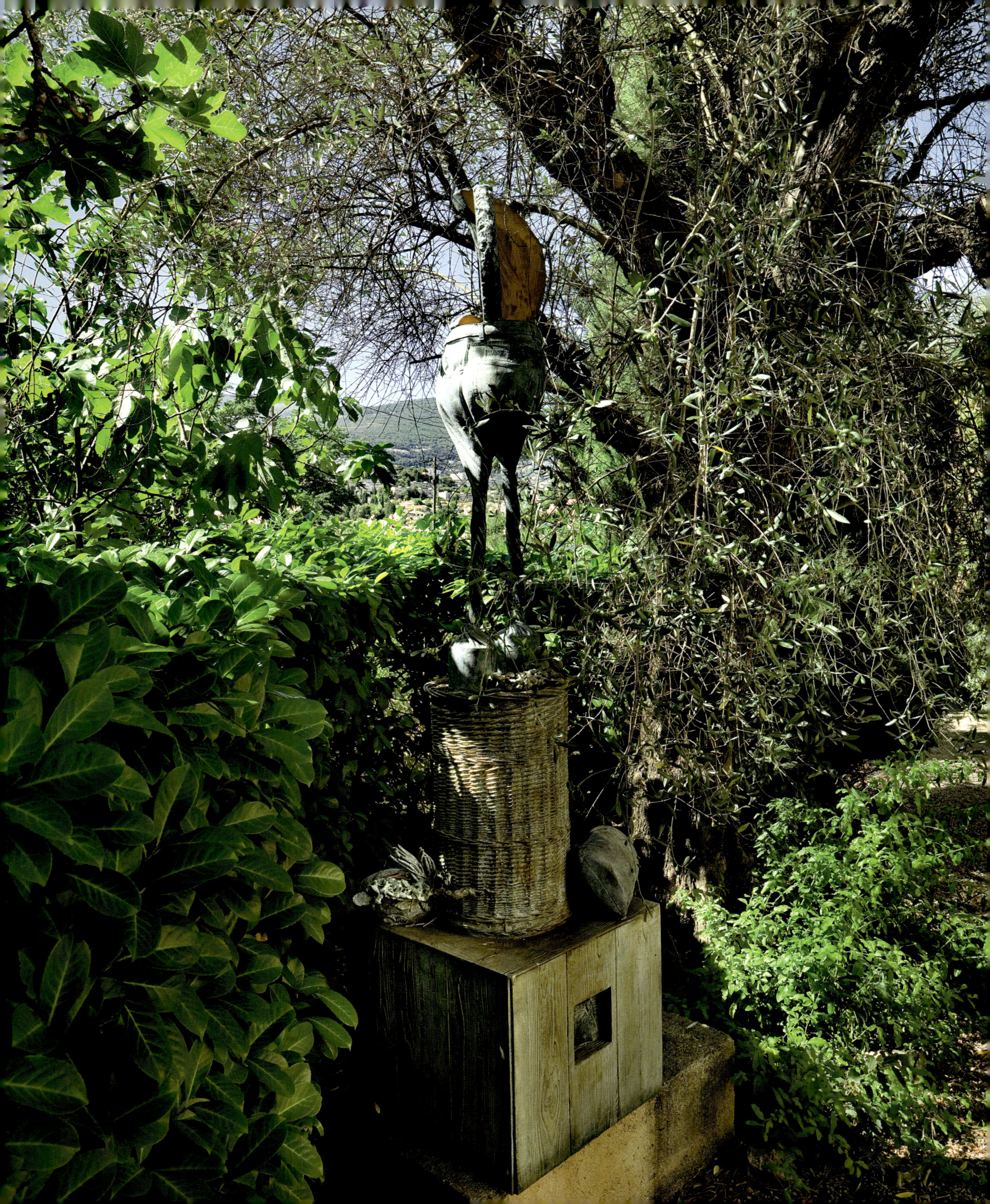

Links: Unter einer *Mimosa des quatre saisons* (*Acacia rhetinodes*) findet sich eine der unzähligen Varianten zum Thema »Jeansskulptur«: Eine Hose mit »ausgewrungenen« Beinen steht auf einem Wäschekorb, um den allerlei Gegenstände liegen.

Rechts: Alles in Jeans, der polnische Bildhauer Tomek Kawiak.

Folgende Doppelseite, links: Den Rhythmus der Zypressen aufgreifend, sind auf der gegenüberliegenden Seite des Zufahrtsweges Skulpturen in Form von Jeanshosen wie Zinnsoldaten in unterschiedlichen Größen postiert.

Folgende Doppelseite, rechts: Hohe Zypressen entlang dem weißen Kiesweg empfangen in feierlicher Strenge den Besucher. Zur Auflockerung wurden alternierend zwischen die dunkelgrünen Bäume rot blühende Oleanderbüsche gepflanzt, was dem Ensemble eine reizvolle Rhythmisierung verleiht.

spannt, nutzt Tomek Kawiak dazu, um hier einige seiner Skulpturen aufzustellen, die den Eintretenden begrüßen. Da findet man zunächst den Jeansmann »Unisex Jeans« mit seinen hocherhobenen Armen. Ein überdimensionaler Strohhut verdeckt vollständig den Kopf, die Jeansjacke ist weit offen. Die Hose selbst gibt Rätsel auf: Das rechte Hosenbein ist dreidimensional, steckt in einem festen Schuh und lässt somit den Rückschluss auf eine männliche Person zu, die sich wohl in diesem Aufzug befinden könnte. Das linke Hosenbein hingegen erscheint flach wie frisch gebügelt und verrät durch den Blumendekor, der entlang der Hosennaht »aufgenäht« ist und vor allem durch den darunter hervortretenden Stöckelschuh, dass es sich bei der Trägerin der Hose wohl eher um eine Frau handelt.

Dahinter erscheint die weit überlebensgroß dimensionierte Skulptur einer linken vorderen Jeanstasche. Hier prangen in den Sommermonaten Kästen mit üppig rot blühenden Hängegeranien. Geht man weiter, wird man der nach Größe gestaffelten, hintereinander gestellten, teils ausschreitenden, teils stehenden Jeanshosen in Schuhen gewahr; eine »Göttin des Überflusses« (1999–2000) sowie ein »Jeansengel« (2000) komplettieren das Ensemble.

Tomek Kawiak löst die Jeans, die in der Mitte des 19. Jahrhunderts als Arbeiterhose für Goldgräber und Cowboys in den Vereinigten Staaten erfunden wurde, aus ihrer festgelegten Zuordnung zu einer bestimmten sozialen Schicht, indem er das edle Material der Bronze wählt. So erfährt das an sich banale Sujet allein durch die Wahl des Werkstoffs eine Nobilitierung, die jedoch durch die Vollendung des Kunstwerks mit einer Patina in typischem Jeans-Blau zumindest von ihrem äußeren Aspekt wieder zurückgenommen wird. Teil der »Philosophie« von Liebhabern dieser blauen Hosen ist es, dass die Uniformität der Beinkleider durch die Körperform ihres Trägers verschwindet und so ihr eigenes »Gesicht« bekommt und zu einem Unikat wird. Wie die äußere Hülle so ist auch der Inhalt der Taschen individuell. Tomek Kawiak verbindet beides: die Hose und den überdimensional aus der Hosentasche quellenden Inhalt, der dem Kunstwerk letztlich seine tiefere Aussage verleiht. Dies können Geldscheine sein oder Früchte oder die Werkzeuge einer Zunft wie etwa Pinsel und Palette oder Lineal und Winkelmaß. Zugleich spielt Kawiak auf eine Redewendung im Französischen an: »Mettre la main à la poche«, was die finanzielle Beteiligung einer Person an einer Sache meint, im weiteren Sinne jedoch ein Engagement jedweder Art anspricht. Diesen persönlichen Einsatz versinnbildlicht der Künstler anhand der Gegenstände, die er als Inhalt in die Hosentaschen steckt: Hier erkennt man, ob der Träger der Jeans politisches oder persönliches Engagement besitzt oder einfach nur seinen Träumereien nachhängt. Das Blau der Jeans-Skulpturen hebt sich effektvoll vor dem Grün der niedrig gestutzten Büsche ab, die sich vom Weg aus gesehen ins Bild schieben, dahinter bildet eine dichte Wand aus Zedern eine dunkle Hintergrundfolie.

Das vordere der beiden Gebäude ist das Atelier. Wie das Wohnhaus dahinter ist das niedrige Haus mit freundlichem, rosafarbenen Verputz verkleidet, türkisblau leuchten davor die Fensterläden. Die hellgrünen Blätter des wilden Weins, der die gesamte Südwand bis unters Dach überwuchert, runden die Farbtrias ab. In einem schmalen Beet entlang der Hauswand blühen vereinzelt Büsche. Zwischen Atelier und Wohnhaus erstreckt sich noch einmal ein kleinerer Kiesplatz, auf dem, von wildem Wein und am Sockel von Verbenen umrankt, weitere Skulpturen des Künstlers aufgestellt sind. An der Hausmauer klettert blau blühende Bleiwurz (*Plumbago auriculata*) empor, ein schnell wachsender, immergrüner Spreizklimmer. Erst hier geht auf der gegenüberliegenden Seite des Kiesweges die hohe Reihe der Zypressen in eine niedrigere Hecke aus dichtem Kirschlorbeer über. Das helle Grün der glänzenden Blätter hebt sich gefällig vor dem strengen Dunkel der hohen Bäume ab.

Der Blick in die Landschaft bleibt frei, denn von hier aus gelangt man über ein paar Stufen auf die

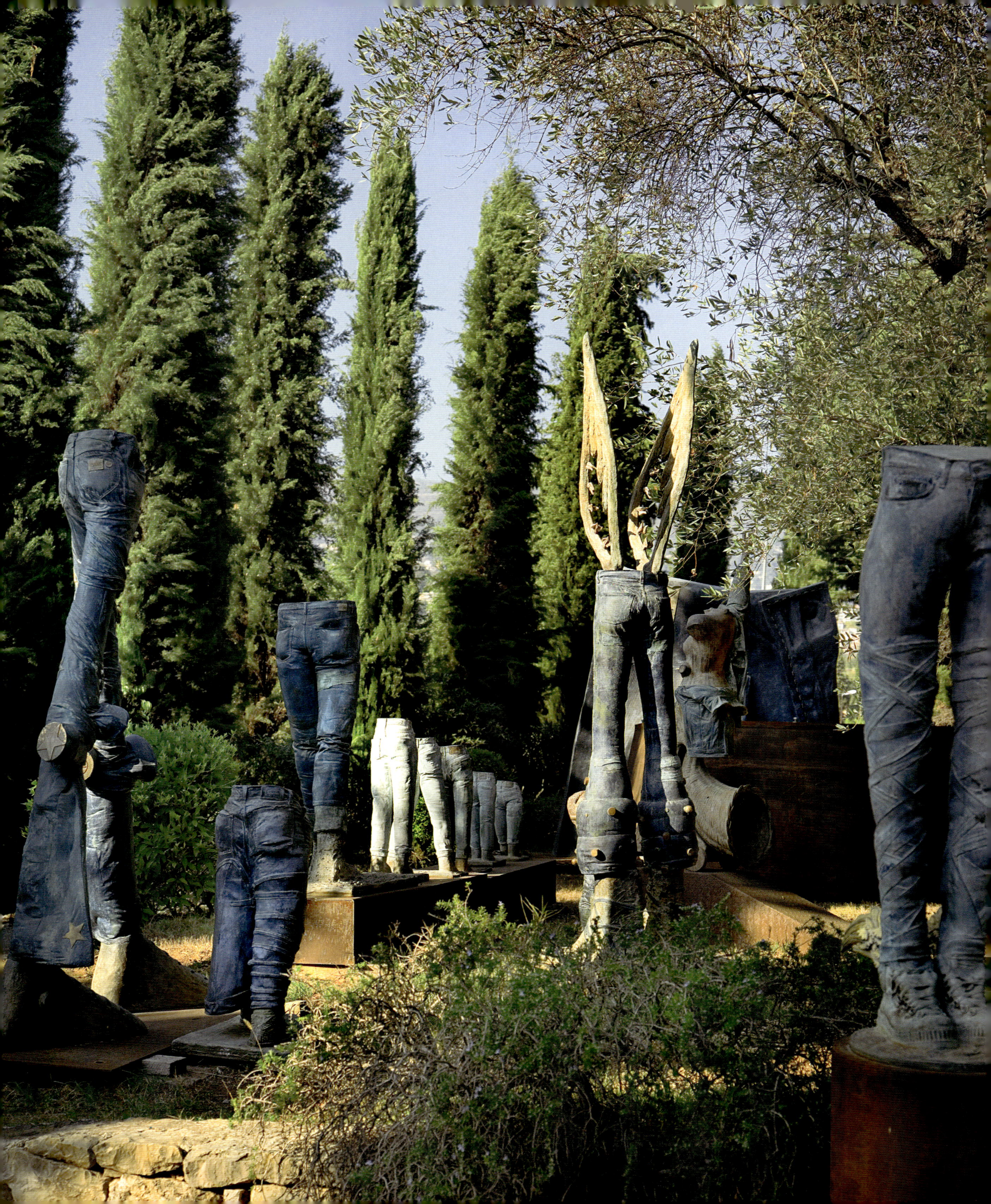

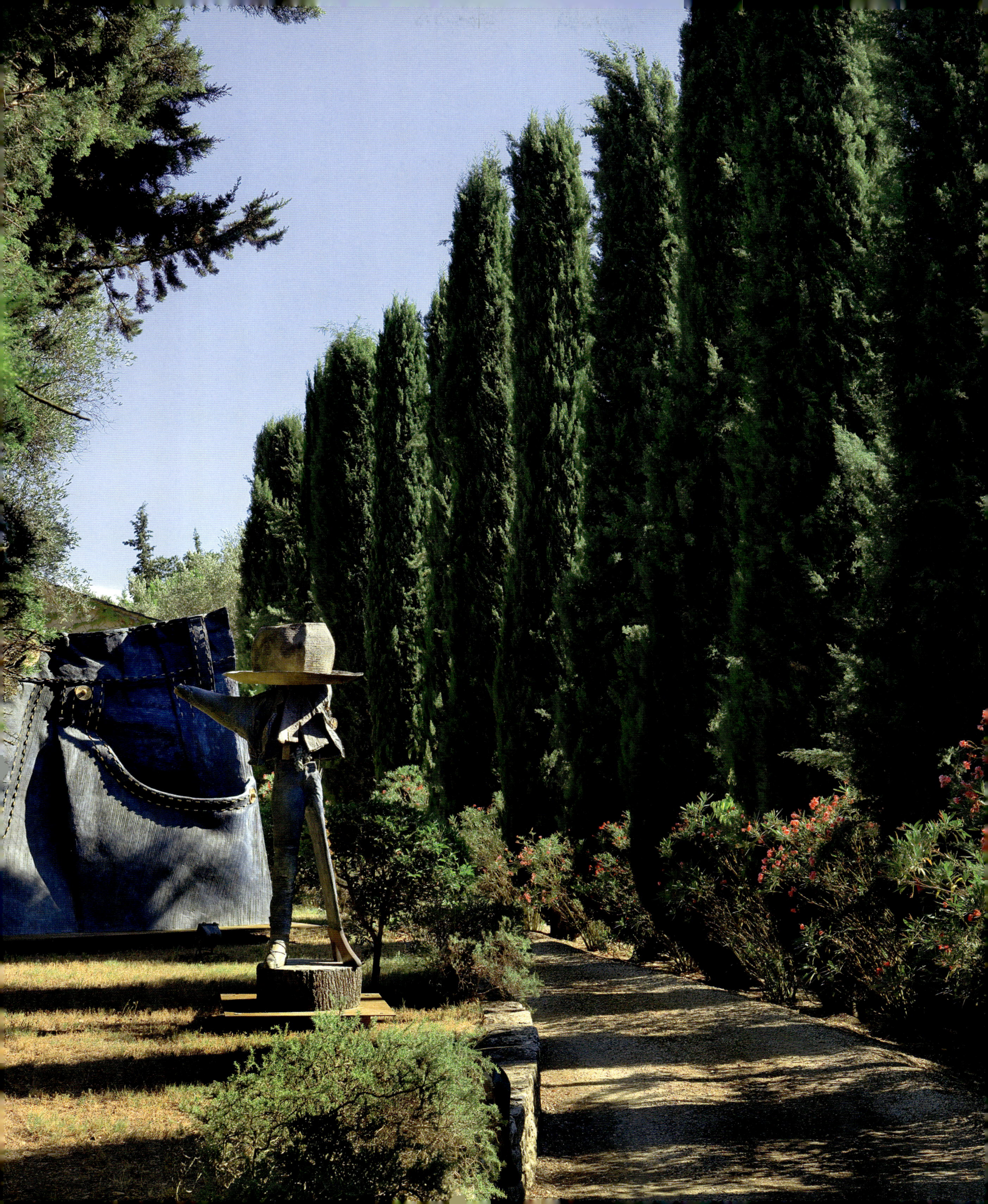

Oben: Nicht nur die den Jeans nachempfundenen Skulpturen sind in das charakteristische Blau getaucht, auch andere Objekte aus Bronze, wie etwa der »Mann mit den Vögeln« oder der »Hochsitz«, sind in derselben Farbe gefasst.

Rechts: Wie der Götterbote Hermes besitzt diese mit gekreuzten Bändern geschnürte Jeans geflügelte Schuhe. Der griechischen Sagengestalt vergleichbar, die sich schneller als das Licht von einem Ort zum nächsten bewegen konnte, verbreitete sich auch die Beliebtheit der blauen Hose über den ganzen Erdball.

Terrasse des lang gestreckten Wohnhauses. Wie schon beim Atelier lebt das Haus von dem reizvollen Farbkontrast der türkisblauen Fensterläden vor rosaroter Fassade. Entlang der Hausmauer stehen in loser Reihung große, zum Teil bauchige Blumentöpfe, deren naturbelassene Farbe gebrannten Tons harmonisch auf die Hausfassade so wie die Kachelung des Bodens abgestimmt ist. Die als Topfpflanzen gezogenen Zitronen- und Lorbeerbüsche sind in Form hochstieliger Bäumchen gestutzt, dazwischen blüht gelb eine Färberkamille (Anthemis tinctoria). Eine Laube mit echtem Wein überwächst die Terrasse und spendet dunklen Schatten.

Über drei Stufen gelangt man in den schmalen Streifen des Gartens, der sich vor der Terrasse befindet. Dort unterstreichen alte Olivenbäume das durch und durch mediterrane Ambiente des Anwesens. Dunkelviolett blühende Verbenen verschönern in einem parallel zur Terrasse angelegten Beet den Blick auf das Haus.

In der Längsachse des Gebäudes schließt ein Schwimmbad das Ensemble ab. Das kühle Nass wird von hohen Zypressen eingerahmt, dazu gesellen sich rot blühender Oleander, der auch hier zu hochstieligen Bäumchen geschnitten wurde, und als buschige Topfpflanze gezogene Bleiwurz.

Der Garten von Tomek Kawiak erinnert nicht von ungefähr in manchem Element an Gärten in der Toskana, jener Region Italiens, die der Künstler wie seine zweite Heimat kennt, da er dort einige Jahre gelebt hat. Noch immer zieht ihn die Arbeit in die nördliche Toskana nach Pietrasanta mit seinen bedeutenden Bronzegießereien, die renommierte Künstler aus ganz Europa zu ihren Kunden zählen dürfen. Nur das ungewöhnliche Blau der Fensterläden erinnert weniger an die Toskana als vielmehr an das Blau der – Jeans.

Tomek Kawiak wählte für sein südfranzösisches Domizil bewusst einen kleinen, pflegeleichten Garten, da er sich jederzeit die Freiheit bewahren wollte, auf Reisen gehen zu können. Einen großen Koffer hat der Künstler im Sommer 2006 gepackt, als er sich ein Haus im marokkanischen Tanger kaufte.

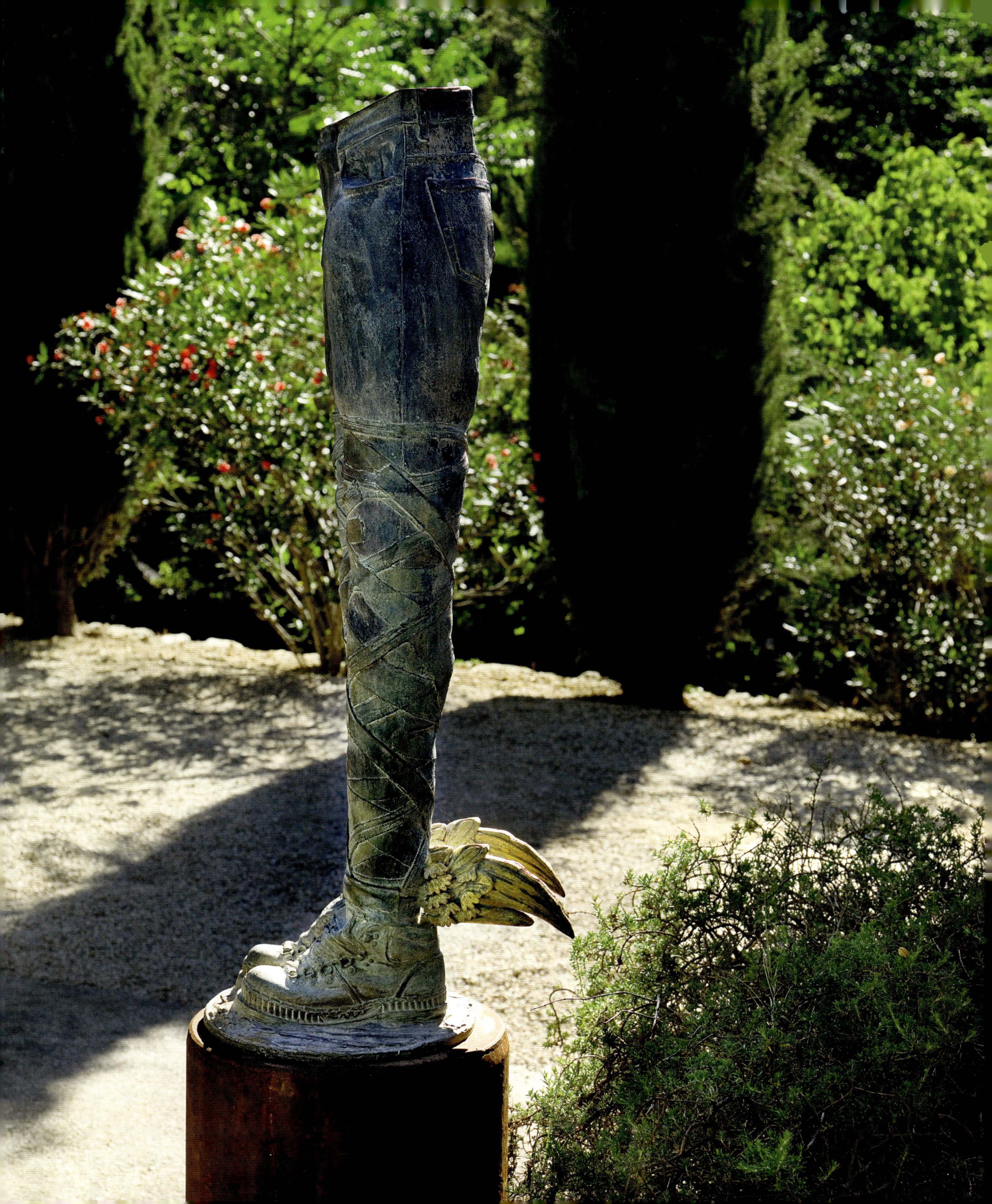

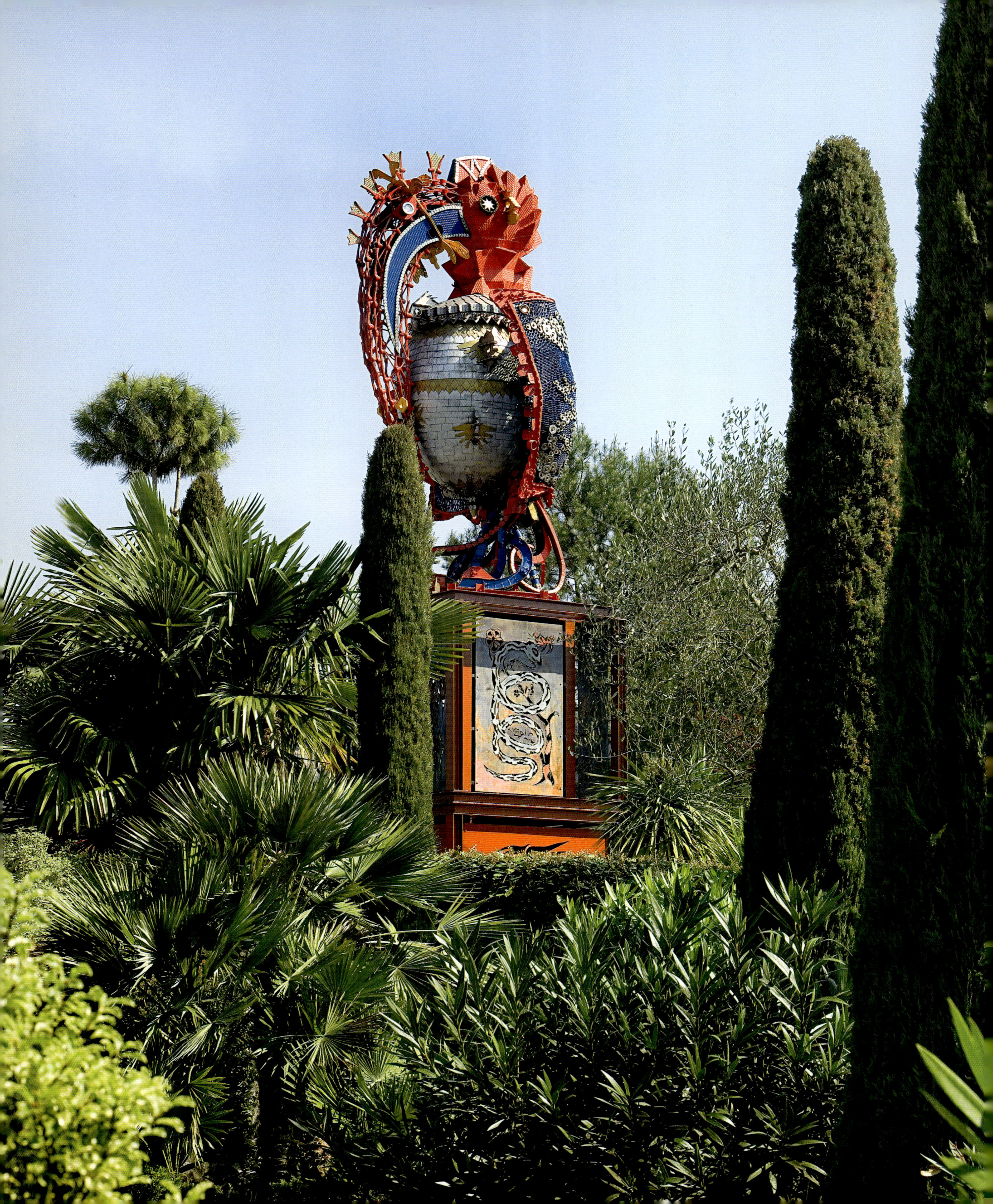

YVON LE BELLEC

EIN AFRIKANISCHER TRAUM

Yvon Le Bellec wurde 1924 in dem kleinen bretonischen Ort Plonéour-Lanvern geboren. Seine Familie führte den Knaben in traditionelle bretonische Handwerkskünste ein: Der Großvater, ein Schmied, lehrte ihn den Umgang mit Eisen, durch die Arbeit seiner Mutter waren ihm Kunststickerei und Klöppelei vertraut. Die komplizierten Mustervorlagen dafür faszinierten den Jungen und animierten ihn zur Nachahmung der Motive in eigenen Zeichnungen. 1939 bis 1944 studierte Le Bellec an der Fachhochschule für Industrie und Architektur in Paris und arbeitete nach Abschluss des Studiums in verschiedenen Architekturbüros.

1948 nahm Yvon Le Bellec an einer Ausschreibung des Ministeriums für französische Überseeprovinzen teil. Gesucht wurden Entwürfe für tropentaugliche, ökonomisch günstige Gebäude. Der Künstler gewann die Ausschreibung, ließ sich an der afrikanischen Küste, die ihm zur zweiten Heimat wurde, nieder und teilte fortan sein Leben zwischen Frankreich und Afrika. Schicksalhaft war die Begegnung des Künstlers mit dem Arzt und nachmaligen Präsidenten der Elfenbeinküste, Félix Houphouët-Boigny. Die beiden Männer verband bald eine tiefe Freundschaft, die bis zum Tod des »Sage de l'Afrique« (»Weisen von Afrika«) im Jahr 1993 währen sollte. Le Bellec, der sein Können schon mehrfach unter Beweis gestellt hatte, war bis dahin zum ersten Architekten des Präsidenten aufgestiegen und wurde mit zahlreichen öffentlichen Aufträgen bedacht. Seine Tätigkeit als Architekt und Bauunternehmer ließ in diesen Jahren nur wenig Raum für seine bildhauerische Arbeit.

Yvon Le Bellec bevorzugt für seine überdimensionalen Skulpturen das Material Eisen, das er auf vielfältige Weise verarbeitet. Die Skulpturen stellen oftmals Gestalten dar, die der afrikanischen Mythologie und Symbolik entspringen, und setzen sich aus einem komplizierten System von punzierten und in unterschiedliche Formen geschnittenen Plättchen, dünnen, ineinander verflochtenen Eisenfäden sowie breiten, kunstvoll geschlungenen Bändern zusammen. In der Großzügigkeit des Formats – die Gestalten sind ausnahmslos überlebensgroß – atmen die Skulpturen die Weite Afrikas; die gleichermaßen kunstvolle wie aufwendige Verarbeitung des Eisens, das ihm als Material aus seinen Kindertagen vertraut ist, erinnert unweigerlich an die komplizierten Strukturen bretonischer Spitzenklöppelei und ist somit Zeuge von Le Bellecs Wurzeln.

Wer glaubt, dass es eines riesigen Terrains bedarf, um außerhalb des schwarzen Kontinents die Weite Afrikas mit all seinen Mythen und fantastischen Gestalten auferstehen zu lassen, kennt den Garten rund um Yvon Le Bellecs Atelier nicht. Anfang der 1990er Jahre richtete sich der Künstler in Mougins an der Côte d'Azur eine Arbeitsstätte ein, an der er sich ausschließlich seinem bildhauerischen Werk widmet. Das Wohnhaus seiner Familie liegt davon räumlich abgesetzt in Cannes. Beide Häuser besitzen einen Garten: Während der 4500 Quadratmeter große Garten des Wohnhauses mit seinen Palmen und dem kurzen Rasen parkähnlichen Charakter besitzt, verdeutlicht der sehr viel kleinere Garten, den Yvon Le

Die rund zehn Meter hohe, leuchtend bunte Skulptur des »Calao«, eines exotischen Vogels mit langem, gebogenem Schnabel, erhebt sich über alle Büsche und Bäume und ist das höchste Element in der Gestaltung des Ateliergartens.

Bellec rund um sein Atelier anlegen ließ, mit all seiner Originalität und Verspieltheit, dass es sich hier um das alleinige Reich des Künstlers handelt.

Nähert man sich auf der Straße dem Grundstück, auf dem das Atelier steht, so wird man schon von Ferne der Skulptur des »Calao« gewahr. Erstaunt stellt man fest, dass sich diese Skulptur gar nicht auf dem Areal von Atelier und Garten befindet. Le Bellec hat ein kleines Stück Land, das durch einen Weg von Haus und Garten getrennt ist, eigens für die Aufstellung dieser Skulptur erstanden, die, obwohl räumlich vom Hauptteil des Gartens getrennt, in dessen Komposition eine wesentliche Rolle spielt. Man gelangt durch ein großes Tor in die Einfahrt, die linker Hand von einem breiten Grünstreifen eingefasst ist. Vor einer Wand aus dichten Koniferen stehen alte, knorrige Olivenbäume. Effektvoll sind zwischen den Bäumen zwei riesige Terrakotta-Amphoren platziert, aus denen, Mikadostäben gleich, langstielige Bambusstämme staken. Unterschiedlich große Buchsbaumkugeln säumen den Rand, und Lavendelbüsche bilden mit ihrem silbrigen Blattgrün eine optische Klammer mit den Baumkronen der Olivenbäume. Der Weg führt um das Haus und mündet in den Arbeitshof, wo Hebekräne und zum Transport bereite Skulpturen stehen. Hier befindet sich auch der Eingang zu einem dem Atelier angeschlossenen Wohnbereich, vor dessen Fassade gleich Zinnsoldaten eine Reihe hoher, extrem schmaler Scheinzypressen (*Chamaecyparis lawsoniana »Columnaris«*) wacht. Dieses Motiv der hohen, schlanken Säule wiederholt sich in zwei rostfarbenen Säulen rechter Hand des Eingangs und einem mit roten und blauen Fliesen gekachelten quadratischen Pfeiler. Die Trias der Primärfarben Rot, Blau und Gelb zieht sich als roter Faden durch die Gestaltung von Haus und Garten. Während am Außenbau des Ateliers an markanten Stellen tragende Elemente oder Fliesen in einer der drei Farben angebracht sind, leuchten vor dem Grün der Gartenpflanzen – es wurde bewusst auf blühende Stauden, Büsche und Bäume verzichtet – die Skulpturen von Yvon Le Bellec in den Primärfarben.

Steinplatten führen um das als niedrigen Pavillon errichtete Atelier in den Garten. Nach links hin öffnet sich eine Rasenfläche, die in eine Böschung übergeht, wo eine dichte Koniferen-Hecke die Grundstücksgrenze markiert. Inmitten des Rasens steht auf zwei blauen Stützen eine Eisenskulptur des Künstlers. Die Linearität des Kunstwerks korrespondiert mit den nadeldünnen Koniferen, welche die Skulptur umgeben, derselben Spezies, die dem Besucher schon vor dem Haus begegnet ist. Alte Olivenbäume bilden in ihrer Urwüchsigkeit einen reizvollen Kontrast dazu.

Über drei Stufen gelangt man auf eine Terrasse, welche die Verbindung zwischen Atelier und Garten darstellt. Die Stufen wie auch die Terrasse selbst bestehen aus rot gestrichenen Eisenträgern beziehungsweise einem eisernen Gittergeflecht, das dem Ensemble trotz der Härte des Materials Transparenz verleiht. Vor dem Haus erstreckt sich über unregelmäßigem Grundriss ein großzügig angelegter Seerosenteich. Über das klare Wasser spannt sich in weitem, sanften Bogen eine eiserne Hängebrücke, deren seitlich verlaufende Träger leuchtend rot gestrichen sind. Die Konstruktion wird von Stahlseilen gehalten, die sich als Strahlen aus einer gelben Sonnenscheibe herausbewegen oder, umgekehrt betrachtet, sich in ihr bündeln. Diese dergestalt ästhetisierte Verankerung bildet das Zentrum des oberen Querträgers eines der Fassade vorgeblendeten, blau und rot gestrichenen Eisentores.

Von der Eisenterrasse aus genießt man den abwechslungsreichsten Blick in den Garten. Ein mit schneeweißen, großen Rundkieseln bestreuter Weg führt entweder nach links über die Brücke oder geradeaus auf die mit verschiedenen Koniferenarten und Palmen bepflanzte Böschung, die den Teich nach hinten hin abschließt. Große, gelbtonige Steine fassen beidseitig den Weg ein, flachere Steine derselben Farbe bilden einen »Gehweg im Gehweg«. Es ist ein Spiel mit Farben und Elementen und zugleich eine Notwendigkeit, da das Gehen auf den groben, weißen Rundkieseln überaus unbequem ist. Ein bronzener Seehund nimmt auf dem größten Stein vor der Terrasse Platz, als wollte er sich um die zu Kugeln gestutzten Buchsbaumbüsche herum auf den Weg ins Wasser machen. Niedrig wachsende Wacholdergewächse ragen zwischen den Steinen der hinteren Böschung hervor. Der Charme der Juniperus-Arten besteht in ihren variierenden Grüntönen, das von leuchtendem Gelbgrün bis zu Silbergrün reicht. Dazwischen lockert das glänzende Blattgrün von Fächerpalmen die Struktur der Nadelhölzer auf. Im Hintergrund leuchten in Sommer und Herbst die orangefarbenen Früchte des Feuerdorns (*Pyracantha coccinea »Orange Glow«*). Blickfang an der Böschung ist wegen ihrer ungewöhnlichen Form eine Hänge-Blau-Zeder (*Cedrus atlantica »Glauca Pendula«*), die auf einen einzelnen, mehr oder minder horizontal wachsenden Hauptstamm zurückgeschnitten wurde und so einen besonderen Akzent im Gesamtbild des Gartens setzt. Die Spitzen von

Wie ein Fluss windet sich der aus schneeweißen, großen Rundkieseln angelegte Weg vor dem dichten Geflecht von Grüntönen. Yvon Le Bellec, hier auf einer Steininsel inmitten des Weges, lässt mit seinen Skulpturen afrikanische Mythen in seinem Garten aufleben.

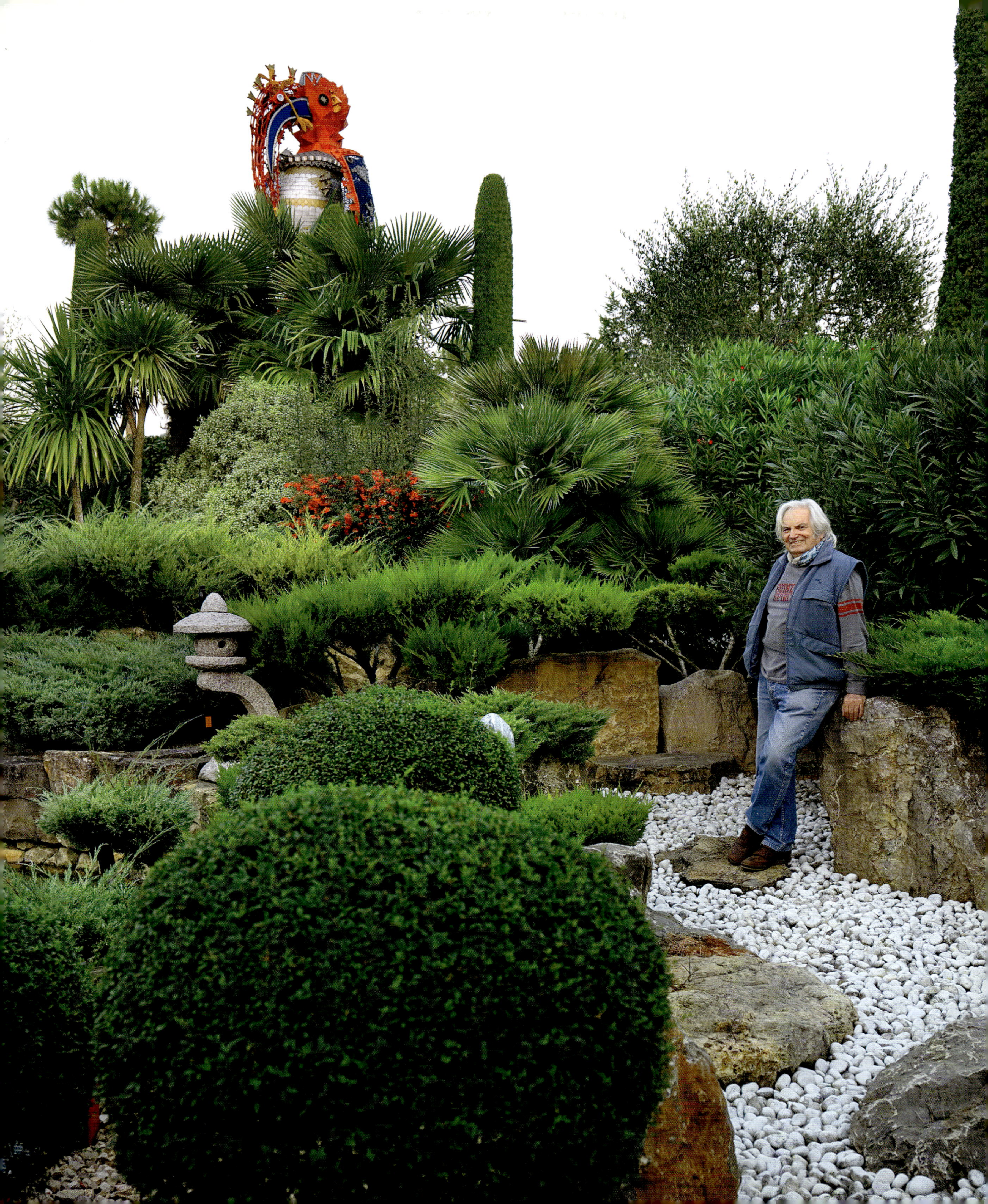

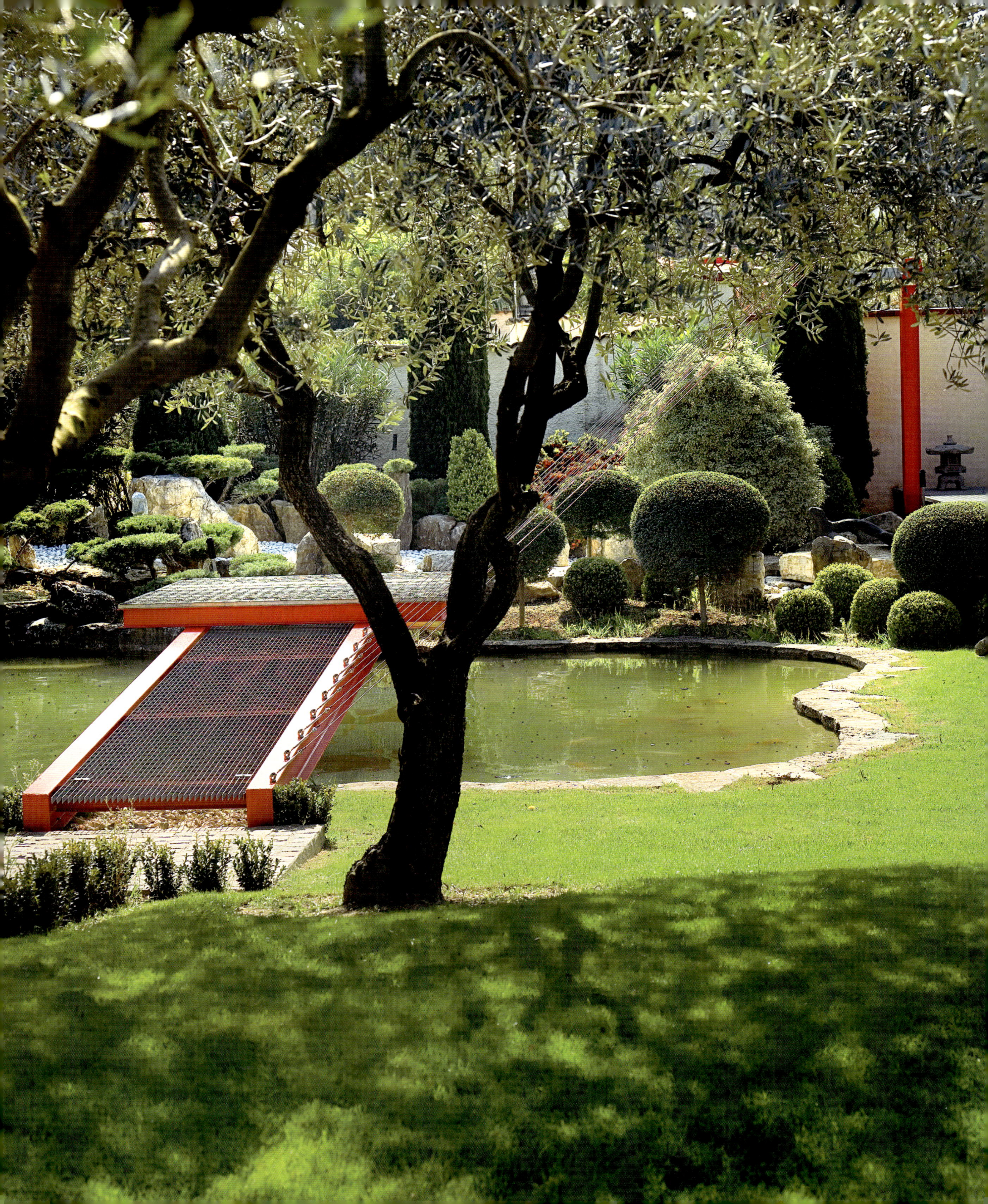

Oben: Überquert man die Brücke, die vom Haus über den Seerosenteich führt, so gelangt man über vier gemauerte Stufen zu einer – selbstredend funktionslosen – roten Telefonzelle englischen Stils.

Links: Le Bellec überlässt nichts dem Zufall oder der Willkür der Natur. Die gestutzten Büsche und Bäume stehen in charmantem Kontrast zu den knorrigen Ästen der Olivenbäume.

Folgende Doppelseite, links: In einen roten Rahmen gespannt, schiebt sich eine blaue Spirale vor leuchtend gelbe Sonnenstrahlen.

Folgende Doppelseite, rechts: Der blaue Rahmen, durch welchen man eine Monumentalskulptur erblickt, ist ein Hebekran, mit dem die tonnenschweren Objekte verladen werden.

nadelförmigen, schlanken Scheinzypressen ragen aus dem dichten Geflecht von Grüntönen hervor und leiten optisch zu dem höchsten Element der Gartengestaltung über, dem roten Kopf des »Calao« mit seinem tief auf die Brust hinuntergebogenen Schnabel, der, was von hier aus jedoch nicht sichtbar ist, auf dem oben erwähnten Grundstück jenseits der Zufahrtsstraße steht. Mit dem »Calao« taucht hier ein letztes Mal, eingebettet in tiefes Grün, die Farbtrias Rot-Blau-Gelb auf, die in den roten Perlen des Feuerdorns schon angedeutet wird. Mit diesem Kunstgriff vollendet Yvon Le Bellec die Komposition seines Gartens.

Während Yvon Le Bellec den Garten seines Ateliers in der Gesamtanlage stark »personalisiert« hat, wirkt jener des Wohnhauses in Cannes wie ein weitläufiger, herrschaftlicher Park. Eine lange Einfahrt führt hügelan zum Wohnhaus und wird von einem geschwungenen Eisenbogen überfangen. Rechter Hand unterstreicht die mächtige Staude einer Paradiesvogelblume (*Strelitzia reginae*) den exotischen Charakter des Eingangsbereichs. Linker Hand verläuft ein breites, von einer nach oben hin niedriger werdenden Steinmauer abgestütztes Beet. Der sanfte Anstieg des Beetes gewährleistet zum einen günstige Wachstumsbedingungen für niedrige Wacholdergewächse und Wandelröschen (*Lantana*), die als Bodendecker vor Schein-Zypressen, Magnolienbäumen, Mimosen und an der Mauer hochklimmenden Drillingsblumen (*Bougainvillea*) gedeihen. Zum anderen erlaubt dieser Kunstgriff einen optisch gelungenen Übergang zwischen der relativ steilen Auffahrt und dem flachen Vorplatz.

Dem leichten Schwung der Hausmauer folgt ein dreigeteiltes Hochbeet. Auf englischem Rasen steht eine Marmorskulptur von Yvon Le Bellec mit anthropomorphen Formen. In geschwungener Linie fassen nur wenige Zentimeter hohe Steinplatten den folgenden, mit hellen Rundkieseln belegten Abschnitt des Beetes ein, in den Fächerpalmen-Arten gepflanzt sind. Zwischen den Palmen leuchtet blau eine großformatige Jeans-Skulptur von Tomek Kawiak. Aus der Hosentasche staken unter anderem Lineal und Zollstock, Zeichen der Baumeister- und Architektenzunft. Die Skulptur ist Ausdruck der Freundschaft,

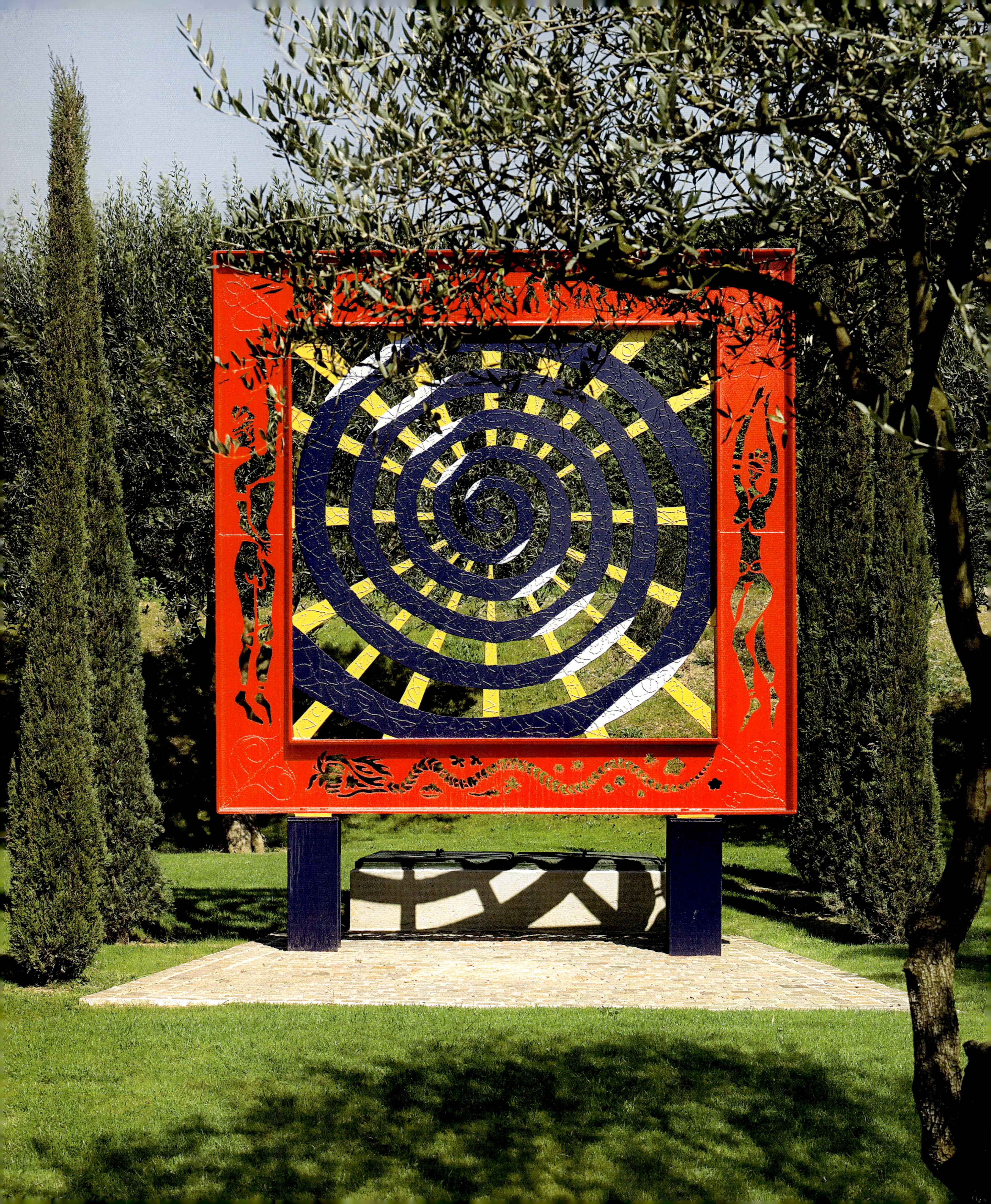

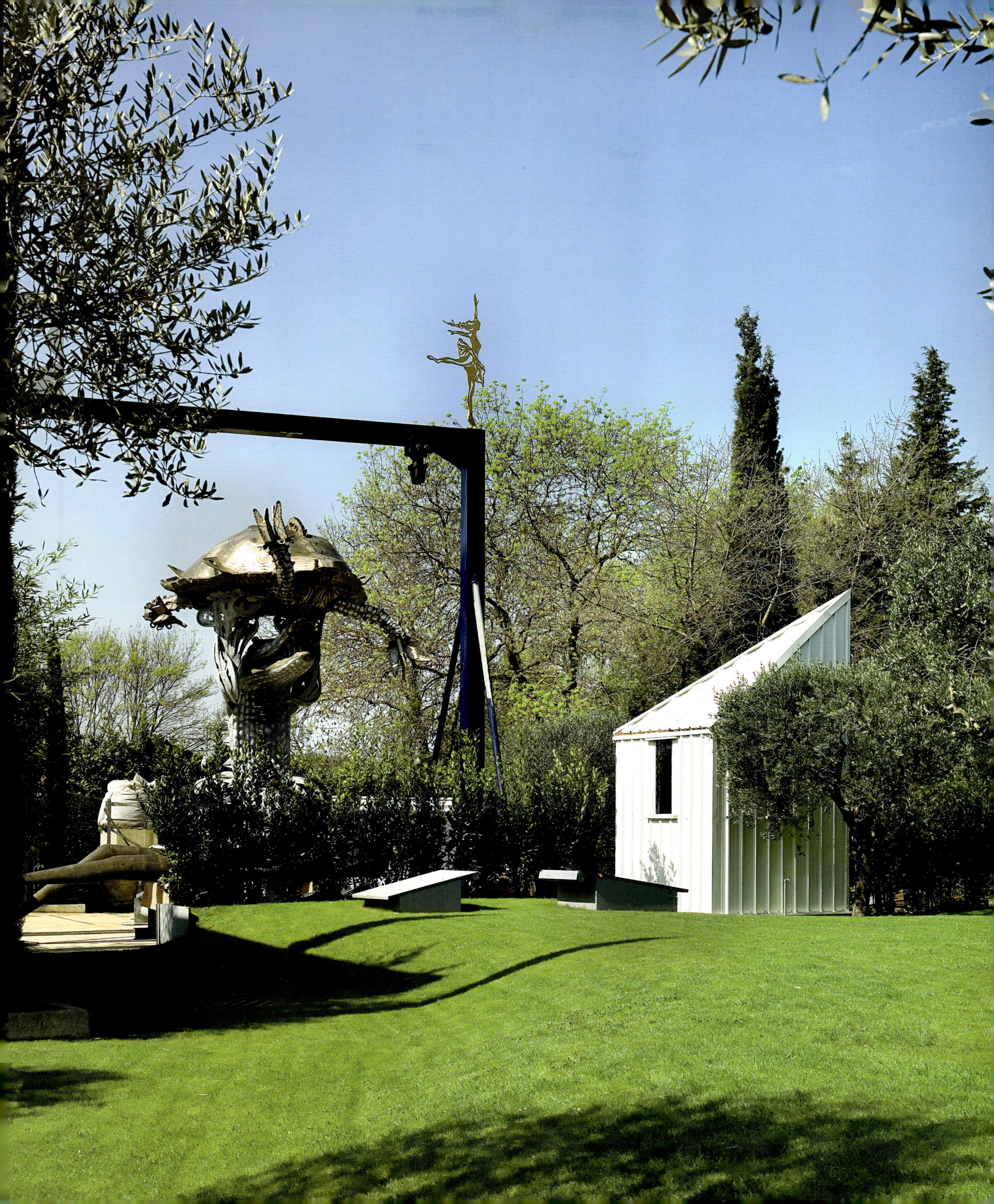

Oben: An dem mächtigen Eingangstor zu dem Privathaus Le Bellecs erscheinen wiederum Motive aus der afrikanischen Wahlheimat des Künstlers, wie etwa das des auffliegenden Vogels.

Rechts: Die über vier Meter hohe Bronzeskulptur in seinem Privatgarten fertigte Le Bellec 1997 nach einer Originalversion aus Granit, die er 1982 für die britische Botschaft in Abidjan schuf. Ihr Name »L'Alcyon« bezieht sich auf einen mythischen, Glück verheißenden Vogel, der sein Nest auf dem Wasser des stillen Meers baut.

welche die beiden Künstler seit Jahren miteinander verbindet. Den hinteren Abschluss des Hochbeetes bilden niedrige Büsche, deren Grün die nackten Stämme der Palmen schmeichelhaft hinterlegt. Besonders fällt dabei ein Zierahorn (*Acer palmatum*) mit seinen zart gefiederten Blättern ins Auge, der im Laufe des Jahres seine Blattfarbe von Hellgrün bis Dunkelrot verändert. Der niedrige Wuchs der Büsche erlaubt einen ausreichenden Lichteinfall in die großzügig dimensionierten Fenster des Hauses.

In die südseitig gelegene Terrasse des Wohnhauses wurde ein Schwimmbecken eingelassen. Von hier aus genießt man den Blick über den Garten hinweg bis auf das Meer. Während im Garten ausschließlich Palmen und Olivenbäume aus dem dichten Gras wachsen, setzen auf der Terrasse selbst orange blühende Wandelröschen, von Violett nach Orange changierende Blüten der Bougainvillea sowie die gelben Blüten von Strauchmargeriten (*Euryops pectinatus*) farbliche Akzente.

An der Nordseite des Hauses, dort, wohin auch die großen Fenster des Ateliers von Yvon Le Bellec zeigen, befindet sich zwischen Atelier und einer hohen Mauer ein relativ schmaler Grünstreifen, der sich vom Charakter des übrigen Gartens unterscheidet. Hier herrscht – ähnlich wie im Ateliergarten des Künstlers in Mougins – eine größere Pflanzenvielfalt.

So klimmen etwa hellblau blühender Bleiwurz (*Plumbago auriculata*) und violette Bougainvillea die Mauer empor, über die in dichten Polstern orangene Wandelröschen fallen. Die roten Perlen des zu einem kleinen Bäumchen geschnittenen Cotoneaster und jene des Feuerdorns setzen leuchtende Akzente. In unmittelbarer Nachbarschaft zu einem alten Olivenbaum ragt vor dem hellen Grün eines kleinen Bambus-Wäldchens weit der Arm einer Hänge-Blau-Zeder in den Himmel, jener Baumart, die auch im Ateliergarten von Yvon Le Bellec mit ihrer extravaganten Form die Blicke auf sich zieht. An dieser Stelle umarmen sich der mondäne Geist des privaten Parks und jener extravagante des Ateliergartens.

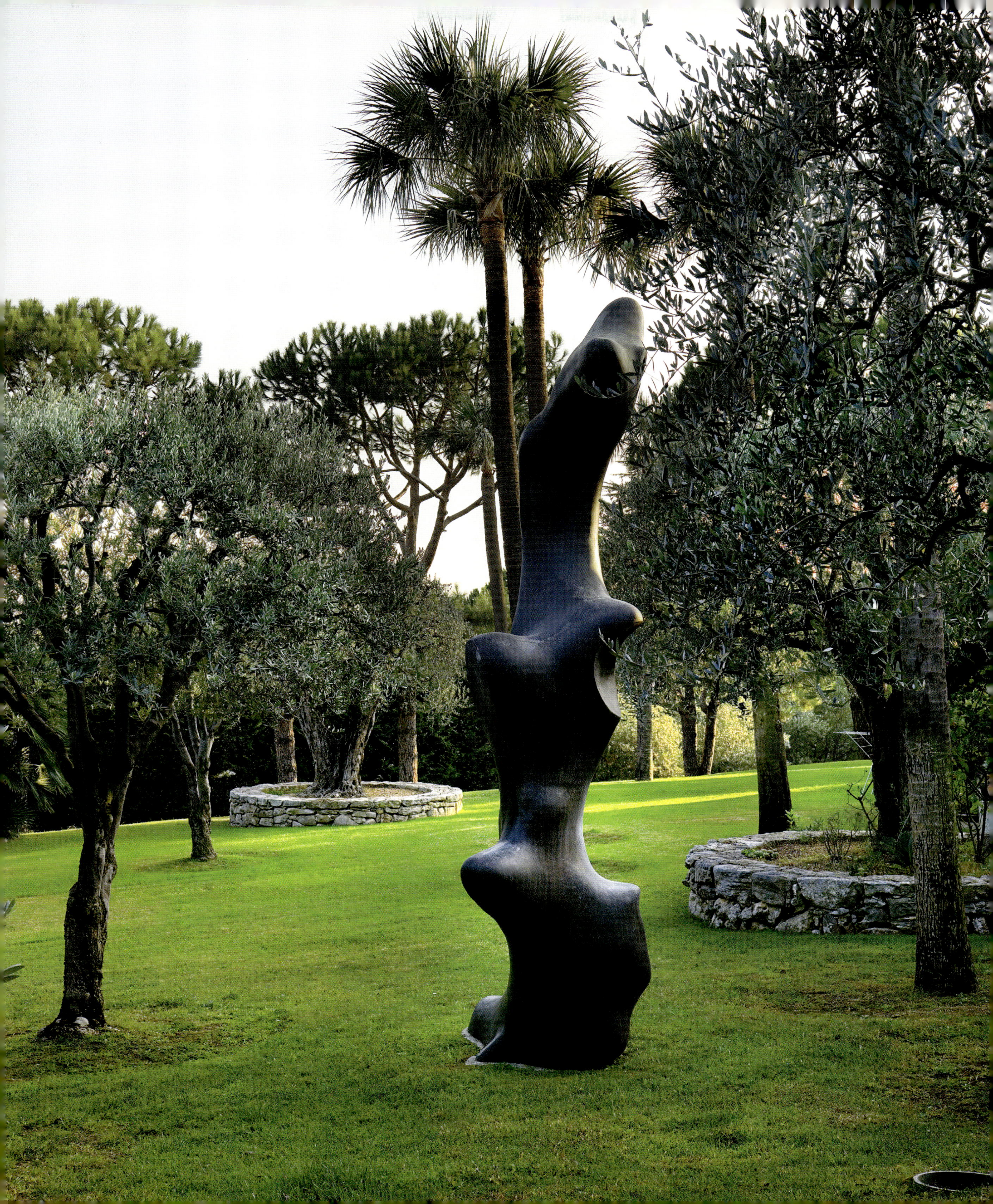

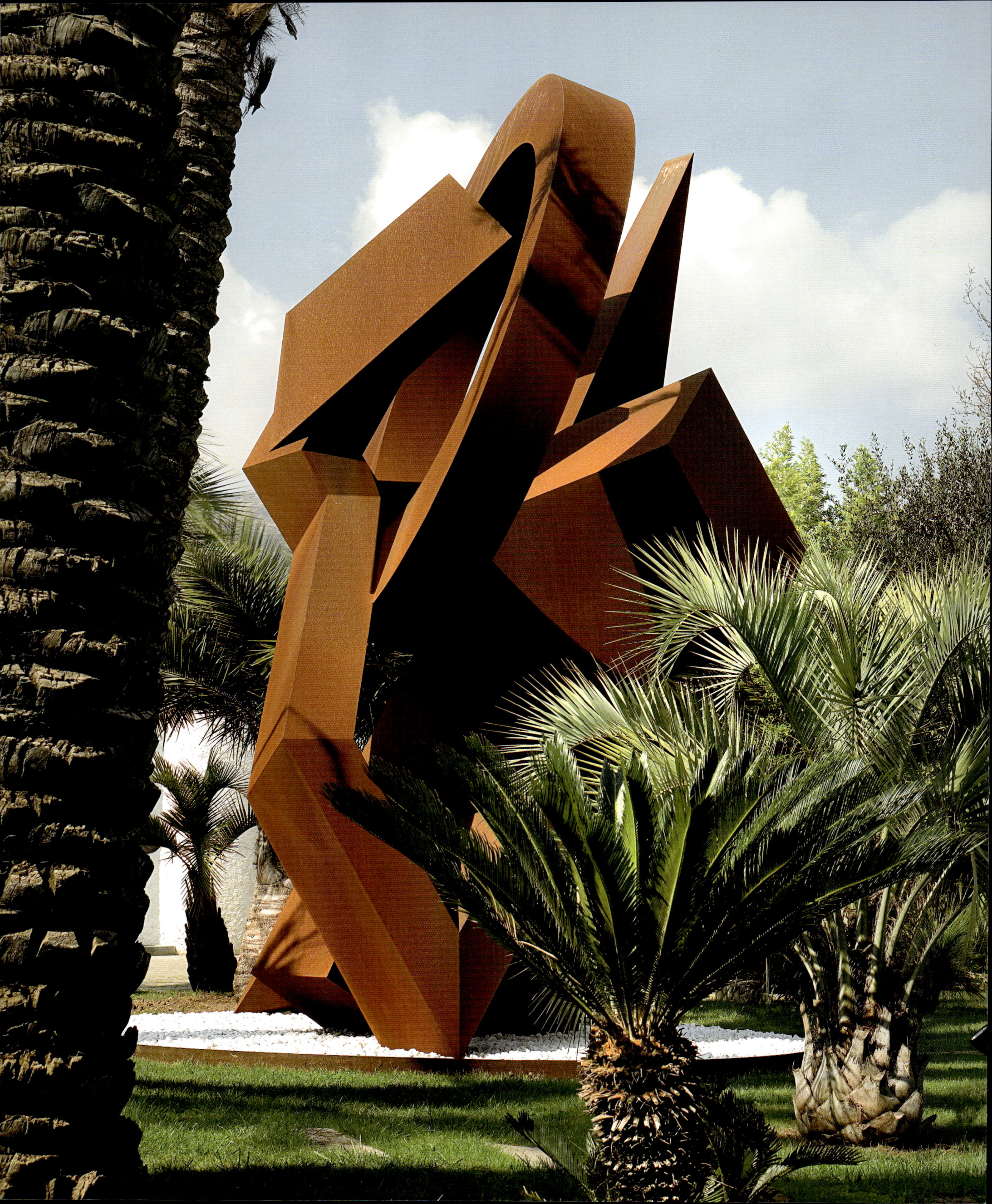

JEAN-CLAUDE FARHI

DER PALMENGARTEN

Links: Im Zentrum des Gartens steht eine etwa zehn Meter hohe Skulptur, deren runde und schräge Linien mit der strengen Linearität der hochaufwachsenden Palmen kontrastieren.

Rechts: Der Künstler und leidenschaftliche Sammler Jean-Claude Farhi in seinem Palmengarten.

Folgende Doppelseite: In Anbetracht der Dimension und der Höhe der Pflanzen im weitläufigen Palmengarten, in dessen Mitte die immense Skulptur des Künstlers steht, würde man nicht annehmen, dass die Anlage erst 2003 entstand. Dies offenbart einen weiteren Charakterzug Jean-Claude Farhis: den Perfektionismus.

Jean-Claude Farhi, bekannt für seine Arbeiten aus Plexiglas, wurde 1940 in Paris als Sohn eines türkischen Vaters und einer katalanischen Mutter geboren. Nach dem Zweiten Weltkrieg wanderte die Familie nach Bogotá in Kolumbien aus. Mit achtzehn Jahren kehrte der junge Mann nach Frankreich zurück und ließ sich in Nizza nieder. Um sich seinen Lebensunterhalt zu verdienen, arbeitete er zunächst für eine große Reiseagentur, schrieb sich jedoch zugleich an der Ecole des Beaux-Arts in Nizza ein. 1959 lernte Farhi die beiden Künstler Arman und César aus dem Kreis der »Nouveaux Réalistes« kennen, mit denen ihn eine lebenslange Freundschaft verbinden sollte. Im selben Jahr fand seine erste Werkausstellung statt. Die 1960er Jahre brachten den künstlerischen Durchbruch: Als Assistent von César kam Jean-Claude Farhi unter anderem mit der Pariser Galeristin Iris Clert in Verbindung. In deren gleichnamiger Galerie machte die junge Künstlergruppe Furore. Die avantgardistische Galeristin stellte ihre Räume Jean-Claude Farhi zur Verfügung, der sich mit seiner Serie der »Chromplex«-Arbeiten aus heterogenen Materialien, poliertem Chrom und Hartplastik, der Öffentlichkeit präsentierte. Aus diesen Assemblagen emanzipierte sich im Laufe der Zeit Plexiglas zum eigentlichen Ausdrucksträger, so dass sich der Künstler fortan dem Polymethylmethacrylat, so die chemisch korrekte Bezeichnung des Materials, als seinem ausschließlichen Werkstoff widmete.

Jean-Claude Farhi war einer der ersten, der die Möglichkeiten dieses Materials zu künstlerischen Zwecken erkannte und ausschöpfte. Er entwickelte eine spezielle Technik, die es ihm erlaubte, bunte Farbeinschlüsse dergestalt in transparente Plastikkörper einzuarbeiten, dass keinerlei Schnitt- oder Verbindungsspuren zwischen den einzelnen Farbschichten sichtbar bleiben. Vielmehr scheinen die Farben zu schwerelosen Säulen oder Scheiben miteinander zu verschmelzen. Diese unbeschwerte Heiterkeit der »Colonnes« findet sich auch in seinen großformatigen Skulpturen wieder. Geometrische Körper wie Kugel, Kegel und Zylinder, Scheiben, Trapeze, Kreissegmente und Blitze werden in grellbunte Farben getaucht und zu Raumkörpern zusammengefügt. Selbst die zur Strenge gemahnenden schwarzen und weißen Elemente vermögen es

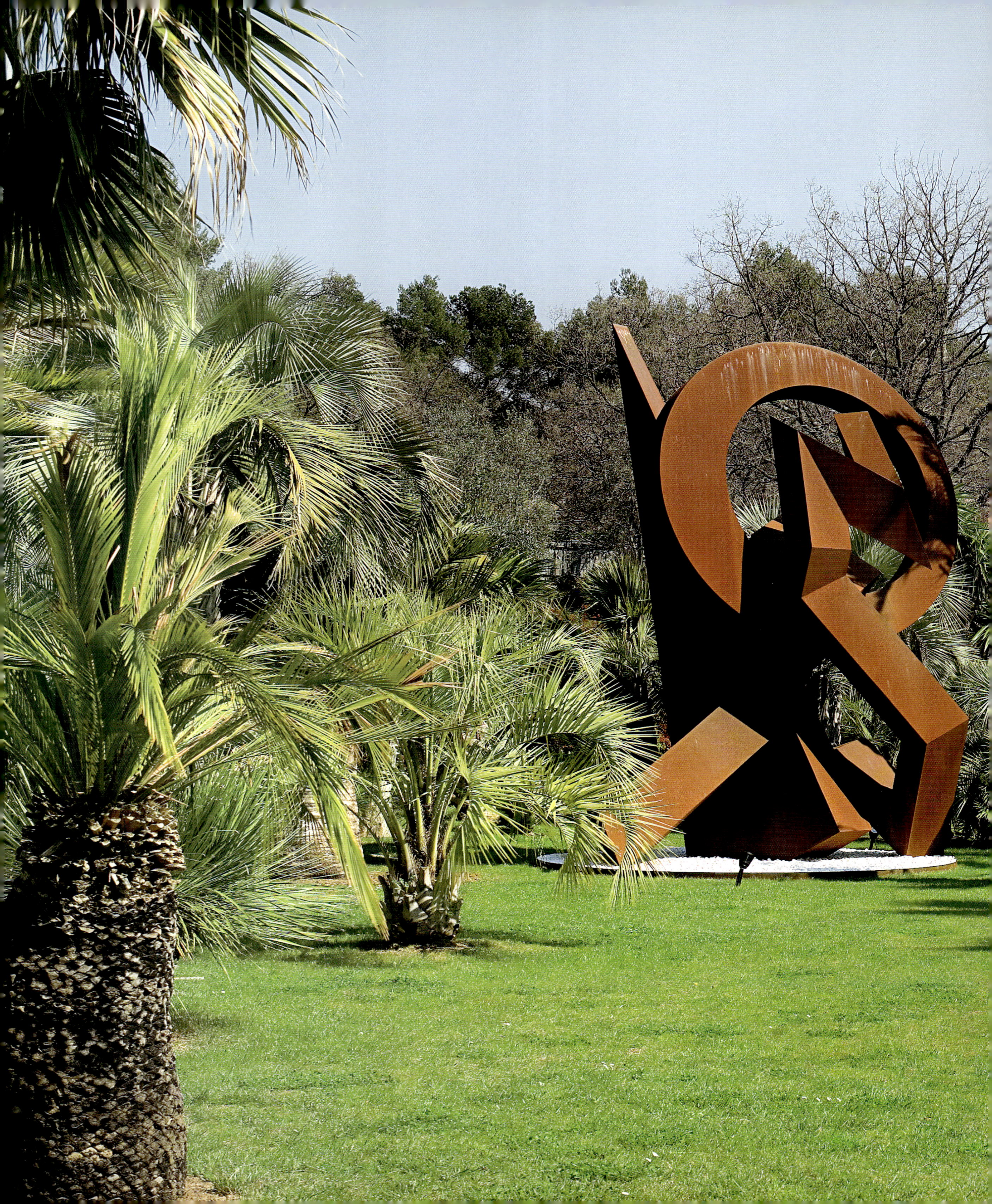

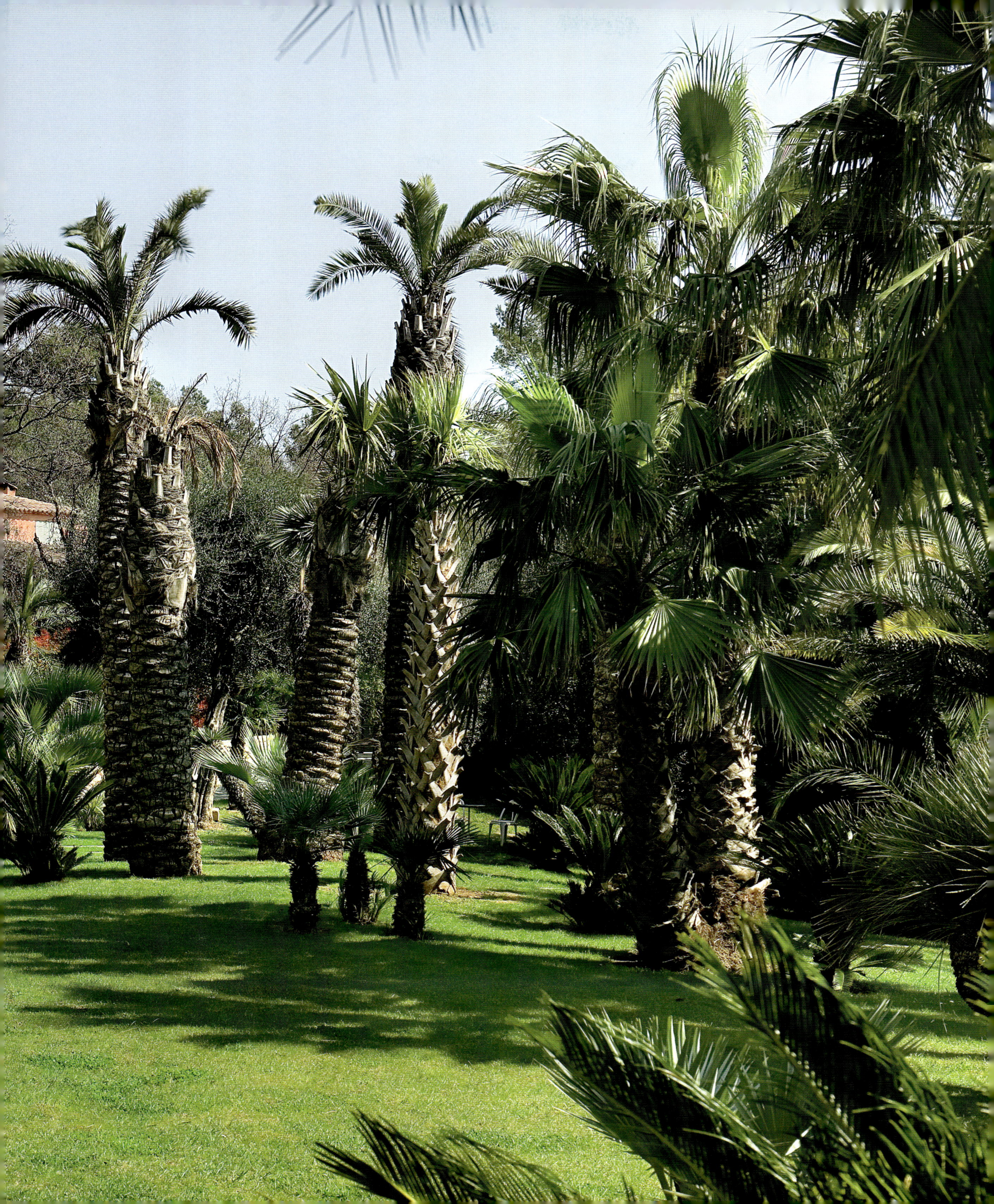

Oben: Weiße Steinplatten umrahmen den Pool mit eigens dafür angefertigtem Sprungbrett. Unter den diversen Liegestühlen und Sitzmöbeln sticht das Sofa »Bubble Club« von Philippe Starck (Kartell) ins Auge.

Rechts: Der große, weiß leuchtende »Blumentopf« erinnert an die berühmten Skulpturen Jean-Pierre Raynauds. Farhi gesteht jedoch lachend, dass es sich bei seinem Exemplar um eine motivische Anleihe beim italienischen Designerhaus Serralunga handelt.

nicht, die überbordende Vitalität und Fröhlichkeit, die den Werken Farhis innewohnen, zu brechen. Seine Arbeiten erinnern an in die dritte Dimension übersetzte post-kubistische Gemälde oder die konstruktivistischen Kompositionen eines Wassily Kandinsky, ohne dass den Plastiken (selten hat dieser Begriff im doppelten Sinn des Wortes so gegriffen) jedoch der dort zelebrierte Ernst anhaften würde. 1985 wurde die »Colorful Island« im Palais de Congrès in Nizza aufgestellt, 1989 eine erste Monumentalskulptur in New Cannan, im Staat Connecticut, und seit 1990 verleiht das 34 Meter hohe Monumentalrelief »Dissemination« der Fassade eines Hotels im Quartier Arénas in Nizza Glanz. Trotz der hohen Stoffdichte des Plexiglases leiden die Skulpturen auf Dauer unter Witterungseinflüssen, weshalb sich Jean-Claude Farhi ab 1991 dem Eisen als Werkstoff für seine Großskulpturen widmete. Solche Skulpturen bilden auch wirkungsvolle Akzente im privaten Garten des Künstlers.

Als Jean-Claude Farhi 1967 an die Côte d'Azur kam, dachte er nicht im Traum daran, sich in dem kleinen Dorf La-Tourette-sur-Loup und inmitten eines Steineichenwaldes ein Haus zu bauen. Der junge Künstler wollte eigentlich nach Nizza, der einzigen Stadt an der damals vergleichsweise untouristischen Côte d'Azur, die kulturell etwas zu bieten hatte. Farhi kam vielmehr aus Zufall in den Besitz des 5500 Quadratmeter großen Grundstücks. Ein Galerist schlug als Tausch gegen fünf Skulpturen, die er nicht bezahlen konnte, ein damals völlig wertloses Stück Land ohne Wasser- und Stromanschluss vor. Nicht einmal ein Weg führte zu dem versprochenen Fleckchen Land, das inmitten eines Jagdgebietes lag. Farhi akzeptierte dennoch und machte sich an einen jahrelangen Kampf mit den Behörden um die Erschließung seines Grundstücks, das er selbst erst Monate nach Erhalt zum ersten Mal in Augenschein nahm. Nach dreieinhalb Jahren wurde der Stromanschluss verlegt, nach vier Jahren die Telefonleitung. Der Künstler entwarf sein Traumhaus, das er mit Hilfe seines Architektenfreundes René Marchal errichtete und welches er später erweitern und verändern sollte. Ein großzügiges Atelier wuchs als zweites Gebäude aus der Erde. Auch der Garten nahm zusehends Gestalt an. Alte Olivenbäume und Steineichen, einheimische Büsche und Blumen verliehen dem Garten sein typisch mediterranes Gepräge. Jean-Claude Farhi mit seinem Hang zum Extravaganten war jedoch letztlich des konventionellen Gartens überdrüssig.

Vor allem die trockenen Blätter im Herbst, die das Grundstück als dichten Teppich überzogen und das großzügig angelegte Schwimmbad unansehnlich und unbenutzbar machten, entwickelten sich zur Sisyphusarbeit und verleideten dem Perfektionisten die Freude an seinem Garten.

Derart enerviert, schritt der Künstler 2003 zur Tat. Er krempelte noch einmal die Ärmel hoch und machte sich an die völlige Um- und Neugestaltung seines Gartens. An die Stelle einheimischer Gehölze, Büsche und Blumen traten nun Palmen – und damit eine neue Leidenschaft. Der passionierte Sammler – legendär sind unter anderem seine Kollektionen von Robotern, Möbeln, Transistorradios, Toastern und anderen Kultgegenständen aus den 1950er Jahren – entdeckte die Artenvielfalt an Palmengewächsen und begann, Spezies aus aller Herren Länder heranzuschaffen und in seinen Garten zu pflanzen. Dafür scheute er weder Mühe noch Kosten. Farhi kann sich rühmen, so manche Rarität als das einzige in Europa existierende Exemplar einer bestimmten Palmenart in seinem Garten zu wissen! Um sich zu akklimatisieren, muss jede Pflanze während eines Zeitraums von einem Jahr mit täglich rund dreihundert Litern Wasser gegossen werden. Hat eine Palme diese Zeit der Anpassung an die neuen klimatischen Verhältnisse gut überstanden, sind weitere Pflege und selbst das Bewässern nicht mehr vonnöten.

Aus dem grünen Rasenteppich, der sich auf 1800 Quadratmetern zwischen Wohnhaus und Atelier spannt, wachsen nunmehr über dreihundert verschiedene Palmen und Dutzende verschiedene Spezies. Magnolienbäume, Zypressen, Olivenbäume und die wegen ihres dekorativen dunkelroten Laubes beliebte Blutpflaume (Prunus Cerasifera Nigra) durften nur vereinzelt als Akzente oder als sanfte Hintergrundfolie für die exotischen Palmen stehen bleiben.

Das Grundstück steigt zum Wohnhaus hin leicht an, dessen niedriges Gebäude sich aufgrund seines Grundrisses, der aus mehreren miteinander verschmelzenden Kreissegmenten besteht, organisch in den Garten einfügt. Große, verglaste Fensterwände, in denen sich die Vegetation widerspiegelt, unterstreichen den Eindruck von Transparenz. Weiße, niedrige Steinmauern stützen die einzelnen Ebenen gegen die jeweils darunter liegende ab und bilden zugleich dekorative Trennlinien. Ein Palmenmassiv mit Zwerg- und Fächerpalmen trennt das Haus vom Schwimmbad, das man über sechs Stufen erreicht.

Über den weichen Rasen gelangt man in Richtung Atelier zu einer weiteren Terrasse. Auf drei

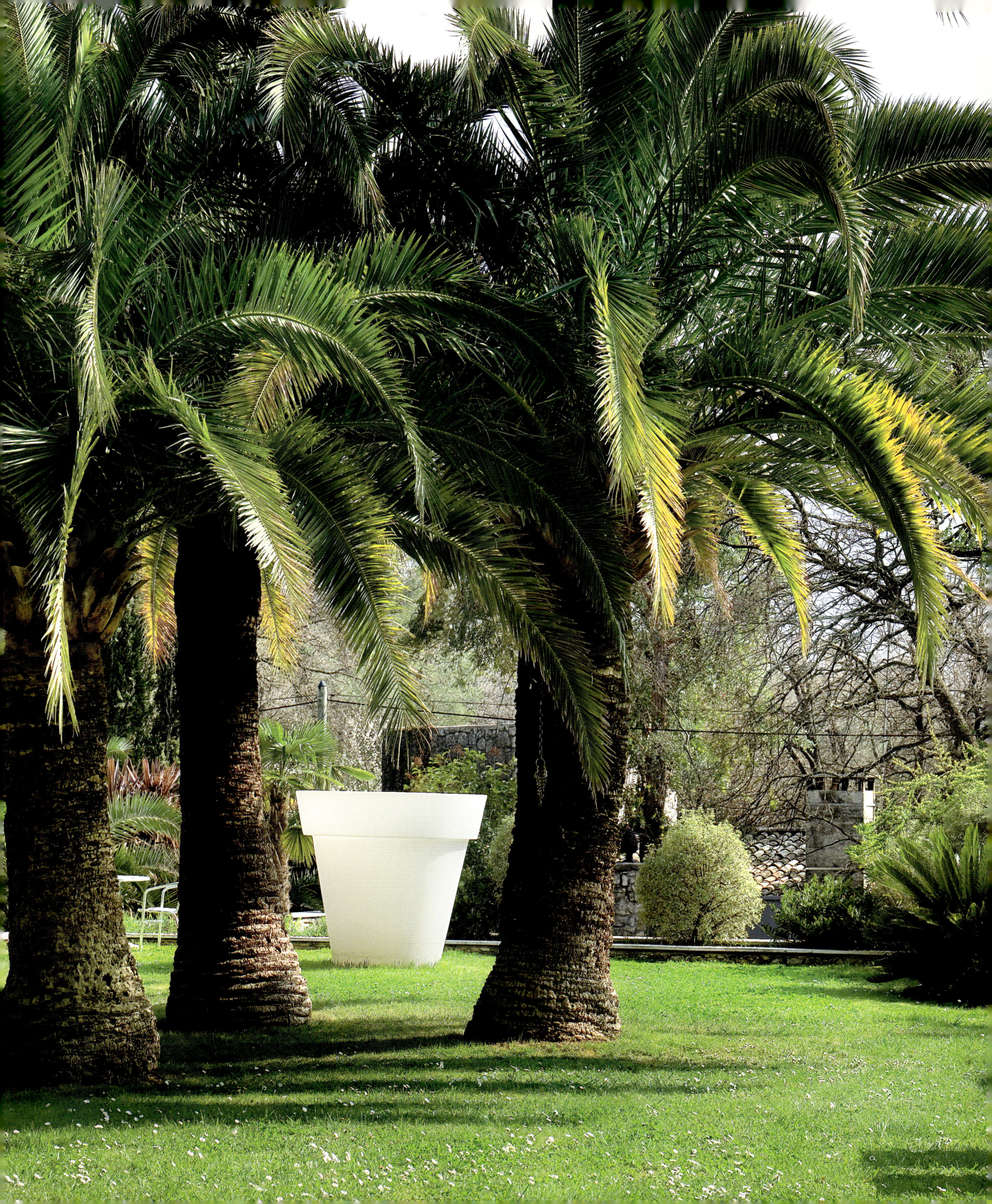

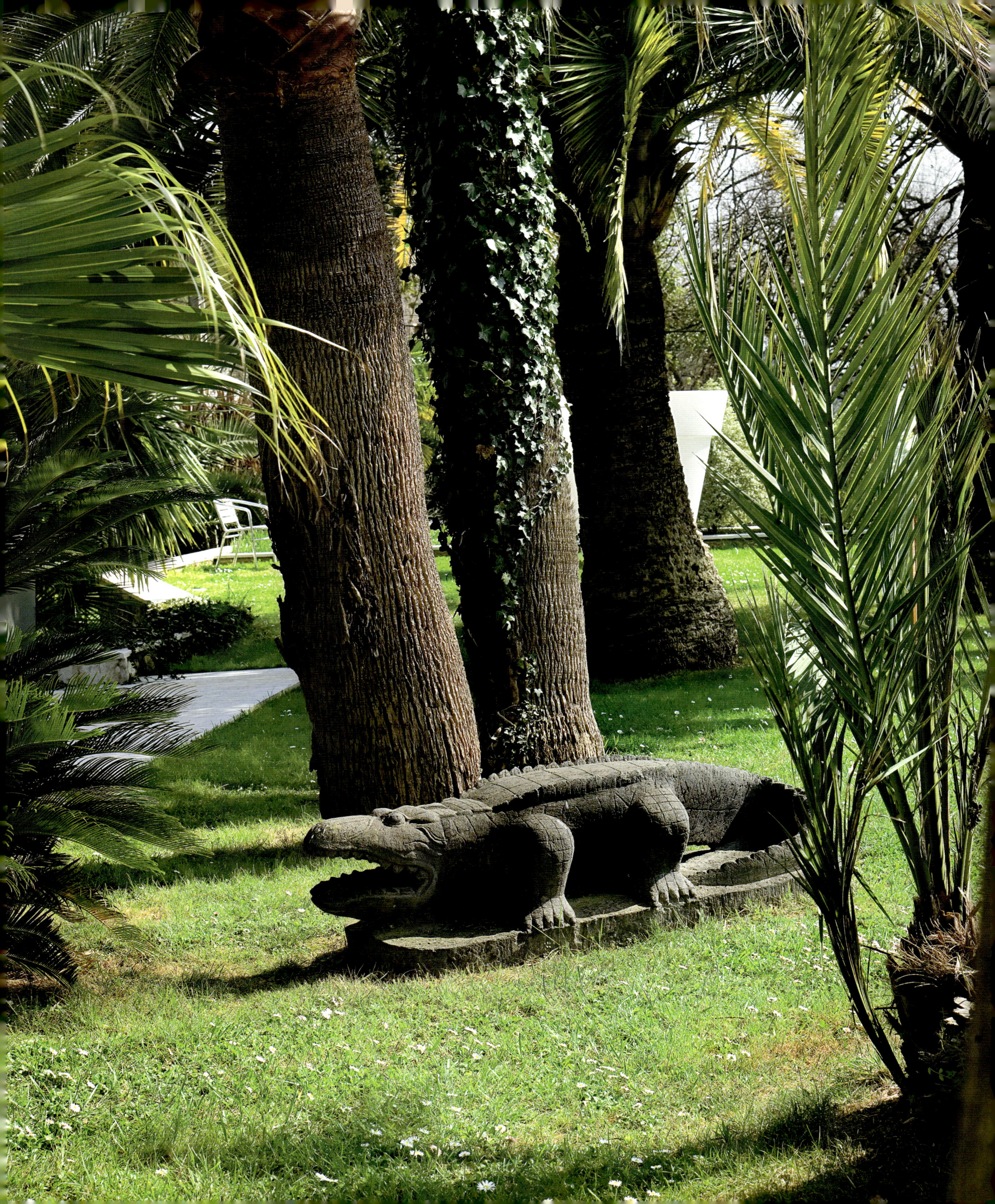

Oben: Die vielfach verzweigte, ungewöhnlich große Yucca-Palme (links) und die Dattelpalme (rechts) setzen reizvolle Akzente.

Links: Vor den glatten Stämmen der *Washingtonia*-Palmen kriecht ein Krokodil aus Lavastein, das Farhi von einer Reise aus Bali mitgebracht hat.

Folgende Doppelseite, links: Eine ungestüm wirkende *Xanthorrhoea glauca* zieht die Blicke auf sich. Der Grasbaum wird in seiner Heimat Australien nach dem Abfackeln der feinen Gräser seines Stammes auch »Black Boy« genannt.

Folgende Doppelseite, rechts: Die verschachtelte Skulptur Farhis steht auf einer kleinen Insel inmitten eines kleinen, von Bambus umgebenen Teichs.

polierten Säulen aus weiß gestromtem Marmor zur Gartenseite hin beziehungsweise sechs schmalen, gepaarten Eisensäulen in Richtung des Ateliers ruht ein flaches Dach aus weißem Marmor. So geschützt, laden originelle Liegestühle und Sessel aus dicken Bambusstämmen, Flechtwerk und Leinen zum Verweilen ein, die der Künstler aus Indonesien mitgebracht hat.

Über einen mit Steinen gepflasterten Platz, der in die breit angelegte Einfahrt übergeht, erreicht man das lichtdurchflutete ebenerdige Atelier, in dem Jean-Claude Farhi seine »Colonnes« aus Plexiglas herstellt. Die großformatigen Eisenskulpturen, die den Platz zur Rasenfläche hin abgrenzen, schuf der Künstler in seinem Atelier in Budapest. Die Durchdringung geometrischer Formen und das Einschlagen des Blitzes in gebrochene Scheiben sind das Thema dieser in Metall realisierten Kunstwerke, die entweder hochpoliert werden oder im Laufe der Zeit eine monochrome Rostfarbe annehmen. Dahinter erheben sich rahmend verschiedene hochwachsende Palmenarten, die, als Doppelreihe angelegt, halbkreisförmig eine weitläufige Rasen-

fläche umschließen. Diese Orchestrierung unterschiedlicher Grüntöne bildet den idealen Hintergrund für die etwa zehn Meter hohe Skulptur Jean-Claude Farhis, die, auf einem kreisrunden Bett aus weißem Rundkies liegend, im Zentrum des Parks emporwächst. Wieder treffen Kreis und blitzförmige Elemente aufeinander, durchdringen sich, sind Ruhe und Unruhe zugleich inmitten der grünen Woge. Die runden und schrägen Linien der Skulptur kontrastieren mit der strengen Linearität der schlanken Palmen mit ihren glatten Stämmen. Zugleich stellt diese Skulptur die Harmonie zwischen dem streng Geordneten des Palmenparks und den runden Baumkronen der urwüchsigen, hohen Steineichen her, die sich jenseits des Grundstücks als grüne Wand gegen den Himmel abzeichnen.

Der Garten Jean-Claude Farhis ist wie ein Spiegel seines Lebens: die Kindheit und Jugend in Kolumbien, das Leben zwischen den Kontinenten Europa und Südamerika, wo er noch immer ein Haus besitzt, das Exzentrisch-Avantgardistische New Yorks und letztlich das ungetrübt Heitere, das sich in seinen Werken aus Plexiglas widerspiegelt.

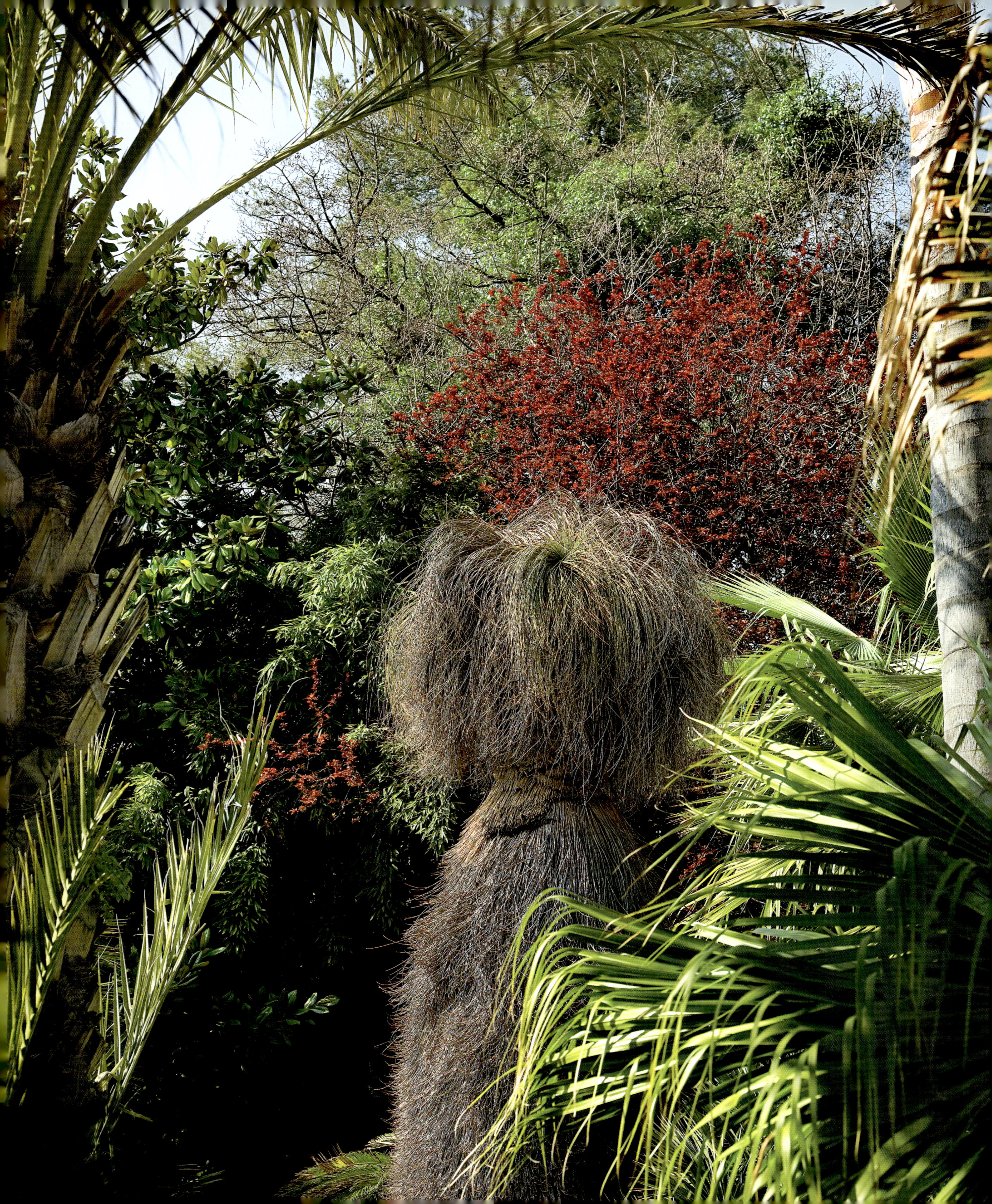

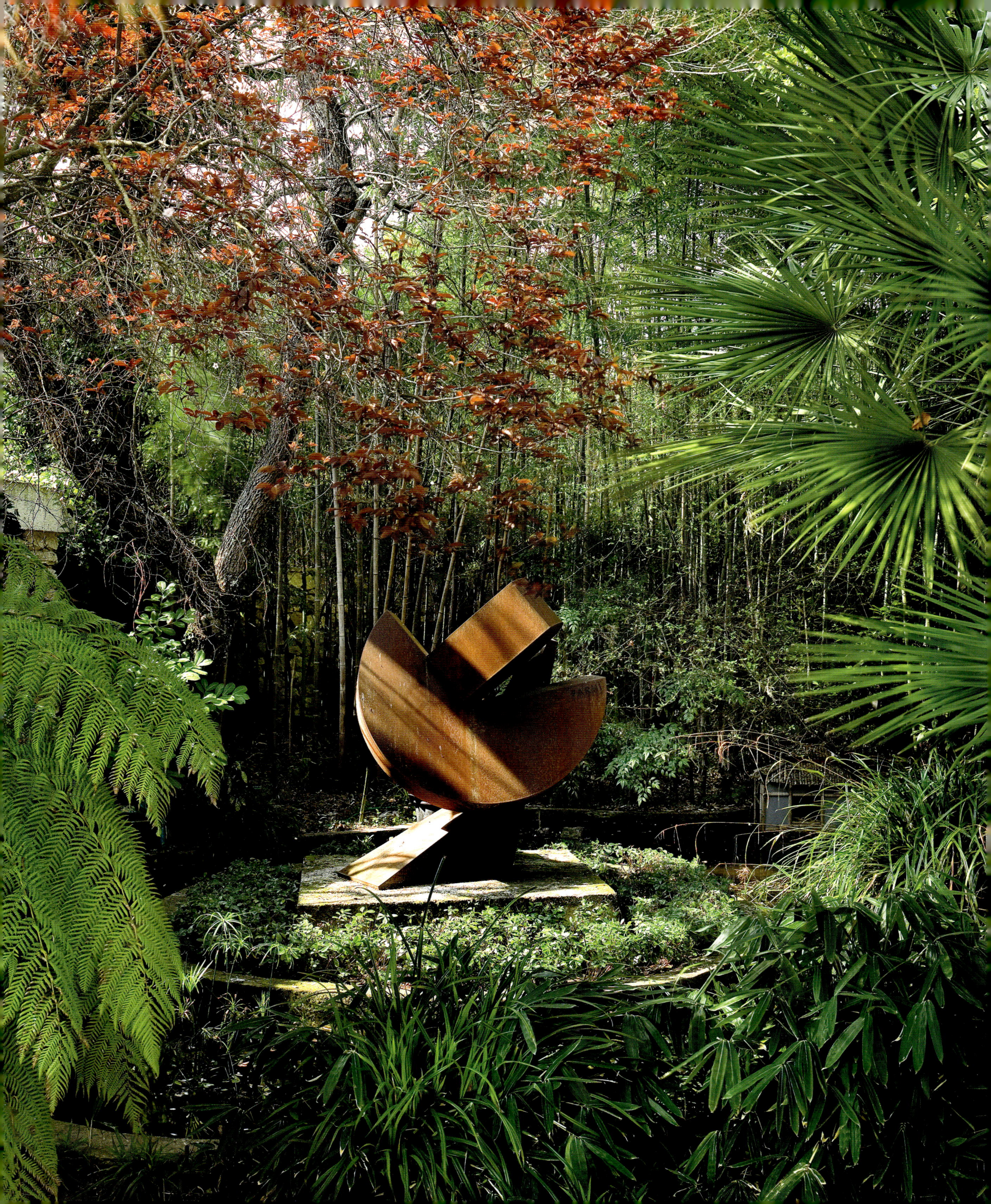

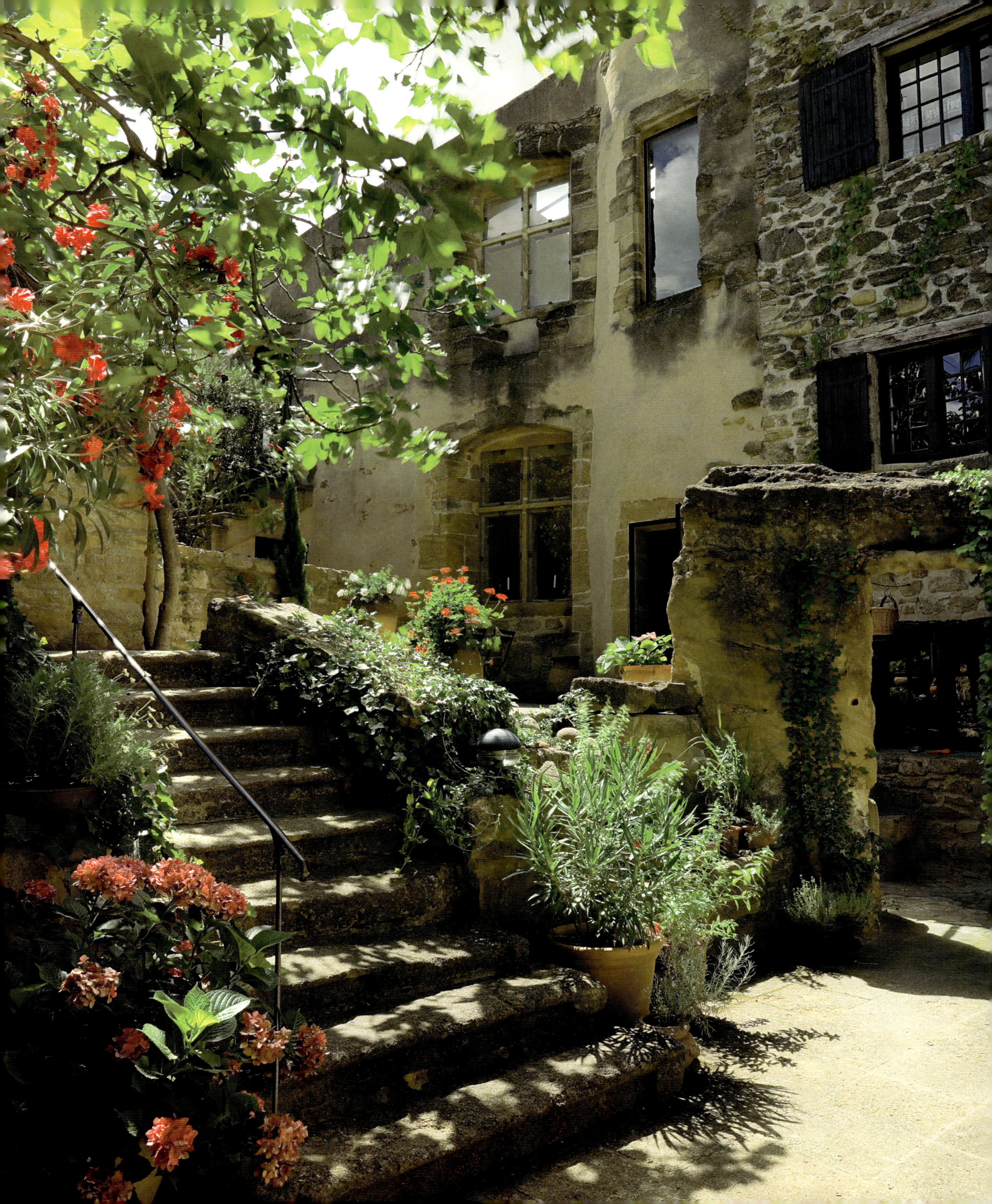

WERNER LICHTNER-AIX

DER »HORTUS CONCLUSUS«

Links: Die Stufen der alten Steintreppe, die von den früheren und heutigen Bewohnern des Anwesens ausgetreten sind, führen von dem untersten Hof zur ersten Etage, wo sich ein Eingang zum Renaissancehaus befindet.

Folgende Doppelseite: Große Töpfe mit Hortensien und zahlreiche kleinere mit Küchenkräutern, die zwischen Treppe und dem Eingang zur Küche stehen, zieren den unteren Innenhof. Topfpflanzen wie diese müssen in dem heißen und trockenen Klima der Provence zwei- bis dreimal pro Tag gegossen werden.

Der Maler, Lithograf und Bildhauer Werner Lichtner wurde 1939 in Berlin geboren, wo er auch während der Kriegs- und Nachkriegsjahre lebte. Schon als Jugendlicher fühlte er sich zur Malerei hingezogen, doch schlug er mit dem Besuch einer Technischen Hochschule zunächst einen konventionellen Bildungsweg ein.

1961 floh Werner Lichtner von Ost- nach Westdeutschland, wo er sein Ingenieursstudium fortsetzte. Die neu gewonnene Freiheit des Westens nutzte er zu zahlreichen Reisen: Eine der ersten führte ihn nach Paris, wo er sich in einer Ausstellung der Künstlergruppe Fauves von der ungezügelten Farbigkeit der Bilder hinreißen ließ.

Nach der Übersiedlung 1965 nach München arbeitete Werner Lichtner als Entwicklungsingenieur. Im selben Jahr reiste er zum ersten Mal in die Provence. Die Begegnung mit diesem Landstrich bestärkte den Ingenieur in seinem tiefen Wunsch, Künstler zu werden.

1967 gab er schließlich seine Tätigkeit als Ingenieur ganz auf, um sich uneingeschränkt der Malerei zu widmen. Zur Bekräftigung dieses Entschlusses und als Zeichen der tiefen Verbundenheit mit der Provence, wo er sich in der Stadt Aix-en-Provence ein Atelier einrichtete, nahm er den Künstlernamen Lichtner-Aix an. Auf seinem künstlerischen Selbstfindungsprozess war die eintretende äußere Stabilität von entscheidender Bedeutung: 1968 heiratete er Monique Ostrop, für die er in den 1980er Jahren zwei Kochbücher illustrieren sollte. Im selben Jahr fanden erste wichtige Ausstellungen in Köln sowie in der namhaften Münchener Galerie Gurlitt statt, die den Auftakt zum großen Erfolg seiner Gemälde darstellten.

Ab 1970 lebte das Ehepaar über große Teile des Jahres in Sérignan-le-Comtat. Landschaft und die Bewohner des Dorfes sollten die Themen des Künstlers werden, wobei er den Menschen immer als Teil eines großen Ganzen sah. Seine Bilder – gleich, ob es sich um Zeichnungen, großformatige Ölgemälde, Radierungen, Aquarelle oder Lithografien handelt, zeichnen sich durch hohes technisches Können und atmosphärische Dichte aus. Feste Formen, wie man sie von Malern wie etwa Paul Cézanne oder Vincent van Gogh kennt, die in der Provence ihre künstlerische Heimat gefunden haben, findet man in seinen Bildern nicht. Auch vermisst man die kräftigen Farben der berühmten Vorbilder, wie etwa jene van Goghs und die der Fauves'. Werner Lichtner-Aix löste vielmehr Verfestigungen auf und zeigt die Landschaft in einem scheinbar schwerelosen Schwebezustand als Trägerin des Lichts. Als »reine Farbe« erlebte er den Himmel, weshalb viele seiner Gemälde zu mehr als vier Fünftel aus Himmel bestehen.

Seine Suche nach dem reinen Licht führte den Künstler 1983 und 1984 mehrfach nach Sinai. Die Gemälde, die Werner Lichtner-Aix nach diesen Reisen auf die Leinwand bannte, zeigen die vollständige Verschmelzung von Irdischem mit Himmel und Licht. Menschen spielen hier keine Rolle mehr. Berge und Ebenen verlieren an Schwere und lösen sich in Transparenz auf.

1986 erkrankte Werner Lichtner-Aix schwer, und starb ein Jahr später in seinem Münchener Atelier.

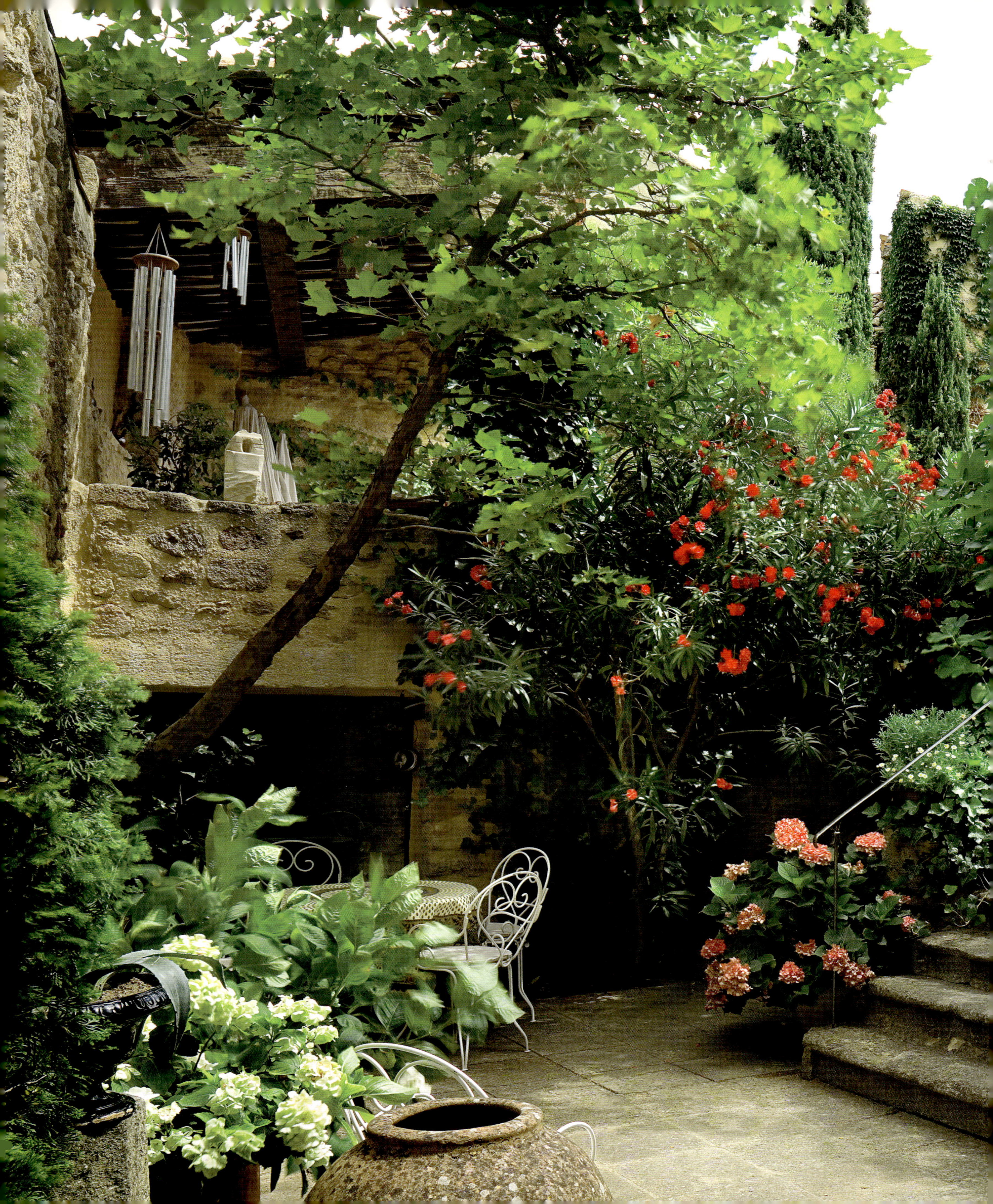

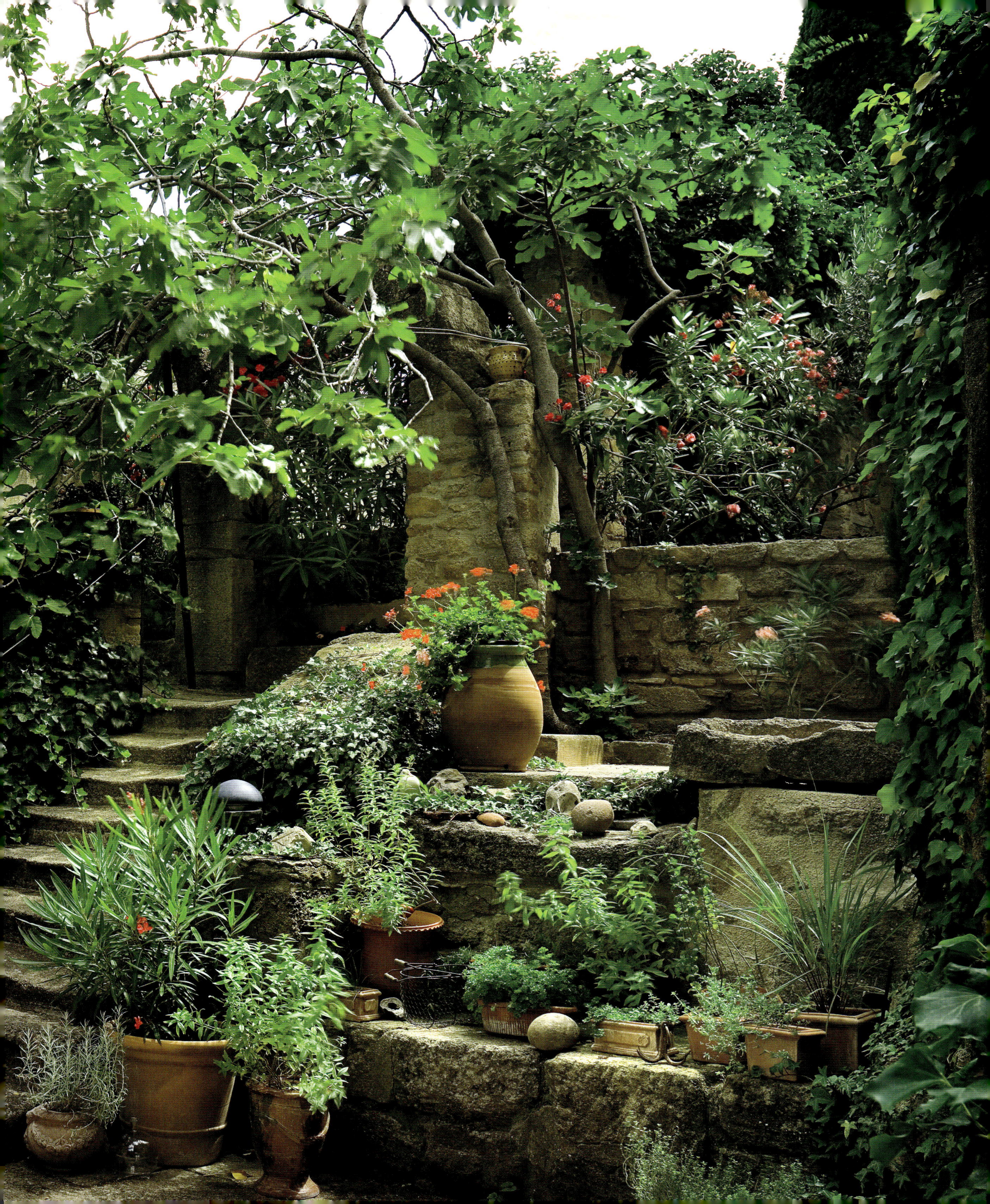

Rechts: Neben Oleander, Efeu und Geranien zieht die leidenschaftliche Köchin Monique Lichtner allerlei »nützliche« Pflanzen auf der sonnigen Schwimmbadterrasse wie Rosmarin, Thymian und sogar Tomaten und allerlei Gemüsesorten in kleinen Blumenkästen.

Unten: Auf der obersten Ebene der viergeschossigen Gartenanlage befindet sich ein kleines Schwimmbad über unregelmäßigem Grundriss. Von hier blickt man auf die oberen Stockwerke des Wohnhauses mit dem Renaissance-Turm.

Folgende Doppelseite: Oleander, Feigenbaum, Efeu, eine Kiefer, wilder Wein, Zwergrosen, Petunien, Verbenen, Wandelröschen … schier endlos scheint die Artenvielfalt in diesem kleinen Garten zu sein, der mit seinen zahlreichen Aus- und Durchblicken, wie hier jener in den Ateliergarten den Besucher bezaubert.

Seite 104: Da in dem ehemaligen Atelier von Werner Lichtner-Aix heute ein Museum mit seinen Werken eingerichtet ist, kann man diesen Teil des Gartens jederzeit besuchen.

Seite 105: Vom obersten Stockwerk des Ateliers genießt man über die grüne Oase des Gartens und das Wohnhaus hinweg einen Blick auf das Dorf und die dahinter liegende Ebene.

Die Gemeinde Sérignan-le-Comtat, Wahlheimat des bedeutenden Insektenforschers Jean-Henri Fabre, verkaufte 1970 Werner Lichtner und seiner Frau Monique für einen symbolischen Franc die Ruine eines mittelalterlichen Hauses. Damals ahnte das Ehepaar noch nicht, worauf es sich eingelassen hatte. In mühevoller Kleinarbeit versetzte es in den folgenden Jahren das mitten im Ort gelegene Haus Stein für Stein in seinen ursprünglichen Zustand. Diese intensive, körperliche Arbeit brachte Werner Lichtner nicht nur mit den Dorfbewohnern, sondern auch mit der Landschaft in engen Kontakt. Fortan wohnte das Paar hier alljährlich während der Sommermonate. Eine alte Steintreppe mit ausgetretenen Stufen führt auf die Höhe des ersten Stockwerks, wo etwas abgesetzt vom Haus zwei Rundbogen aus römischer Zeit stehen. Diese bilden heute den romantischen Übergang vom Wohnhaus zu einer Terrasse, die damals jedoch noch nicht existierte und erst im Zuge von Erweiterungen angelegt wurde.

1981 wurde Werner Lichtner-Aix sein Atelier zu eng. Er erwarb ein Nachbargrundstück und errichtete dort ein Ateliergebäude nach seinen Vorstellungen. Während der Bauarbeiten gab es eine Überraschung: Beim Bau eines Verbindungsgang zwischen dem Wohnhaus und dem räumlich etwas abgesetzten Atelier entdeckte man ein unterirdisches Gewölbe. Werner Lichtner erstand in der Folge das Grundstück, unter dem sich das Gewölbe befand, und konnte die oben beschriebene Terrasse anlegen. Zur gleichen Zeit kaufte das Ehepaar das unmittelbar an ihr Wohnhaus angrenzende Gebäude und machte eine weitere Entdeckung: Unter dicken Putzschichten kam eine Fassade aus der Renaissance-Zeit zum Vorschein, ein originaler Treppenturm und ein »cour d'amour« (»Liebeshof«) vollendeten das Renaissancehaus! So entstand im Laufe der Jahre ein über zahlreiche Innenhöfe, Treppchen und Wege miteinander verbundenes Reich aus Wohnhaus und Atelier, dessen Magie man sich kaum entziehen kann. Von der Turmterrasse aus kann man – als einzige Möglichkeit – nicht nur den gesamten Garten überblicken. Von hier aus genießt man einen weiten Blick in die Landschaft bis hin zum Mont Ventoux, die sich in der Morgen- oder der Abenddämmerung in jenes sanfte Licht kleidet, das Werner Lichtner-Aix in seinen Bildern festgehalten hat.

Eine hohe Mauer trennt die enge Seitengasse von dem ebenerdig gelegenen, kleinen Innenhof, den man durch ein schmales Holztor betritt. Augenblicklich befindet man sich in einem anderen Reich, das die Außenwelt völlig in Vergessenheit geraten lässt. Die alten und neu errichteten Mauern und Stiegen aus gelbem Stein sind mittlerweile von zahlreichen Pflanzen überwachsen und von Bäumen verdeckt, obwohl Blumenbeete im herkömmlichen Sinn des Wortes kaum vorhanden sind, da die Höfe und Terrassen mit Steinplatten ausgelegt sind. Dunkelgrüner Efeu klettert seitlich die Steintreppe empor. Daneben stehen Dutzende von großen und kleinen, runden oder eckigen Tontöpfen, aus denen Hortensien, Oleander und Geranien wachsen. Rechts der Stiege befinden sich auf zwei hohen Stufen aufgereiht und bereits in Küchennähe die Töpfe mit den unverzichtbaren Küchenkräutern wie Rosmarin, kleinblättriges Basilikum, Thymian, Bohnenkraut und Eisenkraut. Kurios ist die hohe Platane, deren beachtlicher Stamm in der Ecke des Hofes in elegantem Schwung direkt aus der Umfassungsmauer herauswächst.

Links der beiden römischen Bogen führen ein paar Stufen auf eine größere Terrasse, wo unter einem Holzdach ein großer Tisch zu geselligen Mahlzeiten einlädt. Dicht rankender Efeu kleidet die Stützen des Daches in sein grünes Kleid, und zahlreiche große Töpfe sind mit Verbenen, Oleanderbüschen, Malven und Portulak bepflanzt. Dass die ruhige Atmosphäre des Gartens, die ebenfalls von den Besitzern ausgeht, auch den Pflanzen behagt, belegt ein mächtiger, doppelstämmiger Feigenbaum, der zwei- bis dreimal im Jahr üppig Früchte trägt und die Bogen zu überwuchern droht.

Wie die späten Gemälde des Künstlers, die nach oben hin immer heller werden, wird der Garten, je weiter man über die alten Stufen aufwärts gelangt, von Ebene zu Ebene hin lichterfüllter. So erlebt man etwa auf der obersten Ebene des Gartens – völlig unerwartet – auf einer der prallen Sonne ausgesetzten Terrasse ein von Oleanderbüschen gerahmtes, trapezförmiges Schwimmbad! Eine kleine Verbindungstür führt von dort durch eine hohe Mauer in den Innenhof des Ateliers. Dieser ist – anders als die hängenden Gärten des Wohntrakts – mit feinem, weißen Kies bestreut.

Der Garten von Werner Lichtner-Aix öffnet sich über vier Ebenen gen Himmel. Die mangelnde Ausdehnung in die Weite wurde durch die ineinander übergehenden Terrassen ausgeglichen, deren Übergänge von Pflanzen verschliffen werden. Die Ebenen dieses »Hortus Conclusus« sind wie die sich zart überlagernden Schichten seiner Landschaftsgemälde, die wie der Garten tiefe Ruhe und Harmonie verströmen.

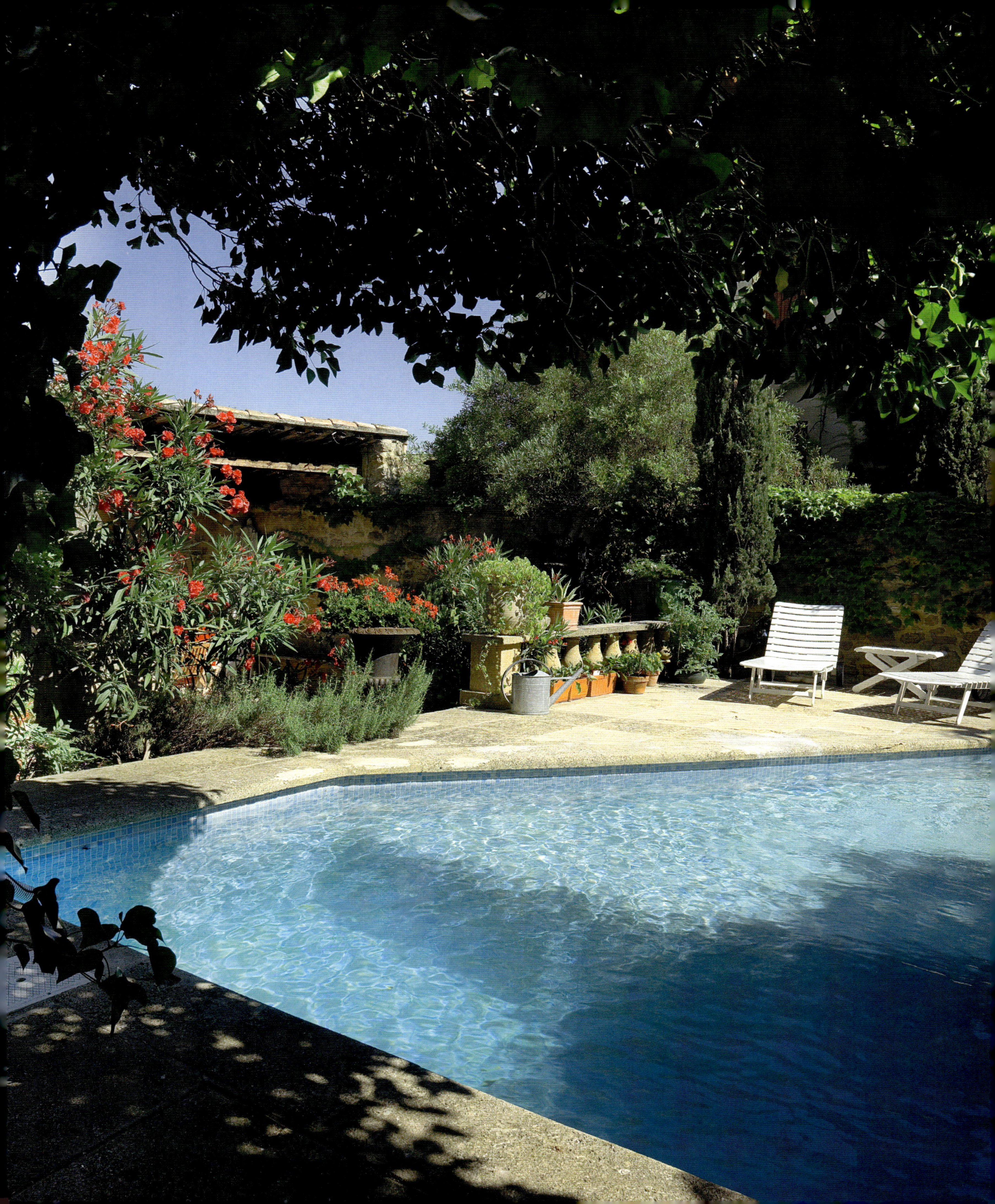

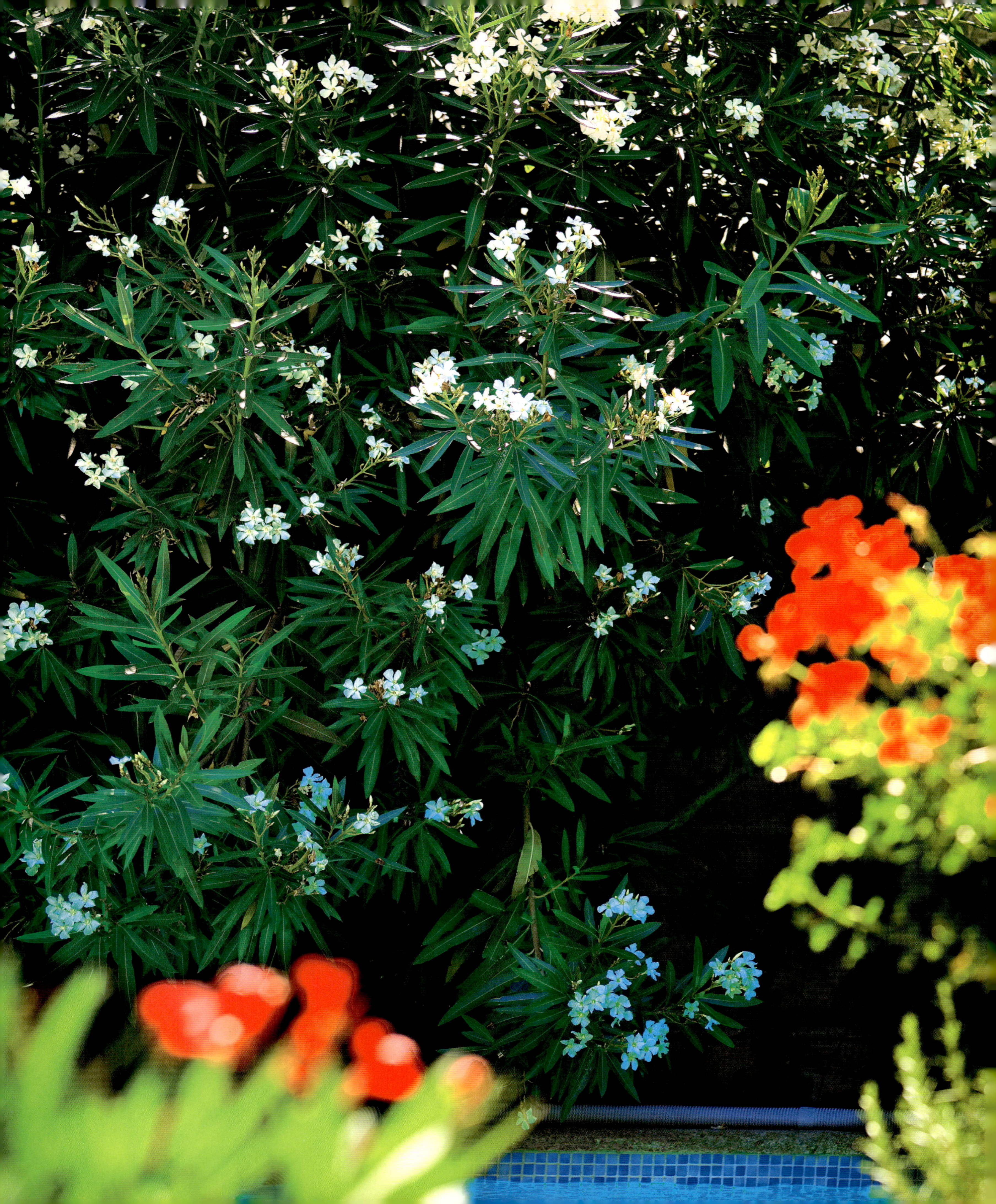

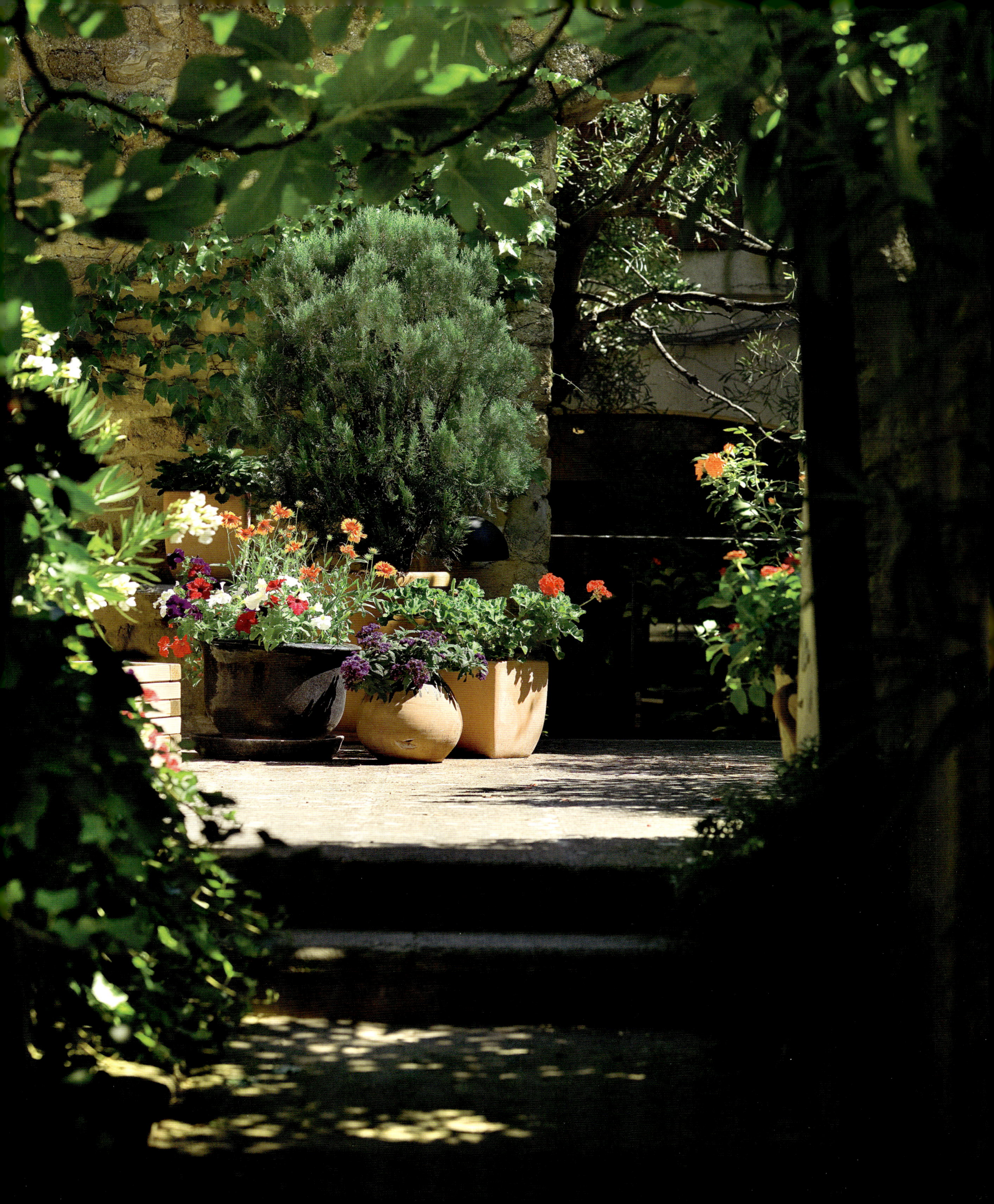

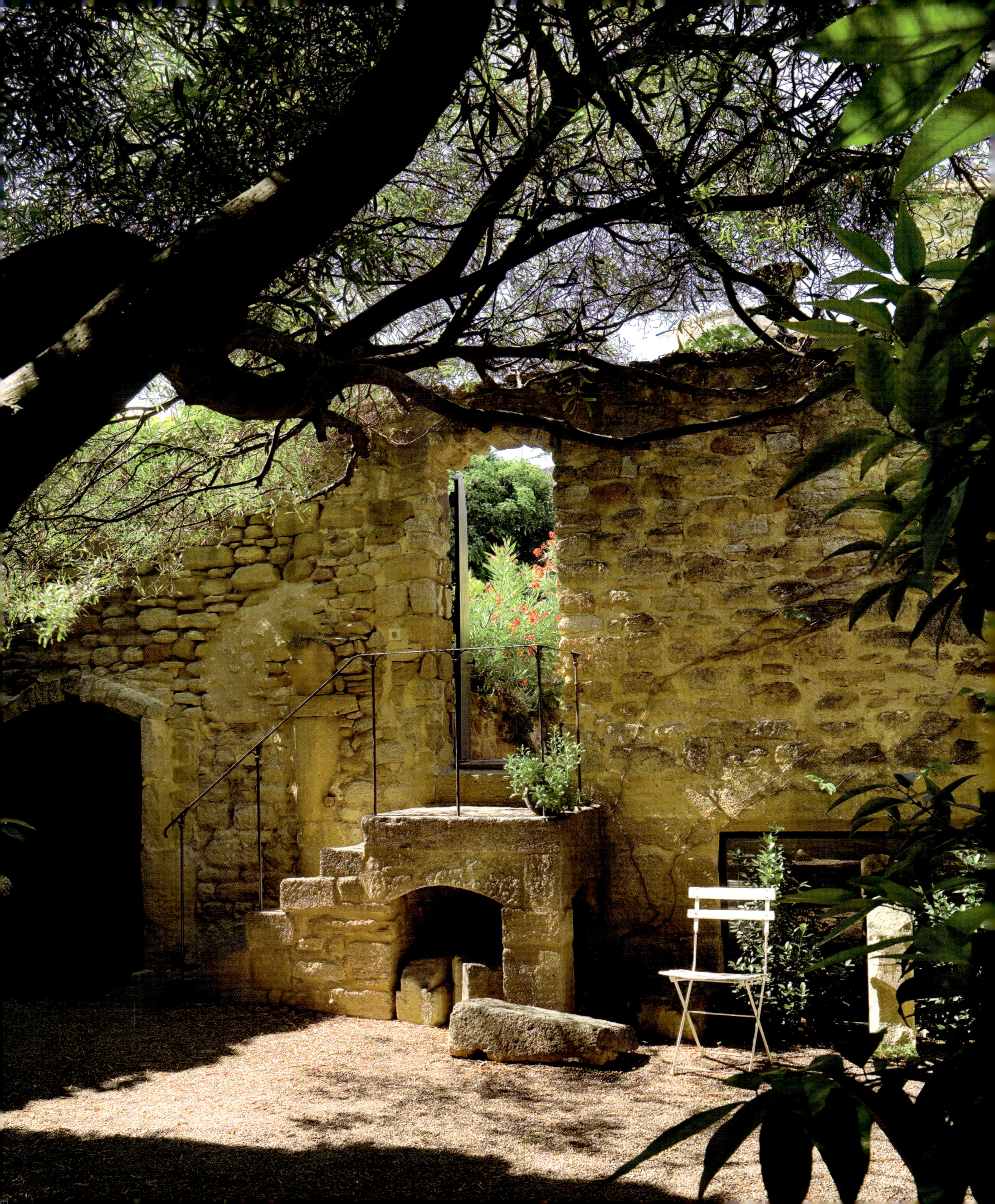

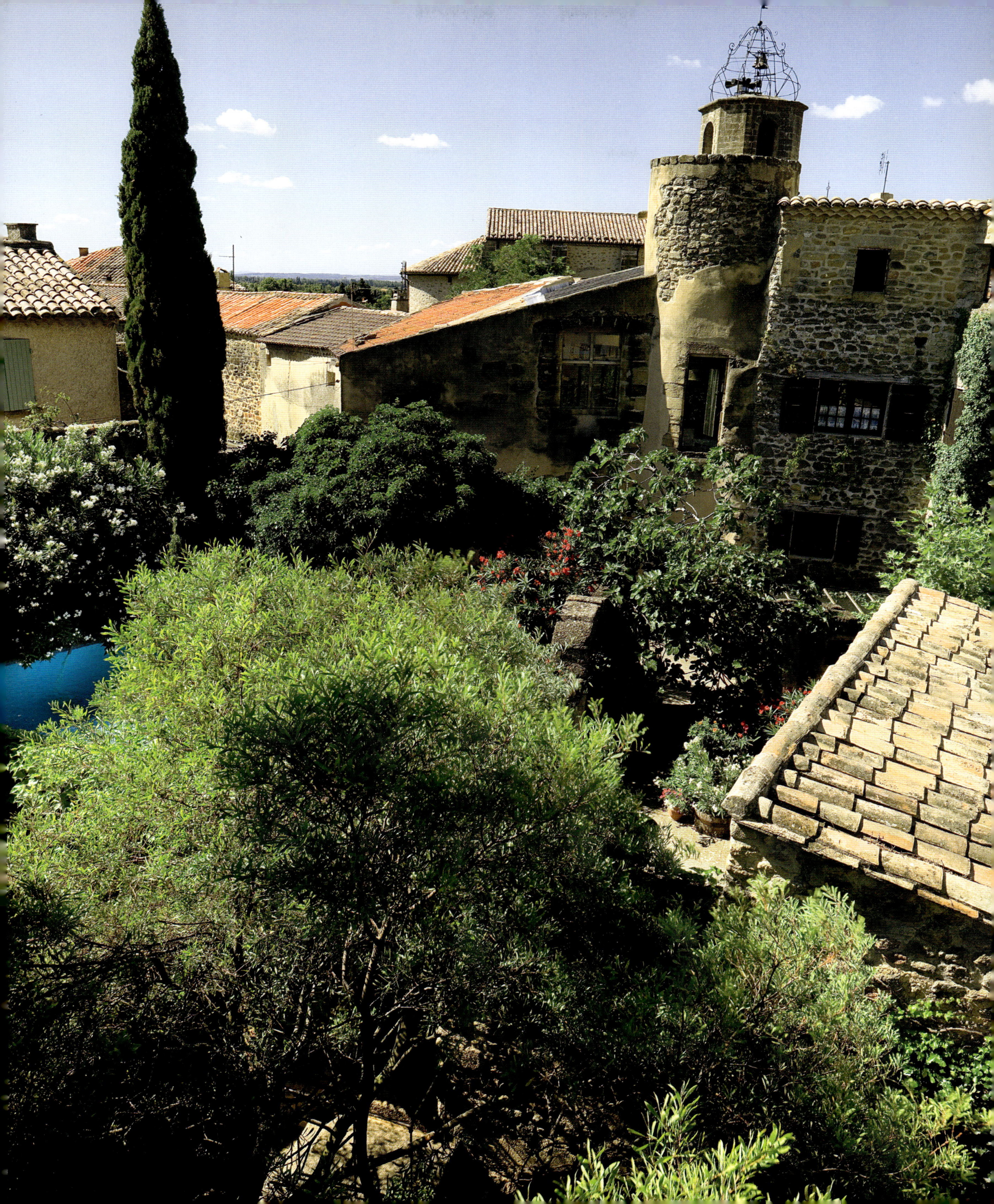

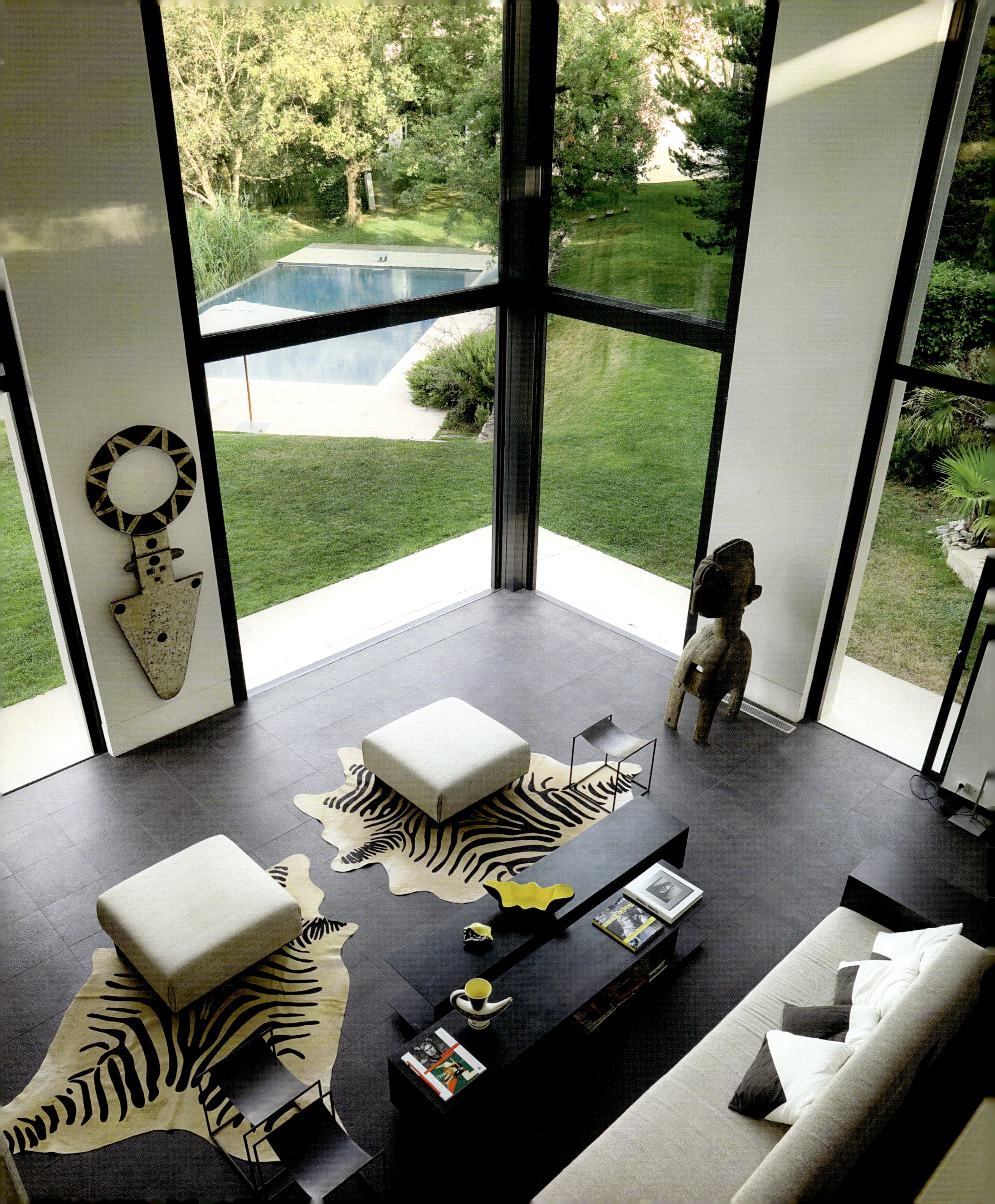

PETER KLASEN

DAS MODERNE AMPHITHEATER

Links: Peter Klasen versteht sein modernes Wohnhaus als eine große Skulptur, die durch ihre Transparenz mit der weitgehend unberührten Natur in Kommunikation steht.

Folgende Doppelseite: Die schlichte Geometrie und klaren Linien von Architektur und Schwimmbad dominieren den Garten des Künstlers. Der Pool liegt an der Schnittstelle zwischen Wohnhaus und Atelier und nur in diesem oberen Bereich wird der Rasen gemäht. Bei Neupflanzungen wurde im Wesentlichen auf Pflanzen zurückgegriffen, die in der Region heimisch sind, wie etwa der *Arundo Donax*, der seitlich des Schwimmbades prächtig gedeiht.

Peter Klasen, Meister der Collage und Mitbegründer der »Nouveau Figurative«, wurde 1935 in Lübeck geboren. Künstlerfreunde der Familie entdeckten das Talent des Jungen und führten ihn in die Grundtechniken der Malkunst ein. Nach seinem Studium an der Kunsthochschule in Berlin ging der junge Künstler 1959 als Stipendiat des BDI (Bund Deutscher Industrie) nach Paris, das ihm zur Wahlheimat wurde. Als Antwort auf die abstrakte Kunst, die ab den 1950er Jahren die Kunstwelt dominierte, begann Klasen Anfang der sechziger Jahre, figurative Elemente in seine Collagen und Gemälde aufzunehmen. Er zählte neben Valerio Adami, Eduardo Arroyo, Peter Stämpfli und anderen zu den Pionieren der neuen Tendenz »Nouveau Figurative«, auch »Figuration narrative« genannt. Der Künstler setzte Objekte des Alltags in Szene, stellte sie – aus ihrem ursprünglichen Zusammenhang gerissen – in immer neue Kontexte und setzte sich auf diese Weise mit der zunehmend aggressiver werdenden Umgebung der Menschen auseinander. So tauchten auch immer häufiger technische und vor allem medizinische Gerätschaften in den Bildern auf, die in ihrer klinischen Kälte krass mit weichen Frauenkörpern, Inbegriff von Verletzlichkeit, kontrastieren, was auf den Betrachter beunruhigend wirkt.

1964 kam der Durchbruch: Die Münchner Galerie Friedrich zeigte die Ausstellung Peter Klasen/Gerhard Richter, 1965 widmete die Pariser Galerie Fels dem Künstler eine Werkschau. Eine wichtige Ausstellung war 1978 die als »Mythologies quotidiennes« betitelte Schau des Musée d'art moderne de la Ville Paris. Zahlreiche Ausstellungen und Retrospektiven in den weltweit wichtigsten Galerien und Museen folgten.

Ein Hauptthema Peter Klasens war zeit seines Lebens die Auseinandersetzung mit der zunehmenden Technisierung und der damit einhergehenden immer unmenschlicher werdenden Welt. Desgleichen setzte sich der Künstler in verschiedenen Werkserien mit politischen Ereignissen auseinander, wie etwa dem Fall der Berliner Mauer (»Die Mauer«, 1989) oder den Attentaten des 11. September 2001 (»Life is beautiful!« und »Elements of disaster«, beide 2002). Während in den ersten Jahren die Papiercollage im Mittelpunkt seines künstlerischen Schaffens stand, ging Peter Klasen später zunehmend in die dritte Dimension und applizierte Gegenstände wie Eisengriffe, Drähte oder Neonröhren auf die Leinwände. Eine andere Ausdrucksform, die Fotografie, bildete seit den 1970er Jahren die Basis für die in Acryl umgesetzten hyperrealistischen Gemälde. 2005 trat die Fotokunst im Rahmen der Ausstellung »Nowhere Anywhere« in Los Angeles erstmals aus ihrer dienenden Funktion innerhalb des Werkprozesses heraus und stand gleichberechtigt neben jenen Gemälden, denen sie als Vorlage diente.

Heute zählen Werke von Peter Klasen zu den Beständen von über sechzig Museen und öffentlichen Sammlungen weltweit, so unter anderen zu denen des Centre Pompidou in Paris, des Musée d'art moderne et d'art contemporain in Nizza, des Museum of Modern Art in New York, der Deutschen Bundessammlung in Bonn, des Museum Ludwig in Koblenz sowie des Museum moderner Kunst in Wien.

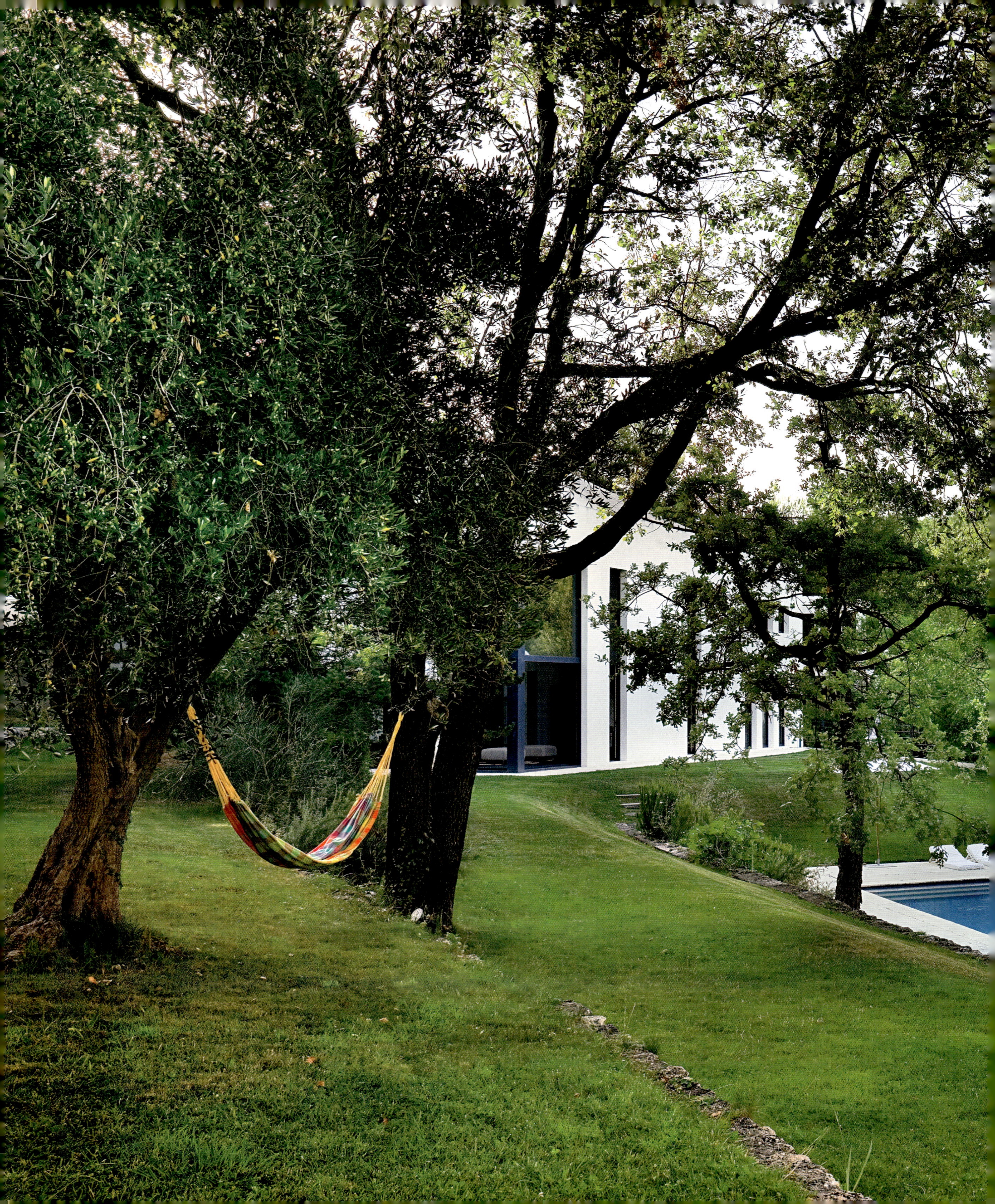

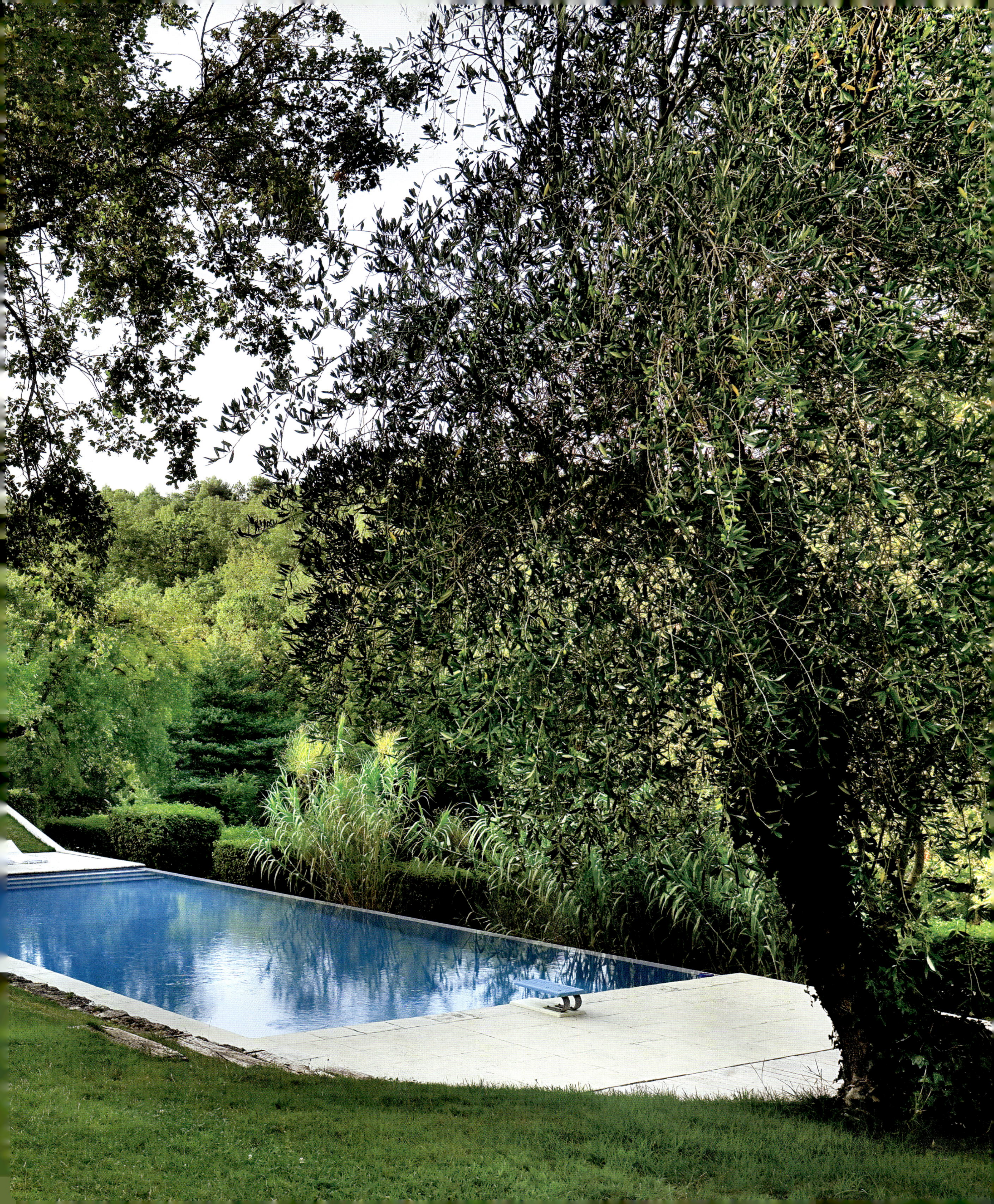

Als Peter Klasen und seine Frau und Mitarbeiterin Claudine d'Hellemmes den Entschluss fassten, sich im Süden Frankreichs einen Zweitwohnsitz zu errichten, war ihnen die Côte d'Azur schon seit Jahren bekannt und vertraut. Zahlreiche Reisen und Ausstellungen unter anderem in der Fondation Maeght in St-Paul-de-Vence hatte die beiden hierher geführt. Das im Trubel von Paris lebende Paar erträumte sich für seinen Platz an der Sonne Ruhe und einen unverbaubaren Blick ins Grüne – Bedingungen, die an der Côte d'Azur des ausgehenden 20. Jahrhunderts an Utopie grenzten.

Glück und Zufall waren jedoch auf der Seite des Paares, das 1989 tatsächlich ein etwa 1,5 Hektar großes Grundstück am Rande eines Wohngebietes bei Châteauneuf-de-Grasse fand – mit unverbautem und unverbaubarem Blick ins Grüne. Dank der technischen Unterstützung seines Architektenfreundes Christoph Petitcollot verwirklichte Peter Klasen seinen Traum.

Auf der obersten Ebene des an einem sanft auslaufenden Hang gelegenen Grundstückes ließ der Künstler vier Gebäude unterschiedlicher Größe errichten, an deren vom Garten abgewandter Seite ein Weg entlangführt. Die Grundidee war, die Einfachheit der Architektur provenzalischer Mas, der Bauernhöfe der Region, in modernem Kleid wieder aufleben zu lassen. Auch die Anordnung der Gebäude auf dem Plateau, die in einem weitgestreckten Trapez zueinander liegen, nehmen Bezug zur Region. Sie greift den Grundriss des Pic de Courmettes auf, jenes Berges, den man von jeder Stelle des Grundstücks aus im Blick hat. Die Tradition – der Gartenbesitzer betont gerne, dass unterhalb seines Anwesens ein ehemaliger Römerweg vorbeiführt – bestimmt auch das Gepräge des Gartens: Klasen vermied künstliche Eingriffe wo irgend möglich, beließ alte Terrassierungen bei und umbaute sogar Bäume. Hier wachsen – von wenigen Ausnahmen abgesehen – nur in der Provence beheimatete Pflanzen. Dieser Garten sollte jenes von Menschenhand unberührte Paradies bleiben, dessen Verlust der Künstler in seinen Bildern beklagt.

Das dem Eingangstor am nächsten gelegene Gebäude ist räumlich etwas von den anderen abgesetzt und wird ganzjährig von einem Hausmeisterehepaar bewohnt. Es spielt im gesamten Erscheinungsbild des Gartens eine eher untergeordnete Rolle. Hohe Steineichen trennen es von dem großzügig geschnittenen, lichtdurchfluteten Atelier des Künstlers, von dem aus man den Garten betritt. Dunkelgrüner Rasen spannt sich über drei ineinander übergehende Ebenen zwischen Atelier und Wohnhaus. Letzteres besitzt eine großzügig dimensionierte Fensterfront, die sich zum Garten hin öffnet, über Eck angelegte Schiebetüren heben die Trennung zwischen innen und außen fast vollständig auf. Dieses offene Prinzip findet sich in seiner vollkommensten Form in dem zweigeschossigen Terrassenturm wieder, der an das Wohnhaus angrenzt und der auf schlanken Stützen ruht. Drahtseile dienen hier als Geländer und weiße Vorhänge ersetzen die seitlichen Mauern, so dass der Blick ungehindert in den Wald schweifen kann. Als letztes Bauwerk erhebt sich, schon halb im Wald, ein Gästehaus. Den vier Gebäuden gemeinsam ist die nüchtern-sachliche Architektur. Pyramidenförmige Dächer krönen die weißen Gebäude, schmal wirkende Fenster trennen über zwei Geschosse die geschlossenen weißen Wandflächen.

In einer Senke liegt zwischen Wohnhaus und Atelier der Pool, eine als Überlaufbecken konzipierte Anlage, die man von beiden Gebäuden aus über ein paar Stufen erreicht. Dieser pointiert modernen Architekturkonzeption steht in erfrischender Weise die unverkünstelte, in ihrer Ursprünglichkeit weitgehend belassene Vegetation des Gartens gegenüber.

Oben: Dieser kleine und intimste Teil der gesamten Anlage ist nur von einem Lesezimmer aus zu erreichen und wurde nach dem Vorbild japanischer Zen-Gärten angelegt. Aus dem Kiesbett wachsen zwei Araukarien sowie eine australische Graspalme (»Black Boy«).

Rechts: Große Rundkiesel bieten ideale Bedingungen für die Fächerpalmen entlang der Hausmauer.

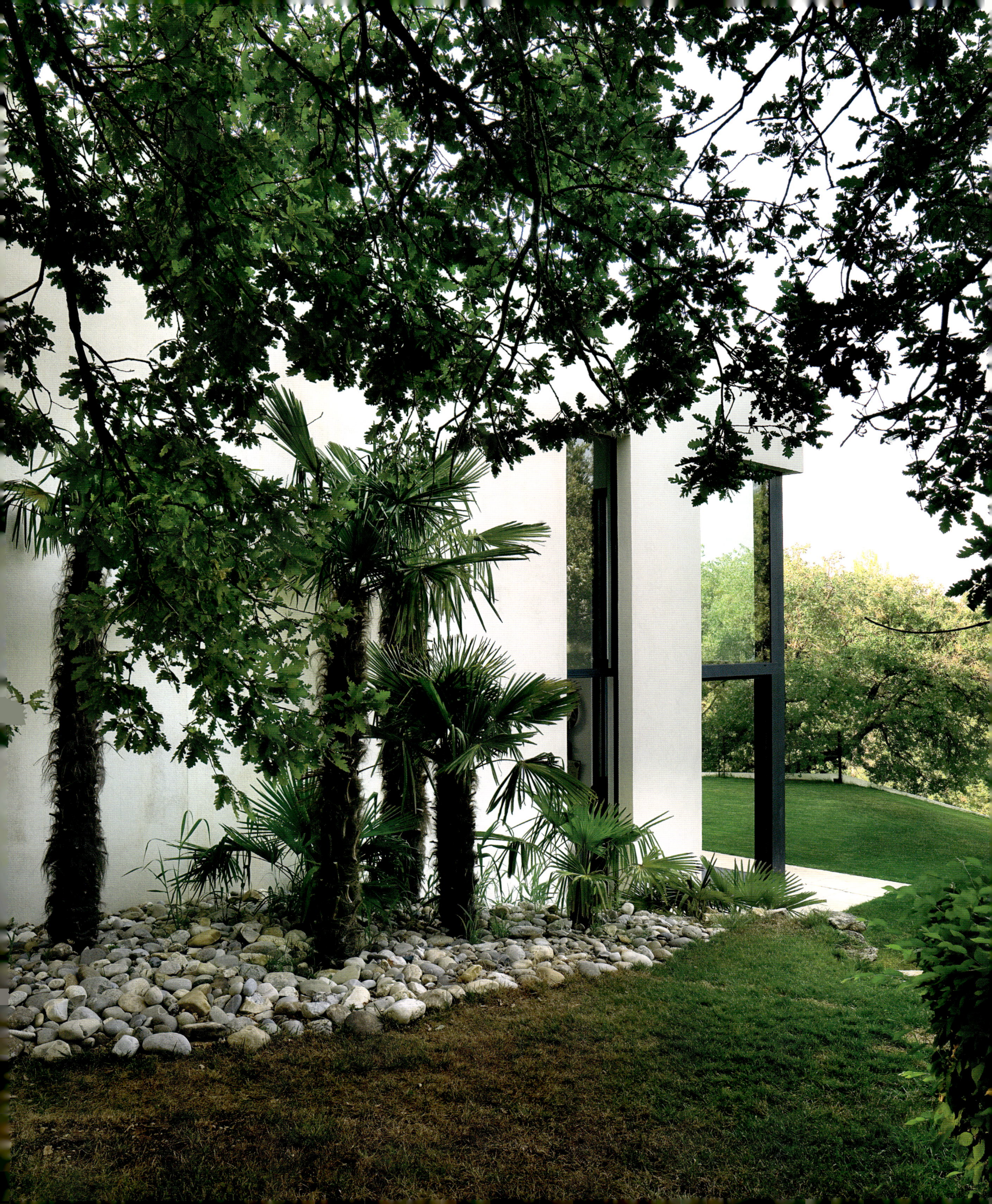

Das leicht absteigende Terrain wird von niedrigen Mauern gestützt, die bereits vorhanden waren, als Peter Klasen das Grundstück erwarb. Erst durch das Spiel aus Licht und Schatten wird die Geometrie der Linienführung deutlich. Einige Meter weiter soll hier ein alter Römerweg verlaufen sein.

Steineichen und Olivenbäume wurden nur gefällt, wo es unabdingbar war, wenn nötig, wurde um die Bäume herumgebaut. So wächst etwa aus der mit weißen Platten verlegten Schwimmbadterrasse eine alte Steineiche, daneben erstreckt sich ein Massiv aus Rosmarin, Lavendel und anderen Duftkräutern zwischen Terrasse und Stützmauer. Als Blickfang zum Tal hin wächst dicht *Arundo Donax*, ein in der Provence beheimatetes Süßholzgewächs, das im Deutschen häufig als Schilfgras bezeichnet wird.

Unterhalb des Schwimmbeckens beginnt jener Teil des Gartens, der mehr oder weniger sich selbst überlassen bleibt. Das leicht absteigende Terrain ist in Terrassen gegliedert, jede von einer kleinen Natursteinmauer abgestützt. Kurze, niedrig gestutzte Buchenhecken bilden einen Akzent, als einzige Farbtupfer heben sich im Frühjahr gelb blühende Besenginster (*Cytisus Scoparius*) von dem Grün ab. Dieser Teil des Gartens wird nicht bewässert, weswegen sich hier unter der sommerlichen Hitze das Gras goldgelb färbt. Ein schmaler Pfad führt zum Fußpunkt des Geländes, von wo man den gesamten Besitz wie von der Bühne eines antiken Amphitheaters aus überblickt.

Kehrt man zurück in den von Menschenhand gestalteten Teil des Gartens, der um die Häuser und das Atelier angelegt ist, werden zwei wesentliche Elemente südländischer Gartengestaltung deutlich: schattenspendende Bäume und Architekturen. So überspannt auf der am höchsten gelegenen Rasenfläche ein großes weißes Sonnensegel eine von Natursteinen eingefasste weiße Kiesfläche, auf der eine Sitzgruppe zum Verweilen einlädt. Hier stehen auch Reste eines alten Mauerwerks, das wohl ursprünglich zu einem Bauernhof gehörte und das Klasen bewusst beibehalten hat. Zwischen Wohn- und Gästehaus liegt der offene Turm, dessen untere Ebene stets von einem Luftzug gekühlt und dadurch in der brütenden Hitze des Hochsommers zu einem zentralen Ort und Lebensbereich wird. Nur hier stehen einige Blumentöpfe mit immergrünen Pflanzen, an die Hauswand geschmiegt hebt sich aus einem weißen Kiesbeet eine Cyca-Palme ab, die inmitten dieser urwüchsigen Natur besonders exotisch wirkt.

Folgende Doppelseite: Gästehaus (links), Terrassenturm (Mitte) und Wohnhaus (rechts) umschließen einen geschotterten Hof, der stets in kühlen Schatten getaucht ist. Die Architektur musste mitunter um alte Bäume »herumgebaut« werden. So beträgt der Abstand zwischen dem linken Eckpfeiler des Terrassenturms und der davor stehenden Steineiche gerade zwanzig Zentimeter.

Eine Besonderheit ist jener Teil des Gartens, der abgeschlossen innerhalb des Wohnhausbereichs liegt. Aus dem präzise geharkten weißen Kies, der als sich wiederholendes Motiv an verschiedenen Stellen des Gartens eingesetzt ist, wachsen zwei niedrige Araukarien und eine in Australien beheimatete Palme namens »Black Boy«. Die gelb gestrichene Mauer, die diese Komposition umschließt, ist im oberen Teil von vier kleinformatigen, quadratischen Öffnungen unterbrochen. Diese dienen nicht etwa zur Erhellung des Gärtchens, in welches das natürliche Licht von oben einfällt. Dank dieses scheinbar banalen Eingriffs wird vielmehr aus dem geläufigen Motiv des Zen-Gartens ein Gesamtkunstwerk, das ausschließlich durch großzügige Glastüren vom Innenraum aus sichtbar ist.

Der Garten von Peter Klasen ist eine gekonnte Mischung aus Strenge und – in seinen größeren Partien – sanfter Domestizierung der Natur. Somit erlebt der Künstler in seinem Garten jene Reinheit und Ruhe, die er in der von Technik und Maschinenwelt beeinflussten und dadurch aggressiv gewordenen Gesellschaft so schmerzlich vermisst.

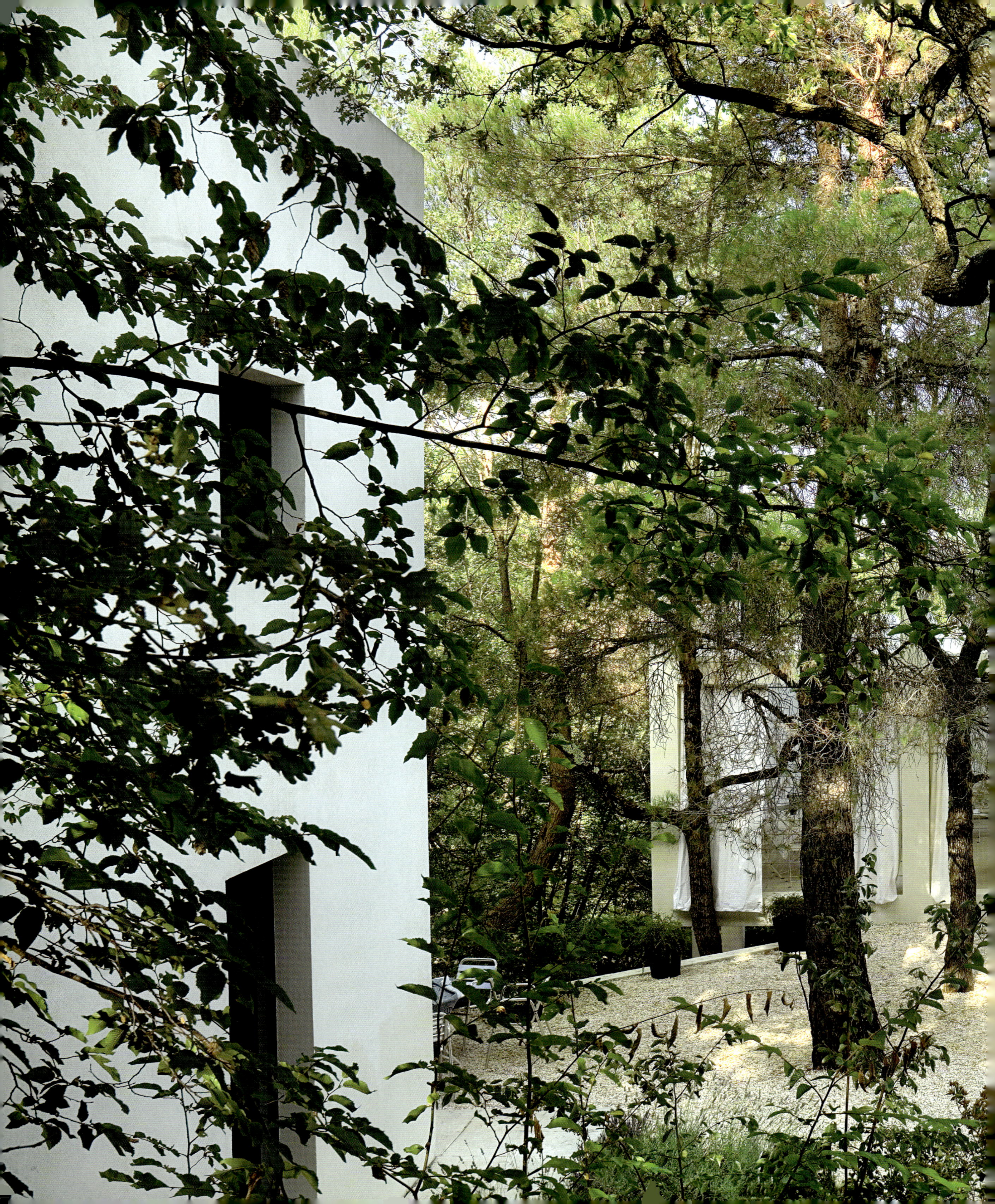

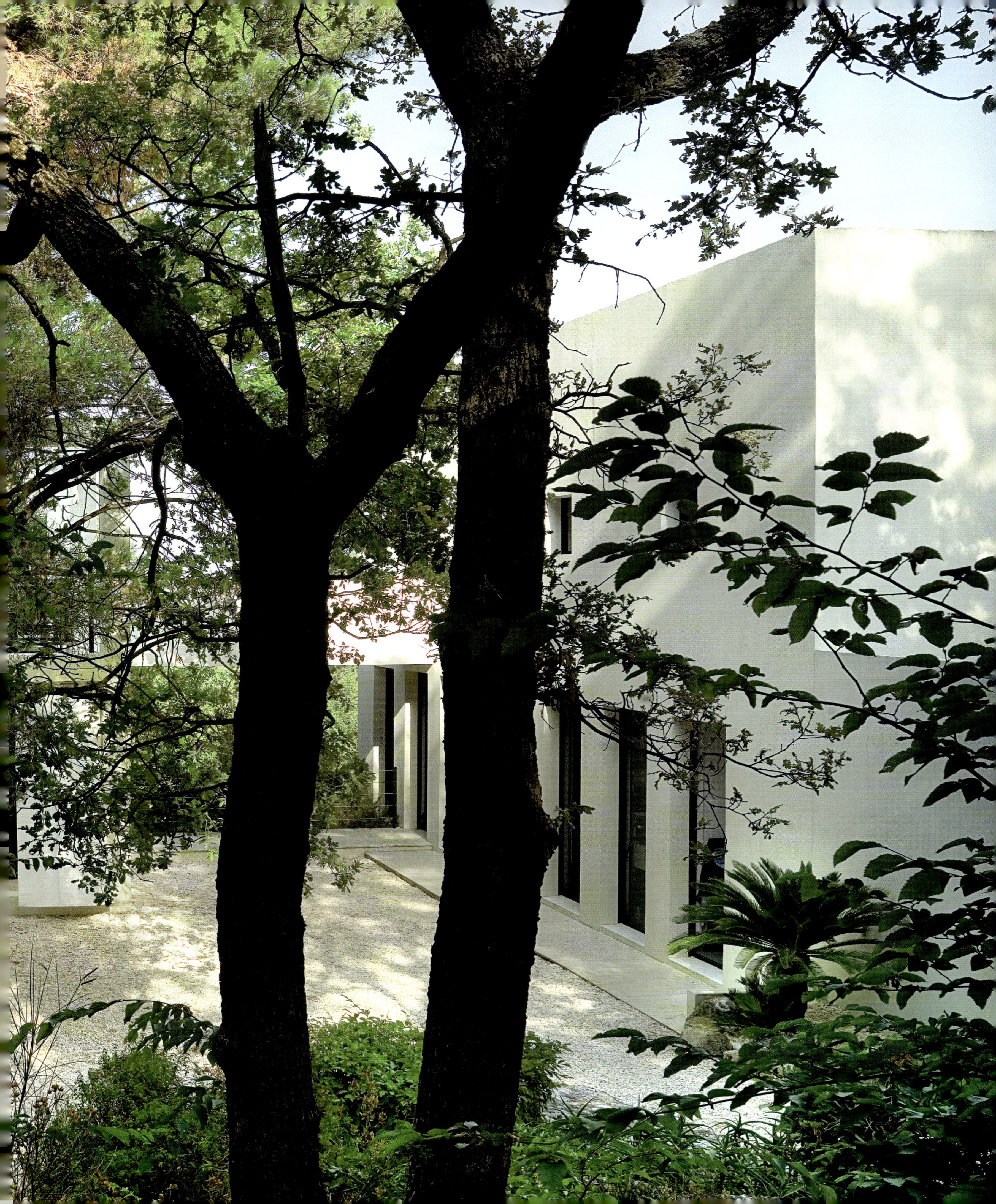

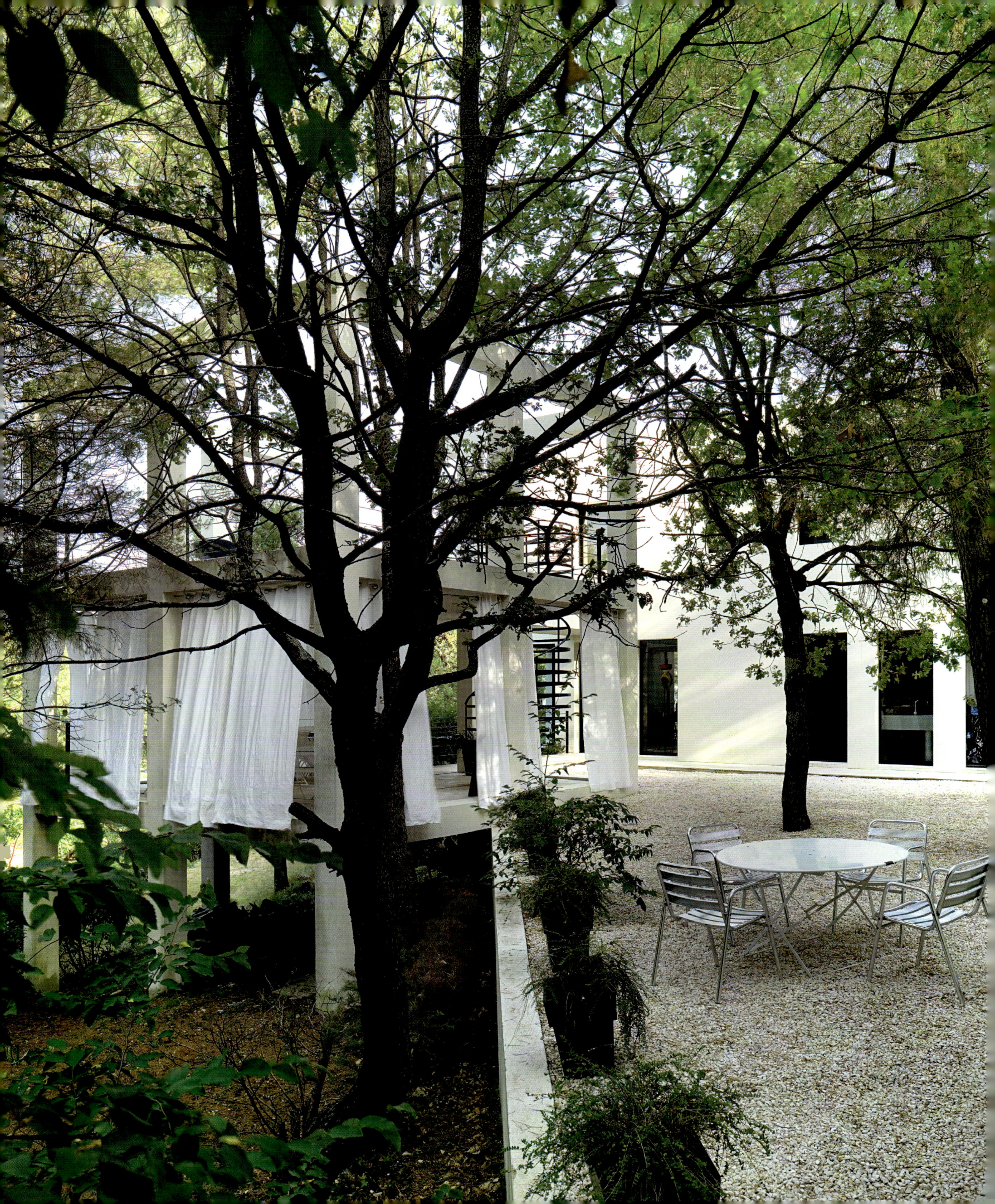

Oben: Wie große Bilderrahmen wirken die weißen Streben der modernen Konstruktion, welche das Hochplateau des Terrassenturms nach oben hin abschließt. Peter Klasen, hier in einem Fauteuil von der Hand des Designers Ron Arad, hat die klaren Formen der Architektur in Harmonie mit der Urwüchsigkeit der Natur gebracht.

Links: Eine der interessantesten Konstruktionen ist der »Terrassenturm«, der sich durch Transparenz seiner Architektur auszeichnet. Die langen weißen Vorhänge, die zugezogen einen idealen Windschutz bieten, unterstreichen die Leichtigkeit der Konstruktion und verleihen ihr eine geradezu romantische Verspieltheit.

ROBERT COURTRIGHT UND BRUNO ROMEDA

DER TERRASSENGARTEN

Robert Courtright wurde 1926 in Sumter im Staat South Carolina (USA) geboren. Nach seiner Ausbildung an der New School for Social Research und der Art Students League in New York arbeitete er als freischaffender Künstler.

Sein Medium ist die Collage. Zeitungsartikel, Bücherseiten oder Teile von Tapeten verwandeln sich zu Stadtprospekten vor einem Ton in Ton gehaltenen Hintergrund. Seine erste Europa-Reise sollte den jungen Mann für immer mit dem Alten Kontinent verbinden. Fasziniert von den historischen Städten Italiens und Südfrankreichs, finden sich die Geschlechtertürme von Bologna und San Giminiano ebenso in seinen Werken wieder wie Ansichten von Antibes oder St-Tropez an der Côte d'Azur. In den 1970er Jahren wurden die Bilder Robert Courtrights zunehmend abstrakt. Der Künstler, der zeit seines Lebens der Collage treu blieb, spezialisierte sich darauf, rechteckige Papierstücke gleicher Größe in einem bestimmten Farbton mit Acrylfarbe zu bemalen. Nuancierungen der Farbtöne, Strukturen wie Schraffuren oder Riefelungen, aber auch der Einsatz von einzelnen Buchstaben oder Texten von James Joyce heben die Papierfelder gegeneinander ab. In einem zweiten Arbeitsvorgang werden die Papierstücke so auf eine große Leinwand montiert, dass sich die Ränder vom Untergrund abheben, wodurch das Relief der Arbeit stärker betont wird.

Auf einer seiner ersten Reisen nach Europa lernte Robert Courtright Bruno Romeda kennen. Der Bildhauer, der 1933 in Brescia geboren wurde, konzentriert sich in seinem künstlerischen Schaffen auf das Thema der geometrischen Grundformen von Kreis, Quadrat und Dreieck. Wie feine, mit freier Hand gezogene Linien wirken diese Skulpturen, die, in Bronze gegossen und auf zierliche Sockel gestellt, im freien Raum zu schweben scheinen. Besonders wirkungsvoll erscheinen die großformatigen Bronzen, wenn sie im Freien aufgestellt werden und so ein Stück Landschaft ausschnitthaft hervorheben. Die Kunstwerke werden dabei zu Bilderrahmen eines willkürlich gewählten Raum- oder Landschaftsmotives.

Zu den wichtigsten Museen und Sammlungen, die Werke der beiden Künstler in ihre Bestände aufgenommen haben, zählen das Metropolitan Museum of Modern Art in New York, das Musée d'art moderne et d'art contemporain in Nizza, das Kasama Nichido Museum of Art in Kasama (Japan), das Greenville County Museum of Art (South Carolina) und die Sammlung Thyssen-Bornemisza in Lugano (Schweiz).

Als Bruno Romeda und Robert Courtright Anfang der 1950er Jahre an die Côte d'Azur kamen, verloren sie ihr Herz an ein zur Ruine verkommenes Haus inmitten eines alten Olivenhains in Opio bei Grasse. In jahrelanger Kleinarbeit machten sie sich an die Renovierung beziehungsweise Erweiterung des ehemaligen Bauernhauses aus dem 17. Jahrhundert, wobei der Stil des historischen Gemäuers respektiert wurde. Da das Grundstück an einem Hang liegt und deshalb in mehreren Terrassen angelegt ist, erschließt sich das Anwesen nicht auf den ersten Blick. Ein Spaziergang über das Grundstück gleicht einer kleinen Entdeckungsreise.

Auf der mit Terrakotta-Platten belegten Terrasse stehen wie zum Empfang in loser Anordnung einige

Geometrie pur: In einem Wasserbecken vor der gelbtonigen Natursteinmauer spiegelt sich in zarten Linien das bronzene »Quadrat« von Bruno Romeda.

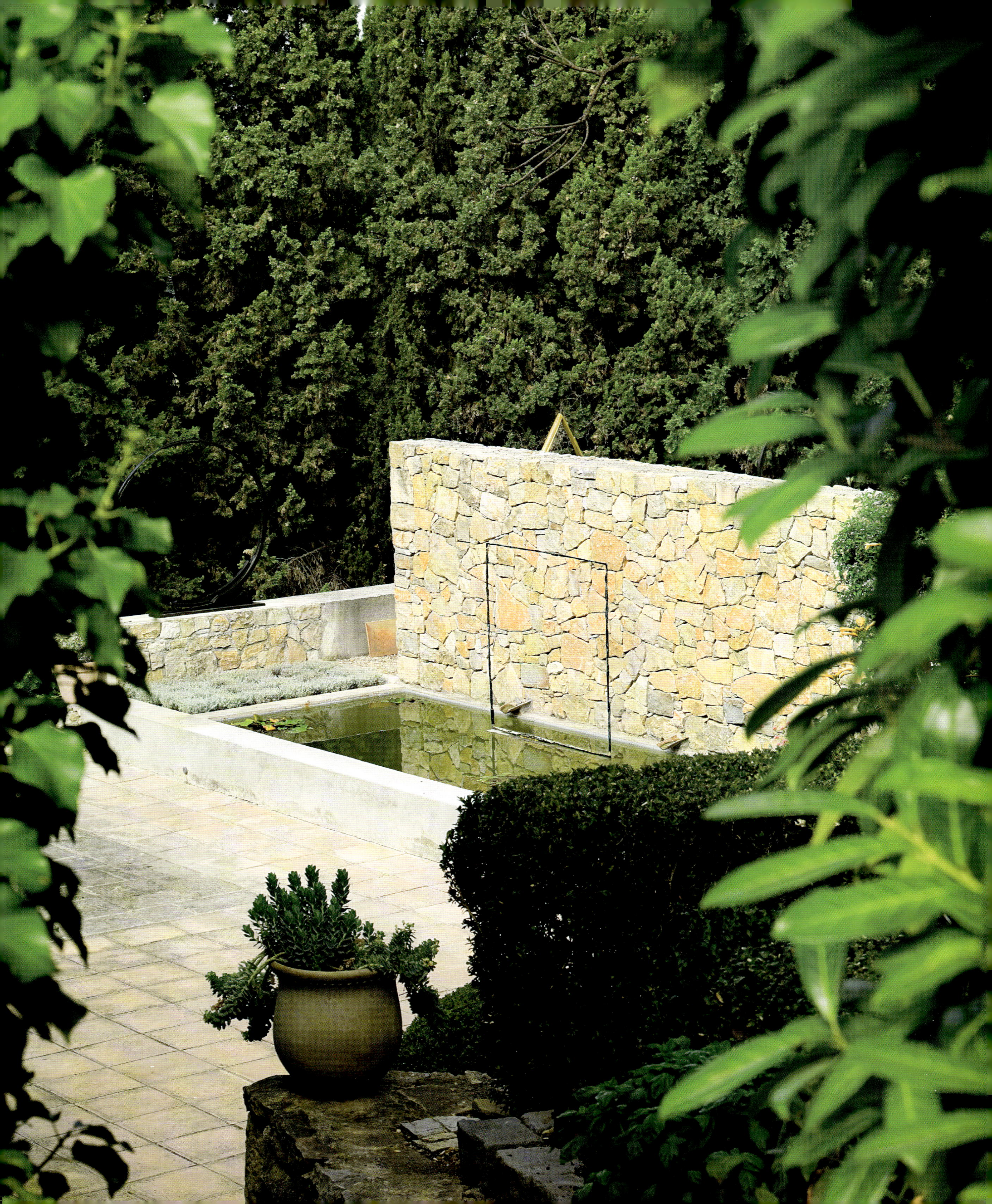

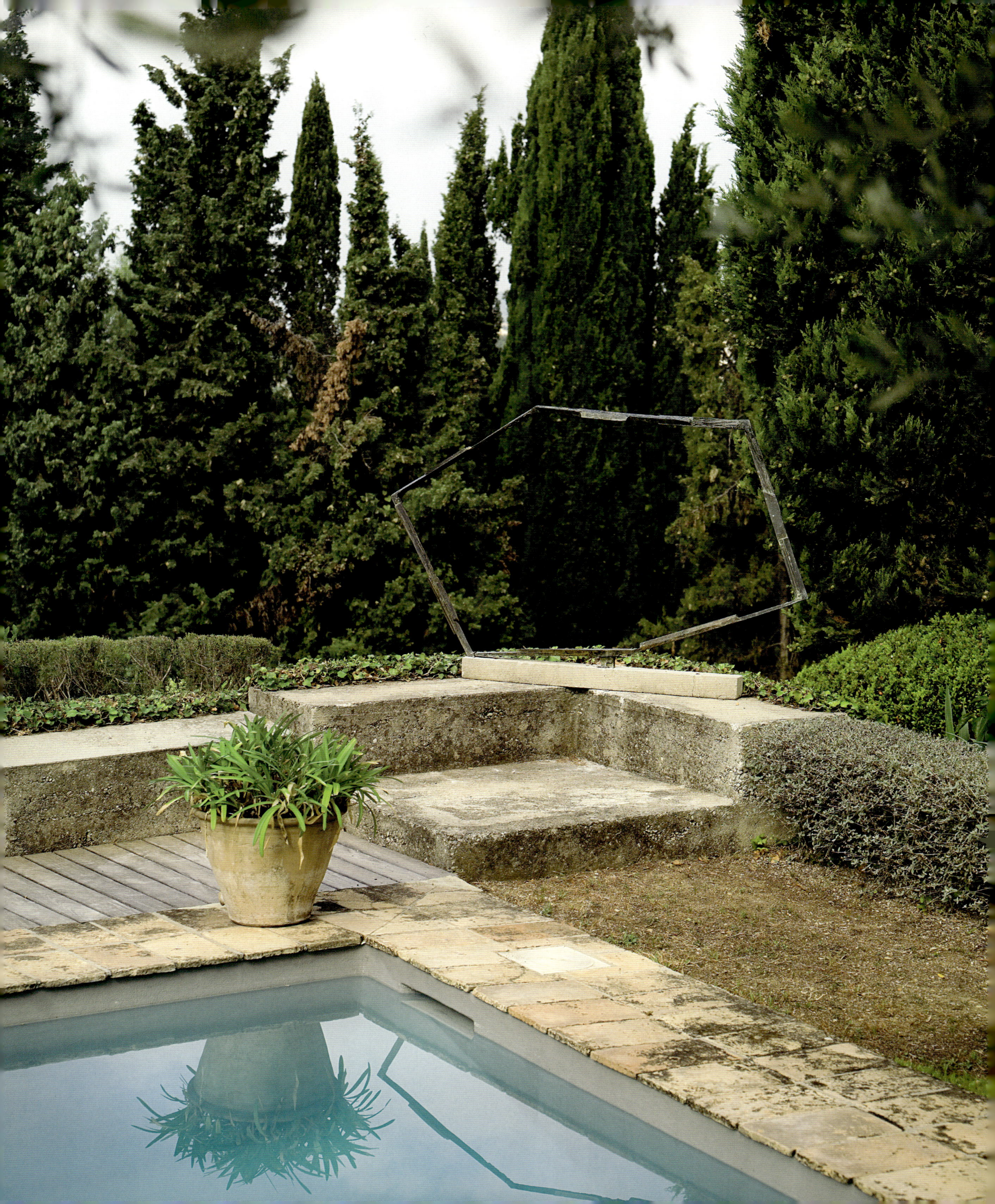

Links: Die Bronzeskulptur in Form eines unregelmäßigen Sechsecks wirkt an der Ecke der Schwimmbadterrasse wie hingeworfen.

Rechts: Der ursprünglich aus Kleinasien stammende Kapernstrauch ist heute im gesamten Mittelmeerraum heimisch. Zartweiße Blüten mit langen, violetten Staubfäden heben sich aus dem blaugrünen Blattwerk ab und verströmen einen zarten Duft.

Folgende Doppelseite, links: Das Schwimmbecken liegt abgesetzt von Wohn- und Gästehaus auf einer eigenen Ebene. Jede Fläche und jeder Weg ist von einer Hecke oder efeuüberwachsenen Natursteinmauern eingefasst.

Folgende Doppelseite, rechts: In dem Garten des Künstlerpaares sind Ölbäume allgegenwärtig, die, so erzählt Robert Courtright, noch die Mönche aus dem Kloster Ile-St-Honorat angepflanzt hätten.

Seite 124 und 125: Ein langgezogenes Wasserbecken mit Seeroseninseln fügt sich in den schmalen Terrassenstreifen. Die Bronzeskulptur in Form eines Quadrats bildet den Rahmen für den zarten Papyrus, der aus dem Wasser aufragt, sowie für den knorrigen Stamm eines alten Olivenbaums.

Skulpturen Bruno Romedas, Kreise, Quadrate und ein Dreieck. Sie lenken den Blick in den tiefer gelegenen Teil des Gartens, wobei die zierlichen Skulpturen so platziert sind, dass sie den dahinter liegenden Abschnitt des Gartens ausschnitthaft zeigen. Es ist, als würde man ein in Bronze gerahmtes Gemälde betrachten. Bruno Romeda und Robert Courtright haben dieses Wechselspiel zwischen Kunst und Natur mehrfach gekonnt in ihrer Gartengestaltung eingesetzt. Einige Schritte weiter wurde effektvoll vor einer Natursteinmauer ein mit Marmorplatten eingefasstes Hochbeet angelegt, in dem im Juli blau-violette Lavendelsträucher blühen.

Über eine Treppe gelangt man eine Ebene tiefer. Jetzt erst wird man gewahr, dass jener mit Kieseln bedeckte Teil der Terrasse, der sich hinter der oben beschriebenen Mauer erstreckt, das Dach des Ateliers der beiden Künstler ist. Hier entstehen die Collagen Robert Courtrights und die Entwürfe zu den Skulpturen und Möbeln von Bruno Romeda. Hohe Zypressen fassen das Grundstück wie eine Mauer ein und verleihen dem Anwesen seine Geschlossenheit. Zugleich bilden sie jene dunkelgrüne Hintergrundfolie, vor der sich das Silbergrün der alten Olivenbäume, die helleren Grüntöne der Feigen- und Obstbäume sowie jene der Buchenhecken, die an manchen Stellen die Terrassen einfassen, abheben. Mit Efeu bewachsene, niedrige Mauerabschnitte alternieren mit den Steinmauern, welche die einzelnen Plateaus stützen. Dazwischen bilden die zu Kugeln geschnittenen und in Tontöpfe gepflanzten Buchsbaumbüsche effektvolle Akzente. Kurzgeschnittener, heller Rasen vollendet diese Symphonie in Grün. Die himmelblauen Blütendolden der Schmucklilie (*Agapanthus orientalis*), die auch den romantischen Namen »Liebesblume« trägt, ragen im Sommer auf ihren hohen Stielen aus dem grünen Meer heraus und sind dank ihrer Höhe von über einem Meter auch vom Haus aus zu sehen. Auf der darüber liegenden Ebene bezaubert das zarte Rosa der ab dem Spätsommer blühenden Herbstanemonen (*Anemone hupehensis*).

Vier Steinstufen führen auf eine mit alten, glasierten Ziegeln belegte Terrasse, die hinter dem Wohnhaus liegt. Hier sind auch mehrere Blumentöpfe mit immergrünen Pflanzen aufgestellt. Im Schatten eines alten Baumes steht eine lange Tafel, als Rückenpolster der dazugehörigen Steinbank dient die dicht mit Efeu überwachsene Mauer. Gleich einer vertikalen Verlängerung dieser Mauer wächst darüber eine immergrüne Hecke, die sich in den unteren Partien mit dem Efeu vermischt. Das Motiv des Quadrates taucht in der die schmale Front der Terrasse abschließenden Bronzeskulptur »Quadrato« von Bruno Romeda auf. Diesmal löst sich die strenge Geometrie von Kubus und Geraden jedoch vor dem Hintergrund auf. Die Linien der Skulptur kontrastieren reizvoll mit dem schräg gewachsenen Stamm des alten Olivenbaums, der dahinter aus einem Meer von immergrünen Bergenien (*Bergenia cordifolia* »*Purpurea*«) aufragt. Rosarote Blütendolden auf dunkelroten Stängeln heben sich im Frühjahr zart von dem dunklen Blattwerk ab. Ein Rosenbusch mit einfachen, rosafarbenen Blüten schiebt sich von links der Mauer her in die »Rahmung« des Quadrates.

Wiederum sind es Stufen aus Naturstein, die in jenen Teil des Gartens führen, der oberhalb des Hauses liegt. Gestutzte Hecken fassen einen schmalen Weg ein, der hügelan führt und nach links und rechts zu den mehr oder weniger breit angelegten Plateaus führt. Einer der verträumtesten Abschnitte ist ein relativ schmaler Streifen rechts dieses Weges. Auch dieser Teil ist von Hecken eingefasst und so geschützt vor dem neugierigen Blick eines beiläufigen Besuchers. Ein langgezogenes, schmales Wasserbassin schmiegt sich zwischen die Hecken. Seerosenblüten zieren das klare Wasser, und zarte Stängel von Papyrus erheben sich stolz über der Wasseroberfläche. Bunte Brokatkarpfen, besser als Kois bekannt, vollenden den Schmuck dieses wohl lyrischsten Teils des Gartens.

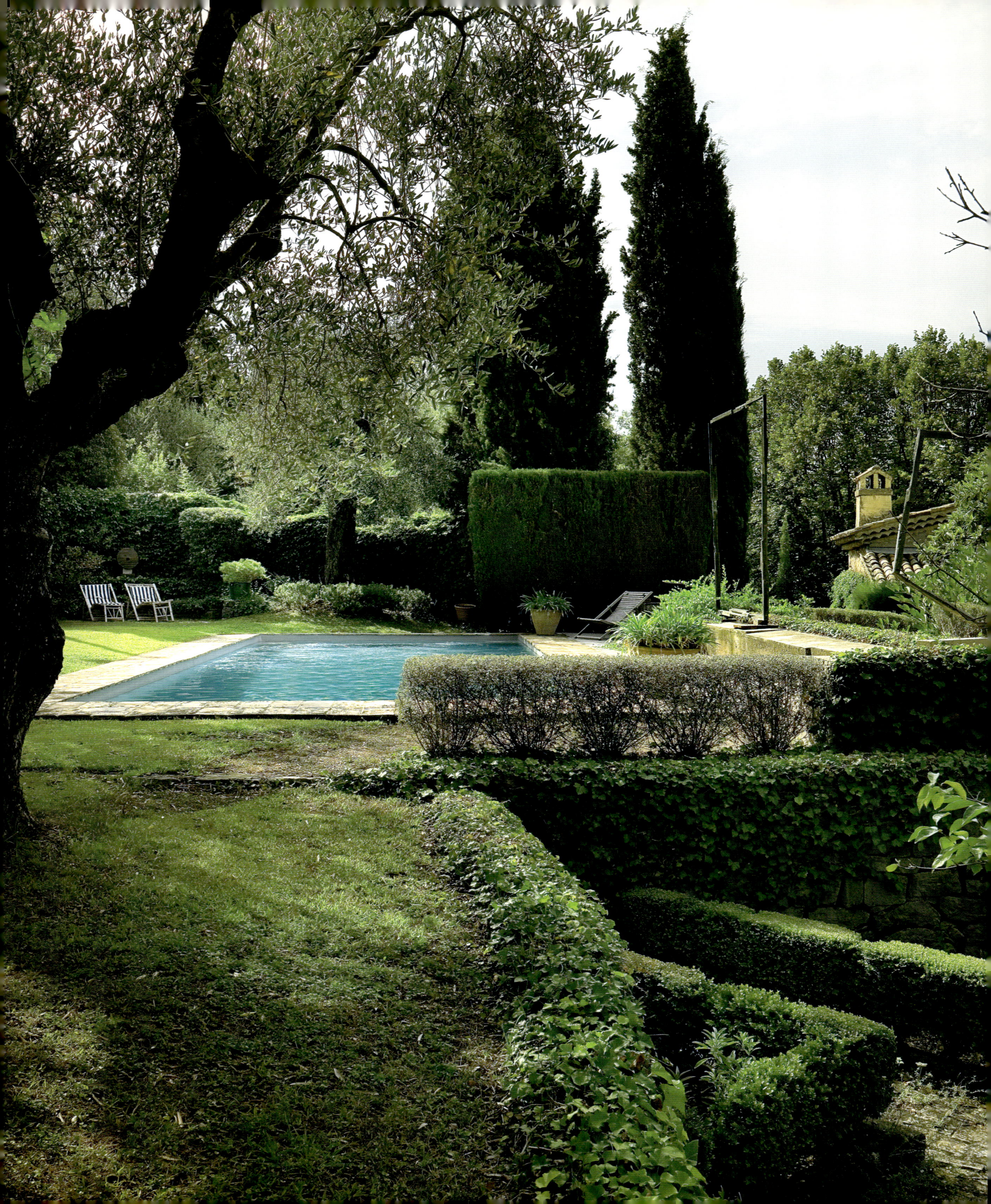

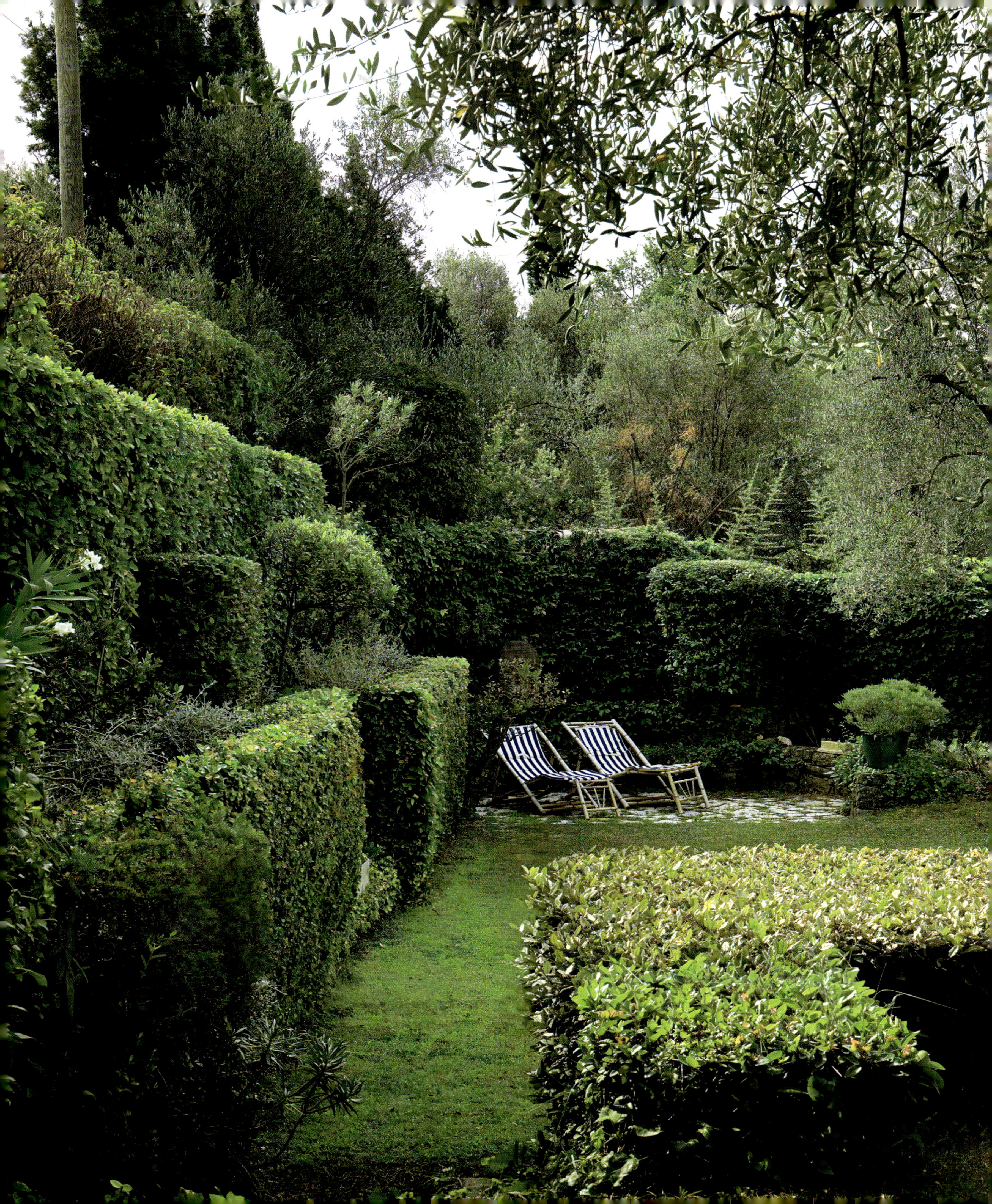

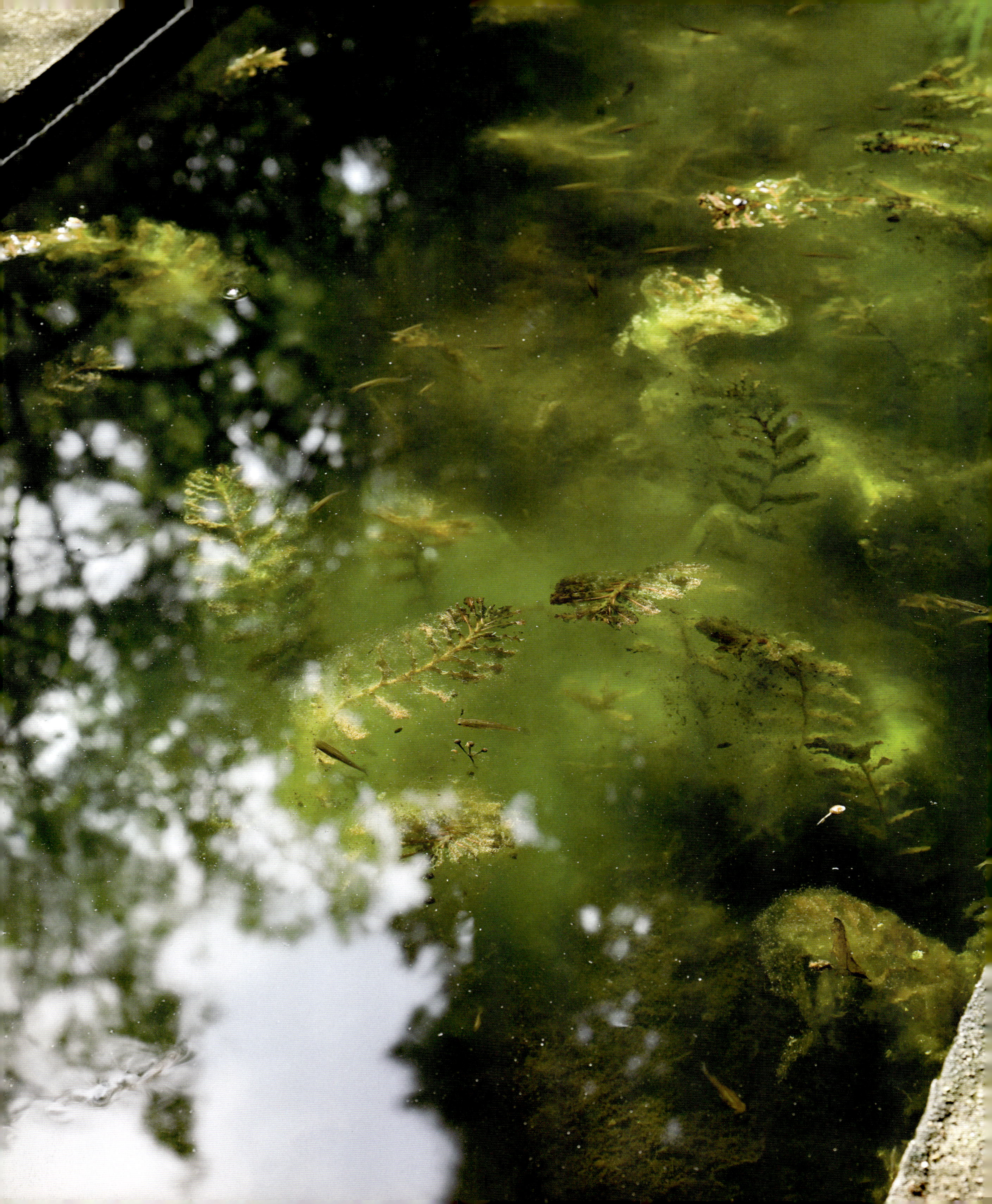

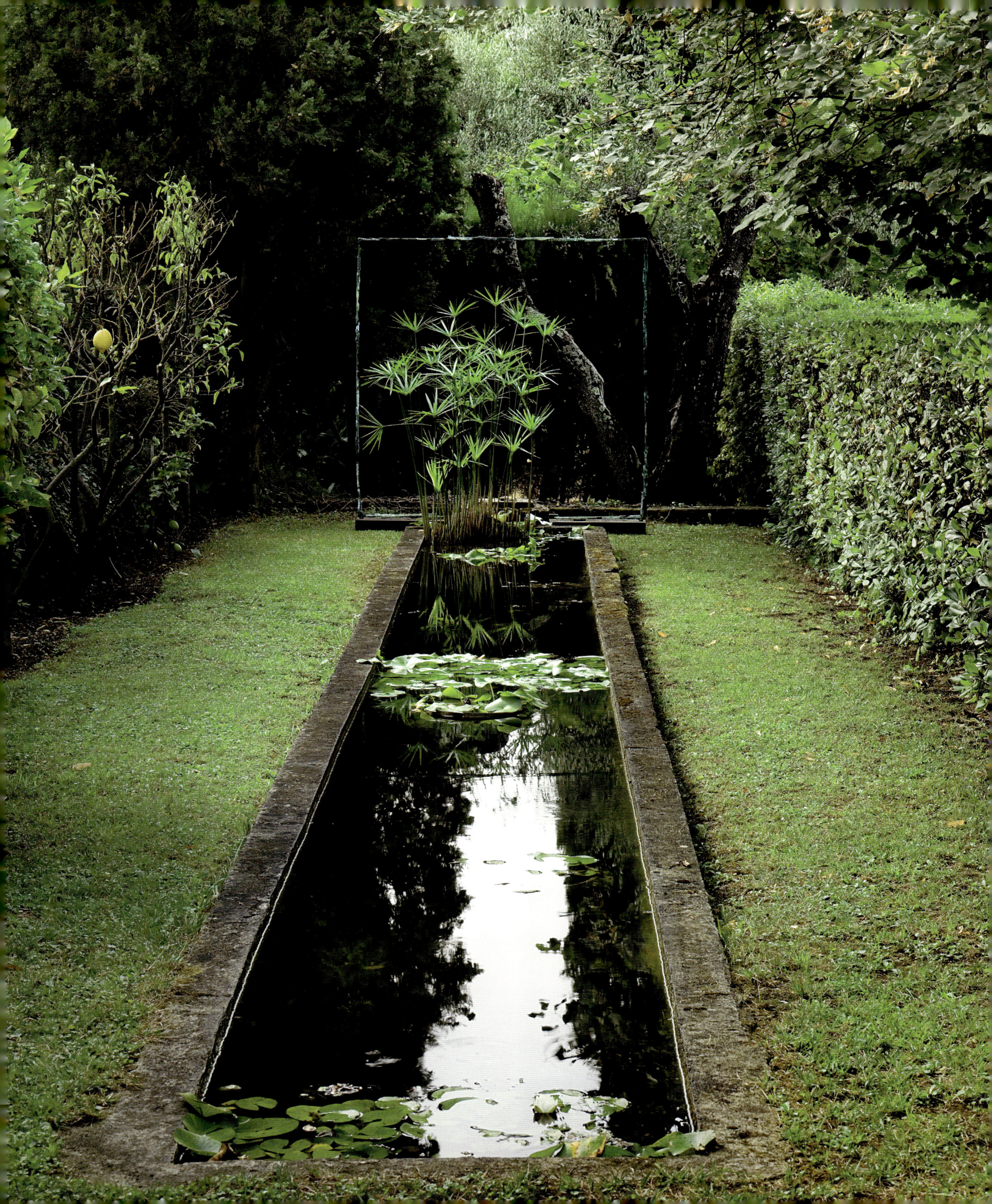

Oben: Originell ist der Zuschnitt der Buchsbaumbüsche als gedrungene Würfel, die so die geometrische Form des Tontopfes wiederholen.

Rechts: Der »Cerchio« Bruno Romedas erscheint wie auf der Mauer schwebend. Unterschiedlich hoch gestutzte Hecken sind ein wesentliches Prinzip dieses Gartens.

Folgende Doppelseite, links: Zwei mächtige Torpfeiler flankieren den Eingang zur Galerie der Zitrusbäume: verschiedene Arten von Orangen-, Mandarinen- und Zitronenbäumen gedeihen auf dieser Ebene.

Folgende Doppelseite, rechts: Der leidenschaftliche Gärtner Robert Courtright kümmert sich selbst um seinen Garten, den er gemeinsam mit Bruno Romeda angelegt hat.

Auf der gegenüberliegenden Seite des schmalen Weges wartet eine weitere angenehme Überraschung: das Schwimmbecken. Über die niedrige Umfassungsmauer rankt sich als Blickfang ein Kapernstrauch (*Capparis spinosa*), der an der sonnigen Mauer einen idealen Standort hat. Es ist jedoch nicht nur die angenehme Optik, die diesen Strauch auch bei Robert Courtright so beliebt macht. Vielmehr sind es die kleinen runden Knospen oder auch die länglichen Früchte, die, in Salz oder in eine Essig/Öl-Mischung eingelegt, als Gewürz in seiner Küche Einzug gehalten haben.

Auf der Schmalseite der Schwimmbad-Terrasse führt versteckt eine kleine Treppe hinab zu einem weiteren Gebäude. Damit die häufig und gern gesehenen Besucher auch für längere Zeit bleiben und sich dabei frei und unabhängig bewegen können, hat das Künstlerpaar eigens ein kleines Gästehaus in provenzalischem Stil errichten lassen. Man glaubt sich an einem anderen Ort, in einem »Garten im Garten«, in dem die Blüten der Orangenbäume duften. Sowohl das große Wohnhaus des Künstlerpaares als auch das Schwimmbad sind durch Bäume und Büsche verdeckt, niedrige Mauern tun das Übrige dazu, den geschlossenen Charakter als separates Feriendomizil zu unterstreichen. Auf dem großen Besitz, der herrschaftlich ist, ohne dabei jemals protzig zu wirken, erscheint dieser verträumte Ort wie eine Insel in einer anderen, kleineren Welt. In der Tat verbrachten Robert Courtright und Bruno Romeda schon selbst mehrfach ihren Urlaub hier, wenn sie ihr geräumiges Wohnhaus Freunden zur Verfügung gestellt hatten.

Der Garten von Robert Courtright und Bruno Romeda ist über viele Jahre gewachsen. Alter Baumbestand wurde beibehalten und durch einige Neupflanzungen ergänzt. Es ist ein Garten voll Harmonie, der mit der Nuancierung von Grüntönen spielt. So spiegelt er die Collagen Robert Courtrights wider, die ebenfalls die Abstufungen eines Farbtons zeigen. Die Geometrie der plastischen Arbeiten Bruno Romedas hingegen findet sich in den zu Kugeln, Rechtecken und Quadraten gestutzten Büschen wieder. Es ist ein Garten, der allmählich entdeckt werden möchte und der das Auge mit oft unerwarteten gestalterischen Ideen belohnt.

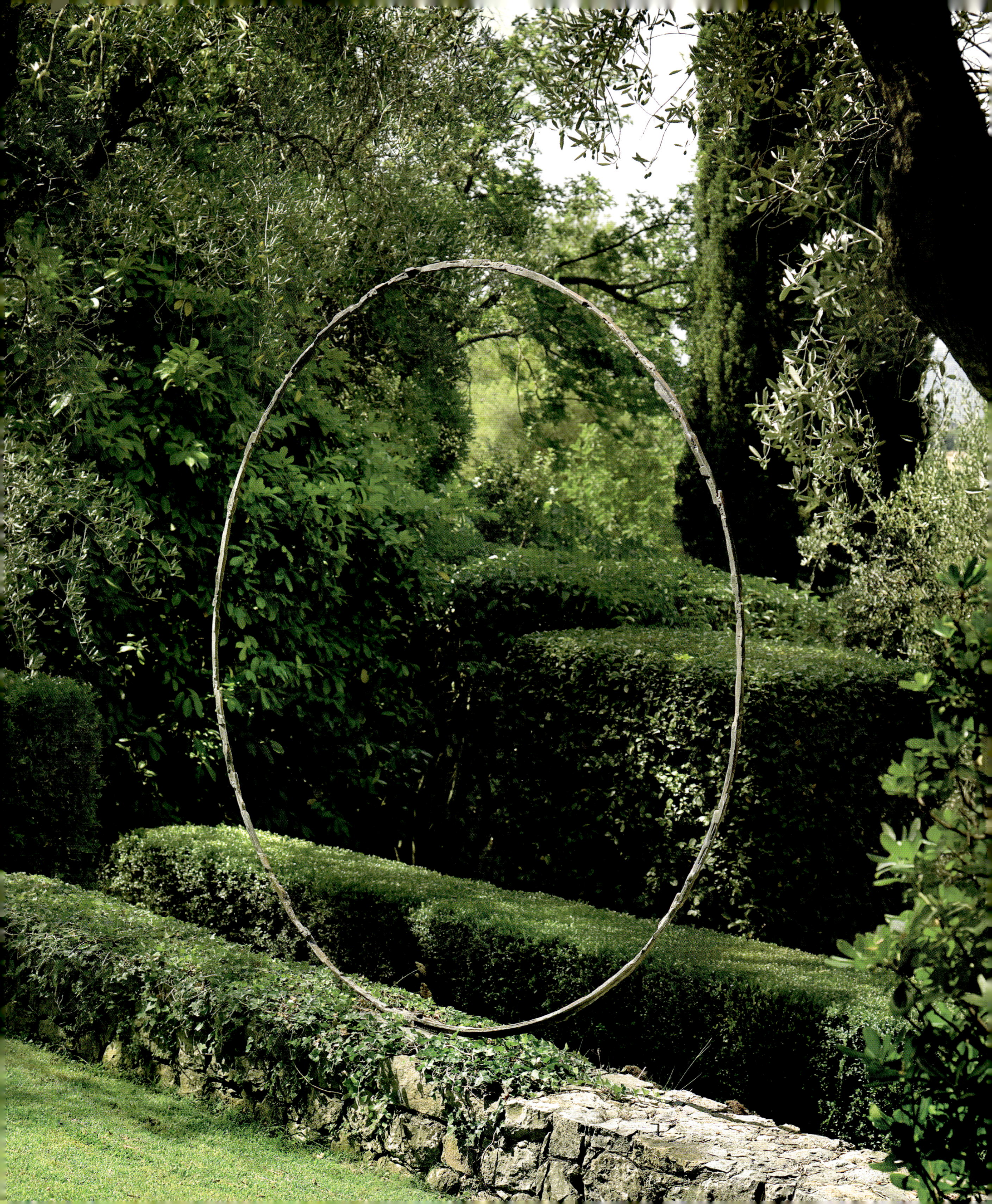

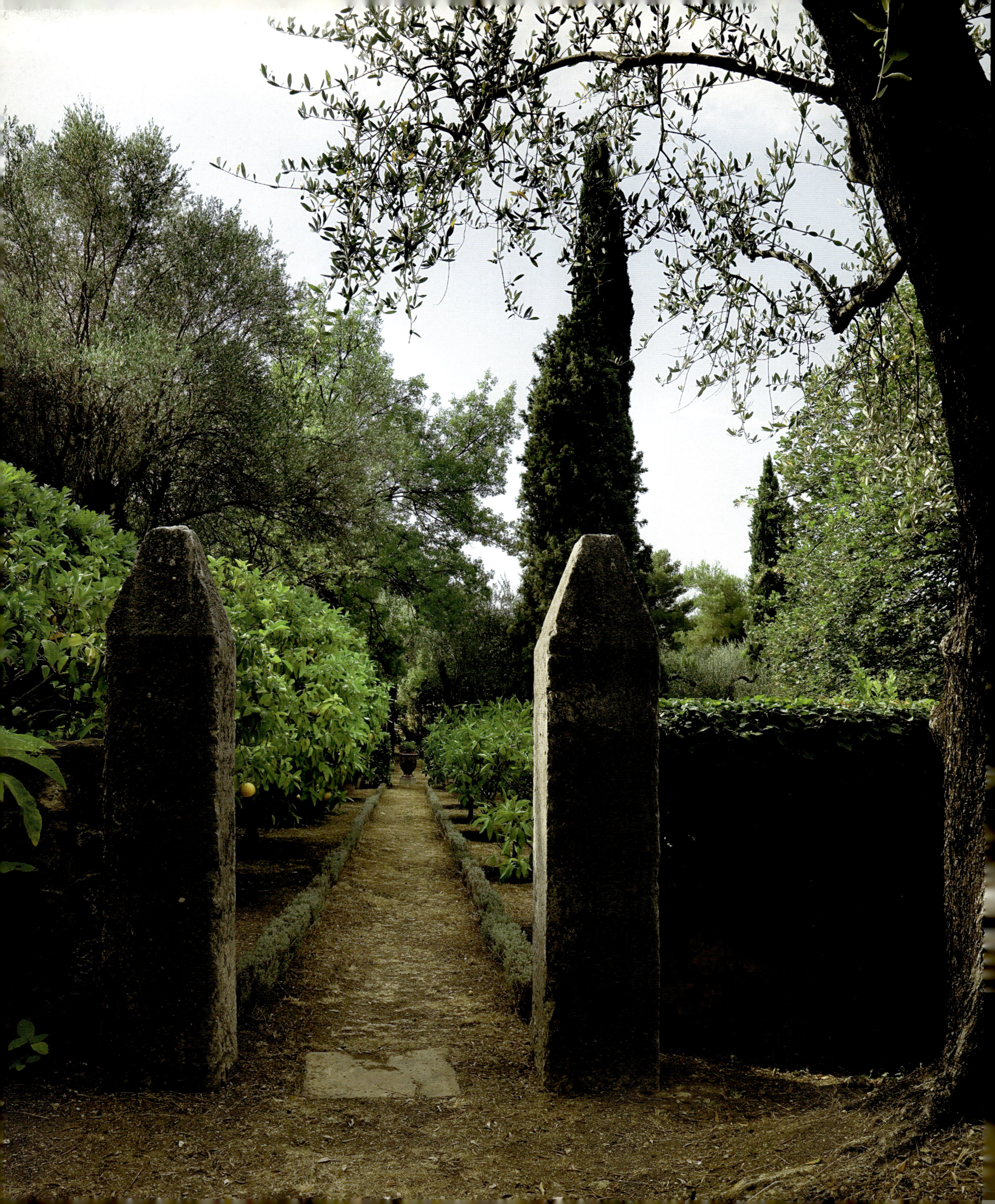

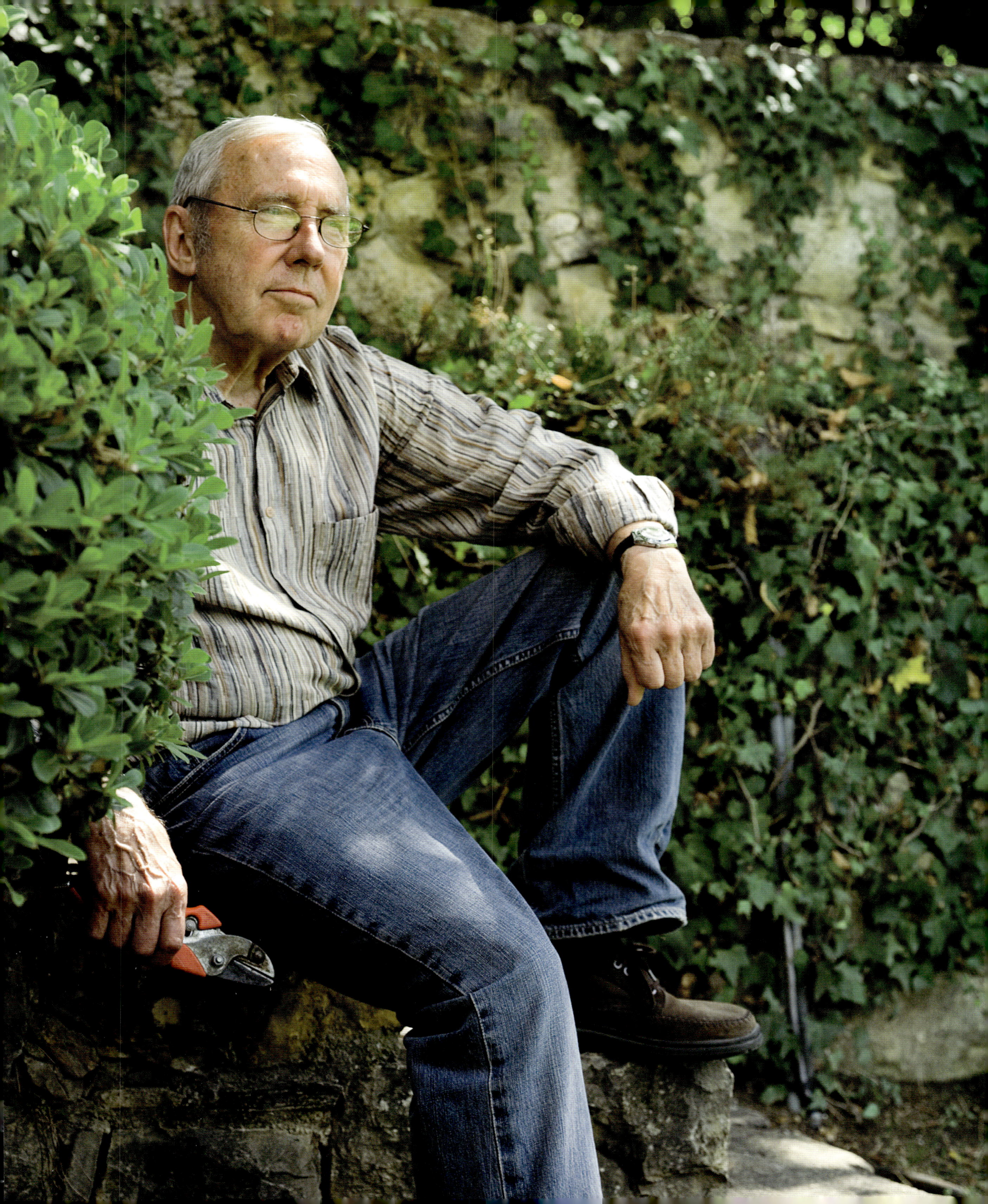

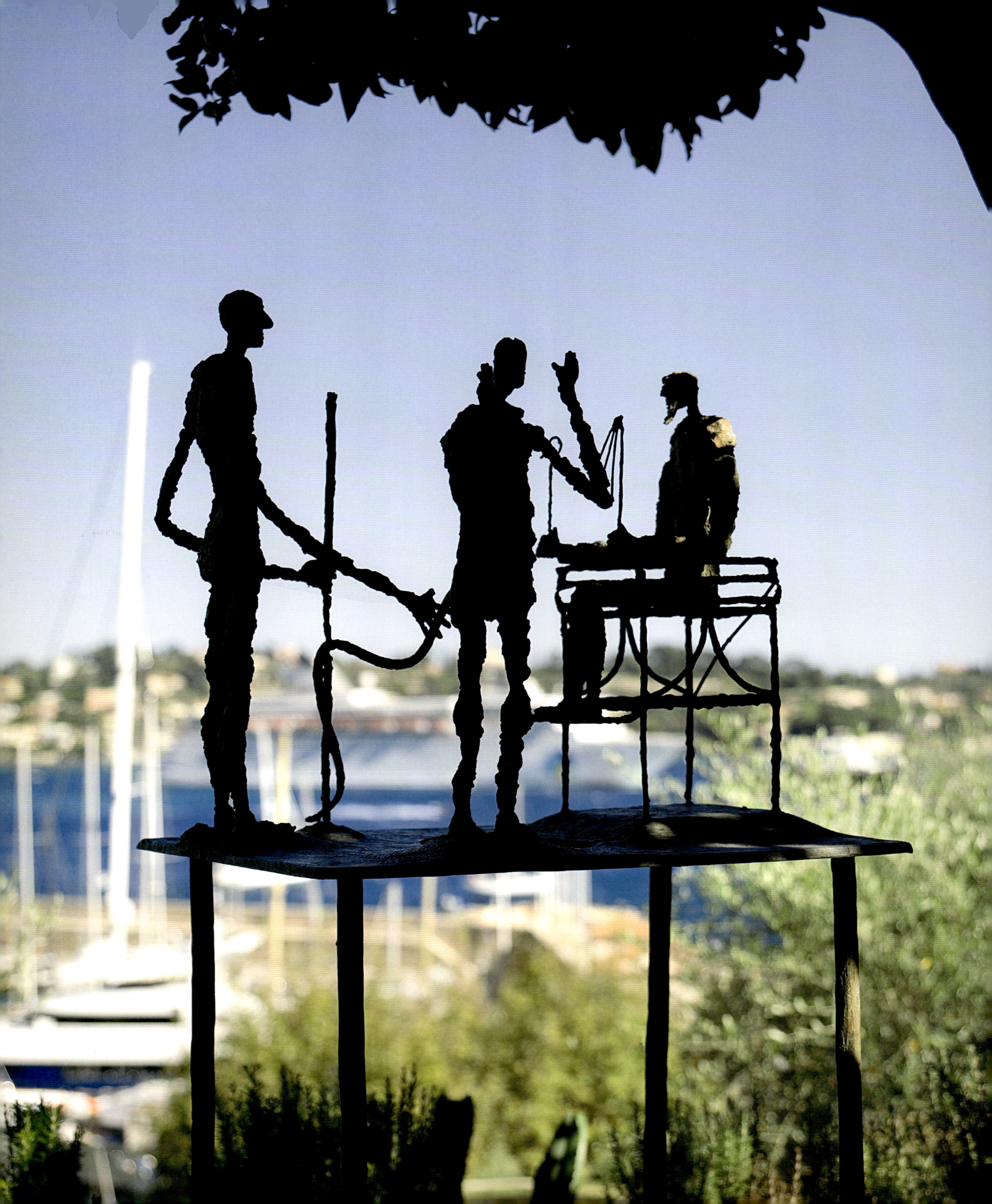

LOUIS CANE

DER GARTEN AM MEER

Louis Cane widmet sich auch alttestamentlichen Themen wie hier in der Bronzeskulptur »Moses, Aaron und Pharao« von 1986/87, die sich vor dem strahlend blauen Himmel der Côte d'Azur abhebt.

Louis Cane wurde 1943 in Beaulieu-sur-Mer, einem kleinen Ort östlich von Nizza, geboren. Er besuchte die Ecole nationale des arts décoratifs in Nizza (1961) und anschließend die staatliche Kunsthochschule in Paris. In dieser Zeit lernte er unter anderen Claude Viallat, Patrick Saytour und Noël Dolla kennen, mit denen er 1969 gemeinsam die Gruppe »Support/Surface« gründete. Die politischen Fragen, die sich von Anbeginn in das Konzept der Vereinigung gemischt hatten, sind für die relativ geringe internationale Resonanz auf das Werk von »Support/Surface« verantwortlich gemacht worden. Der Einfluss auf die jungen Künstler in Frankreich wie etwa die »Groupe 70« aus Nizza ist jedoch umso größer. Mit der Werkgruppe »Louis Cane Artiste Peintre«, einer Serie von Tafelbildern, in welcher der Künstler einen vorgefertigten Stempel mit ebendiesen Worten hundertfach in Blau oder Rot auf die Leinwand setzte, drückte er seinem Werk gleich zu Beginn sprichwörtlich einen Stempel auf.

Nach dem Bruch mit der Gruppe »Support/Surface« unternahm Louis Cane zwischen 1973 und 1978 zahlreiche Reisen nach Italien. Intensiv studierte er die Gemälde der italienischen Renaissance von ihren Anfängen bis zur Blüte, vor allem jene von Giotto, Cimabue, Paolo Uccello, Raffael und Michelangelo. Dabei setzte er sich nicht nur mit deren formalen, sondern auch mit den inhaltlichen Aspekten auseinander. Louis Cane begann, Gemälde der italienischen Renaissance, später auch solche von Velázquez, Goya, Rembrandt, Manet und schließlich Frank Stella, Jackson Pollock oder Willem de Kooning in seinen Werken zu zitieren, um sie jedoch um eine neue Aussage zu bereichern. Beispielhaft dafür ist etwa die Serie der »Meninas«, die sich motivisch an das berühmte Vorbild Diego Velázquez' anlehnt, formal dem Duktus eines Picassos oder auch de Koonings folgt und inhaltlich eine sarkastisch-humoristische Neuinterpretation durch Louis Cane erfährt. In Anlehnung an Claude Monet entstand ab den 1990er Jahren eine Serie von Seerosenbildern, die, stark abstrahiert, selbst in ihrer reduziertesten Version immer dem Vorbild treu bleibt. Interessant sind jene Varianten, für welche der Künstler als Untergrund Stoffe mit chinesischen Mustern wählt, wodurch er einerseits Bezug auf die Begeisterung der Generation Monets für die fernöstliche Kunst nimmt, andererseits seiner eigenen Leidenschaft dafür Ausdruck verleiht.

Humor kennzeichnet das plastische Werk des Künstlers, der in der Skulptur die Schwesterdisziplin der Malerei sieht und vorwiegend die Frau thematisiert. Darüber hinaus nimmt seit den 1980er Jahren die Kreation von Möbeln einen breiten Raum seines künstlerischen Schaffens ein.

Die Tatsache, dass es kaum möglich ist, Louis Cane in seinem gesamten Œuvre einer künstlerischen Stilrichtung zuzuordnen, hat vielfach zu Irrita-

Unten und rechts: Eine Gruppe von Gänsen steht am Pool beratend beieinander und eine Ziegenfamilie hütet Haus und Grill.

Folgende Doppelseite: An den Rändern der einzelnen, in frischem Rasengrün leuchtenden Ebenen findet man Oliven- oder Zitrusbäume, die jedoch so niedrig gehalten werden, dass sie den Blick nicht verstellen. Die Rasenkante bietet die ideale »Startbasis« für eine »Hexe«, die sich auf ihrem bronzenen Besen hoch in die Lüfte erhebt.

tion geführt. Er selbst folgt dem Vorbild der Künstler des 18. Jahrhunderts, die als »Universalkünstler« gleichermaßen Bildhauer und Maler, Architekten und Landschaftsgestalter waren.

Die Landschaft seiner Kindertage, die Côte d'Azur, hat Louis Cane so sehr bezaubert, dass es ihn zeit seines Lebens immer wieder aus Paris, wo er seit seinen Studientagen lebt und arbeitet, hierher zog. So bewohnte er über Jahre ein Haus im Hinterland östlich von Nizza, das er jedoch aufgab, um sich 2002 einen jahrelang gehegten Traum zu erfüllen. In Villefranche-sur-Mer erstand er ein Grundstück mit Haus, dessen Lage direkt oberhalb eines Segelhafens wohl an der gesamten französischen Mittelmeerküste nicht ein zweites Mal zu finden ist.

Ein kleines, blassgelbes Haus liegt am oberen Ende des steil zum Hafen abfallenden Terrains, das einstmals als Olivenhain und Gemüsegarten diente. Dieses Gebäude renovierte der Künstler und überließ es einem Hausmeisterehepaar als Wohnstatt.

Für sich und seine Familie ließ Louis Cane moderne Gebäude errichten. Die Architektur von Atelier und Haus sowie die Anlage des Gartens entstammen der Feder des Künstlers. Sein Bestreben war es, von jedem Raum des Hauses und von jedem Fleckchen des Grundstücks aus den Hafen und das Meer sowie am gegenüberliegenden Ufer der weitläufigen Bucht das Cap Ferrat sehen zu können. Die Hanglage des Geländes war dafür ideal, da sie von sich aus bereits die Möglichkeit zu weiten Ausblicken bot. Dieser Blick ist für Louis Cane mehr als nur eine schöne Aussicht. Er bedeutet für ihn die Quintessenz nicht allein seiner Wohnstatt am Meer, sondern steht für ein Lebensgefühl der Weite und der Freiheit, das es nach Ansicht Louis Canes' nur hier gibt.

Der Künstler griff lediglich leicht regulierend in die Struktur des Geländes ein, indem er das Terrain in Terrassen stufen ließ, die von unterschiedlich hohen Mauern in gelbgetönten Steinen abgestützt werden. Auf der obersten Ebene des Gartens befinden sich räumlich voneinander abgesetzt Wohnhaus und Atelier. Da die Denkmalschutzbehörde dem Bauantrag nur unter strengsten Auflagen stattgegeben hatte, lässt der äußere Aspekt der beiden Gebäude erst auf den zweiten Blick erkennen, dass es sich um Neubauten handelt. So musste etwa das schlichte, vierachsige Wohnhaus der lokalen Tradition entsprechend hell verputzt und das Dach mit tönernen Ziegeln gedeckt werden. Selbst das Anbringen von Fensterläden war vorgeschrieben. Als einzige Extravaganz ließ der Künstler unter dem Dach des Ateliers eine großzügige, offene Terrasse anlegen, die unvergessliche Aussichten bietet. Von hier aus überblickt man das gesamte Areal in seiner gestuften Natur.

Für die Bepflanzung des Gartens wählten der Künstler und seine Frau nahezu ausschließlich traditionelle Pflanzen des Midi. Eine *Cyca Revoluta*, eine im Mikroklima der Côte d'Azur gut gedeihende und darum geläufige Pflanzengattung der Cycadaceen, zieht auf der zweiten Ebene den Blick auf sich. Lavendelbüsche, zahlreiche Inseln »Spanischer Gänseblümchen« (*Erigeron karvinskianus*), ein im Frühjahr weiß blühendes Polster von Schleifenblumen (*Iberis sempervivens*) und der prächtig gedeihende Kriechende Rosmarin (*Rosmarinus officinalis repandus*) verschleifen die harten Übergänge zwischen Rasengrün und Mauerkanten. Spezifisch für den Mittelmeerraum ist auch der Strauchgamander (*Teucrium fruticans »Azureum«*) mit seinen flachen, violetten Blüten und den silbrigen Blättern, die an den Farbton des Laubs von Olivenbäumen erinnern. Louis Cane zaubert in der Wahl der Pflanzen die reichste Palette an Grüntönen in seinen Garten, welche die Natur des Midi zu bieten hat. Der Künstler wird nicht müde zu betonen, dass es »nirgendwo so viele Grüntöne gibt wie hier«.

Auch in der Wahl der Rose, die im Frühjahr mit ihren Myriaden von hellgelben Blütenbüscheln die Grundstücksmauer in einen leuchtenden Blickfang verwandelt, wurde auf eine »einheimische« Sorte zurückgegriffen. Die nur einmal blühende, ursprünglich aus China stammende, stachellose *Rosa banksiae* wurde bereits im frühen 19. Jahrhundert in Europa heimisch gemacht und gedeiht im Mittelmeerraum besonders gut, so dass sie heute zu den typischen Pflanzen des Midi zählt. Diese Rosensorte mit ihren zarten Blüten schlägt die Brücke zu einer anderen Pflanzengattung, die ebenfalls aus dem Fernen Osten stammt und die man in besonders ausgefallenen Exemplaren im Garten des Künstlers findet.

Dabei handelt es sich um eine Pfingstrose, die im Frühjahr in unmittelbarer Nähe des Hauses direkt am Eingang zartrosa blüht (*Paeonia Hanaasobi*). Pfingstrosen wurden im alten China schon vor viertausend Jahren gezüchtet und zählen zu den meist dargestellten Blüten in der chinesischen Malerei, jener Kunst, die Louis Cane seinerseits bewundert und als Anregung für seine Arbeiten heranzieht beziehungsweise in seine Gemälde integriert. Folge-

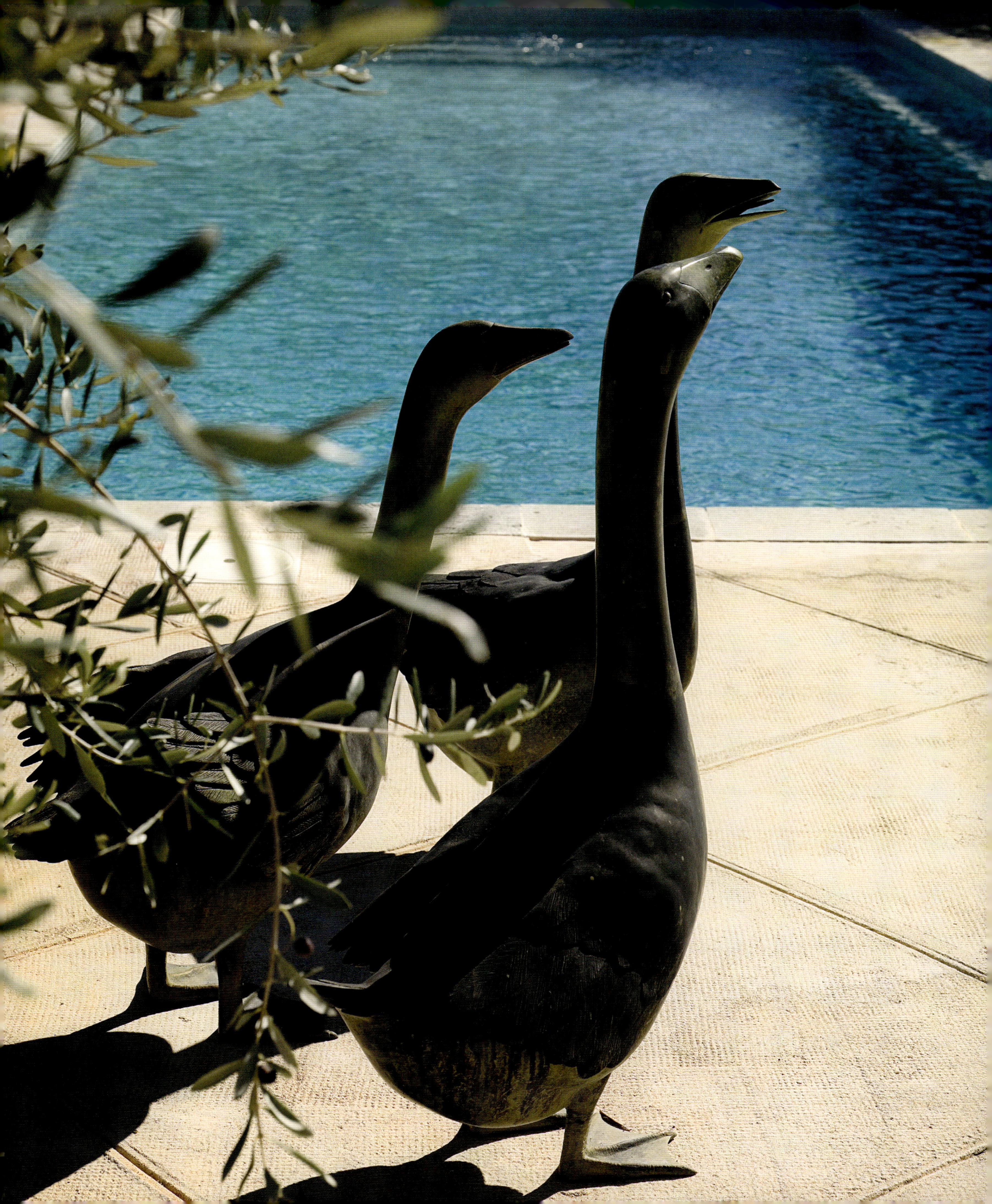

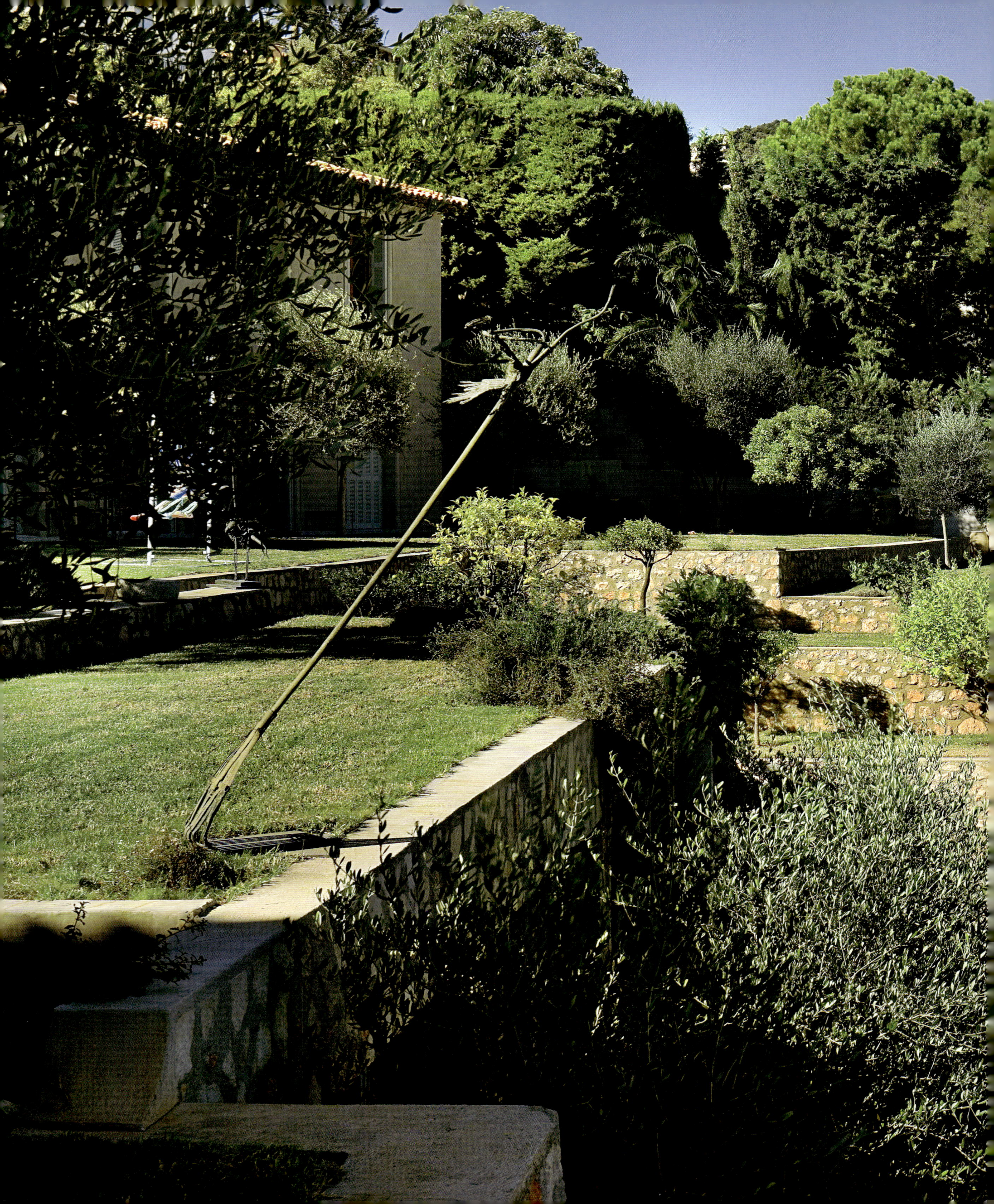

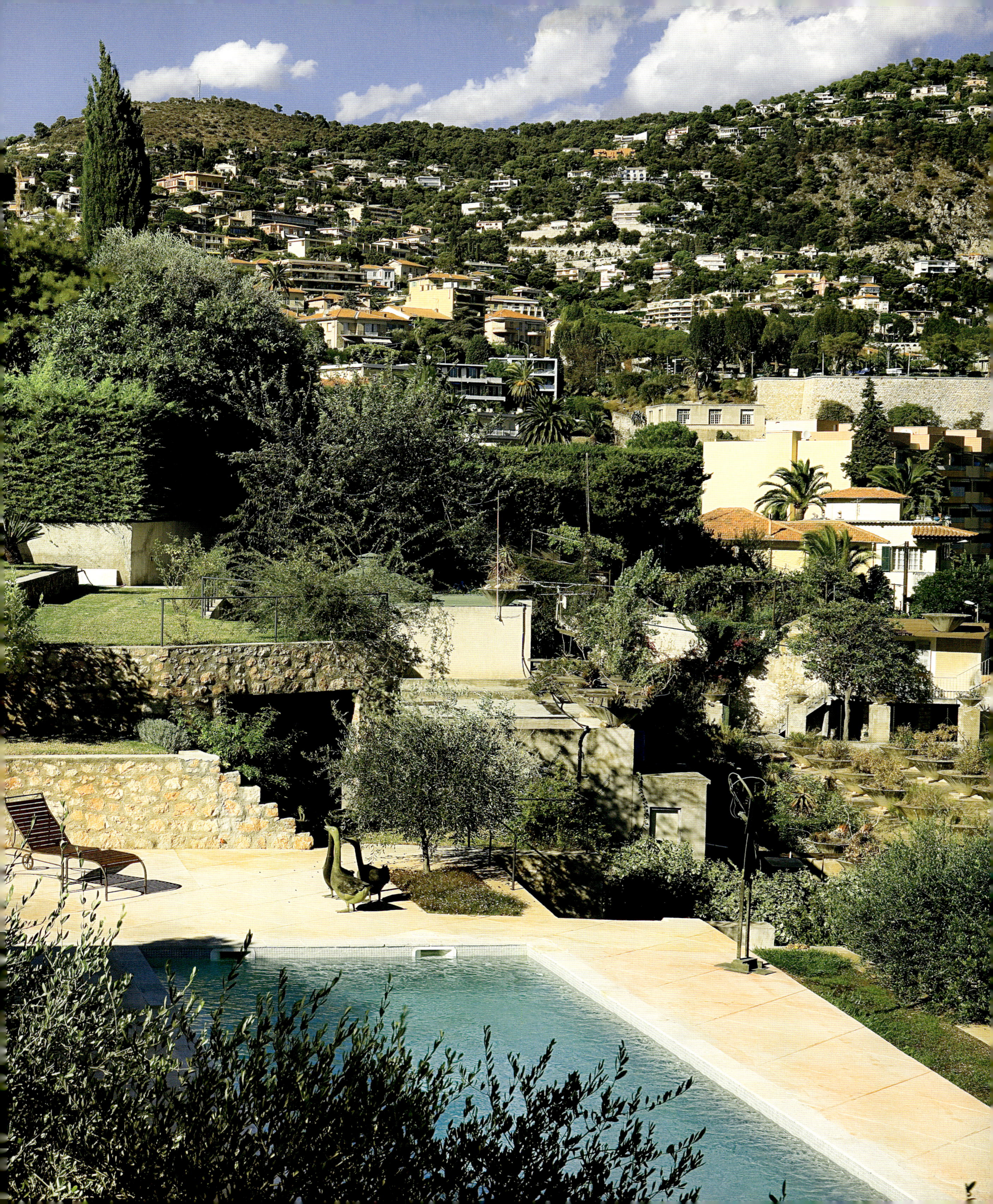

Unten: Am Schwimmbecken befindet man sich auf Augenhöhe mit den Masten der Segelboote, die zum Greifen nahe unterhalb des Grundstückes im Hafenbecken liegen.

Rechts: Louis Cane liebt das Spielerische: Der »Burite« (1995) setzt sich aus Fundstücken zusammen, deren vormalige Bestimmungen noch erkennbar sind.

Folgende Doppelseite, links: In dieser Ansicht mit den »Drei Frauen auf der Schaukel« im Vordergrund wird die einzigartige Lage des Anwesens mit seinem unverbaubaren Blick auf das legendäre Cap Ferrat deutlich.

Folgende Doppelseite, rechts: Louis Cane genießt die Farben, die der Süden mit seinem reichen Füllhorn ausschüttet.

richtig finden sich direkt vor dem Atelier des Künstlers drei weiß und blau blühende Hortensienbüsche, eine Pflanzengattung, die ebenfalls aus dem Fernen Orient ihren Weg in die europäischen Gärten gefunden hat. Pflanzen wie diese dienen dem Künstler neben althergebrachten Motiven aus dem alten China als Vorlage für die kunstvollen Intarsien seiner Möbel, für deren Gestalt die Kunst des französischen 18. Jahrhunderts Pate steht. Klassische Formen werden neu interpretiert und in handwerklich höchster Perfektion umgesetzt.

Stufen führen hügelabwärts auf jene Ebene, auf welcher das an der Côte d'Azur unverzichtbare Schwimmbecken angelegt ist – ein der strengen Struktur des Gartens entsprechend einfaches, rechteckiges Becken. Von der kleinen Straße, die zwischen Hafen und der hohen Grundstücksmauer entlangführt, bemerkt man von hier aus nichts.

Die zahlreichen, stets humorvollen Skulpturen von Louis Cane wirken vor der relativen Strenge des noch jungen Gartens auflockernd. Immer wieder ist es die Frau, die in allen himmlischen und irdischen Facetten dargestellt wird: als Engel, als Hexe, als Frau mit Kinderwagen, als Liebende, als Ikone, mal gelängt wie die spindeldürren Figuren Giacomettis,

dann wieder in weichen, sensuellen Formen. Im Eingangsbereich des Wohnhauses empfängt eine kleine Frau mit schwer bis auf den Bauch hängenden Brüsten den Besucher, die mit ihren viel zu kurzen Armen die neben sich auf dem Boden stehende gelbe Kanne niemals wird greifen können.

Der Garten von Louis Cane ist ein Spiegel seiner Kunst: Da ist die konzentrierte Strenge der gesamten Anlage, in der Wahl der Pflanzen spiegelt sich die tief wurzelnde Liebe des Künstlers zu seiner mediterranen Heimat sowie jene zu China wider, und der Humor seiner Skulpturen heitert die »kontemplative Ruhe, die der Blick über das Meer verströmt« mit dem für Louis Cane so typischen Augenzwinkern in erfrischender Weise auf.

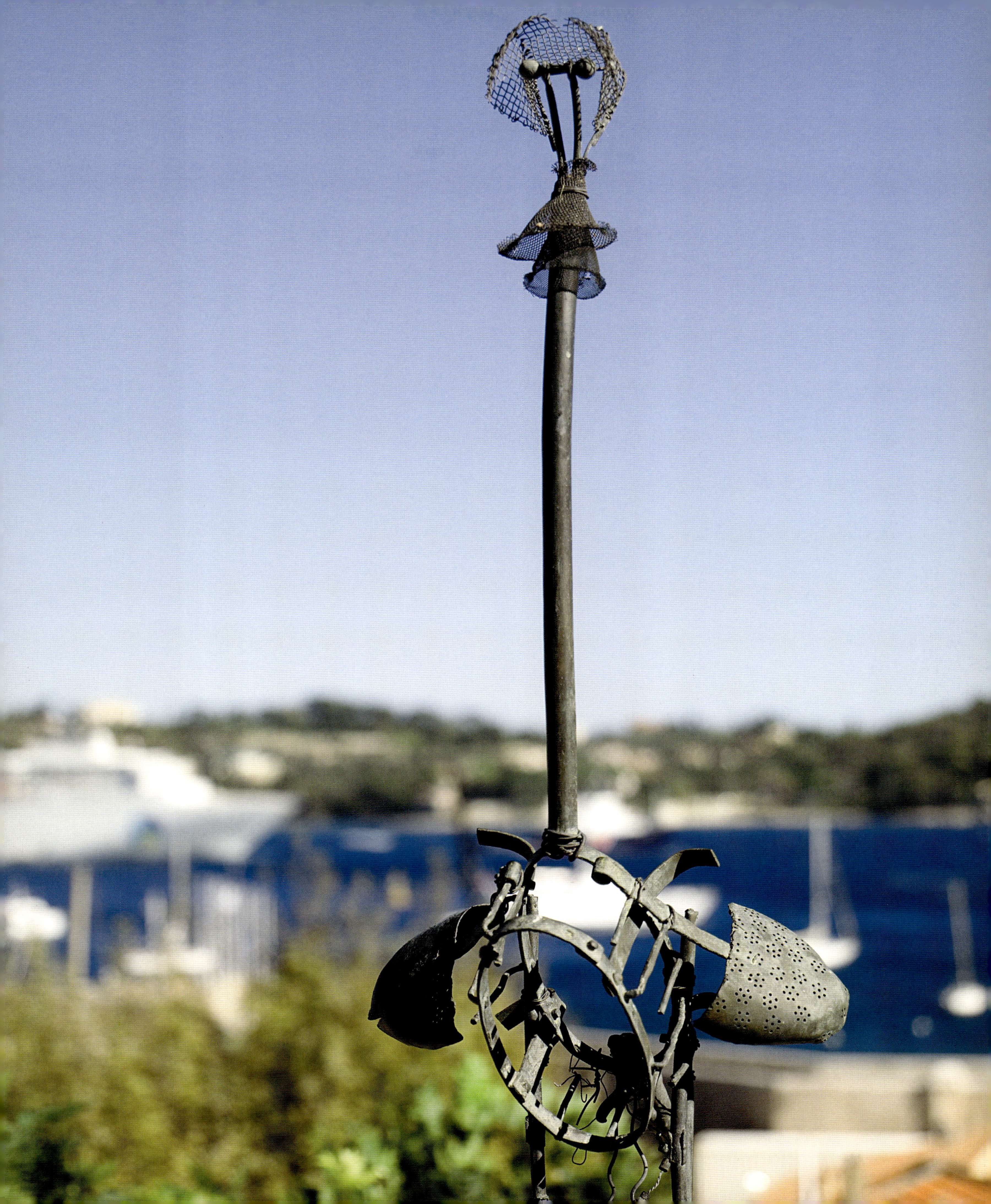

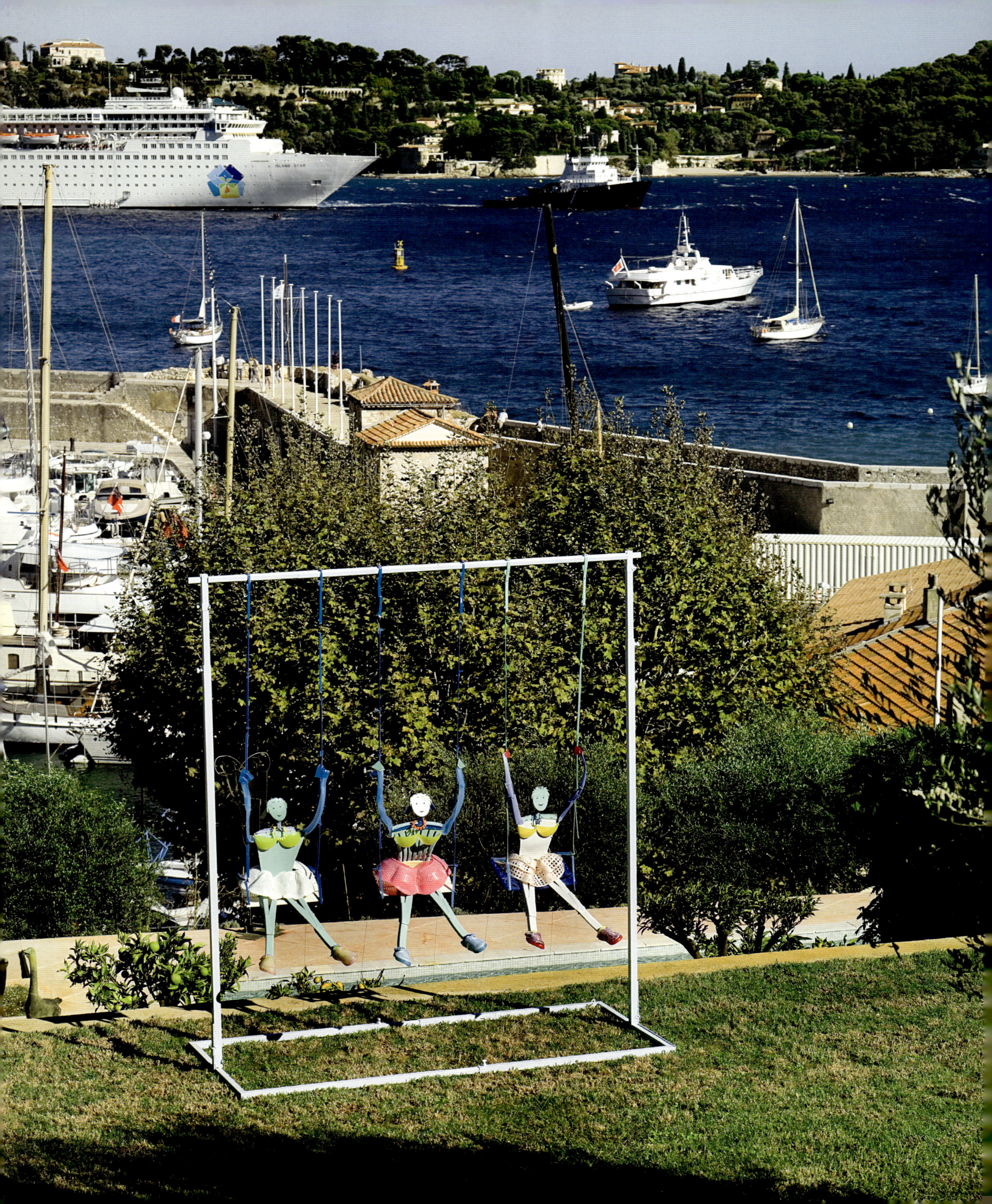
ISLAND STAR

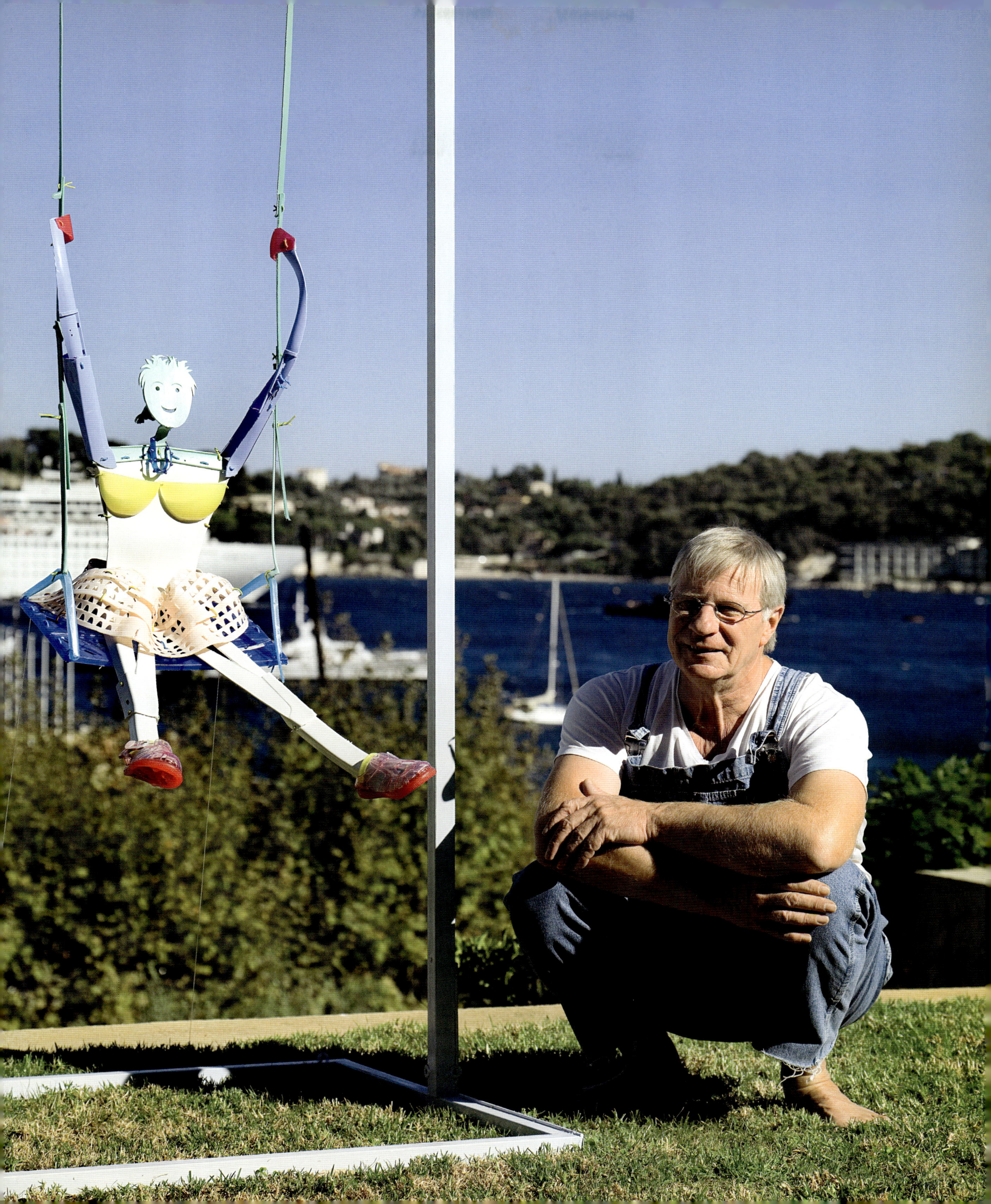

HENRI OLIVIER

DER BLICK IN DEN HIMMEL

Oben: Ein schmaler Schotterweg führt zu dem hohen Steinhaus, dessen Eingang zur Gartenseite von einem weit vorgezogenen, von vier Säulen getragenen Dach beschirmt wird.

Rechts: Durch dichtes Laubwerk fällt der Blick auf das etwas tiefer liegende, offene Sommeratelier des Künstlers.

Der Bildhauer und Gartenkünstler Henri Olivier wurde 1955 als Sohn italienischer Einwanderer in Algier geboren. 1960 ließ sich die Familie an der Côte d'Azur nieder. Der künstlerische Werdegang Henri Oliviers begann mit seiner Ausbildung als Bildhauer an der Kunsthochschule in Nizza. Parallel zu dieser breit angelegten Schulung in allen erdenklichen Materialien und Techniken begann der junge Mann schon sehr früh, sich für Pflanzen, Gartenbau und Landschaftsgestaltung zu interessieren. So nahm er für ein Jahr eine Stelle als Gärtner an. In dieser Zeit legte Olivier den Grundstein zu seinen umfassenden botanischen Kenntnissen, die er im Laufe der Jahre im Selbststudium erweiterte.

Obwohl Henri Olivier mit seiner Tätigkeit als Gärtner gut ausgelastet war, vernachlässigte er in keinem Moment sein künstlerisches Schaffen, das sich parallel dazu entfaltete. Seine bevorzugten Materialien sind Holz und Blei, die er oftmals miteinander verbindet, indem er Blei in Holz einschmilzt. Der niedrige Schmelzpunkt des Metalls, das sich bereits bei 327 Grad Celsius verflüssigt, sowie dessen leichte Verformbarkeit sind dabei von Vorteil. Darüber hinaus fasziniert Olivier die Tatsache, dass das Schwermetall über Jahrhunderte eine bedeutende Rolle in der Alchemie gespielt hat. Da Blei in seinen spezifischen Eigenschaften Gewicht und Weichheit dem Gold sehr verwandt ist, sah man darin in früheren Jahrhunderten einen idealen Ausgangsstoff für die Goldsynthese, also die Umwandlung des unedlen Metalls in Gold. Henri Olivier ist von diesem »alchemistischen« Material derart angetan, dass ihn selbst die giftigen Dämpfe, die beim Schmelzen des Metalls ausströmen und deretwegen er bei der Arbeit eine Atemschutzmaske tragen muss, nicht stören. Das dunkle Grau liefert über all die genannten Bedeutungsinhalte hinaus den idealen Untergrund für seine Wasserspiegel, die der Künstler häufig in seine Gartengestaltungen miteinbezieht. Aus dieser engen Bindung zwischen Natur und Kunst entwickelte Olivier seinen persönlichen Stil, dessen wesentliches Merkmal die Gleichberechtigung beider Bereiche Garten und Skulptur ist.

Die Kompetenzen, die er sich in beiden Domänen erwarb, gab er in den Jahren 1994 bis 2001 an der Ecole méditerranéenne des jardins et du paysage in Grasse, einer Schule für Garten- und Landschaftsgestaltung, weiter. Henri Olivier legte zahlreiche öffentliche Gärten in ganz Frankreich an. 2007 gestaltete der Künstler einen Brunnen im Herzen von Vence, der die Idee der Wasserspiegel aufgreift.

Henri Olivier hatte für sich und seine Familie ein Anwesen erträumt, in dessen Garten er Wasserspiegel aufstellen könne, um durch sie direkt in den freien Himmel zu blicken. Bei Contes nordöstlich von Nizza wurde der Künstler in den 1980er Jahren schließlich fündig. Das Anwesen befindet sich weit außerhalb der Bannmeile der »Kermesse côtière«, des großen Rummels an der Küste, wo sich das ganze Jahr über zu all den Schönen und Reichen der Welt zahllose Touristen gesellen. Die ehemalige Mühle, die sich Henri Olivier und seine Frau als Wohnhaus ausgebaut haben,

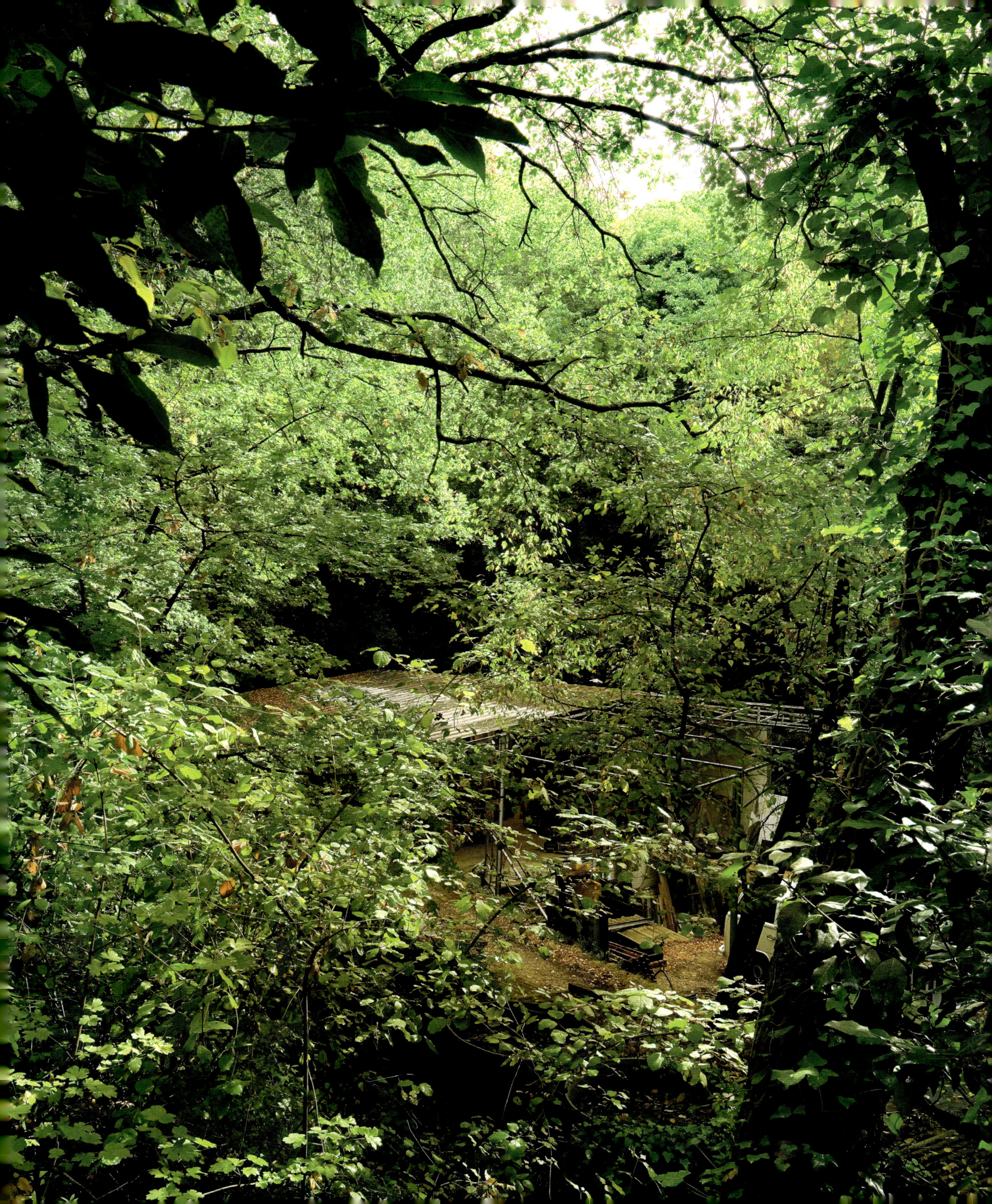

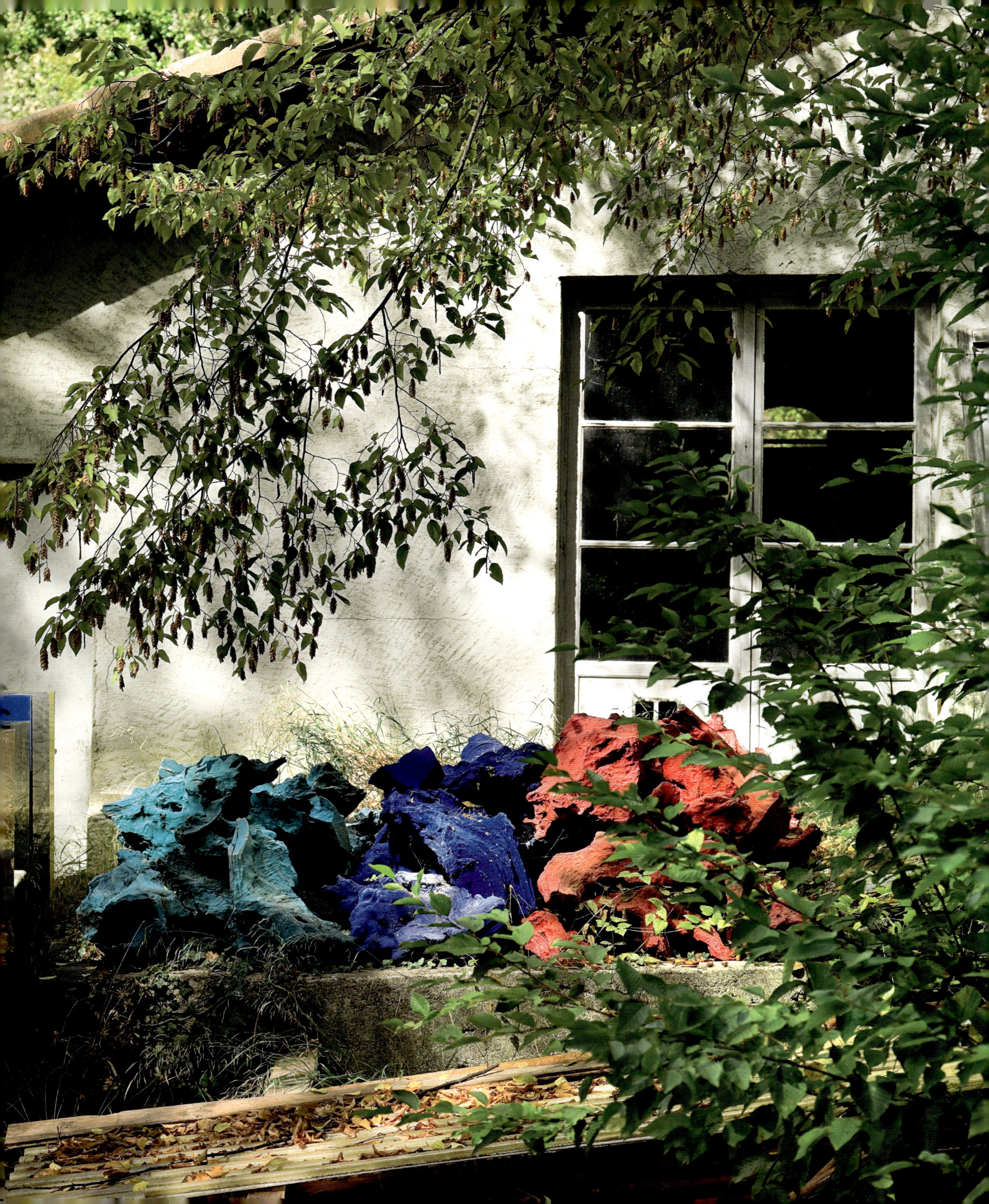

Links: Bunte Steine aus früheren Werkserien schmücken den Eingang zum Winteratelier.

Rechts: Auf der Rückseite des Hauses legen zwei weite Bogen letztes Zeugnis von der ehemaligen Bestimmung des Hauses als Mühle ab. Über diesen Aquädukt floss das Wasser aus den Bergen und trieb die Mühlräder an, doch die Wasserzufuhr existiert heute nicht mehr und Efeu rankt über die malerischen Bogen.

Folgende Doppelseite: Der größte Teil des Grundstücks besteht aus Wald, der sich hinter dem Haus über den Hang erstreckt.

Seite 146: Gerahmt von Palmen erblickt man den Swimmingpool, der von schroffen Hängen hinterfangen wird.

Seite 147: Dank des Grüntons, in dem das Schwimmbecken gestaltet ist, fügt sich das künstliche Nass harmonisch in die Natur ein und dient seinerseits als »Wasserspiegel«.

liegt außerhalb des Ortes in völliger Abgeschiedenheit am Rande eines großen Waldes. Etwas abgesetzt von der Mühle errichtete sich der Künstler im Schatten der Bäume ein offenes Sommeratelier, nur wenige Schritte davon entfernt liegt ein geschlossener Arbeitsraum für den Winter.

Der größte Teil des etwa fünfzehn Hektar großen Grundstücks besteht aus Wald. Lediglich die Fläche um Haus und Schwimmbad hat Henri Olivier gestaltet. Dabei folgte er seinen Prinzipien, erstens nur geringfügig in die natürliche Struktur des Terrains einzugreifen und zweitens ausschließlich heimische Pflanzen für die Gestaltung eines Gartens zu verwenden. Dadurch wirkt der Garten nach Ansicht des Künstlers authentisch, und der Gärtner erspart sich die Enttäuschung nicht gedeihender Pflanzen. Bei der Kreation eines Gartens nimmt Olivier niemals so massive Eingriffe vor, dass diese in der Folge das Landschaftsbild nachhaltig verändern. Es handelt sich vielmehr um sanfte Korrekturen, welche die Besonderheiten eines Ortes wie Durchblicke, Ausblicke oder Wege unterstreichen. In diesem Sinne setzt der Künstler auch seine Skulpturen in die Gartengestaltung ein. Es sind keine schrillen, dominanten Monumentalwerke, die den Raum um sich vereinnahmen. Die Arbeiten Henri Oliviers zählen zu den stillen Schöpfungen, die dem Betrachter beim Sehen und Verstehen seiner Umgebung helfen sollen. »Seine Skulpturen dienen als Katalysatoren, um den Geist, den Blick und den Körper in Bewegung zu versetzen«, interpretiert der New Yorker Kunstprofessor Allen S. Weiss die Werke des Künstlers.

Obwohl das Anwesen keine dreißig Kilometer Luftlinie von der Küste entfernt liegt, unterscheidet sich hier das Klima wesentlich von jenem, das man direkt am Meer findet. Die Lage in einem engen Tal sowie die relative Höhe des Ortes spielen dabei genauso eine Rolle wie der nahe Bach und die tiefen Wälder, die im Sommer angenehme Kühlung versprechen, während an der Küste brütende Hitze den Menschen zu schaffen macht. Im Winter kommt es regelmäßig zu empfindlichen Nachtfrösten, das Thermometer kann dabei auf unter minus zehn Grad Celsius sinken. Dies beeinflusst selbstredend auch die Vegetation der Gegend. Frostempfindliche Pflanzen wie etwa Mimosen, die zum geläufigen Erscheinungsbild der Küstenlandschaft zählen, würden hier keinen Winter überstehen.

Vor dem Haus wird die kurz geschnittene Wiese von einer Buchsbaumhecke begrenzt, den einzigen Akzent bildet eine Gruppe hoher Palmen. Hier befindet sich auch einer der »Wasserspiegel« Henri Oliviers. In eine Scheibe aus gegossenem Zement schnitt der Künstler eine geringe Vertiefung, die mit Blei ausgekleidet wurde. Das dunkle Grau des Metalls bildet den idealen Untergrund für das Wasser, das sich in der Form befindet, so dass sich der Himmel und die Pflanzen, welche in der Nähe des Beckens wachsen, wie in einem Spiegel darin abbilden. Olivier sieht in dem Spiegelbild des »Himmels auf Erden« das Zusammenführen zweier Elemente, zweier Sphären.

Der Garten sollte leicht zu pflegen sein und möglichst wenig Arbeit bereiten. Aus diesem Grund wurden nur wenige Blumen angepflanzt: Einige wenige Rosensträucher fallen auf, im Übrigen besticht im Frühjahr eine große Vielfalt an Wiesenblumen auf den ungemähten Flächen mit ihren farbigen Tupfern. Ein riesiger *Ceanothus* berauscht im April mit seiner tiefblauen Farbe.

Räumlich abgesetzt vom Haus und hinter einem dichten Bambuswald verborgen liegt das Schwimmbecken. Am Kopfende befindet sich die Skulptur »Petit radeau sur le paysage« (1999). Nicht von ungefähr platzierte Henri Olivier sein Werk am

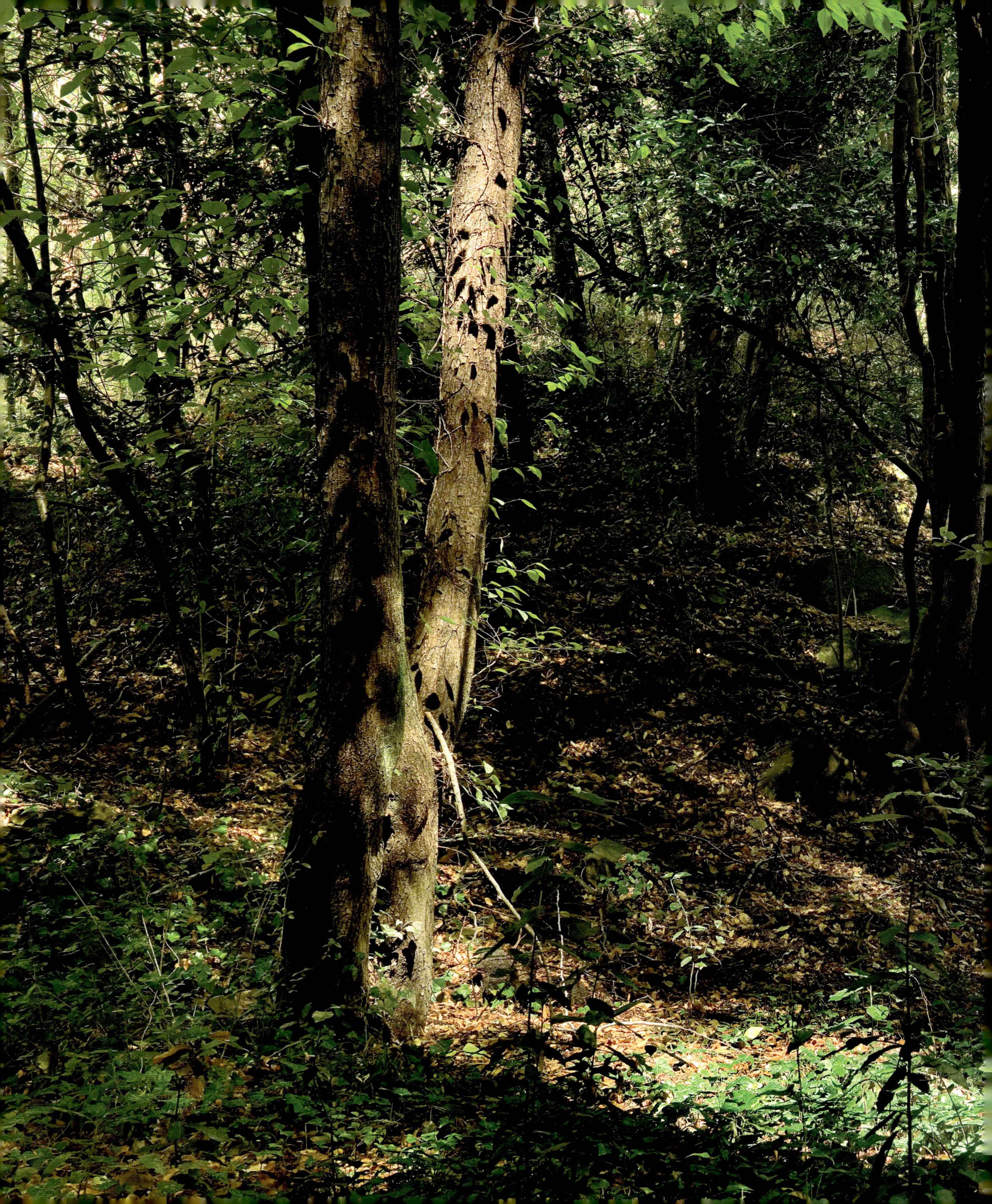

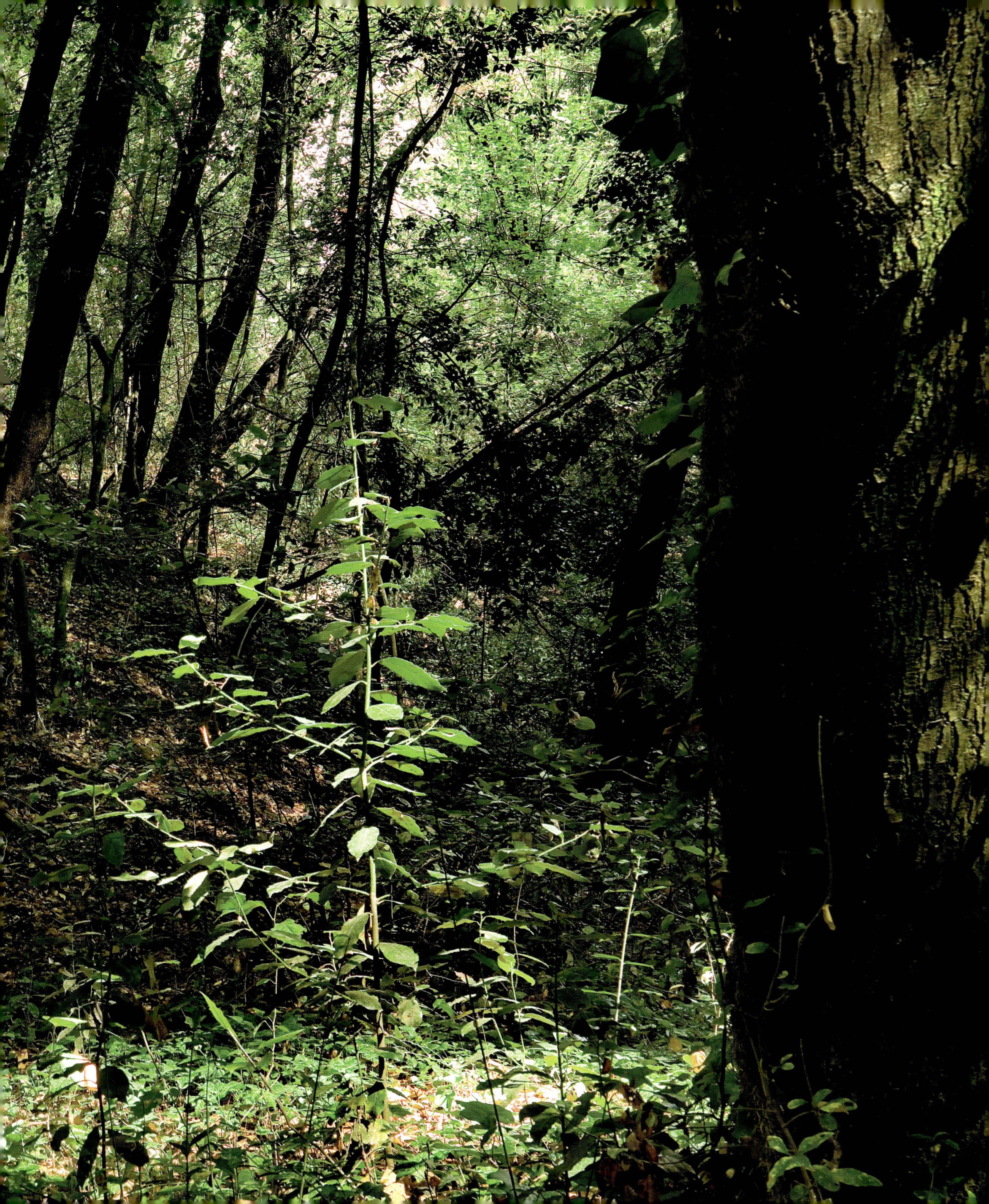

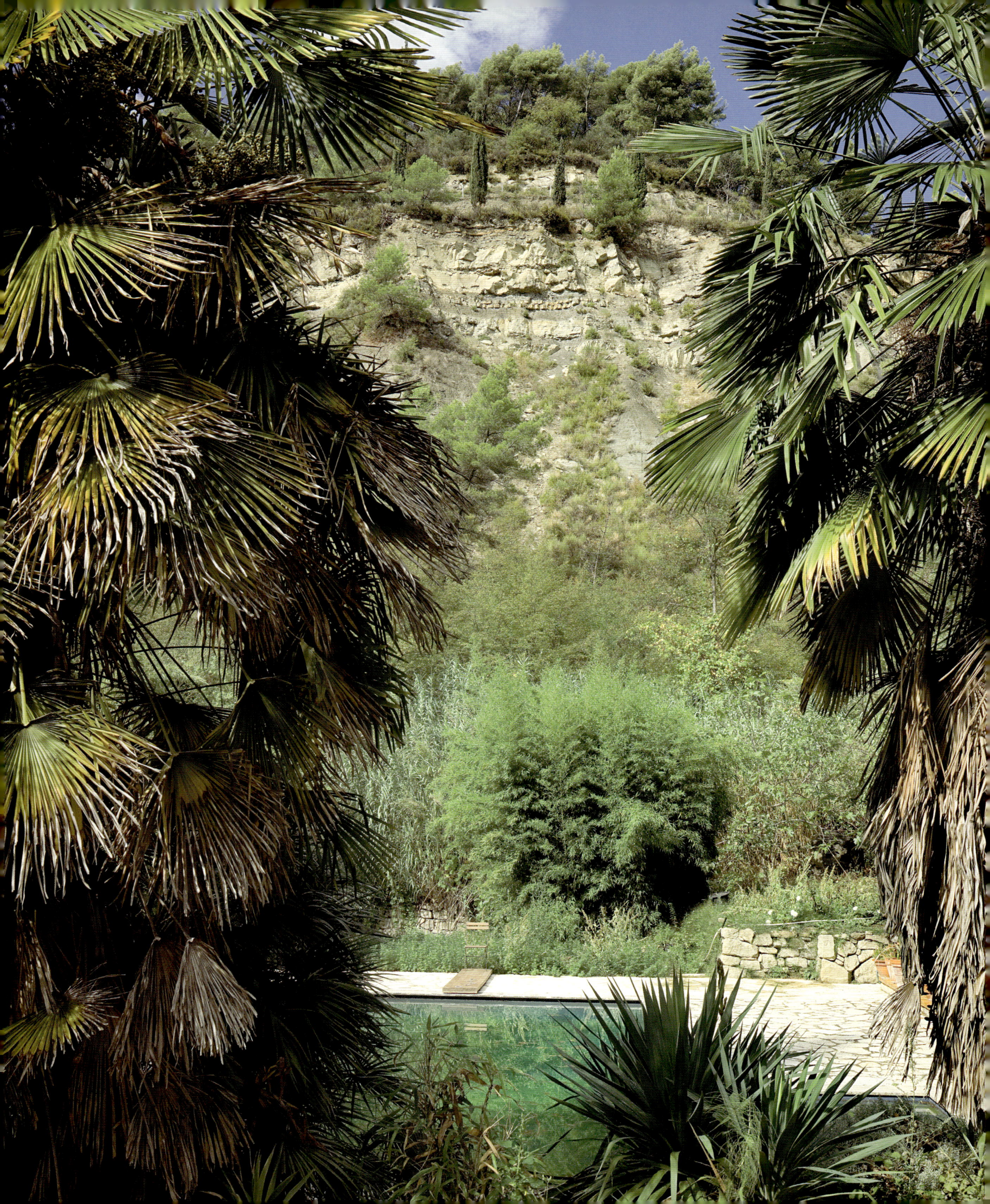

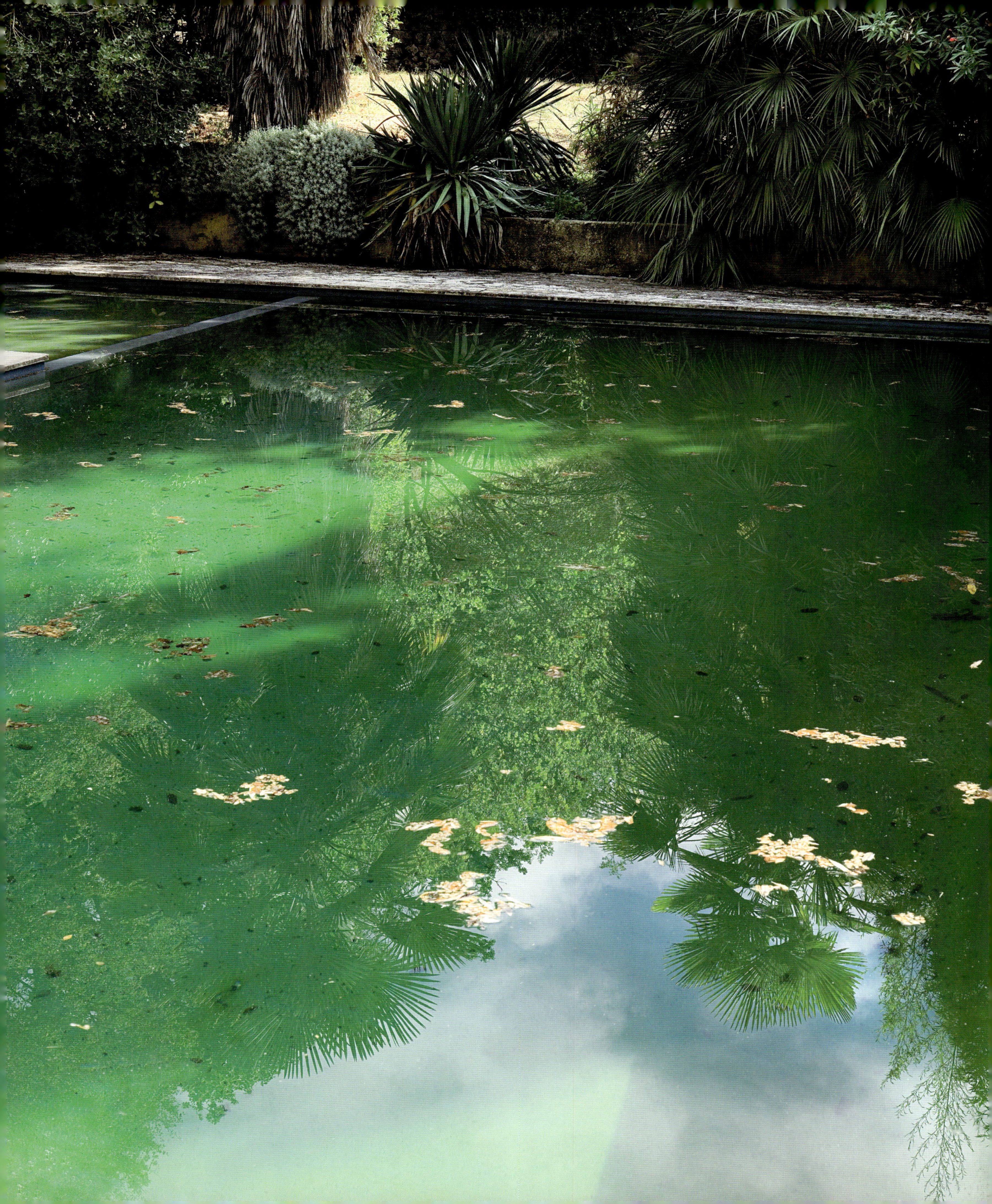

Oben: Die Skulptur »Petit radeau sur le paysage« besteht aus einem Holzbrett mit fünf unregelmäßigen, bleiverkleideten Vertiefungen mit Wasser, die in ihrer Anordnung einen Pfad beschreiben. Ein Stuhl lädt dazu ein, sich niederzulassen und über das Gesehene nachzudenken.

Rechts: »In meinen ›Wasserspiegeln‹ verschmelzen Himmel und Erde, Wasser und Luft, Organisches und Anorganisches zu untrennbaren Einheiten.«

Folgende Doppelseite, links: Die unregelmäßige Form dieses Wasserspiegels erinnert an eine Regenpfütze.

Folgende Doppelseite, rechts: Henri Olivier auf einer roten Bank, die in ihrer geschwungenen Form das alte Motiv der »Verlobungsbänke« aufgreift.

Rande des Wassers, das exemplarisch das Thema der Horizontalen, das sich als roter Faden durch das Schaffen des Künstlers zieht, aufnimmt. Olivier versteht die Waagerechte als Inbegriff des weiblichen Elements im Gegensatz zur starken, aggressiven Vertikalen, die für ihn das männliche Prinzip verkörpert.

Im Schatten der Terrasse vor dem Poolhaus steht eine Reihe von Blumentöpfen, in denen zahlreiche Sukkulenten – unter anderen *Graptopetalum paraguayense*, *Aeonium haworthii* und, durch die rotgeränderten, pelzigen Sprossen auffallend, eine *Echeveria pulvinata* – prächtig gedeihen.

Ein verstecktes Juwel befindet sich auf der Anhöhe hinter dem Gebäude. In ihrem weitläufigen Gemüsegarten zieht Henri Olivier gemeinsam mit seiner Frau neben den geläufigen Kräutern, Salaten und Gemüsesorten über einhundert verschiedene Tomatensorten. Darunter gibt es auch alte Sorten, die erst in jüngerer Zeit von Botanikern und Liebhabern der »Paradiesfrucht« (daher leitet sich der österreichische Begriff der »Paradeiser« ab) wieder entdeckt und gezüchtet wurden. Viele der seltenen Samen bezieht Henri Olivier übrigens aus Deutschland, das zumindest bislang nicht zu den klassischen Ländern der Tomatenzucht zählte.

Der Garten von Henri Olivier ist ein Stück sanft gebändigter Natur, in die sich Kunstwerke wie die »Wasserspiegel« derart integrieren, als wären sie schon immer hier gewesen.

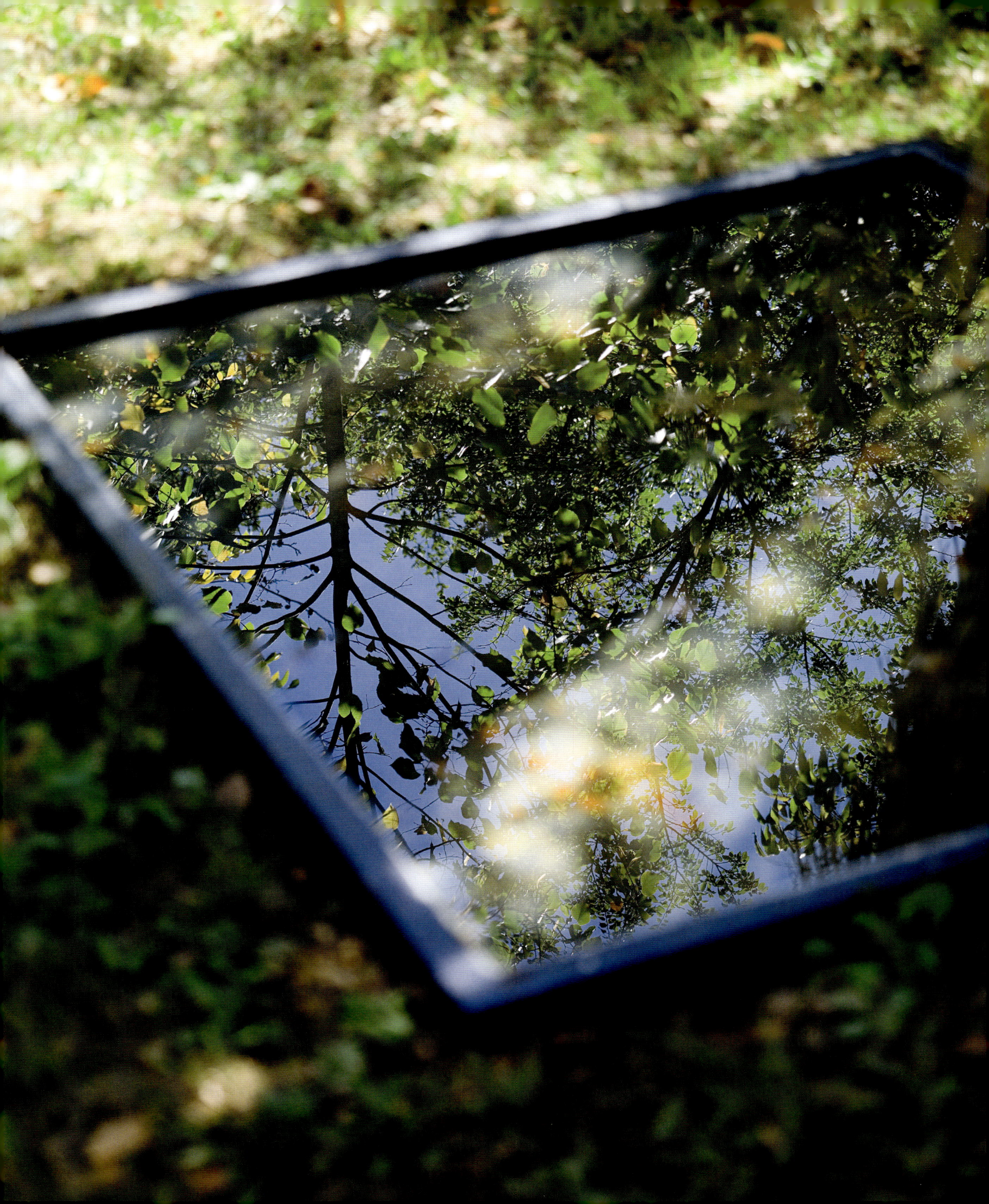

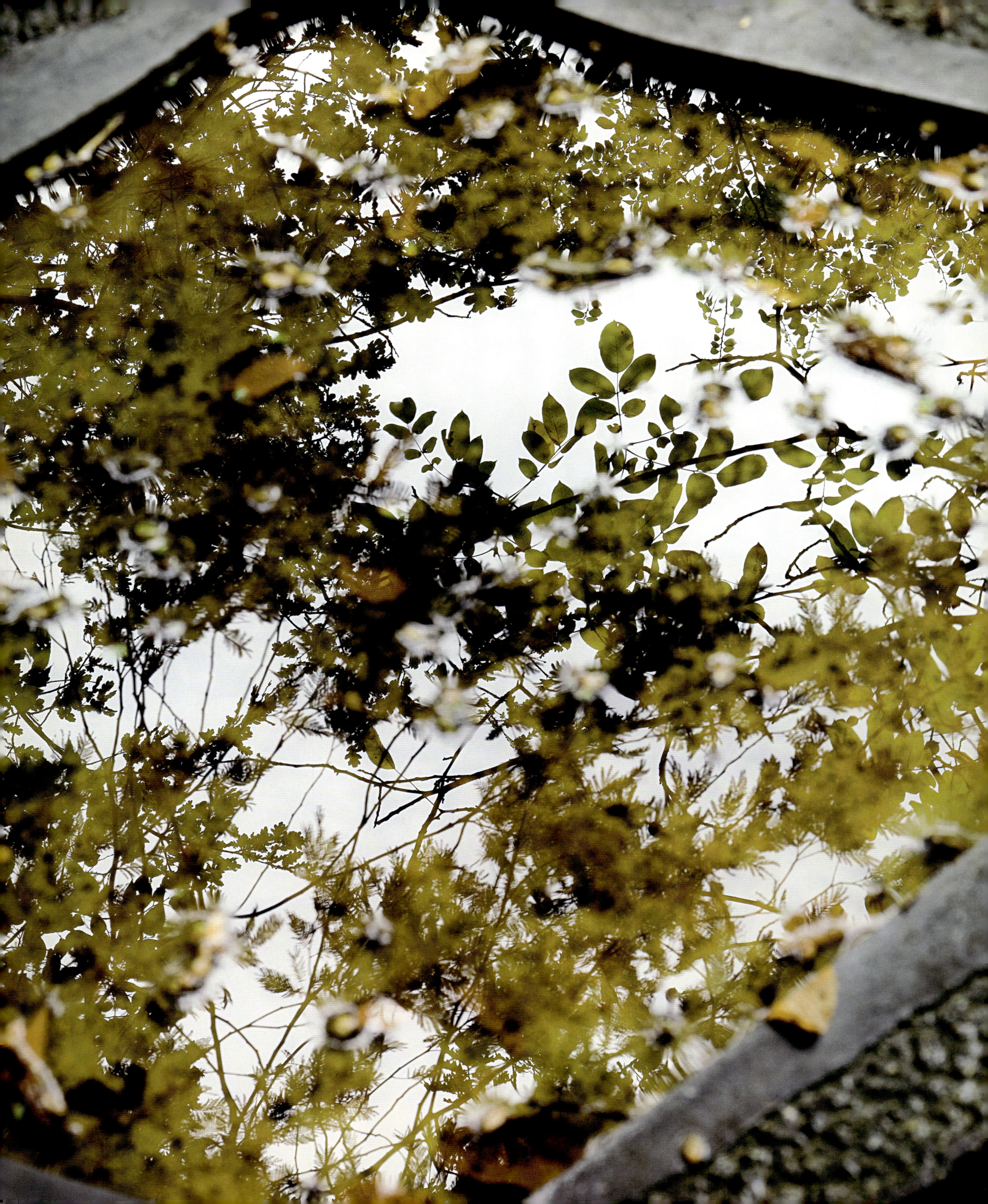

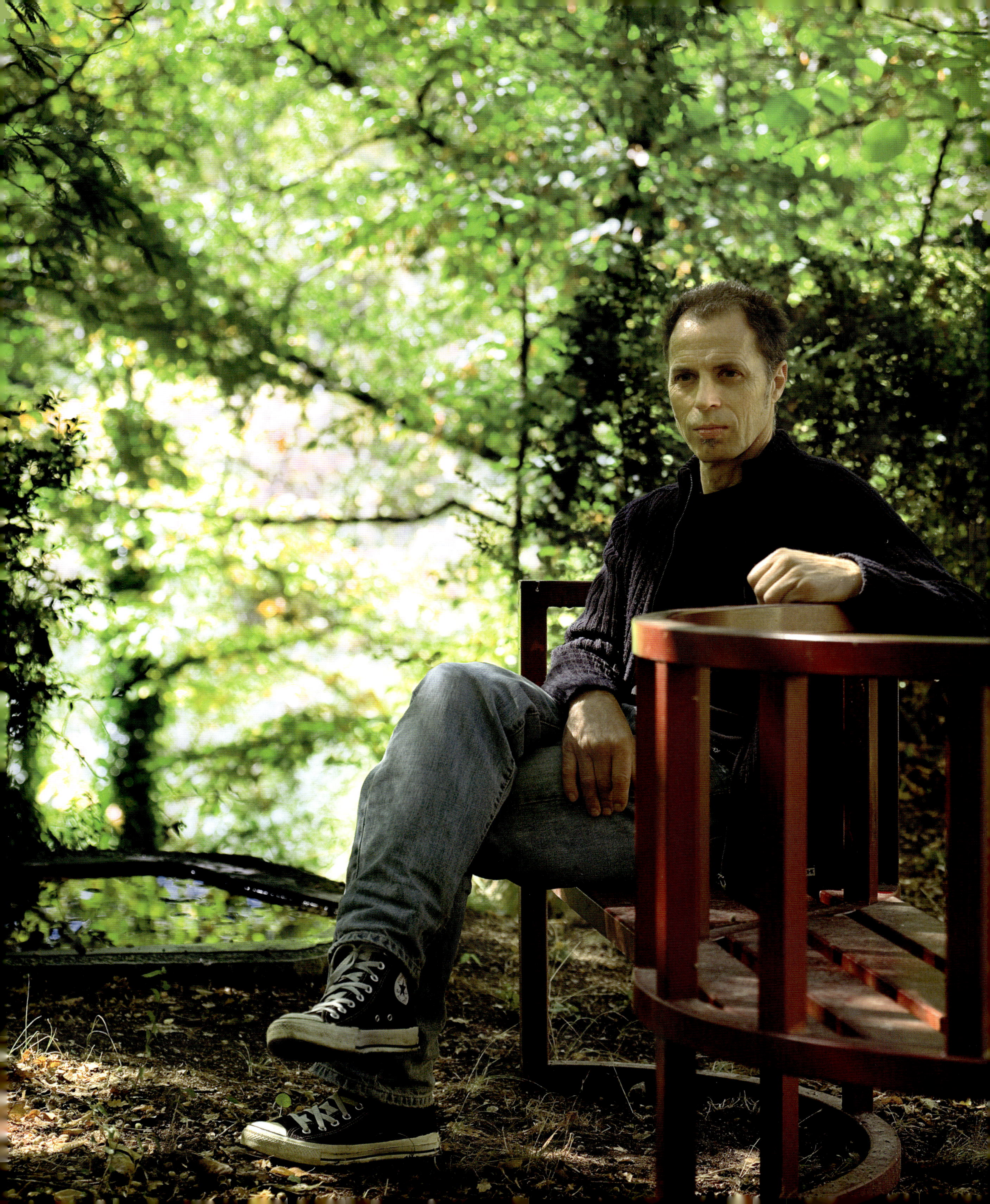

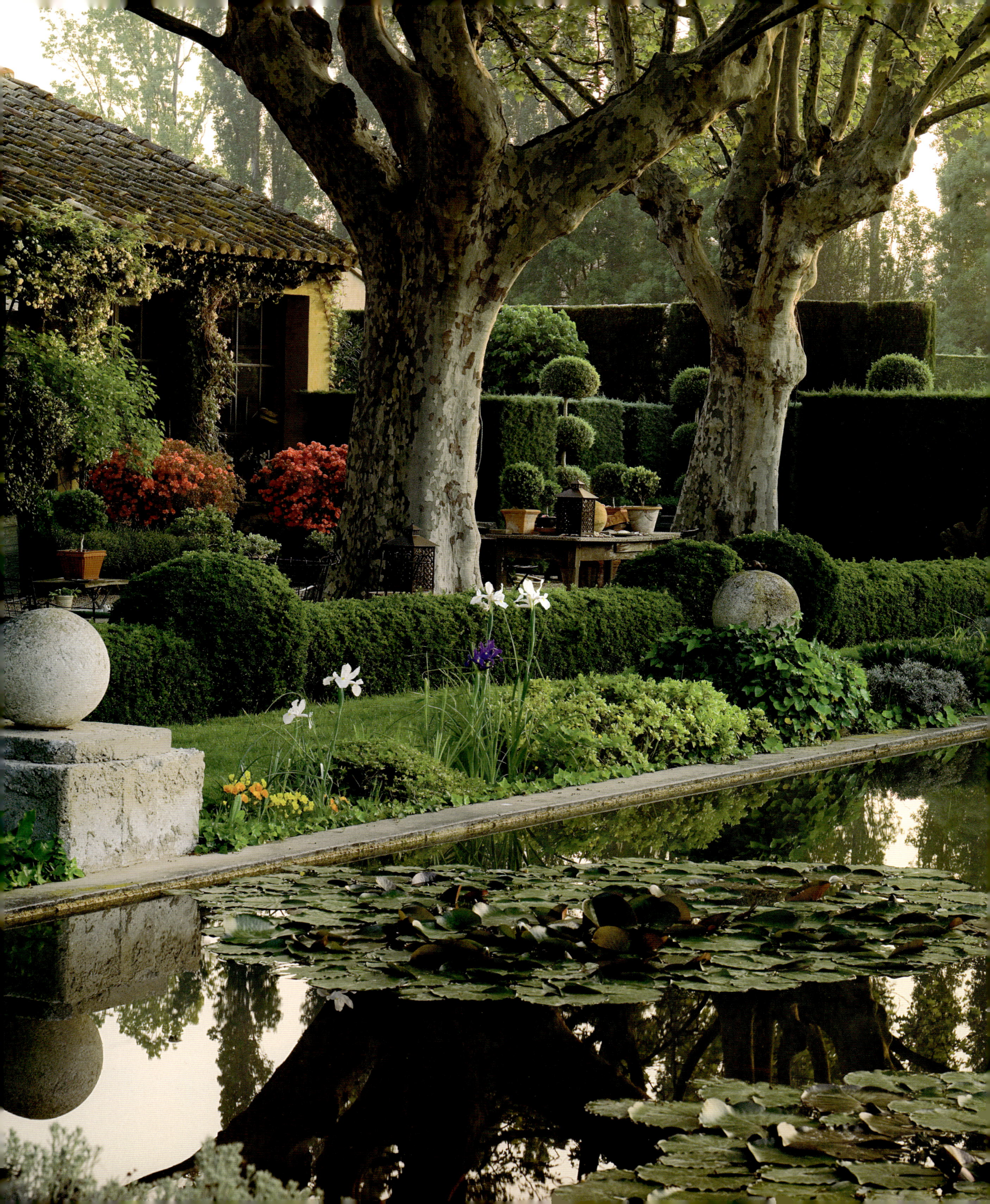

DOMINIQUE LAFOURCADE

DER »GARTEN EDEN«

Oben: Die leidenschaftliche Gärtnerin Dominique Lafourcade bei der Ernte der duftenden Blüten in ihrem Lavendelfeld.

Links: In weiches Morgenlicht getaucht, liegt das Seerosenbecken vor dem Haus von Dominique Lafourcade. Vor ihrem Atelier blühen zwei rosafarbene Azaleenbüsche, welche die Kugelform der umliegenden Büsche und Gartenelemente wiederholen.

Folgende Doppelseite: Das große Seerosenbecken speist einen schmalen Wasserkanal, der als Längsachse den Garten in zwei symmetrische Hälften scheidet. Klare, geometrische Linien bestimmen sowohl die Struktur des Gartens als auch den Schnitt der Pflanzen.

Dominique Lafourcade ist ein Kind des Südens. Sie wurde in Avignon geboren, wo sie im Kreis einer Künstlerfamilie aufwuchs. Nach dem Abitur absolvierte die junge Frau in Paris eine Ausbildung als Innenarchitektin. Dieser Beruf war ideal gewählt, schloss er doch alle kreativen Tätigkeiten, denen Dominique Lafourcade bereits damals mit Leidenschaft nachging, ein. Sie entwarf Lüster aus Metall, Möbel, Bilderrahmen und Lampen, nähte und stickte Tischdecken und Vorhänge nach eigenen Vorlagen und widmete sich vor allem der Malerei. 1985 gab der Chef eines bekannten Delikatessenimperiums die künstlerische Gestaltung der Etiketten für die hauseigenen Jahrgangsweine bei ihr in Auftrag.

Als Malerin war die Universalkünstlerin lange Jahre für die berühmte Porzellanmanufaktur Gien, im gleichnamigen Ort an der Loire gelegen, tätig. Dominique, die in diesem Metier unter ihrem Mädchennamen Dominique Lalande eine Bekanntheit wurde, bemalte für das Traditionshaus nicht nur Einzel- und Sammlerstücke, sondern ersann darüber hinaus auch neue Formen für Tafelgeschirr. Dabei ließ sie sich überwiegend von der Natur inspirieren und wählte für ihre Kreationen mit Vorliebe vegetabile und florale Motive. Da sie am liebsten unter freiem Himmel arbeitet, war der Schritt zur Gartenbaukunst nur noch ein kleiner.

Eine neue Leidenschaft, das Entwerfen und Gestalten von Gärten, war entfacht und entflammte vollends, als sie und ihr Mann 1989 das Anwesen »Les Confines« nördlich von St-Remy-de-Provence kauften. Bruno Lafourcade ist ein angesehener Architekt und hat sich durch Renovierungen alter Häuser und historischer Gemäuer, wie Klosteranlagen und Schlösser, einen Namen gemacht. Dominique Lafourcade, die sich im Laufe der Jahre das Metier der »Paysagistin«, der Gartenarchitektin, autodidaktisch aneignete, übernimmt die Gestaltung der Gärten und Parks der Häuser, die von ihrem Mann und ihrem Sohn Alexandre, der im gemeinsamen Architekturbüro arbeitet, renoviert werden. So entstehen in der »Familienwerkstatt« Gesamtkunstwerke, die weit über die Grenzen Frankreichs hinaus für ihre stilsichere Schönheit und Ruhe bekannt sind.

Als Dominique Lafourcade und ihr Mann das Anwesen »Les Confines« erstanden, war es nichts anderes als ein acht Hektar großes Weizenfeld auf plattem Land, mit einem alten Bauernhaus und einer hässlichen Scheune. Ein ideales Betätigungsfeld für die kreative Familie, die, Hand in Hand arbeitend, hier im Laufe der Jahre ein Gesamtkunstwerk schuf. Vor allem die Hausherrin konnte sich »austoben« und im wahrsten Sinne des Wortes »ex nihilo«, aus dem Nichts heraus, einen Garten nach ihrem Geschmack gestalten, einen Inbegriff ihrer Liebe zu klaren Formen und Strukturen. Dazu kam der unschätzbare Vorteil, dass der Besitz über eigene Quellen verfügt. Wasser ist in der von Hitze und Mistralwinden ausgetrockneten Provence so kostbar wie Gold. Bevor sich noch der Architekt an die Renovierung des Hauses machte, legte Dominique Lafourcade bereits die Grundstruktur des Gartens fest. Für diese Planungen wandelte

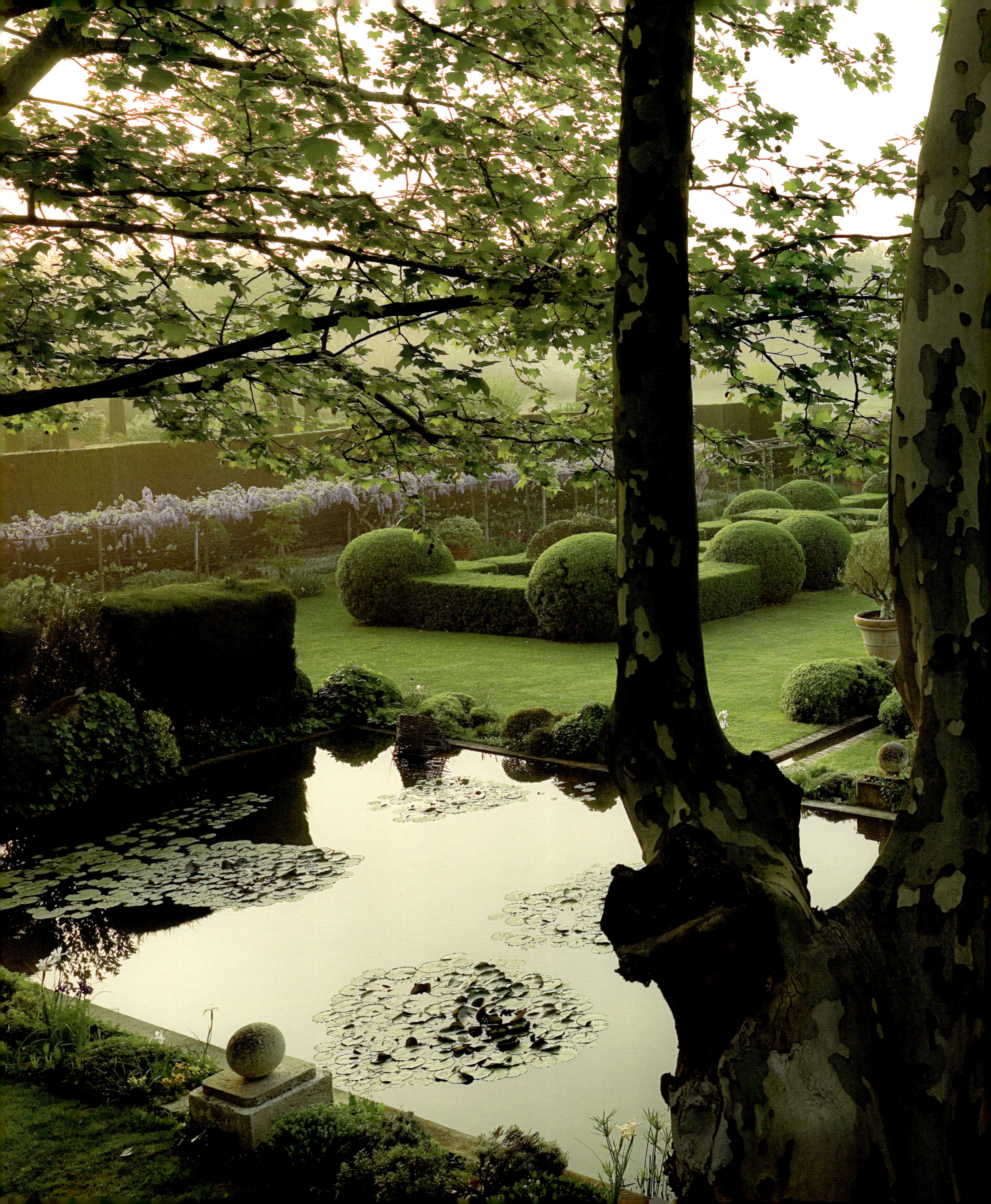

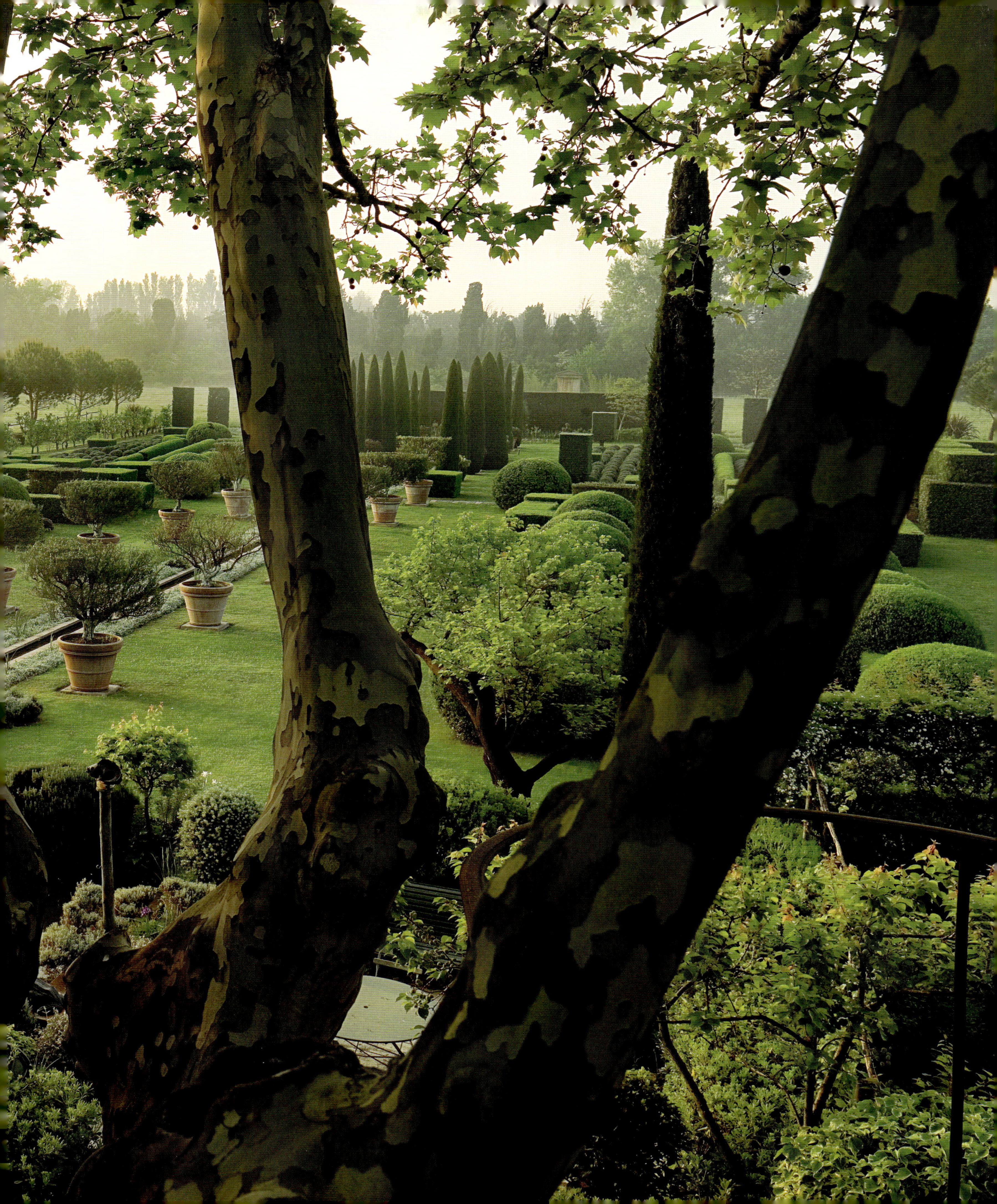

Rechts: Blick über den geometrisch angelegten Garten und die freie Wiese im Hintergrund.

Folgende Doppelseite, links und rechts: Blick vom Baumhaus auf eine der beiden Glyzinien-Alleen (*Wisteria x formosa* und *Wisteria floribunda »Alba«*), zu deren Füßen im Frühjahr dunkelviolette Iris blühen. In der Mitte der Allee setzt eine Scheibe aus Bruchspiegel einen Akzent.

Seite 160: Am Ende der langen Wasserachse fällt der Blick auf einen »antiken« Tempietto. Dominique Lafourcade hat die Fassade dieses Tempels aus Brettern und Rundhölzern selbst zusammengezimmert.

Seite 161: Ein mit Flusskieseln gepflasterter Weg führt auf einen »Hortus conclusus« zu. Die glatten, runden Steine dazu hat die Künstlerin selbst am Ufer der Durance gesammelt und in mühevoller Kleinarbeit zu kunstvollen Mustern verlegt.

Oben: Unkonventionelle und humorvolle Ideen zeichnen diesen Garten aus, wie hier das über eine Wendeltreppe erreichbare Baumhaus.

sie durch das Haus und stellte sich den idealen Blick auf den zukünftigen Garten aus dem jeweiligen Fenster vor.

Zuallererst fiel die Scheune, die durch einen kleinen Platz und fünf alte Platanen von dem Wohnhaus getrennt war. Während die Bäume als kostbare Schattenspender stehen bleiben durften, wurden die Grundmauern der Scheune, auf geringe Höhe reduziert, in ein mit Seeroseninseln geschmücktes Wasserbecken umgewandelt. Das Becken ist Ausgangspunkt eines langen, schmalen Kanals, der sich durch die gesamte Länge des Gartens zieht und in ein kleines, halbrundes Becken mündet. Am Ende des Wasserlaufs blickt man durch einen mit Efeu bewachsenen Ring auf den nach antiken Vorlagen errichteten »Tempietto«, der sich jenseits der ungemähten Wiese befindet und die lange Achse optisch abschließt. Kunstgriffe wie diesen kennt man aus italienischen Barockgärten.

Entlang dem Wasserlauf leuchten die silbrig weichen Blätter der Hasenohren (*Stachys byzantina*), flankiert von Olivenbäumen, die ungewöhnlicherweise nicht in die Erde, sondern in große Tontöpfe gepflanzt wurden. Jenseits eines querlaufenden Weges, der vom Haus aus jedoch nicht in Erscheinung tritt, setzen hohe Zypressen die Allee in Richtung des hinteren Wasserbeckens fort.

Dieser Teil des Gartens folgt den Regeln der Symmetrie: Beidseits des Kanals markieren zu mächtigen Kugeln gestutzte Büsche die Eckpunkte von jeweils drei grünen Quadraten, deren Mitte wiederum ein als Kugel oder Quadrat geschnittener Busch bildet. Vier ähnlich gestaltete geometrische Strukturen vollenden das Gesamtbild.

Zwei mit roten und weißen Weintrauben und violett und weiß blühenden Glyzinien überwachsene Laubengänge flankieren den Rasen des vorderen Abschnitts und führen zum hinteren Teil des Gartens, in dem Hunderte zu kleinen Kugeln gestutzte Lavendelbüsche an die Tradition der Lavendelproduktion in der Provence erinnern.

An der Westseite des Hauses blickt man von einer mit Wein bewachsenen Pergola auf einen von hohen Hecken umschlossenen Garten über halbmondförmigem Grundriss, von dem man den Rosengarten erreicht, der seinerseits westlich des großen Wasserbeckens liegt.

Über die geschotterte Terrasse vor dem Haus betritt man ein neues Universum innerhalb des Parks. Gemäß ihrer Idee, dass ein Garten wie ein Haus mit vielen Zimmern sei, hat Dominique Lafourcade mehrere kleine, jeweils von hohen Hecken eingefasste Gärten angelegt, die immer neuen Bestimmungen zugedacht und entsprechend unterschiedlich gestaltet wurden.

Nächst der Küche liegt der Kräutergarten, wo sich Salbei, Rosmarin, Basilikum und Thymian nebst anderen gängigen Kräutern der Provence in die strenge Ordnung von buchsbaumgerahmten Beeten fügen. Der praktischen Logik folgend, schließt sich der großzügige Gemüsegarten an, der im Stile alter Bauerngärten von Beeten mit bunten Schnittblumen gerahmt wird. Zu einem perfekten Bauerngarten gehören Hühner, und so ist es für Dominique Lafourcade selbstverständlich, dass gleich neben dem Gemüsegarten ein geräumiger Stall mit Gehege für das hauseigene Geflügel Platz findet. Ein mit großen Platten gepflasterter Weg führt durch den anschließenden Obstgarten in einen zweiten Gemüsegarten.

Nur wenige Schritte weiter gelangt man durch das Tor einer hohen Hecke in den wohl intimsten Teil des Gartens. Im Zentrum des über quadratischem Grundriss angelegten Bereichs befindet sich das von einer kniehohen Mauer eingefasste Schwimmbecken. Ungewöhnlich ist das tiefe Dunkelblau des Wassers, das die konzentrierte Ruhe des gesamten Ortes in sich versammelt. Dominique Lafourcade erzielte diesen Effekt, indem sie die Innenseiten des Pools nicht mit strahlend blauer, sondern mit bleigrauer Farbe ausmalte. Dies und der für ein Schwimmbad unübliche Grundriss von fünf mal fünf Metern rufen vielmehr das kühle Nass eines Brunnens oder einer Oase in Erinnerung, als dass man an ein Schwimmbad denken würde.

Je zwei schlanke Koniferen stehen gleich Zinnsoldaten vor dem dunklen Grün der hohen Hecke seitlich der drei Zugänge zu diesem »Hortus conclusus«. Das vierte Paar »bewacht« den Eingang zu der mit wildem Wein überwucherten »Barraca«. Dieses nach portugiesischem Vorbild errichtete Ruhehaus besitzt denselben Grundriss wie das Schwimmbecken, wodurch architektonisch die Harmonie und Ruhe des Ortes betont wird. Hierher zieht sich Dominique Lafourcade zurück, wenn

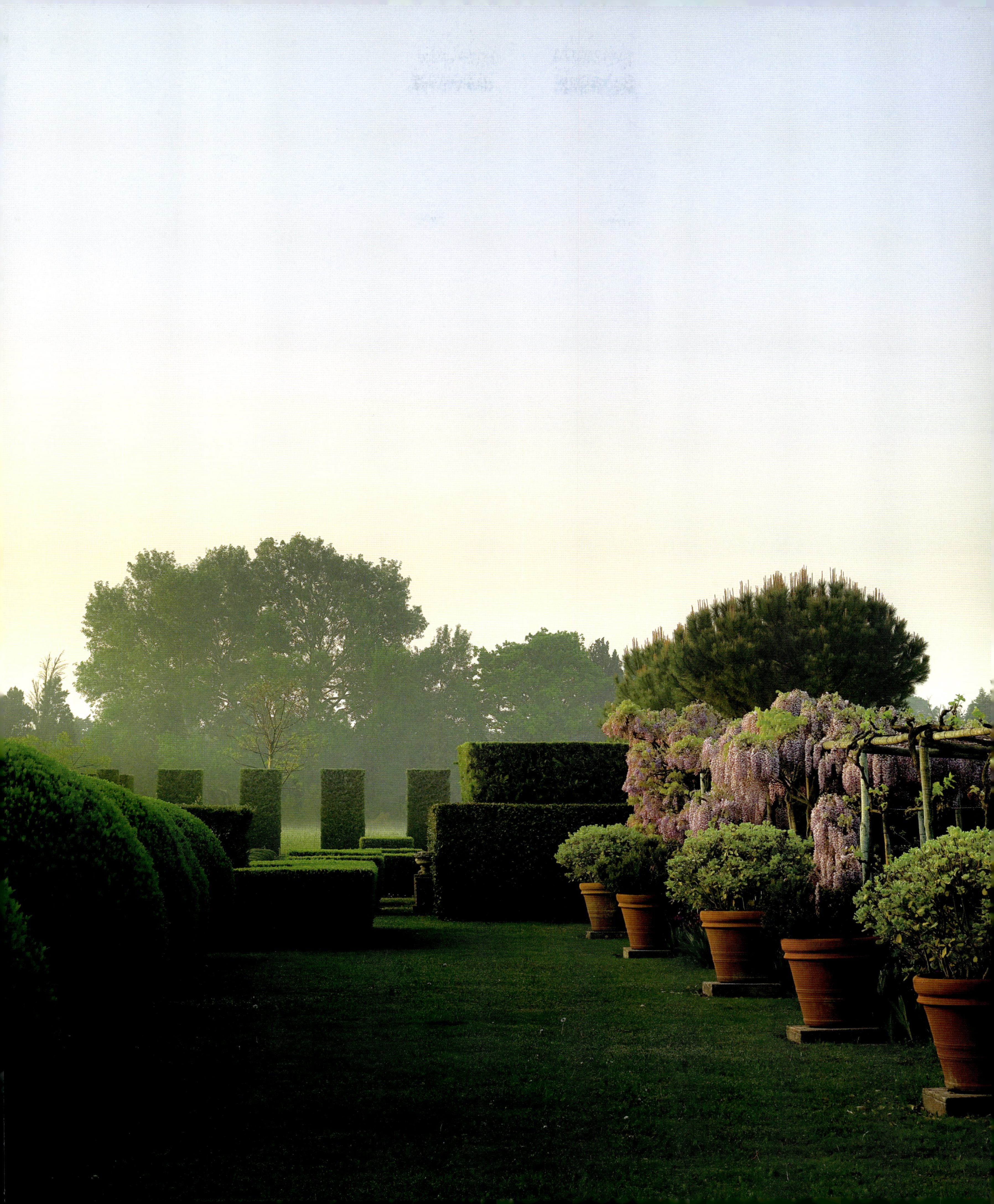

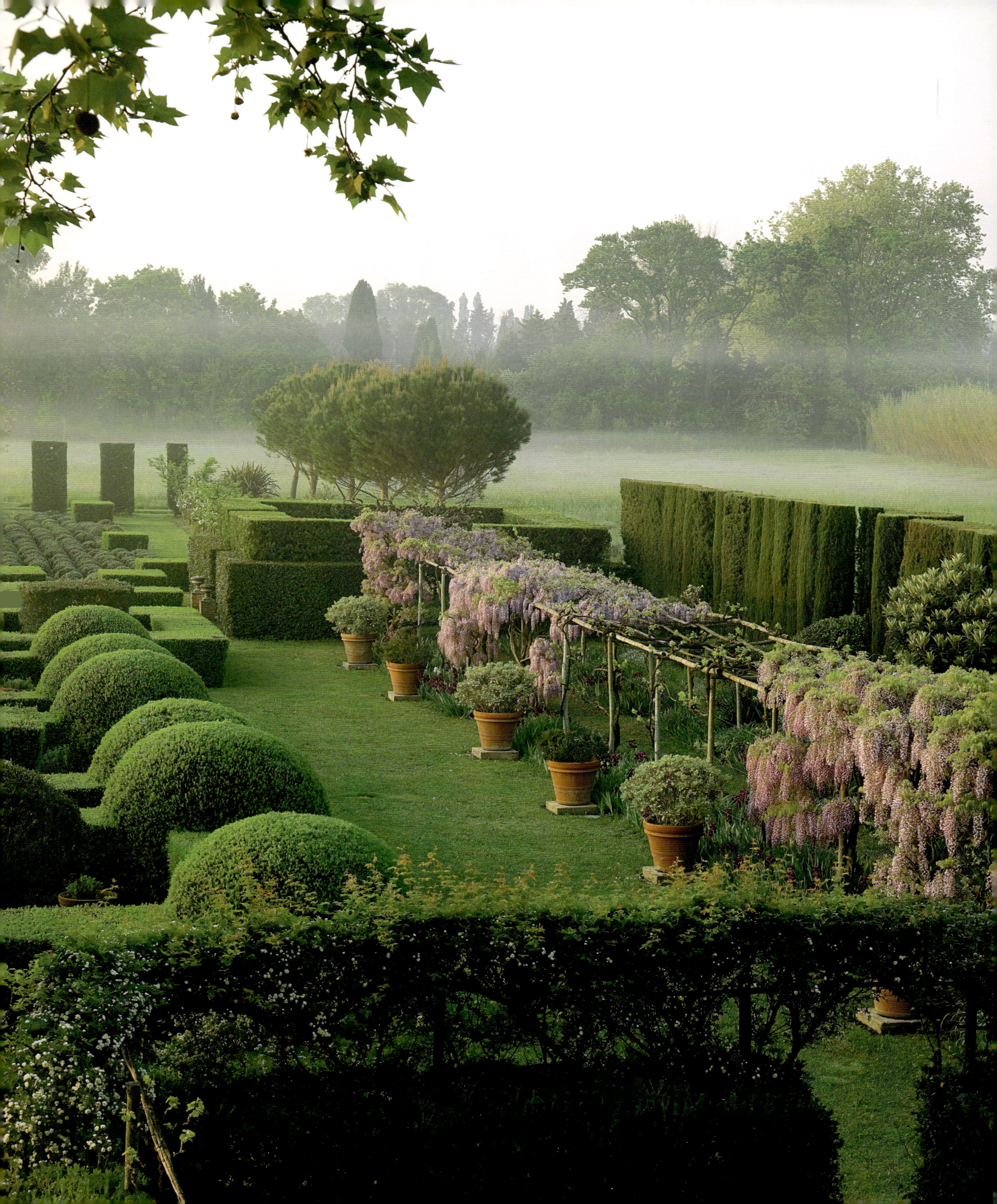

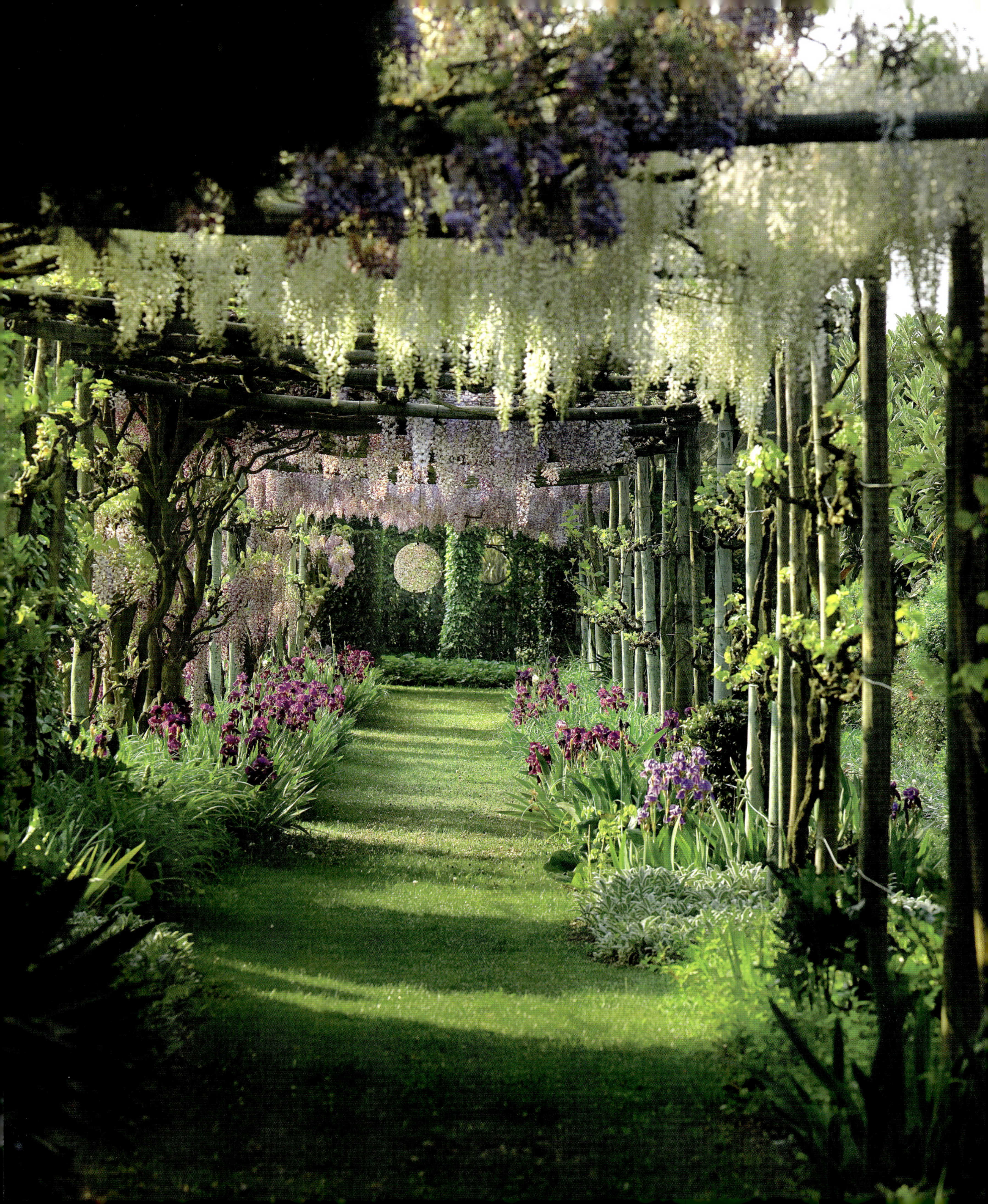

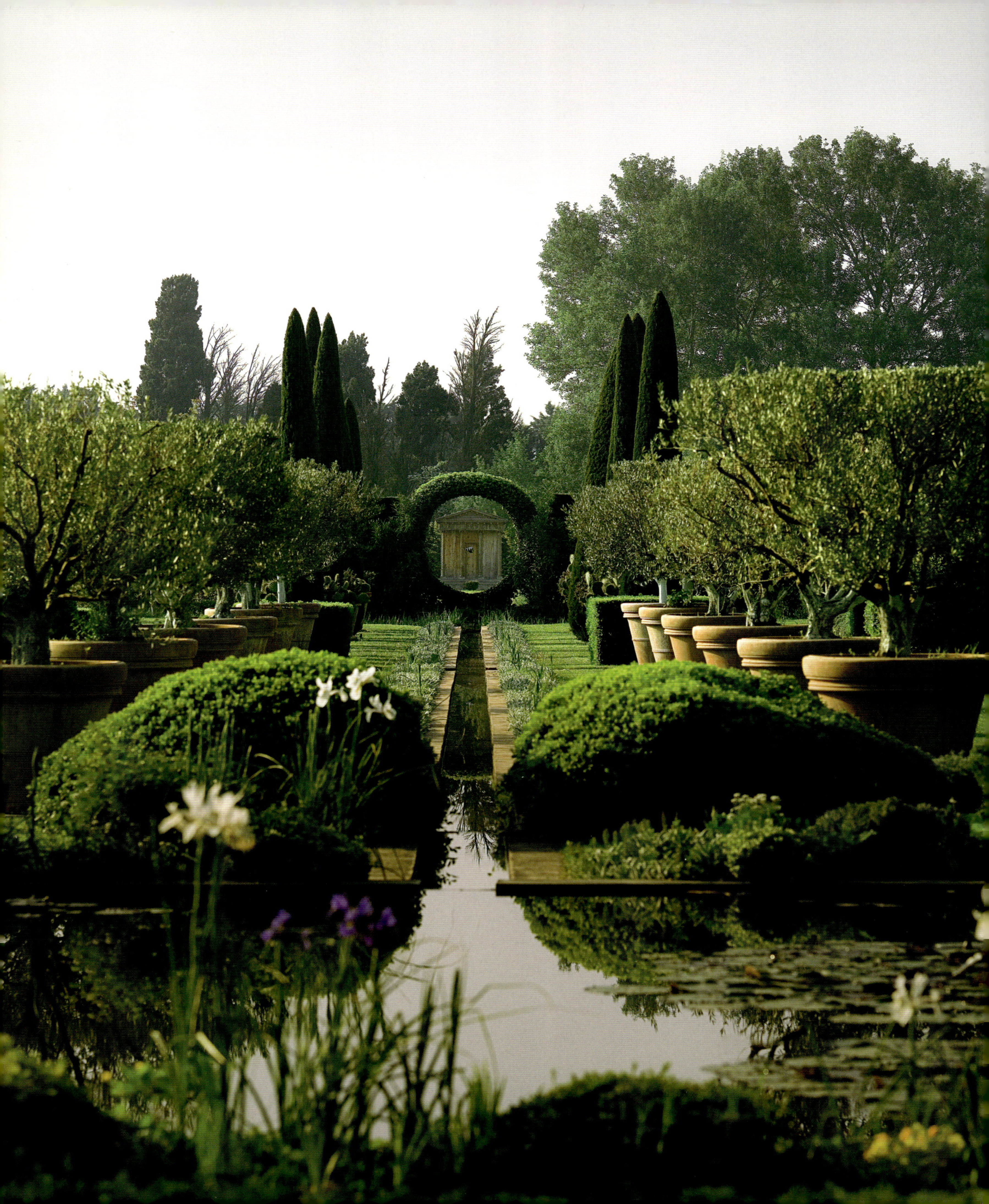

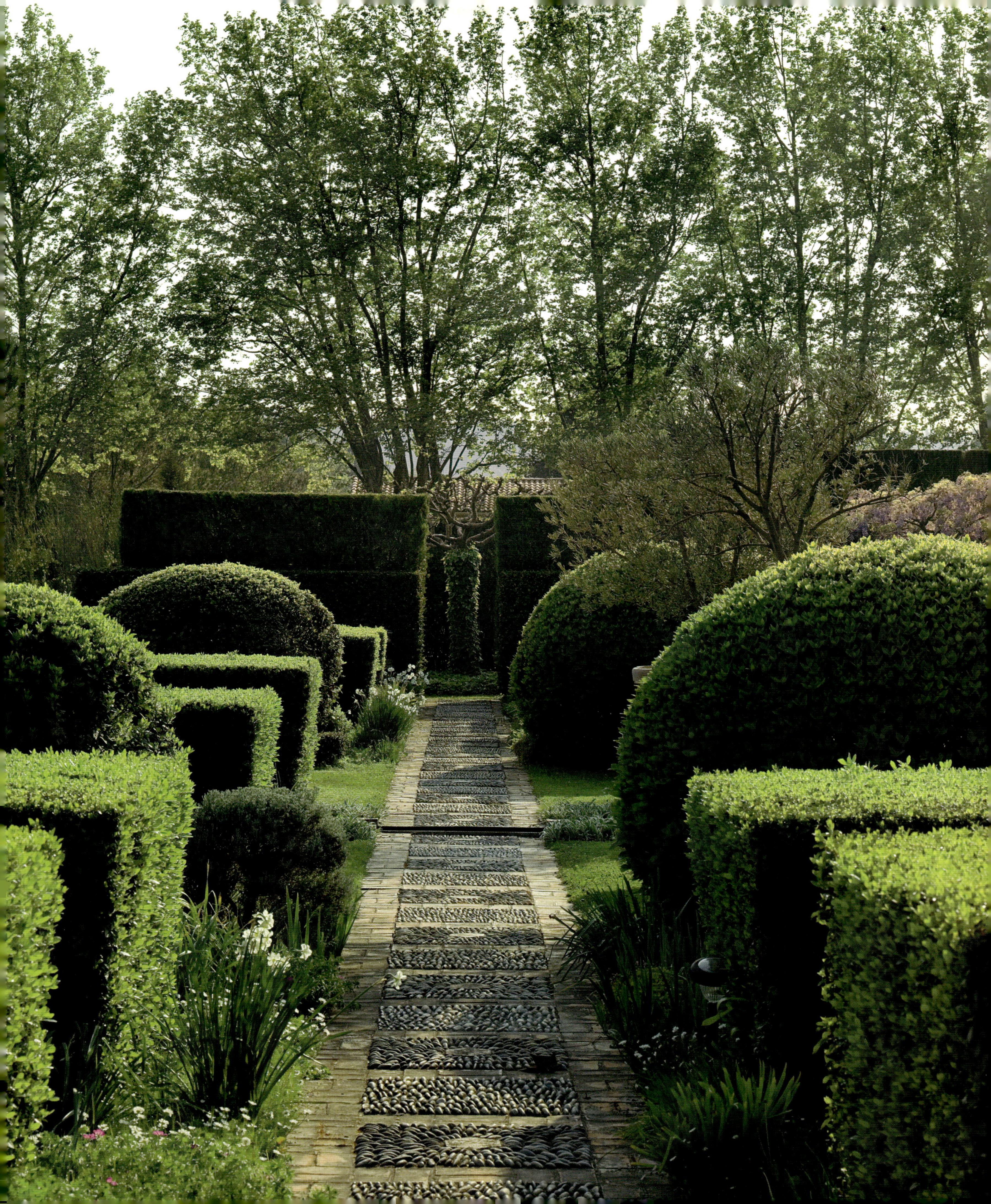

Oben: Die Künstlerin hat diese Schattenbilder von Stieren anfertigen und aufstellen lassen als stete Mahnung daran, dass kein weiterer Garten mehr angelegt werden sollte.

Rechts: Wie ein Thron erscheint der mächtige Lehnstuhl, der aus Wurzelwerk und Stamm eines Baumes geschnitzt wurde.

Folgende Doppelseite, links: In das milde Licht der Morgensonne getaucht, kommen die sanften Farbharmonien des ockergelben Hauses und der rosafarbenen Azaleen davor besonders schön zur Geltung.

Folgende Doppelseite, rechts: Das große, rechteckige Seerosenbecken ist in die Grundmauern der ehemaligen Scheune eingelassen, die direkt vor dem Haus gestanden hat.

sie ungestört arbeiten oder ab und an eine Siesta halten möchte.

Mit dem »Portugiesischen Garten«, wie ihn die Familie nennt, endete die Gartenanlage, bis eines Tages Bruno Lafourcade seiner Frau eine Steinkugel mit einem Durchmesser von einem Meter schenkte. Um diese prachtvolle Kugel gebührend in Szene setzen zu können, musste die Künstlerin selbstredend einen neuen Garten anlegen. So entstand der »Kugelgarten«, in dessen Zentrum die Steinkugel thront, umgeben von vier Beeten, in deren Mitte je eine Akazie mit kugelrund gestutzter Baumkrone steht. Jedem Beet ist eine Farbe zugeordnet: Rot, Weiß/Schwarz, Rosa und Gelb.

Aus dem Wunsch heraus, ihr Reich in seiner Gesamtheit überblicken zu können, baute Dominique Lafourcade einen hölzernen Hochsitz, den sie jenseits der hohen Hecke des »Kugelgartens« postierte und »Belvedere« nannte. Er steht an der Schnittstelle zwischen ihrem grünen Paradies und der »Prärie«, wie sie das – noch – unbestellte Land nennt.

Für die stets vor Ideen übersprudelnde Frau galt die Maxime, keinen weiteren Garten mehr anzulegen. Ihr Mann, der den Entschluss lebhaft unterstützte, schenkte ihr daher vor einigen Jahren einen Esel, der auf einem Teil der ungenutzten Wiese weiden sollte. Dominique Lafourcade ließ östlich des »Portugiesischen Gartens« einen hölzernen Stall errichten und ein Terrain abstecken, das dem Tier zugedacht war. Unglücklicherweise wurde der Esel jedoch bösartig und begann, Menschen zu attackieren, weshalb sie sich schweren Herzens wieder von dem Langohr trennen musste. Was lag nun näher, als die Eselsweide in einen neuen Garten umzugestalten?

Aus dem ehemaligen Stall wurde ein einfach eingerichtetes Sommerhäuschen für Dominique und Bruno Lafourcade, in dem sie manchmal sogar übernachten. Zum Komfort dieser »Sommerresidenz« gehören eine Freiluft-Dusche, in deren kunstvoll gewundenen Metallrohren das Wasser erhitzt wird, und ein »Häuschen«, dessen Tür stilecht mit einem Herzen dekoriert wurde. Da zu echter Autonomie auch Speis' und Trank zählen, runden ein Brunnen und ein weiterer Obst- und Gemüsegarten das Ensemble ab. In Erinnerung an ihren Esel ließ die

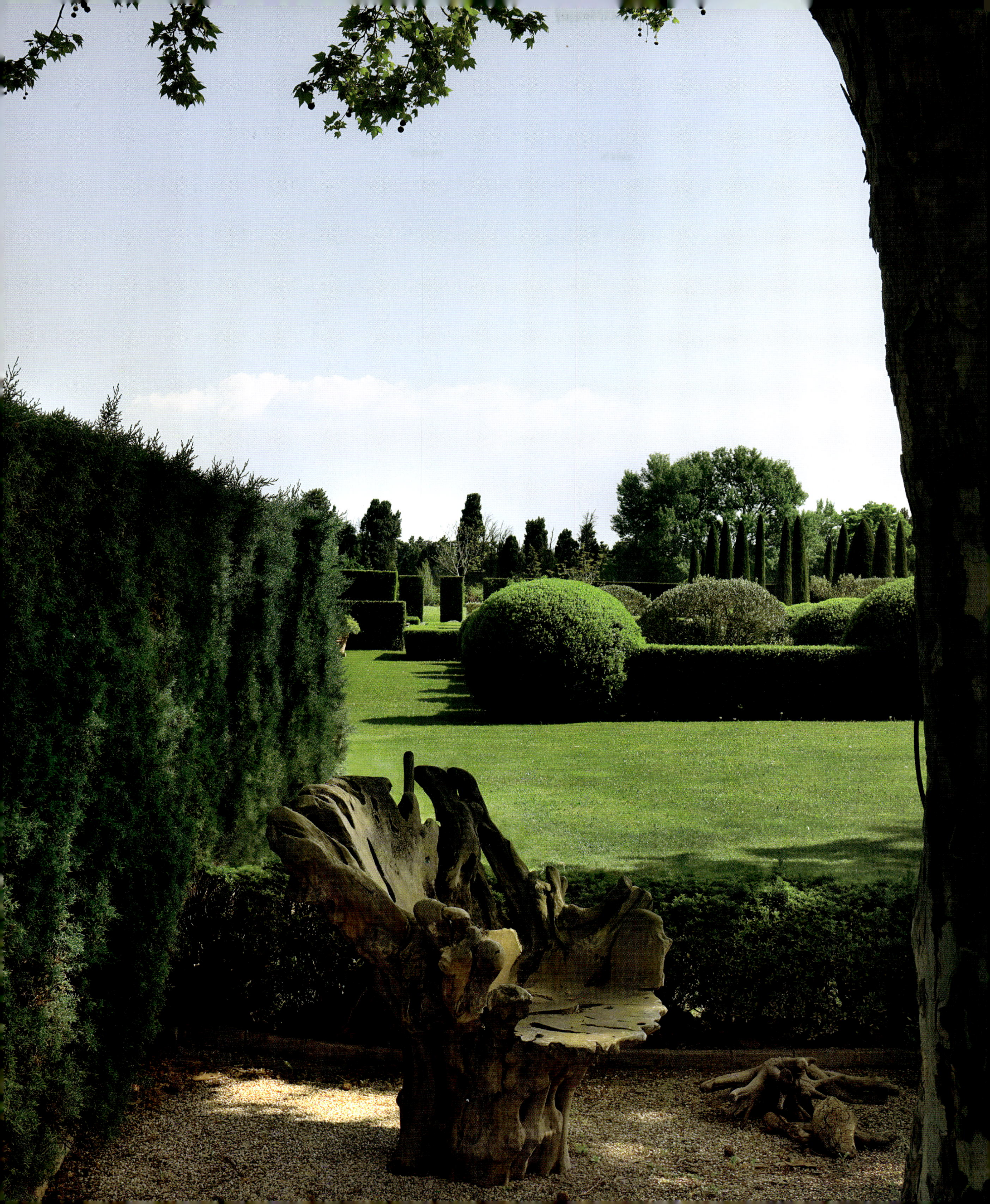

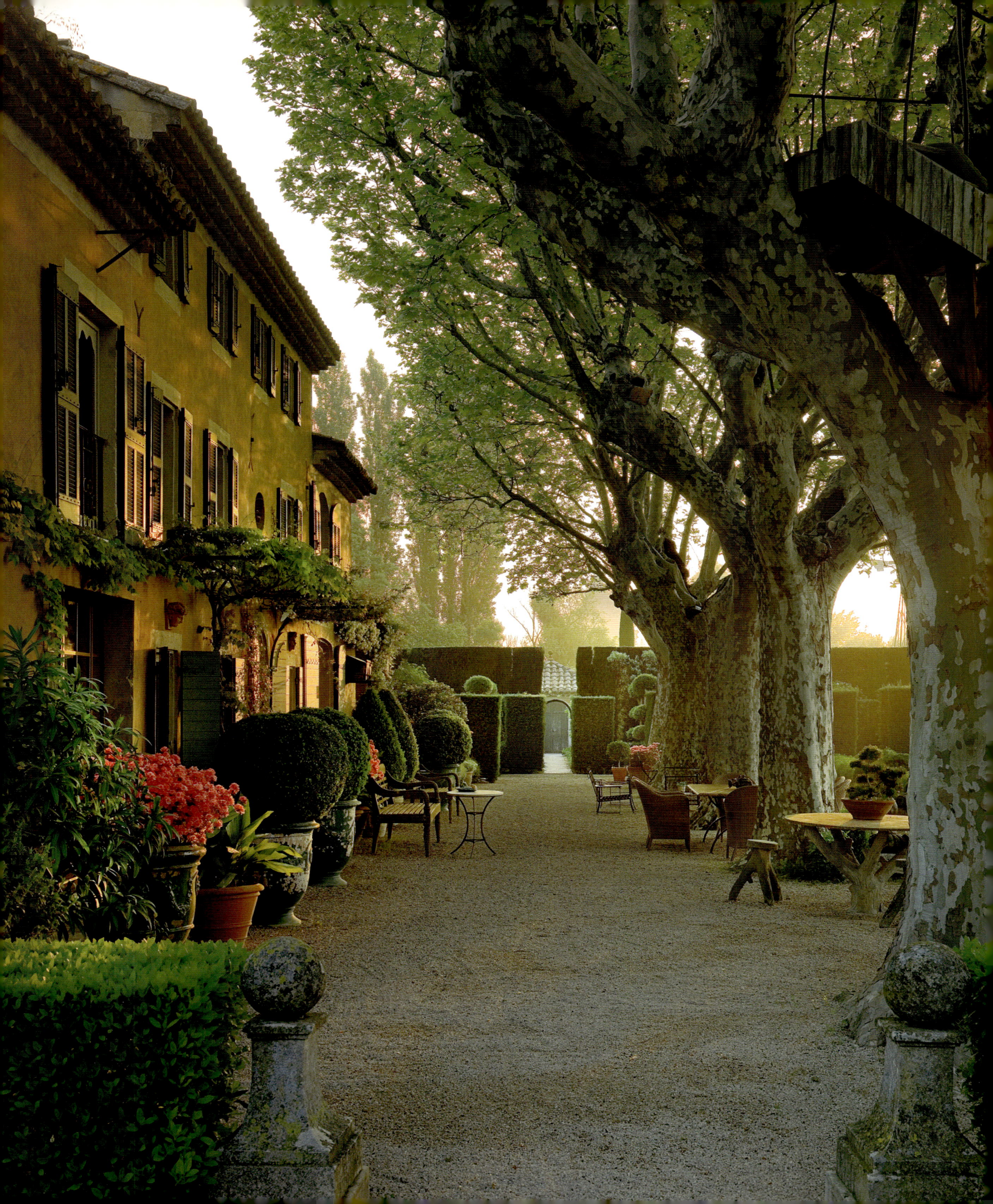

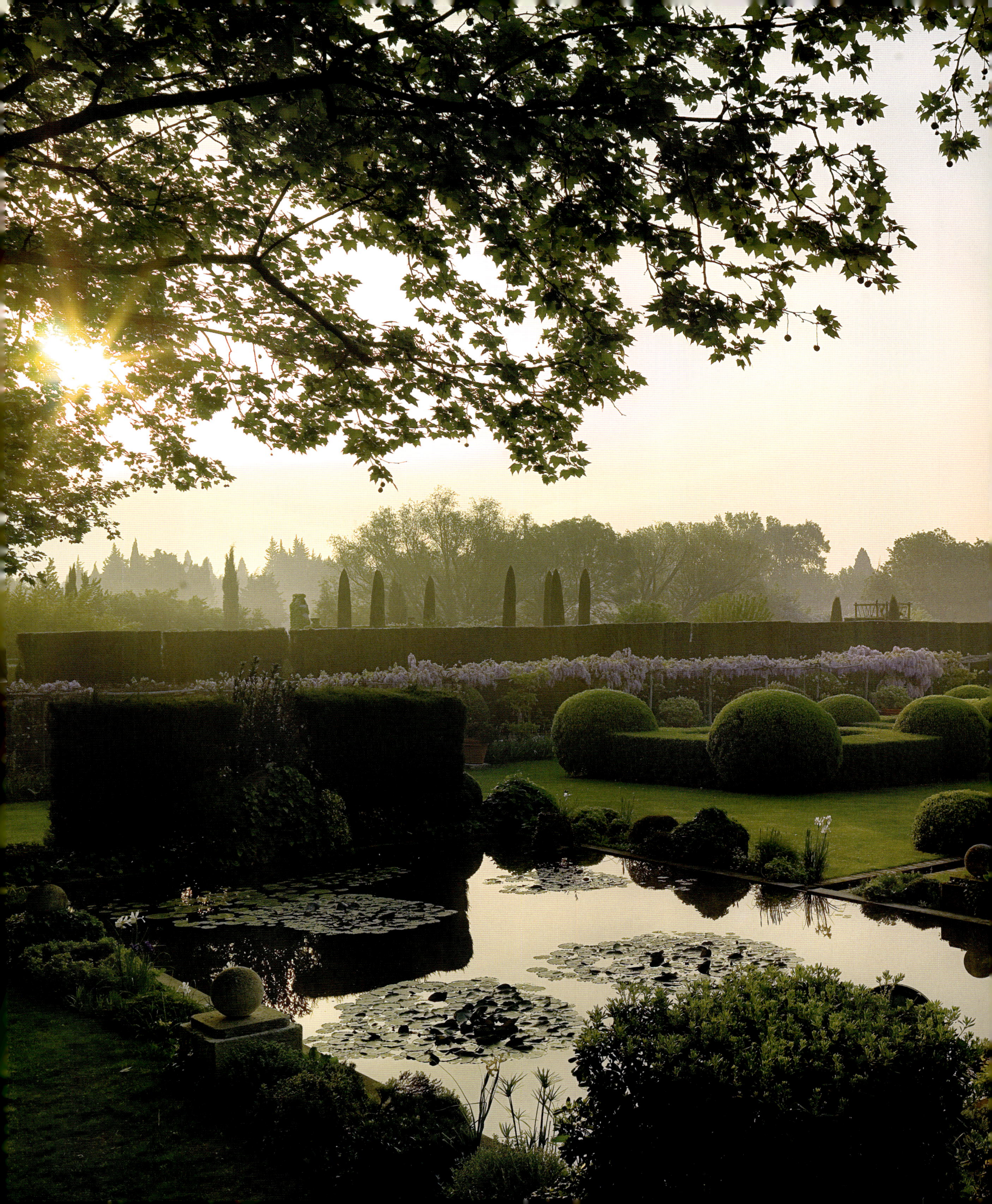

Oben und rechts: »Ein Garten darf nicht nur schön, er muss auch praktisch sein.« Darum hat die Künstlerin auch Obst- und große Gemüsegärten angelegt. Hier steht das Gewächshaus, wo Topfpflanzen überwintern und Sämlinge gezogen werden.

Folgende Doppelseite, links: Der im Stil mittelalterlicher Kräutergärten angelegte Küchengarten ist von hohen Hecken eingefasst. In von Buchsbaum gerahmten Beeten gedeihen Kräuter der Provence.

Folgende Doppelseite, rechts: Eine Steinkugel bildet das Zentrum des »Kugelgartens«, der sich formal an dem großen Rund orientiert. Streng geometrisch beschließen hohe Hecken den Garten, hinter denen das Holzgeländer eines Hochsitzes sichtbar wird.

Künstlerin ein hölzernes Abbild von ihm anfertigen. Das Tier, das bis zum Hals in einem Mantel aus Efeu steckt, lugt nun als sanfter Dauergast mit seinem Kopf über den Zaun des Gemüsegartens.

Dieser ihr eigene Humor macht den Garten von Dominique Lafourcade gerade im Vergleich mit Kreationen anderer weltberühmter Gartenarchitekten einzigartig. Strenge Achsen und Strukturen werden durch ein völlig unerwartetes Moment aufgelockert. So entdeckt man etwa inmitten des perfekten Rasens, der als grüner Teppich die axiale Komposition von Wasserrinne, Olivenbäumen und Buchsbaumhecken unterlegt, die Skulptur eines Wildschweins!

Auch die bislang jüngste Kreation in Dominique Lafourcades Garten legt Zeugnis ab für ihren mit Genialität gepaarten Humor. Da sie ihren Garten horizontal nicht mehr erweitern wollte, ging sie diesmal in die Vertikale und beschenkte ihren Mann zu dessen Geburtstag mit einem Baumhaus. Das Ungewöhnliche daran ist, dass sich das Holzhaus mit seinem kunstvollen Aufgang in Form einer Wendeltreppe in einer der alten Platanen befindet, die unmittelbar vor dem Wohnhaus der Familie stehen, jenem Ort also, wo Besucher empfangen und Feste gefeiert werden, da, wo sich das tägliche Leben abspielt.

Dominique Lafourcades Garten ist Ausdruck vollkommener Harmonie und Ruhe, geschaffen durch strenge Linien und geometrische Formen. Es ist ein Garten voller Überraschungen, ein Garten, der alle Sinne befriedigt, das Auge, das Ohr, den Gaumen, den Geruch und – als fünften Sinn – den Humor.

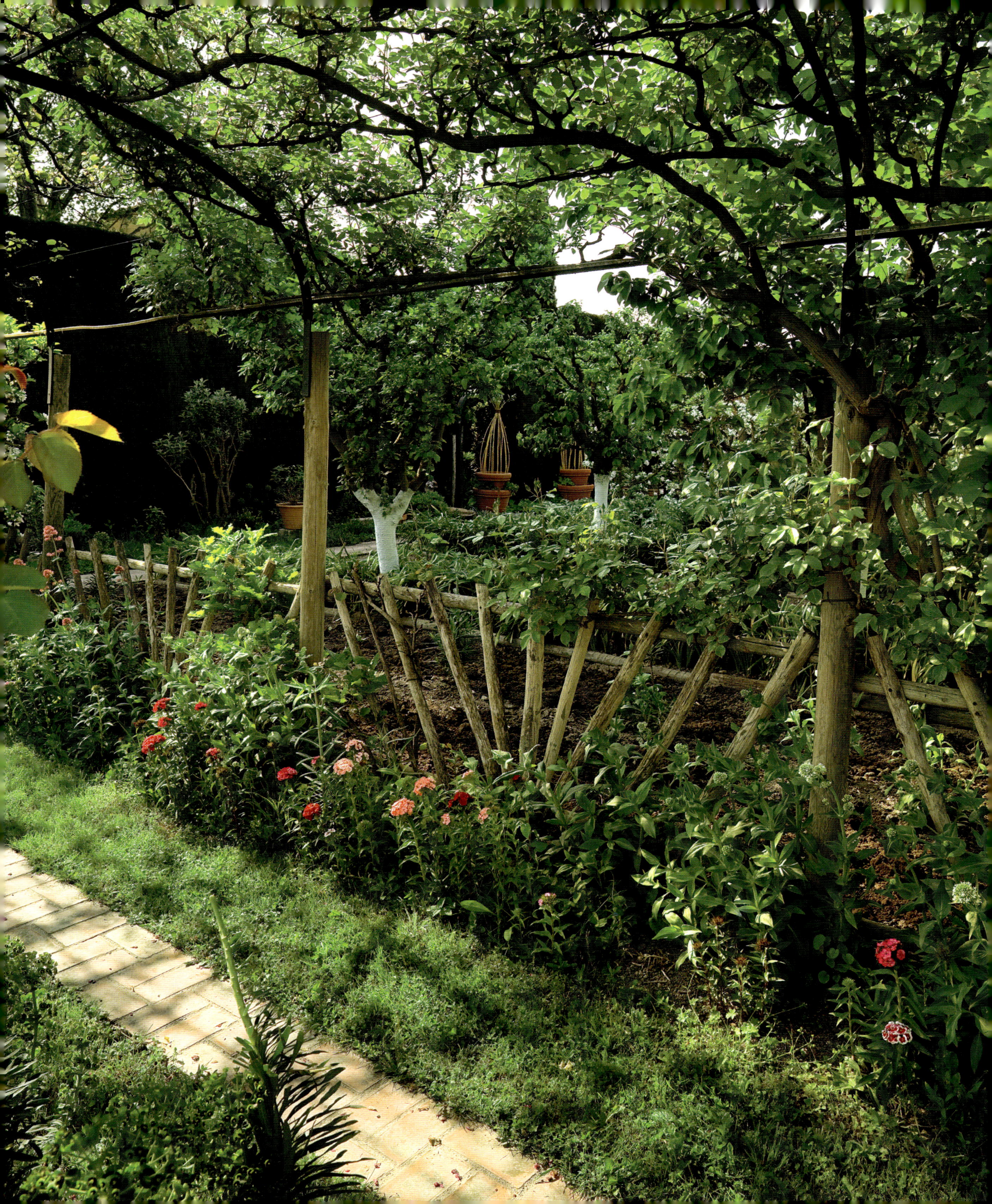

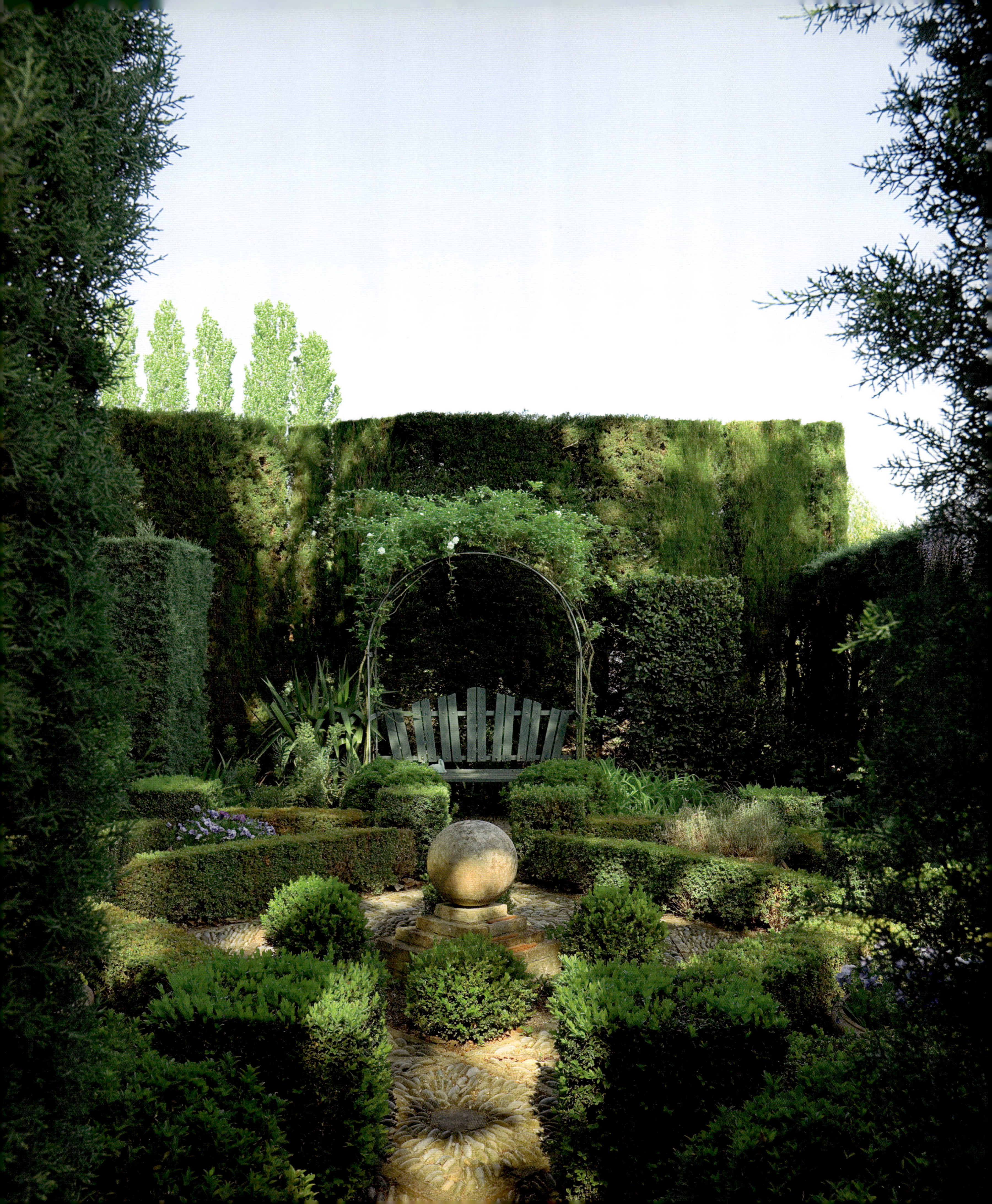

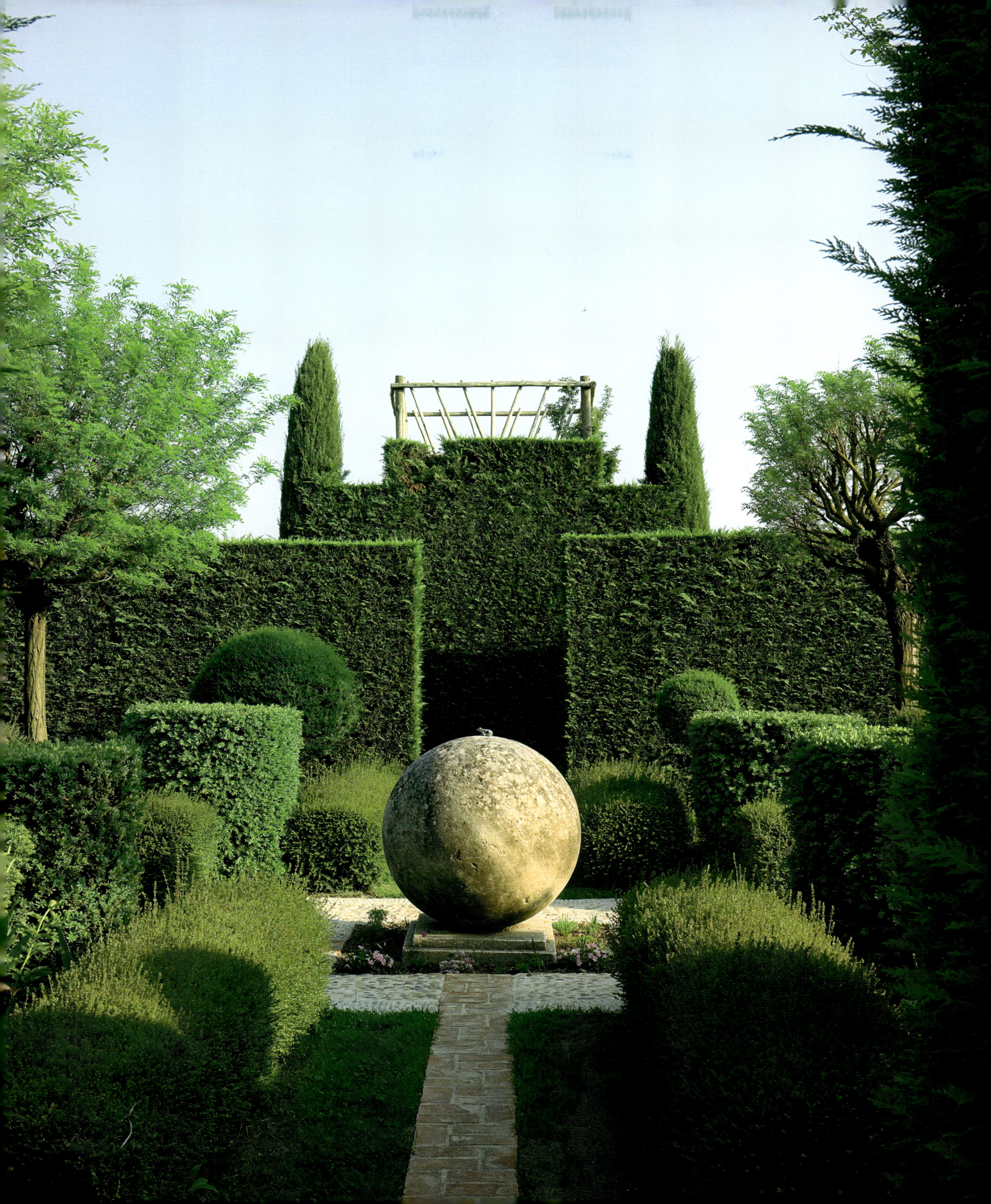

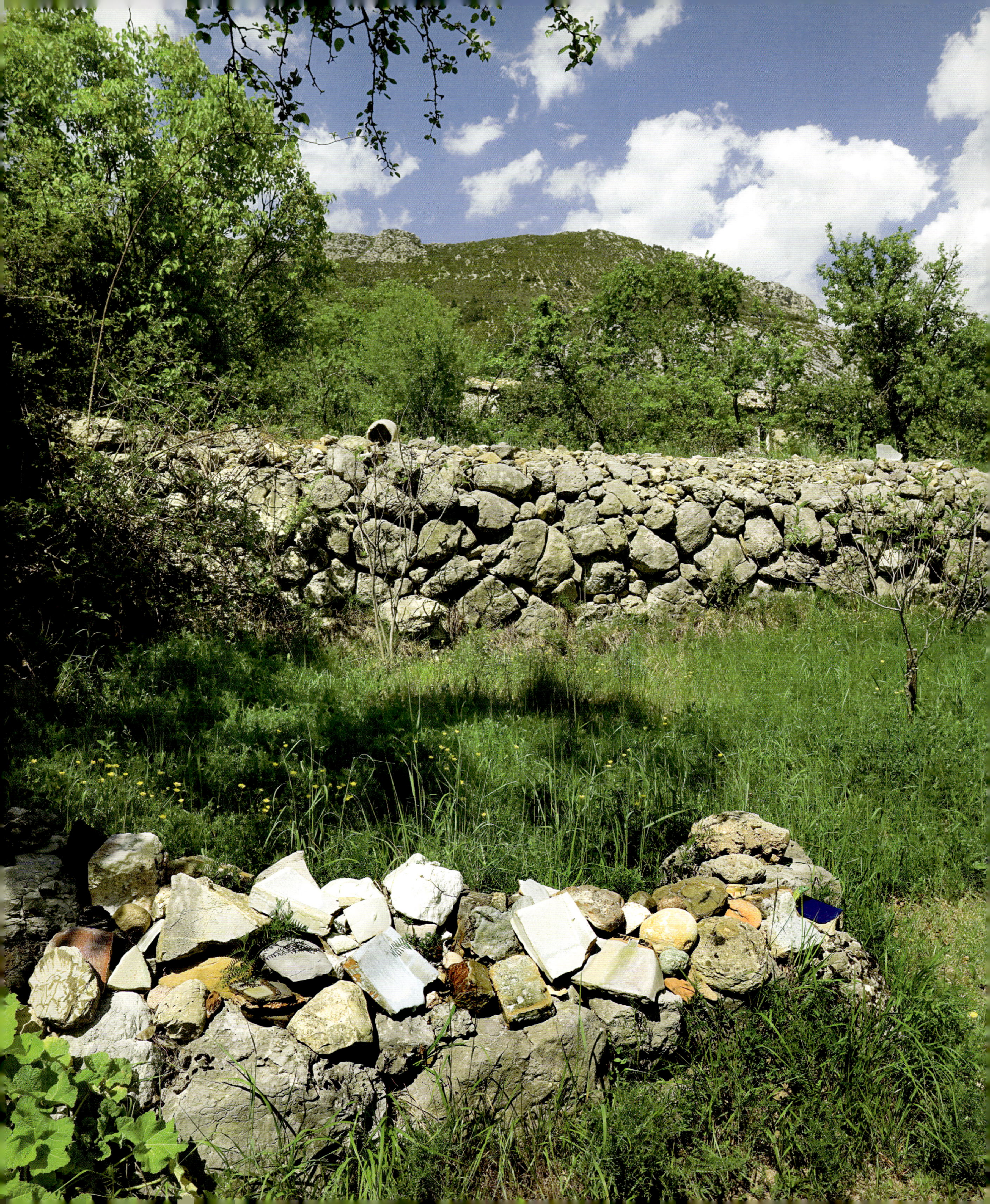

BERNARD DEJONGHE

DER UNBERÜHRTE GARTEN

Links: Das leicht abfallende Terrain wird durch hohe Mauern aus Naturstein gestützt. Im Durchblick erahnt man das Haus des Künstlers.

Rechts: Der ehemalige Bauernhof liegt inmitten alter Obstbäume – ein kunstvoll angelegter Garten entspricht nicht dem Naturell des Künstlers.

Bernard Dejonghe, weltweit bekannt für seine Arbeiten aus Glas, wurde 1942 in Chantilly geboren. 1960 schrieb er sich in der Ecole des Métiers d'Arts, der staatlichen Kunstgewerbeschule, in Paris ein und schloss diese vier Jahre später mit einem Diplom ab. In den folgenden Jahren arbeitete er in einem Keramik-Atelier in Fontenay-aux-Roses, bis er sich schließlich 1976 selbständig machte. Er ließ sich im Süden Frankreichs nieder, wo an der Côte d'Azur sowohl die Herstellung von Keramik – man denke an den Ort Vallauris, in dem unter anderem Picasso gearbeitet hat – als auch das Glashandwerk in dem kleinen Ort Biot auf eine lange Tradition zurückblicken. Hier lernte Bernard Dejonghe seine Frau kennen, die einer traditionsreichen Glaserfamilie entstammte – ihre Schwester Veronique Monod etwa entwarf künstlerische Parfumflakons für namhafte Parfumeure. Der Künstler kam mit dem für ihn neuen Medium in Berührung und war sofort wie elektrisiert. Doch im Gegensatz zu den meisten Künstlern, die im Dunstkreis der beiden berühmten Städte mehr oder weniger gefällige Gebrauchskeramik und Glaswaren herstellen, ging Dejonghe seinen eigenen Weg.

Seine in ihrer Transparenz vollkommenen Glaskörper – Kugelsegmente, Kuben, Dreiecks- und Pyramidalformen – sind von einer unregelmäßigen Oberfläche, die entweder nur leicht aufgeraut oder auch stark gebrochen sein kann, wie von einer Haut überzogen. Dadurch entstehen ungewöhnliche und unterschiedlich starke Lichtbrechungen, welche die Objekte wie schwebend erscheinen lassen. Einzeln aufgestellt oder in Serien, als Blöcke einen Kreis auf dem Boden bildend oder frei im Raum stehend, sind sie Inbegriff materialisierter Schwerelosigkeit.

Geometrische Grundformen spielen dabei eine bedeutende Rolle, da sie Urformen der Natur widerspiegeln, so wie sie zum Beispiel in den Strukturen von Bergkristall oder Quarzsand zu finden sind. Diese beiden Mineralien waren aufgrund ihres hohen Siliciumdioxid-Anteils über Jahrhunderte wichtige Grundstoffe der Glaserzeugung. Die Auseinandersetzung mit dem Material weckte den Forschergeist Dejonghes, der in zahlreichen Expeditionen gemeinsam mit den Wissenschaftlern des Naturhistorischen Museums von Paris in die Wüste des Sudan aufgebrochen war. Dort faszinierten ihn die zahlreichen Fulguriten, unregelmäßige, mehrere Meter lange Röhren mit einer Wand aus Quarzglas, die durch Aufschmelzung des Sandes infolge eines Blitzeinschlags und nachheriger rascher Abkühlung desselben entstanden sind. Diese Verschmelzung von Himmel und Erde wurde für Bernard Dejonghe zur Quelle der Inspiration und findet sich als Grundgedanke in allen seinen Glasarbeiten wieder.

Zahlreiche internationale Museen, unter anderem in New York, London, Paris und Sapporo (Japan) sowie private Sammlungen, als prominenteste jene von Bill Gates, schmücken ihre Kollektionen mit Glasarbeiten des Künstlers.

Bernard Dejonghe teilt mit seiner Frau die Liebe zur Natur. Vom Rummel der Côte abgestoßen, zogen sich die beiden weit in das Hinterland von Nizza zurück. Schon als junges Paar verbrachten sie regelmäßig ihre Ferien auf einer einsamen Hütte in den Bergen, zu der man nur nach fünfstündigem Fußmarsch gelangte. Die Einsicht, dass diese Hütte keine Wohnstatt auf Dauer sein konnte, bewog die beiden, ein Grundstück am Fuße des Hochgebirges zu suchen. Bei Briançonnet wurden sie schließlich fündig. Das Tal liegt rund tausend Meter über dem Meeresspiegel. Die Gipfel der Crête des Ferriers im Norden und die hohen Berge im Süden bieten nicht nur ein überwältigendes Panorama, sie beeinflussen auch entscheidend das Klima der Gegend mit seinen langen Wintern. Für Dejonghe, der den Menschen als kleinen, relativ unbedeutenden Teil im großen Gefüge der Natur versteht, war dies der ideale Ort.

Das alte Bauernhaus liegt einsam auf einer weiten Wiese, unmittelbare Nachbarn gibt es nicht. Der obere Teil des Gartens wird von zahlreichen hohen Obsthölzern wie Birn- und Pflaumenbäumen eingefasst. Im Mai blühen wilde Narzissen und dunkelblaue Iris am Rande der Wiese. Unter den alten Apfelbäumen vor dem Haus, deren weit ausladende Äste im Sommer dichten Schatten spenden, steht der große Holztisch, an dem in der warmen Jahreszeit die Mahlzeiten serviert werden.

Von hier aus führen schmale, in die hohe Wiese geschnittene oder getretene Pfade über das Grundstück. Ein Weg lenkt den Schritt zum Atelier, einem modernen, zweistöckigen Bau. Weit abgesetzt vom Wohnhaus und von diesem aus nicht sichtbar, liegt es am Rande eines Waldes, in dessen Talgrund im Frühjahr ein Bach fließt, der sommers jedoch austrocknet. In einer hohen Linde in unmittelbarer Nähe des Ateliers errichtete Bernard Dejonghe ein primitives Baumhaus, in dem er gemeinsam mit seiner Frau während der Zeiten der großen Sternschnuppenschauer die Nächte verbringt.

Von Zeit zu Zeit tauchen in der Wiese oder am Waldrand blau glasierte Keramikstelen von der Hand des Künstlers auf, die gleich Wegweisern den Schritt von einem Ort zum nächsten lenken. Ähnlich wie bei der Verarbeitung von Glas faszinierte den Künstler auch bei der Keramik die Verwandlung des Materials durch die Bearbeitung mit Feuer. Dieser Prozess erfordert umfassendes Wissen über die spezifischen Eigenschaften von Ton oder Glas beziehungsweise deren Verhalten beim Brennen, er verlangt Erfahrung und Präzision. Innerhalb dieses Vorgangs gibt es immer Unwägbarkeiten, die zur Folge haben, dass trotz gleichbleibender Vorgehensweise nicht zwangsläufig identische Stücke den Ofen verlassen.

Bernard Dejonghe zitiert in diesem Zusammenhang gerne den Begriff des »Satori« aus dem japanischen Zen, der exakt jenen Augenblick meint, in dem alle Bedingungen richtig sind. Doch welcher Augenblick das letztlich ist, bleibt eine individuelle Entscheidung. Vor diesem philosophischen Hintergrund reifte die Idee, Serien von Werken herzustellen. Die einzelnen Stücke innerhalb einer Serie von roten, weißen oder blauen Arbeiten unterscheiden sich in den Nuancierungen der Farben oder bewussten Unregelmäßigkeiten in der Oberfläche voneinander. Diese Stelen, aufgestellt inmitten der Natur, sind die künstlerische Antwort Dejonghes auf die kleinen Unregelmäßigkeiten der Natur, wie sie etwa im Wuchs einzelner Bäume derselben Spezies auftreten: Niemals trägt die Rinde eines Stammes dieselbe Zeichnung wie die des Nachbarbaums, kein Stamm neigt sich im selben Winkel. Aus diesem Grund fügen sich die Stelen in ihre Umgebung, als hätte sie Mutter Natur aus ihrem eigenen Schoß geboren. Während im Frühjahr das leuchtende Blau der Stelen mit dem dunklen Grün des Grases kontrastiert, hebt sich die intensive Farbe in Sommer und Herbst effektvoll von dem Gold der verbrannten Halme ab.

Bernard Dejonghe wollte keinen bis in die letzte Ecke durchkomponierten Garten, dessen Pflege viel Zeit und Arbeit in Anspruch genommen hätte. Viel wichtiger war ihm die Freiheit, jederzeit seinen Rucksack packen und zu einer seiner Forschungsreisen aufbrechen zu können. Für sein Zuhause suchte der Künstler vielmehr die unverfälschte Natur, die sich auf seinem Grundstück von Menschenhand unbeeinflusst entwickelt.

Rechts: Auf der unberührten Wiese leuchtet im saftigen Grün des Grases eine blaue Keramik-Stele Dejonghes und bildet einen reizvollen Farbkontrast zu dem saftigen Grün des Grases.

Folgende Doppelseite: Der Weg vom Haus zum Atelier führt durch den Obstgarten und besteht lediglich aus einem breiten, gemähten Streifen durch das hohe Gras der Wiese.

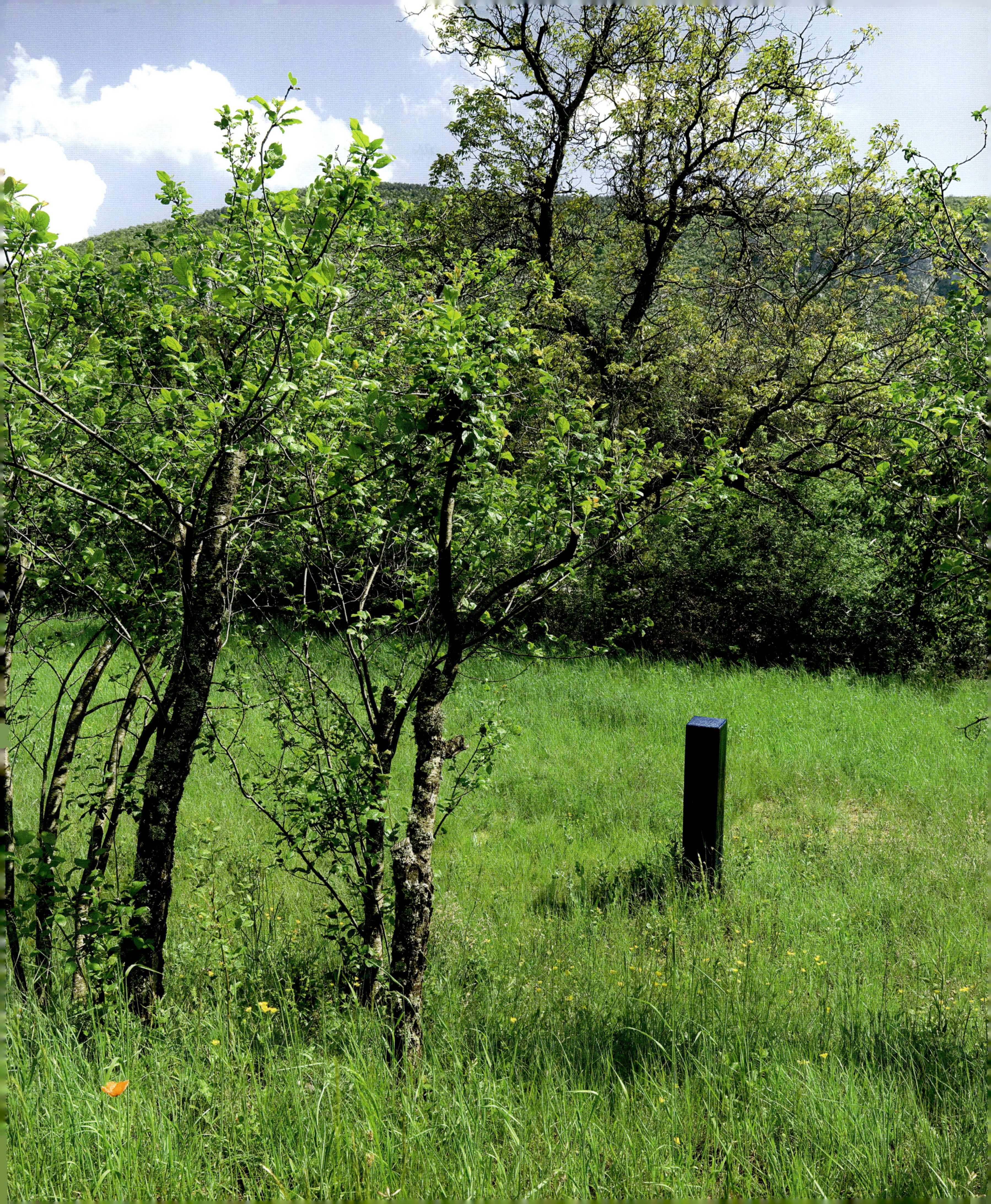

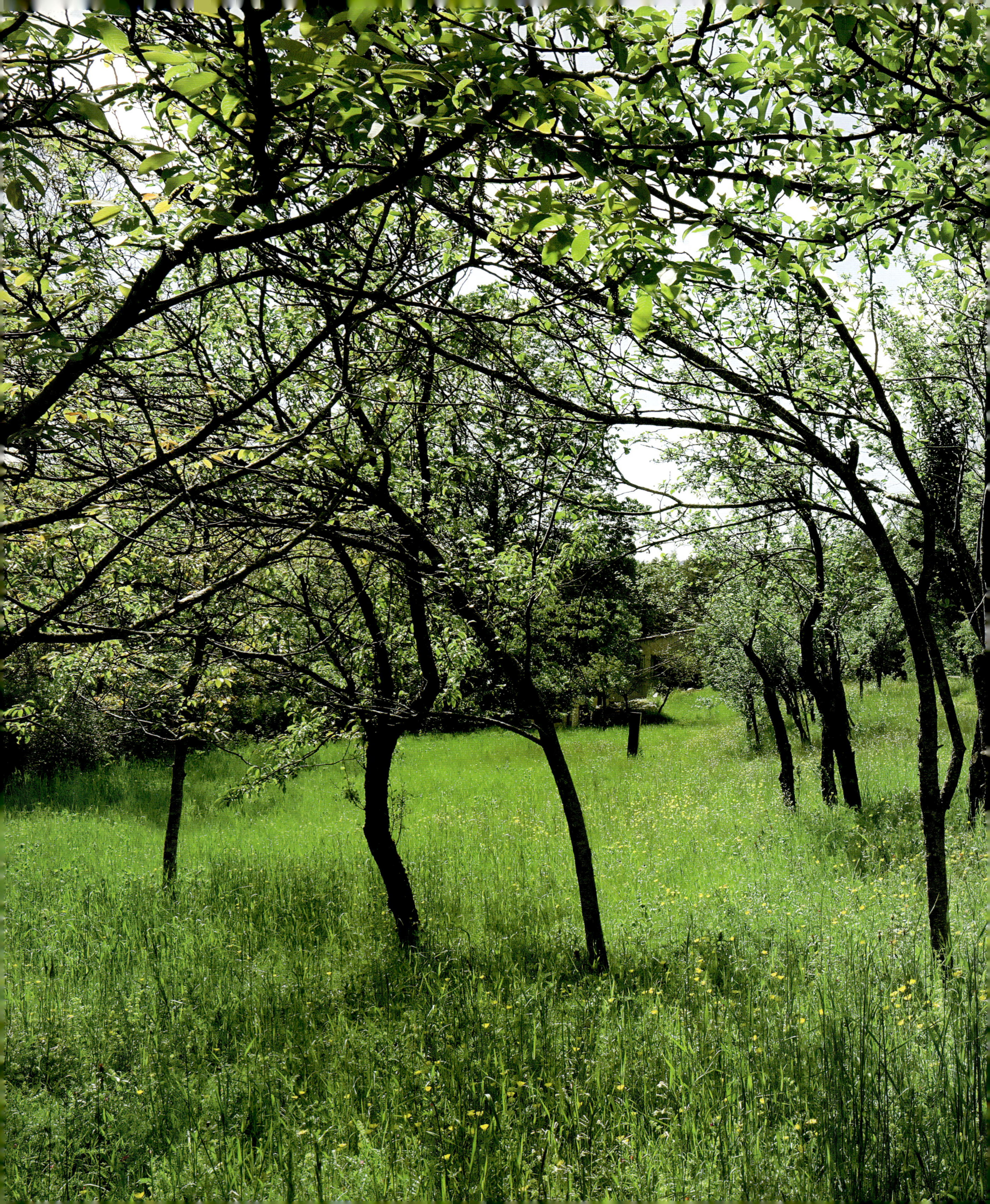

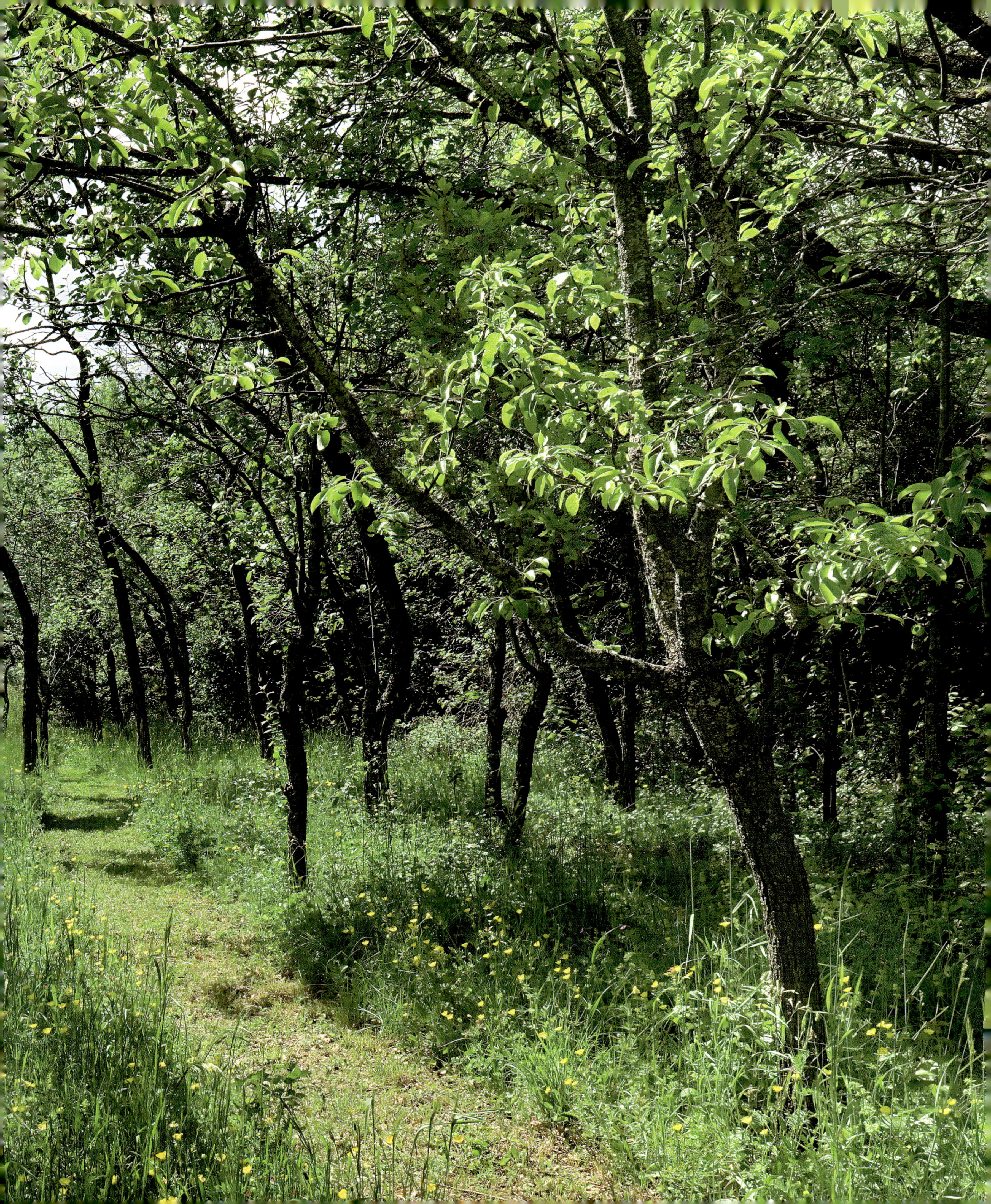

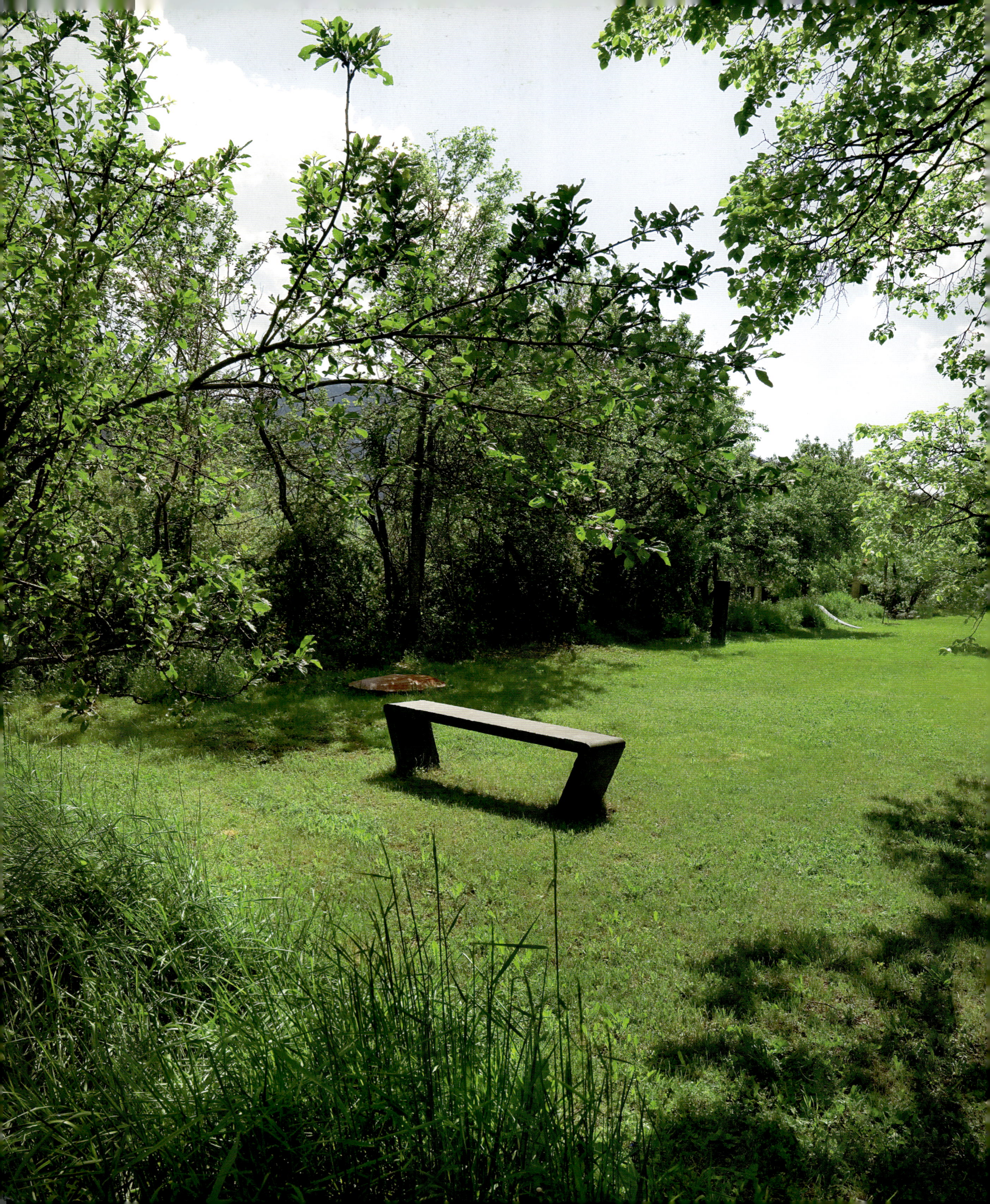

Links: Die Wiese vor dem Wohnhaus ist der einzige Ort, der regelmäßig gemäht wird. Hier steht auch eine Bank aus Beton, ein Werk von Pierre Baey.

Oben: Iris (links) und einige Rosenbüsche, deren zartrosa Blüten sich zu Keramikkugeln neigen (rechts), zählen zu den wenigen Blumen, die der Künstler in seinem Garten angepflanzt hat.

Folgende Doppelseite, links: Die »Skara bäen« mit ihrer rostrosafarbenen, kunstvollen Glasur zählen zu einer Werkreihe desselben Namens von Dejonghe.

Folgene Doppelseite, rechts: Bernard Dejonghe sucht die ungezähmte Natur fernab von der Übervölkerung an der Küste. Hier fühlt er sich als Keramik- und Glaskünstler seinen Elementen Erde und Feuer nah.

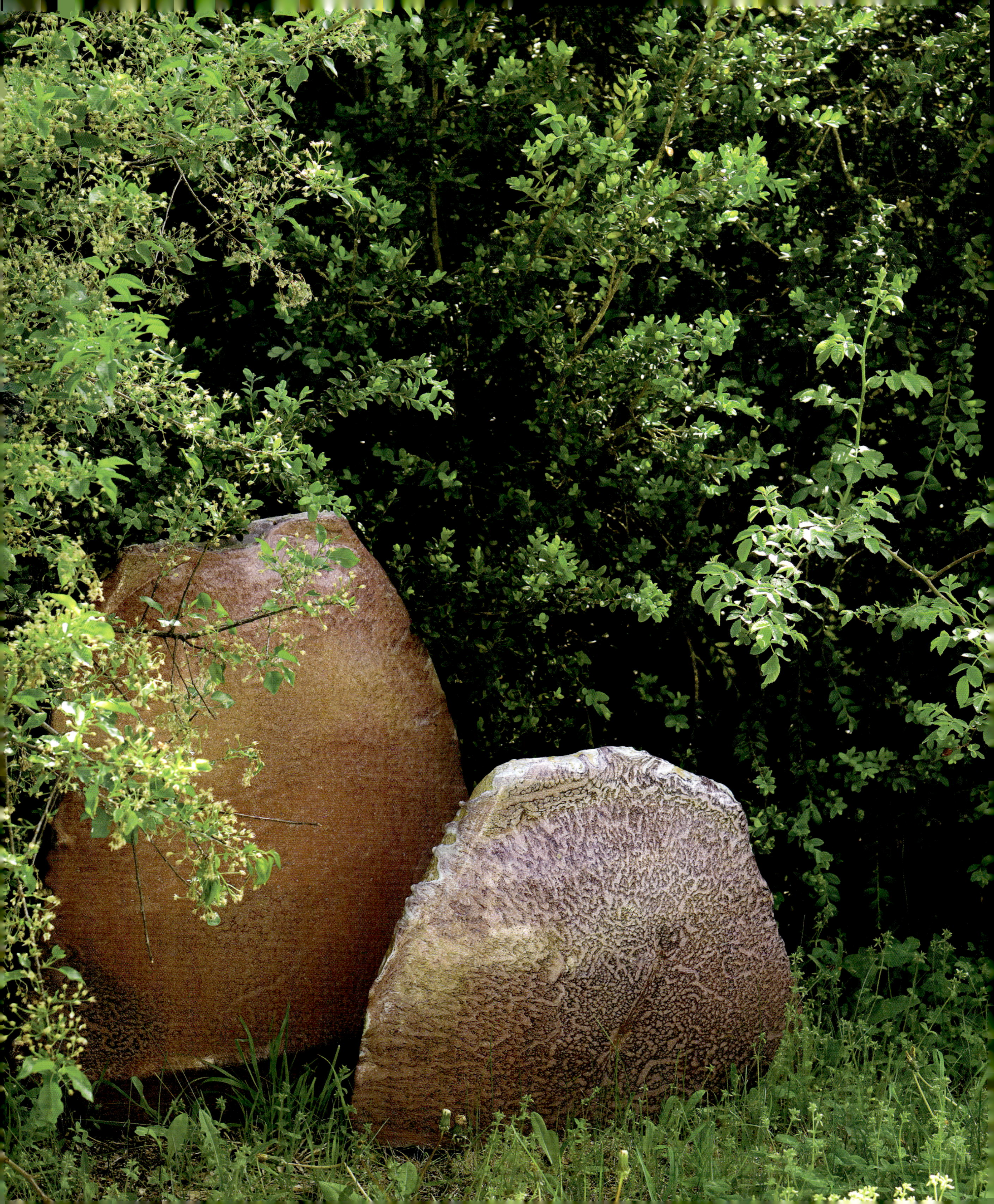

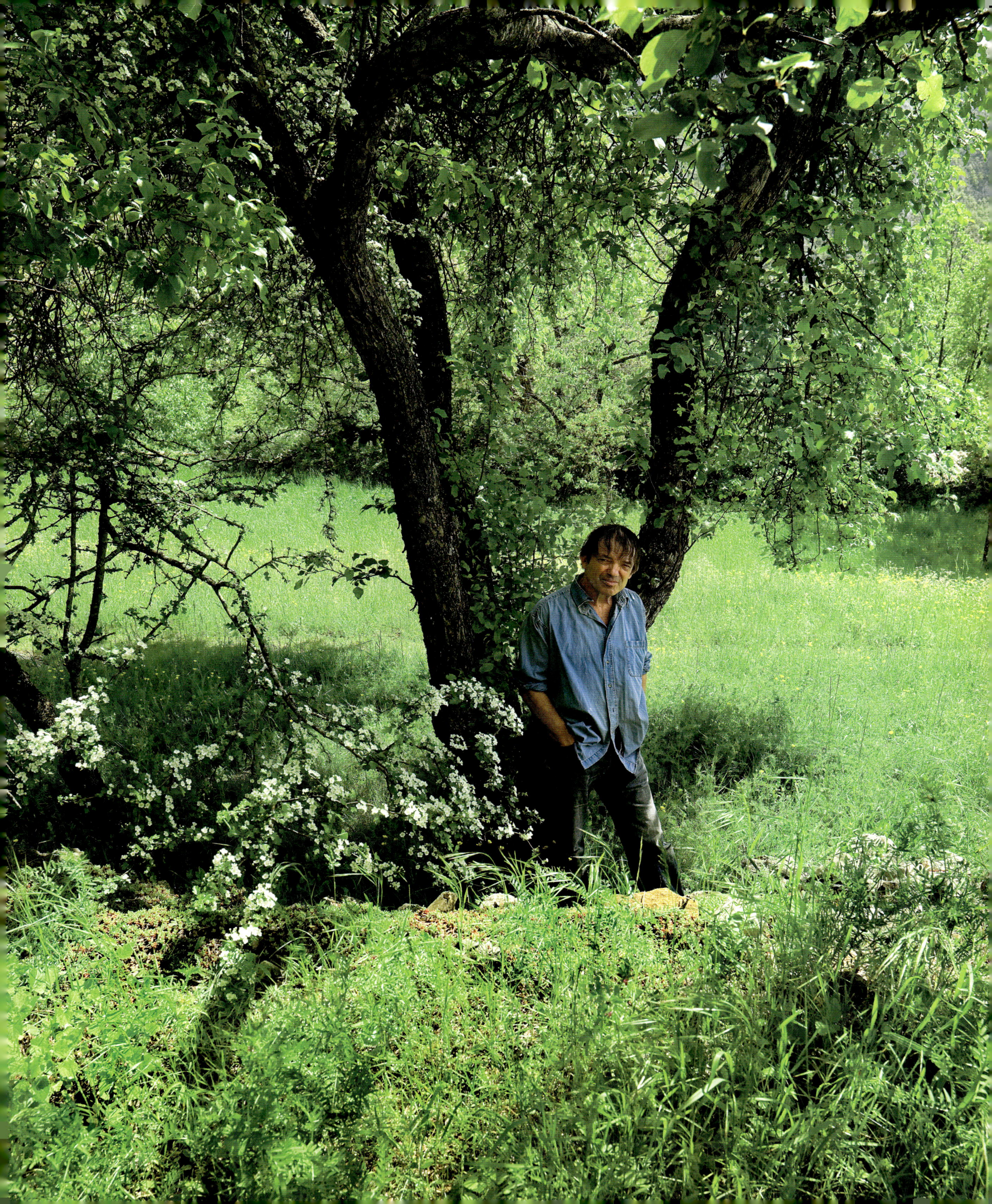

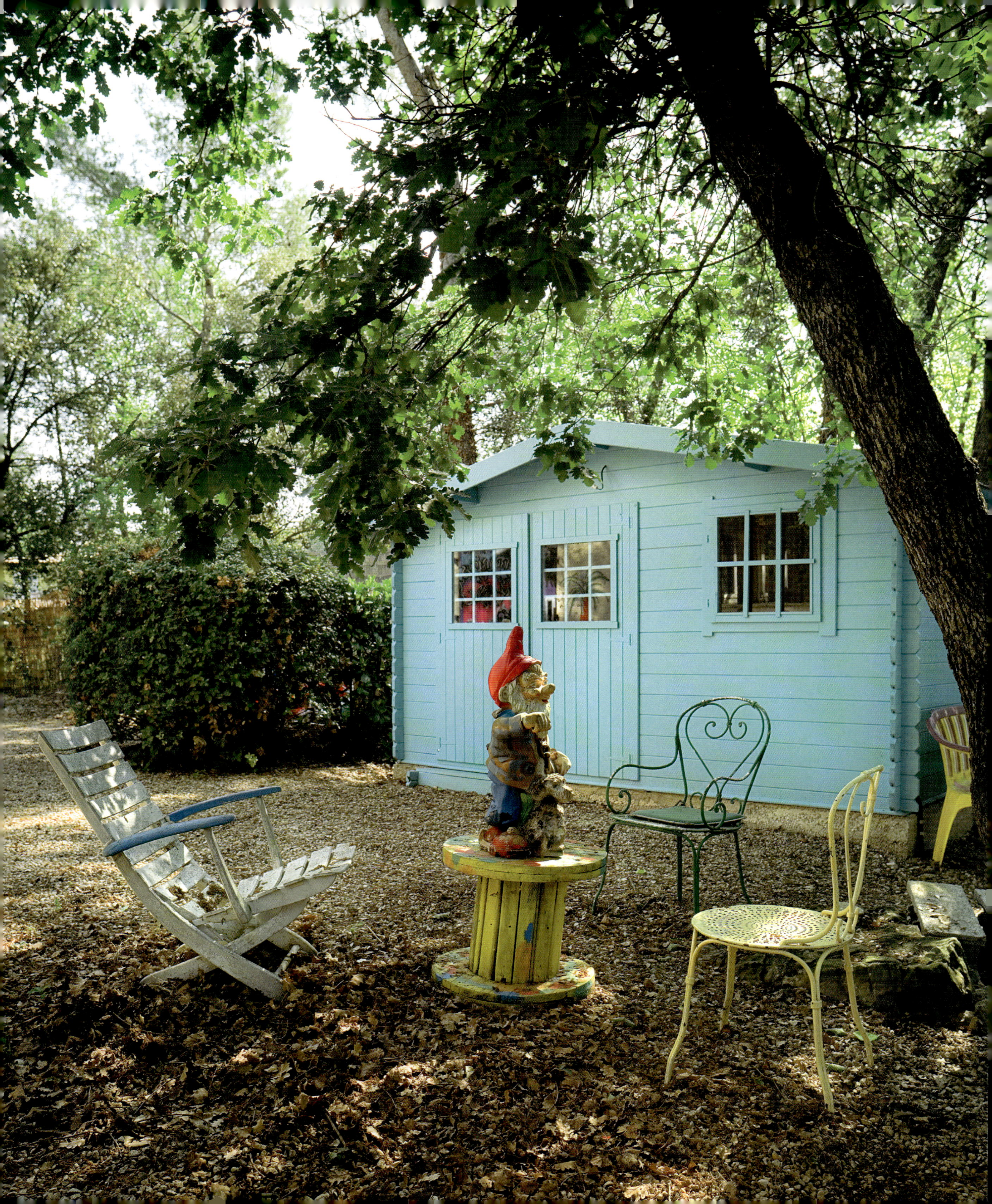

KAREN JOUBERT-CORDIER

DER GEMALTE DSCHUNGEL

Karen Joubert wurde 1954 in Neuilly-sur-Seine als Kind amerikanisch-französischer Eltern geboren. Von ihrer Mutter lernte sie nicht nur Englisch, sondern auch den »American way of life«. Ihr Vater, der als erster Offizier auf einem Passagierschiff stets auf den Weltmeeren unterwegs war, vererbte ihr die rastlose Seele eines Seemanns. Einen tiefen Einschnitt im bis dahin sorglosen Leben der Sechzehnjährigen bedeutete der Tod der krebskranken Mutter.

Noch im selben Jahr zog Karen Joubert nach Paris, um dort die Kunstschule Charpentier zu besuchen, doch erst die Begegnung mit dem bedeutenden Kunstsammler und Galeristen Daniel Cordier im Jahr 1975 sollte die künstlerische Seite in ihr aktivieren. Sie heiratete den jungen Maler Suki Sivalax, den Adoptivsohn ihres Mentors. Daniel Cordier, der in engstem Kontakt mit der Avantgarde stand, nahm die junge Frau unter seine Fittiche, lehrte sie Grundregeln der Malerei und half ihr dabei, ihren ganz persönlichen Stil zu finden und zu kultivieren. 1986 nahm Karen Joubert, die seit ihrer Hochzeit den Doppelnamen Joubert-Cordier trug, zum ersten Mal an einer Gruppenausstellung, veranstaltet von der Fondation Henry Clew in Mandelieu, teil. Der große Erfolg – alle Bilder wurden verkauft – ermutigte sie dazu, die erste Einzelausstellung in der Galerie Beaubourg in Paris zu veranstalten, ein weiteres Jahr später wurden die Werke der Künstlerin, die fortan mit ihrem Vornamen signierte, im Centre Pompidou gezeigt.

Der überbordende Stil ihrer Bilder ist eigenwillig und ruft den Surrealismus eines Salvador Dalí ebenso wie die naive Malerei des Zöllners und Autodidakten Henri Rousseau in Erinnerung.

In den 1990er Jahren entfernte sich Karen Joubert-Cordier von den überwiegend vegetabilen Themen und schlug eine neue Richtung ein, die mit einer Veränderung ihrer persönlichen Lebensumstände einherging. Sie trennte sich von ihrem Mann und entzog sich damit auch dem unmittelbaren Einfluss von Daniel Cordier. Die Künstlerin orientierte sich mit Erfolg in Richtung künstlerischem Comic Strip. Die »bandes dessinées«, auf Französisch kurz BD genannt, nehmen innerhalb der Kultur Frankreichs ähnlich wie das Kino oder das Straßentheater einen hohen Stellenwert ein. Eines der ersten Werke dieser Art war der zehn Meter lange Monumentalcomic von 1994, der die Geschichte der Passagierschifffahrt auf den Weltmeeren thematisiert und nun im Marinemuseum von Le Havre zu sehen ist. Das Werk »Romantic Riviera« aus dem Jahr 2005 umfasst 45 Gemälde und wurde von der Stadt Singapur angekauft.

Karen Joubert-Cordier erstand in Roquefort-les-Pins ein kleines Haus mit Garten, das sie ausnahmslos mit ihrer überbunten Bilderwelt

Grellbunte Farben als Ausdruck unbändiger Lebensfreude und zahlreiche Sitzgruppen – wie hier mit Gartenzwerg – ziehen sich als Leitfaden durch Haus und Garten der Künstlerin.

überzog. Die Inspiration zu ihrer Malerei bezieht sie aus den zahlreichen Eindrücken ihrer ungezählten Reisen durch die ganze Welt. Haus und Garten sind objektiv gesehen nicht besonders groß, doch hat Karen Joubert-Cordier ihre Phantasie, Energie und ihren ungebremsten Tatendrang auf ihren Lebensraum übertragen und ihm so eine Dimension verliehen, die weit über die reale Welt hinausgeht. Die Künstlerin hat nahezu alles bemalt, so dass die Traumwelt der Bilder mit der realen Umgebung verschmilzt. Haus und Terrasse liegen am Rande eines Pinienwaldes und deshalb nimmt man außer dem dichten Grün der Bäume keine anderen Häuser wahr, obwohl das Anwesen mitten in einer Siedlung liegt. Gegen die unmittelbaren Nachbarn durch eine hohe Schilfmatte abgeschirmt, kann man ganz in der Welt der Gartenbesitzerin versinken.

Als die Künstlerin das kleine, im provenzalischen Stil errichtete Haus bezog, wollte die ewig Rastlose nicht warten, bis der bekanntlich nur langsam wachsende Efeu die Hauswand auf natürliche Weise be-grünt hätte. Schnell entschlossen griff sie zu Topf und Pinsel und malte Efeuranken an die Wand. Heute mischen sich »Schein und Sein«, das reale Grün hat das gemalte größtenteils überwachsen.

Bereits in dem kleinen Vorgarten vor dem Haus, der kaum mehr als eine Einfahrt und Abstellmöglichkeit für Fahrzeuge bietet, befindet sich eine Sitzgruppe, Ausdruck der herzlichen Gastfreundschaft der Künstlerin. Der bemalte Tisch und die bunten Stühle leuchten in den hellen Farben Gelb und Grün, in denselben Farben wie der Sonnenschirm und die Futternäpfe für ihre kleinen Hunde, die in unmittelbarer Nähe an der Hauswand ihren festen Platz haben. Eine etwa kniehohe Keramikfigur einer resoluten Frau, welche die Arme in die Hüften stemmt, trägt über ihrem rot-grünen Kleid eine ebenfalls gelbe Schürze. Natürlich sind die Haare der Figur blond – also gelb bemalt – und sie steht auf einer gelb-grünen Blumenwiese. Ein gelbes Huhn und ein Früchtekorb ergänzen das figürliche Ensemble vor der Eingangstür.

Derart »eingeführt«, gelangt man durch das Haus, in welchem der Farbton Pink vorherrscht, auf die kleine, nach Südwesten ausgerichtete Terrasse. Sie ist der Dreh- und Angelpunkt des Gartens, hier lebt die Familie in der warmen Jahreszeit. Mehrere Sitzgruppen laden zum Verweilen ein: Ein rosaroter Rundtisch mit bunten Stühlen, ein langer, türkisfarbener Holztisch mit gleichfarbigen Sitzmöbeln und ein großer, ovaler Tisch mit kunstvoll geschwungenen Beinen ergänzen in schlichtem Weiß das Ensemble. Eine Gruppe von Gartenzwergen in Gelb, Türkis und Rosa steht diskutierend auf dem Rundtisch beisammen.

Die beherrschende Farbe der Terrasse ist jedoch Türkisblau, das auch in Sonnenschirm, Liegestühlen und jedweden Dekorationselementen wieder auftaucht. Grund dafür ist das dominante Blau des Wassers im Pool, der direkt vor dem Haus liegt. Die ausschwingende Nierenform des Beckens wirkt nicht nur auflockernd vor der strengen Geometrie von Haus und Terrasse, sondern lässt auch genügend Platz, um diverse Kunstwerke rund um das kühle Nass in Szene zu setzen. So grüßen von der dem Haus gegenüberliegenden Seite des Schwimmbeckens bunt bemalte Hunde, ein Fernsehapparat und die Gestalt eines blauen Mannes fröhlich über das Wasser. An der Schmalseite des Pools sind auf einem kleinen Stück Rasen effektvoll unterschiedlich große, bunte Kugeln platziert, deren Bemalung Paradeexempel für die ornamental-vegetabile Formensprache von Karen Joubert-Cordier sind. Solche Kugeln mit einem Durchmesser von etwa einem Meter nehmen neben den großformatigen Bildern eine zentrale Stelle in ihrem Œuvre ein. Sie ruhen mitunter auf filigranen, schmiedeeisernen Sockeln, so dass die Kugeln über dem Untergrund zu schweben scheinen. Dazu gesellt sich ein Sammelsurium bunt bemalter Objekte, die in loser Anordnung rund um den Pool aufgestellt sind.

Die Buntheit der Objekte ersetzt den ansonsten fehlenden Blumenschmuck und nimmt die starken Farbakzente, die mit Blick auf das Haus auftauchen, wieder auf. Denn an der Hauswand unter einem mit einer wild rankenden Glyzinie bewachsenen Vordach, unter dem sich der bereits oben erwähnte türkise Tisch befindet, hat Karen Joubert-Cordier in üppiger Malerei und gewohnt knalligen Farben ihren persönlichen Dschungel ausgebreitet: Aus einem Urwald tauchen der Kopf eines Elefanten und die überdimensionierte Grimasse eines Schimpansen auf und gesellen sich zu den Tischgästen. Der gemalte Dschungel geht optisch in die reale Welt über. Allen Werken gemeinsam sind die leuchtenden Farben und eine Überflutung an Motiven, ein »Horror vacui«. Die Technik, eine gesamte Bildfläche mit Malerei vor allem ornamentaler Art zu überziehen, ging in die Terminologie der Malerei der zweiten Hälfte des 20. Jahrhunderts als »all over« ein. Vegetabile Formen und Strukturen scheinen sich aus dem Bild herauszubewegen und zurückzuziehen, optische Effekte bewirken diese markante Dynamik der Bilder.

Elefanten, Zebras und Kühe bevölkern unter anderem die bemalte Hauswand. Dazu gesellen sich auf dem türkisfarbenen Möbel unter dem Vordach zwei Schafe als Tischgäste.

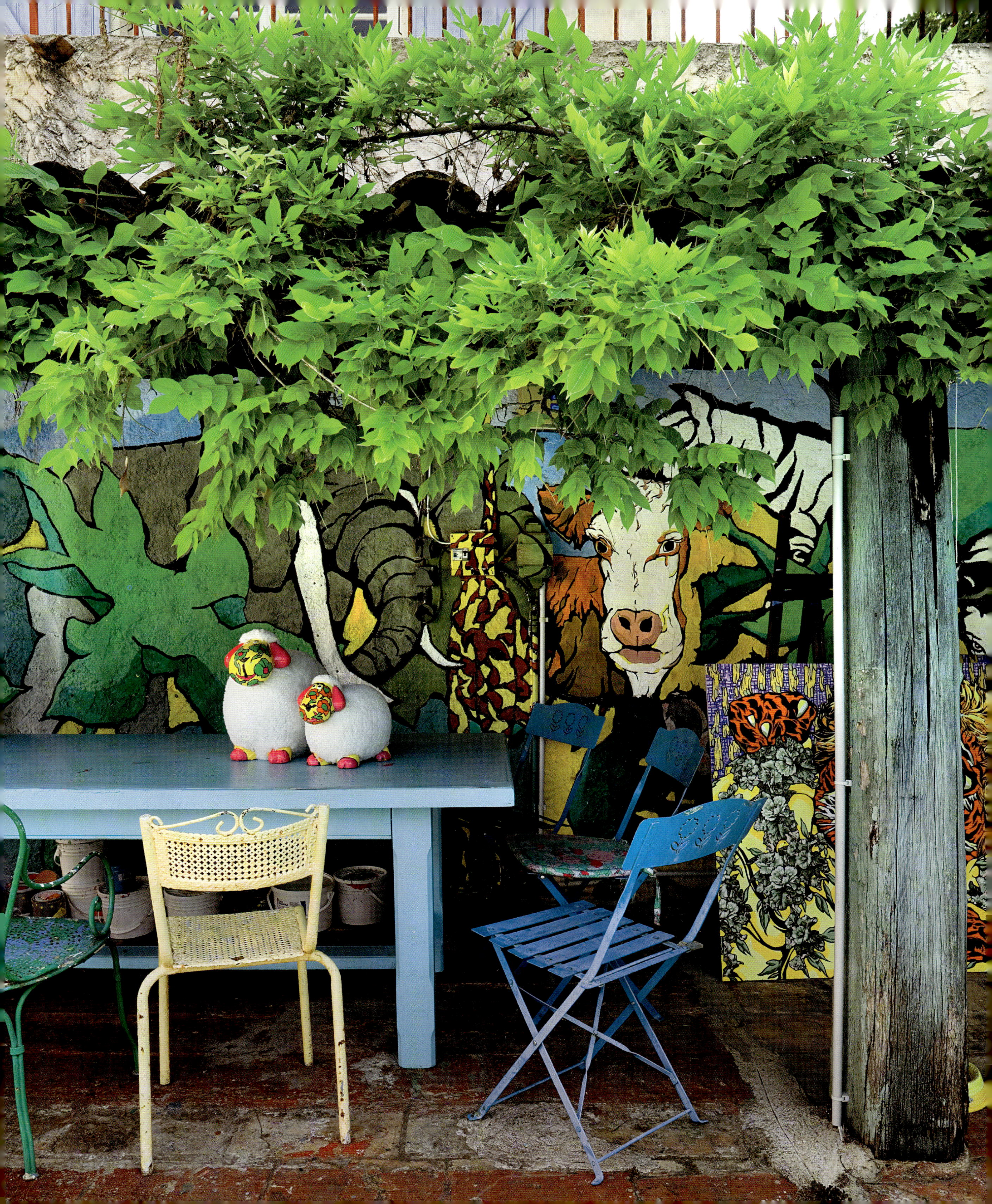

Oben und rechts: Karen Joubert-Cordier liebt Gesellschaft, und so bevölkert sie auch den Pool, das Herz des Gartens, mit verschiedenen Figuren: Eine blau getünchte Gestalt blickt über den Mauerrand, und bunte Hunde dürfen als die Lieblingstiere der Künstlerin nicht fehlen.

Folgende Doppelseite, links: Die Künstlerin verkleidete den Zaun mit einem großformatigen Panneau, dessen Stil, wenn auch ohne Schriftzüge, von Comic Strips inspiriert ist; davor ruhen zwei ihrer bemalten Kugeln, die über der Erde zu schweben scheinen.

Folgende Doppelseite, rechts: Die mitunter schrill anmutende Farbigkeit ist Ausdruck der Persönlichkeit; Karen Joubert-Cordier kleidet sich am liebsten in Pink.

Die Strukturen der Comic Strips sind naturgemäß erzählerischer, klarer und weniger überladen. Dennoch folgen sie nicht den strengen Formen einer geordneten Bilderfolge, die sich als Erzählduktus durch eine Geschichte ziehen. Figuren, Landschaften, Objekte und Texte vermischen sich und gehen ineinander über, so dass die Bilder eher den Charakter von Such- oder Vexierbildern besitzen.

Das Grundstück setzt sich unterhalb des Pools in einem Steilhang fort, an dessen Fuß ein kleiner Bach liegt, der im Sommer jedoch zu einem schmalen Rinnsal verkümmert. Dieser Teil des Gartens ist weitgehend ungestaltet, hier werden lediglich die unumgänglichen Arbeiten wie Rasenmähen und gelegentlich das Beschneiden zu hoch gewachsener Büsche und Bäume erledigt.

Für Karen Joubert-Cordier ist die Freiheit zu reisen und zu malen wichtiger als ein nach strengen Prinzipien angelegter Blumengarten. Ihr Gartentraum ist eine grellbunte Welt bemalter Wände und Objekte, die als Ausdruck ihrer Energie und Lebensfreude die reale Welt der Pflanzen in den Schatten stellen.

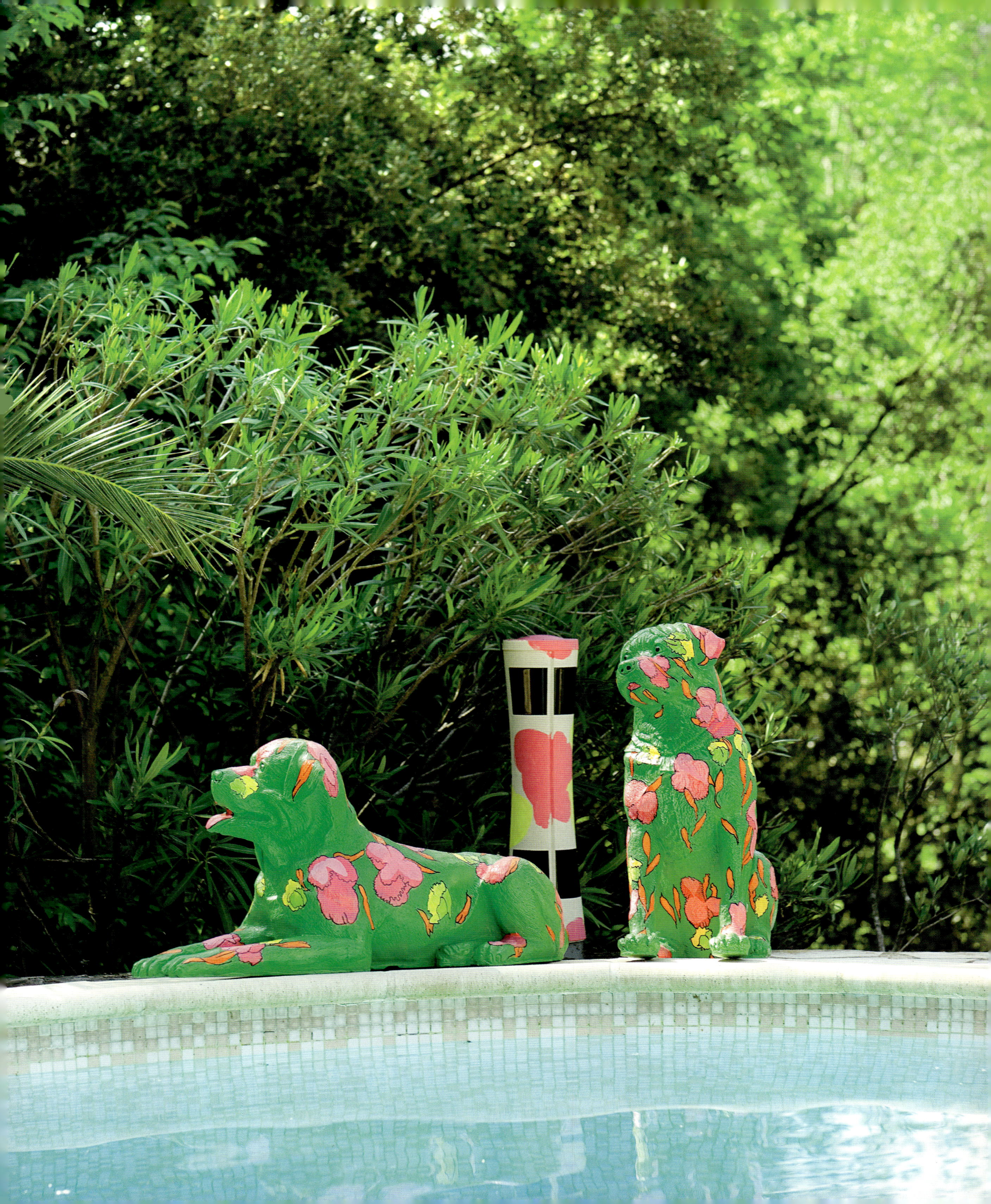

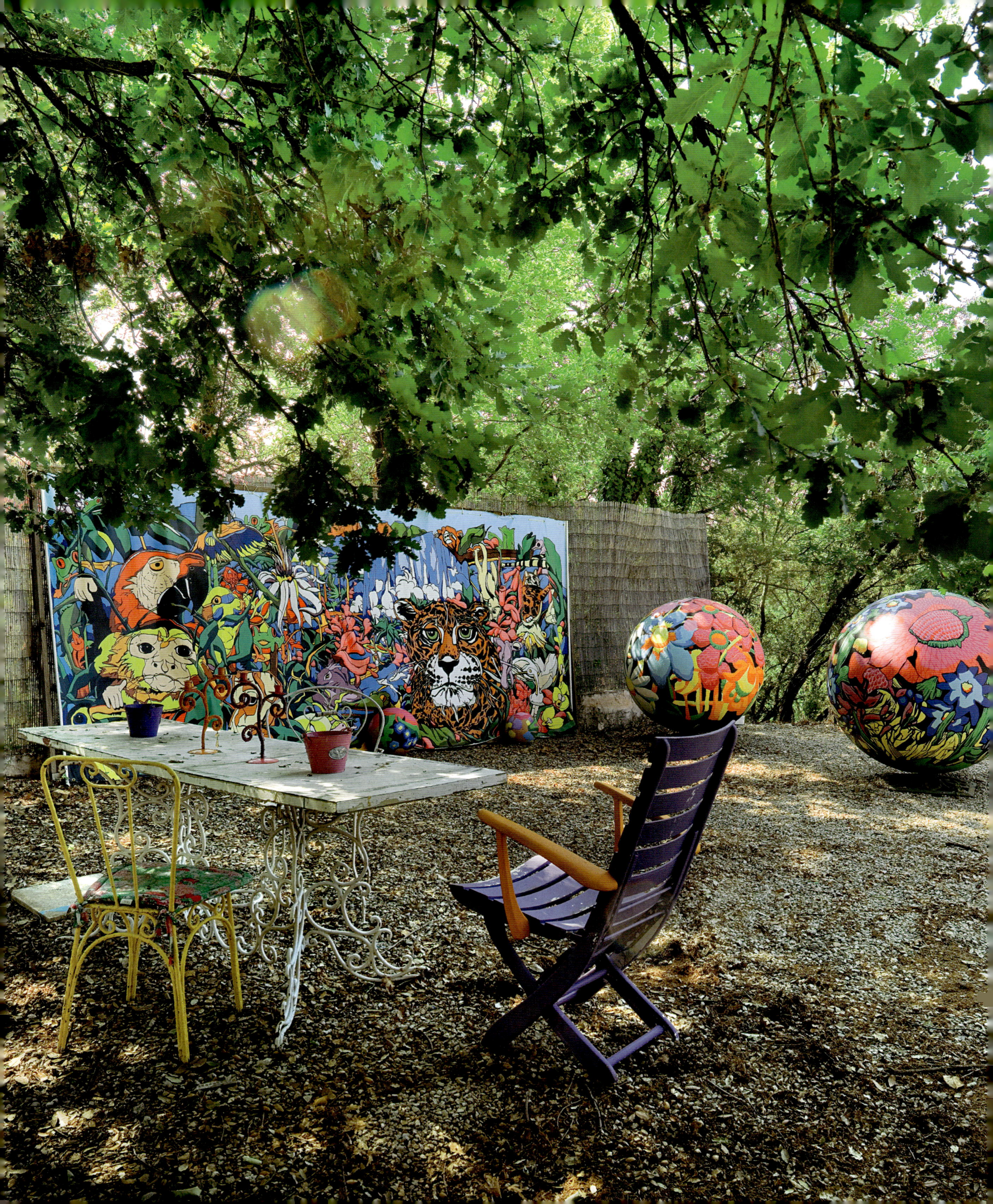

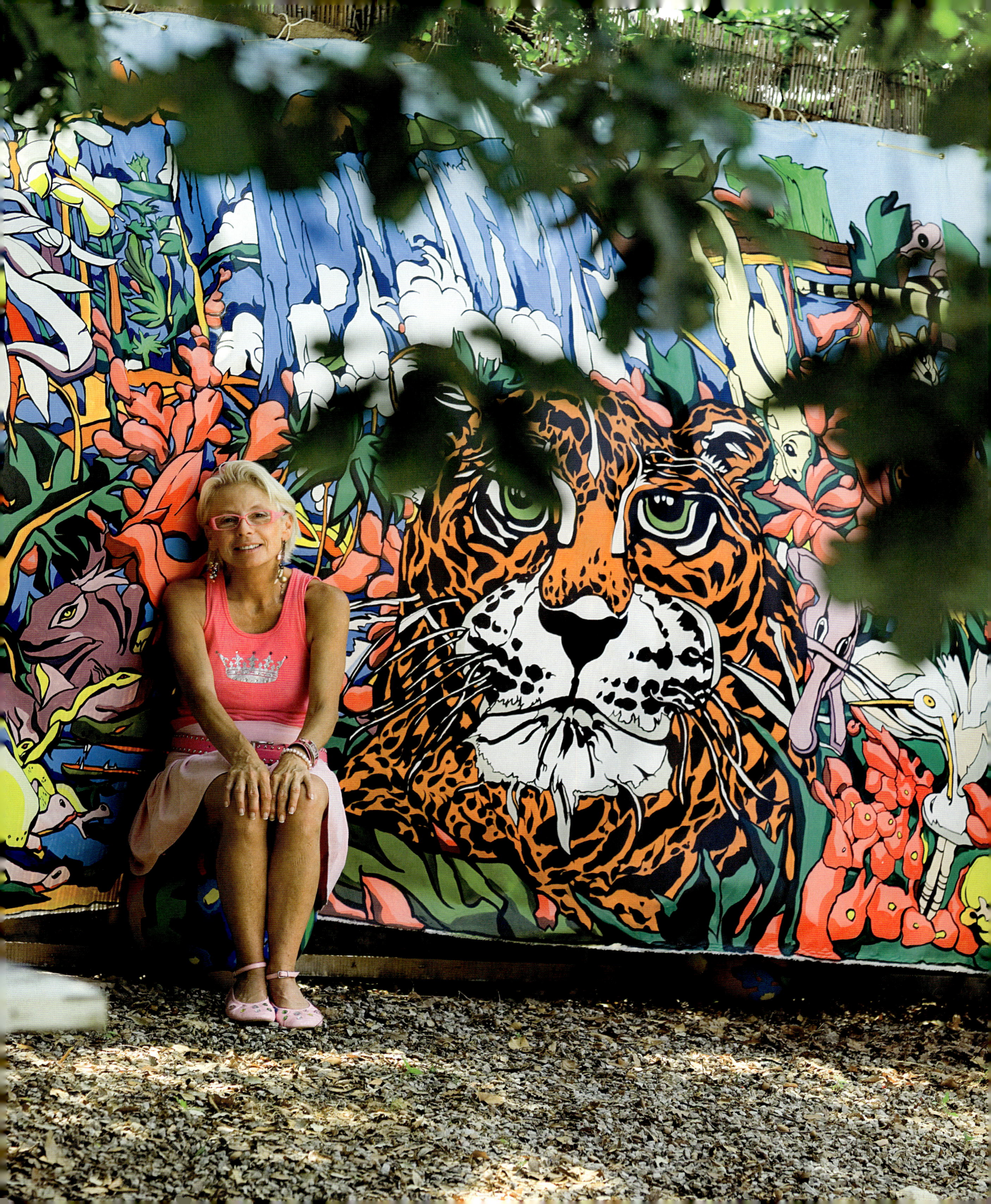

HELGA LANNOCH

DER GEFALTETE GARTEN

Oben: Das Haus des Ehepaars in St-Pancrace stammt aus den 1920er Jahren und liegt auf dem höchsten Punkt eines Hügels. Gleich, wohin das Auge reicht, von jeder Stelle des Grundstücks aus genießt man einen weiten Blick in die Landschaft, auf das Meer und die Ebene wie auf die Hügel und Berge des Nizzaer Hinterlandes. Dieser 360°-Rundblick macht die Lage des Hauses einzigartig.

Rechts: Die Künstlerin ließ die ehemalige Zisterne in einen kleinen Pool umbauen. Den Stiegenaufgang schmückt die Skulptur »Schweben« aus der Trilogie »Steigen-Schweben-Stürzen« von 2001/02.

Die deutsche Designerin und Bildhauerin Helga Lannoch erblickte 1941 in Heidelberg das Licht der Welt. Nach ihrem Abitur orientierte sie sich zunächst in Richtung Innenarchitektur. 1965 verbrachte sie ein Jahr an der angesehenen Hochschule für Gestaltung in Ulm, die unter anderen von Max Bill gegründet wurde und an der Tomás Maldonado und Otl Aicher lehrten. Anschließend verbrachte sie zusammen mit ihrem Mann Hans-Jürgen Lannoch ein Jahr am Royal College of Art in London. Das Paar spezialisierte sich auf Produktdesign und eröffnete 1967 ein Büro in Karlsruhe. Zahlreiche Entwürfe wurden mit Preisen und Auszeichnungen gewürdigt, einige Stücke sind in die Sammlungen bekannter Museen für Design aufgenommen worden.

Neben ihrer Tätigkeit als Designerin absolvierte Helga Lannoch zwischen 1971 und 1974 ein Studium der Soziologie in Heidelberg. Fragen wie die nach dem Verhältnis des Menschen zu seiner Umwelt, des Einflusses der Technik, insbesondere der mikroelektronischen Technologien auf den Menschen und das dadurch veränderte Menschenbild beschäftigten sie zunehmend und lenkten die Designerin immer mehr in Richtung konkrete Kunst.

Geprägt durch ihre Arbeit als Industrie- und Produktdesignerin wandte sich Helga Lannoch der bildhauerischen Arbeit zu. Als Material wählte sie Aluminium, das zur Umsetzung ihrer formalen wie inhaltlichen Ideen die idealen Voraussetzungen bot. Es handelt sich dabei um schwerelose, wie entmaterialisierte Objekte, die dem irdischen Boden zu entschweben scheinen. Die Formen gleichen großen Flügeln, Titel wie »Nike«, so der Name der griechischen Göttin des Sieges, oder »Ikarus«, der mittels eines künstlich angefertigten Flügelpaares der Sonne entgegenfliegt, bestätigen diese Assoziation. Andere Arbeiten erinnern an menschliche Körper, von denen jedoch einzig die Idee einer Hülle übriggeblieben ist.

1980 fand die erste Ausstellung mit Helga Lannochs Arbeiten im Künstlerhaus Karlsruhe statt, zahlreiche nationale und internationale Ausstellungen sollten folgen.

Schon bei ihrem ersten Aufenthalt an der Côte d'Azur waren Helga und Hans-Jürgen Lannoch vom Flair dieser Region so fasziniert, dass sie sich 1977 im Stadtteil »Vieux Nice«, dem historischen Stadtkern von Nizza, mit ihrem Atelier niederließen und sich 1988 dort eine Dachwohnung kauften. Zu dieser Zeit lebte auch Sacha Sosno, mit dem das Paar seither eine innige Freundschaft verbindet, Terrasse an Terrasse mit ihnen über den Dächern von Nizza. Als Helga und Hans-Jürgen Lannoch 1994 ein Haus in den Hügeln von Nizza suchten, wollte es der Zufall, dass sie auch hier nur einen Steinwurf von dem Anwesen Sacha Sosnos entfernt fündig wurden.

Eine lange Auffahrt windet sich den Hügel hinauf und mündet in einen großen Kiesplatz vor dem Atelier der Künstlerin. Das kleine Gebäude ist in leuchtendem Braunrot gestrichen und hat als bauliches Gegenüber eine geräumige Sommerküche mit offener Feuerstelle und Backofen. Durch das Dach der Sommerküche hindurch wächst der schlanke,

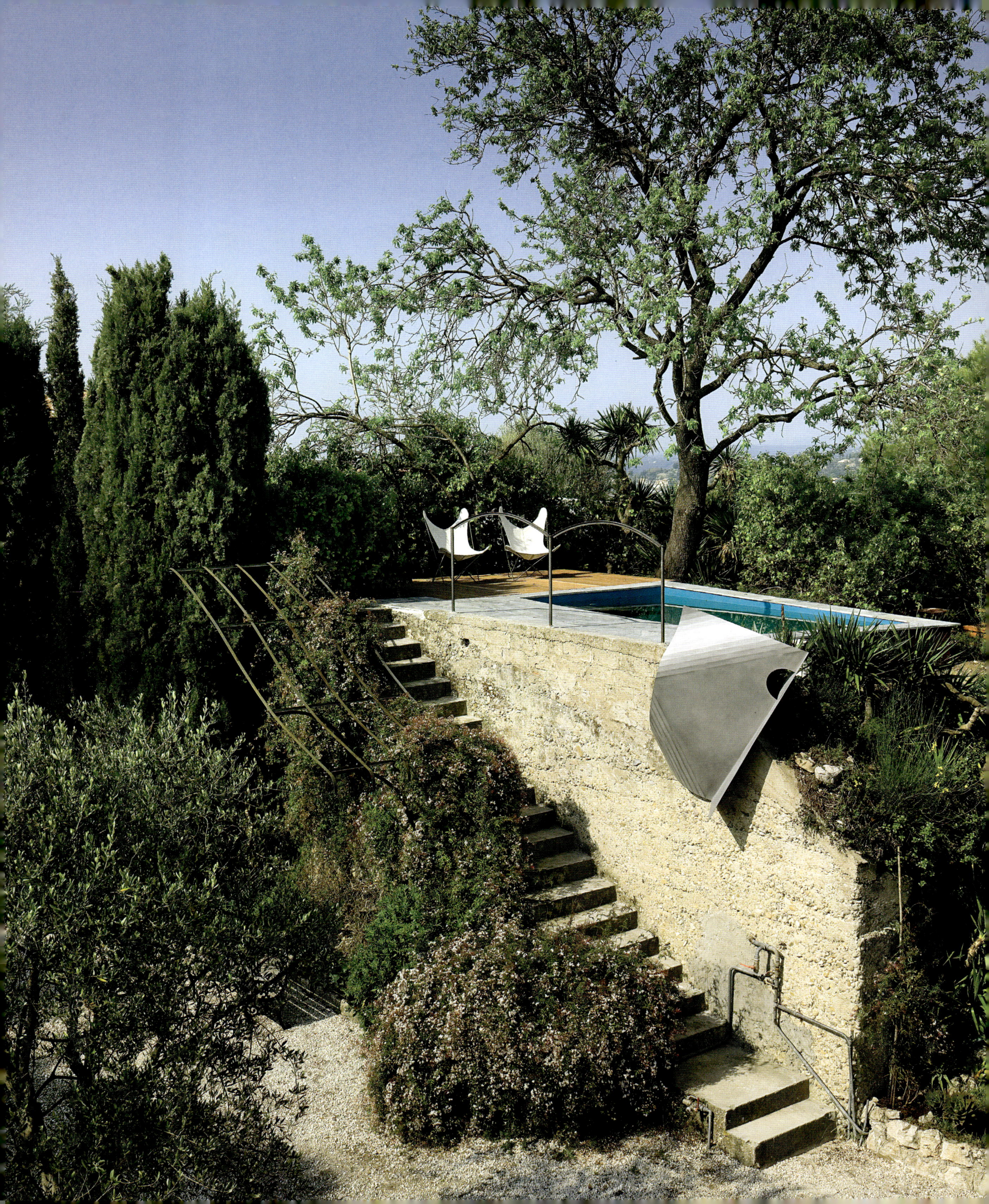

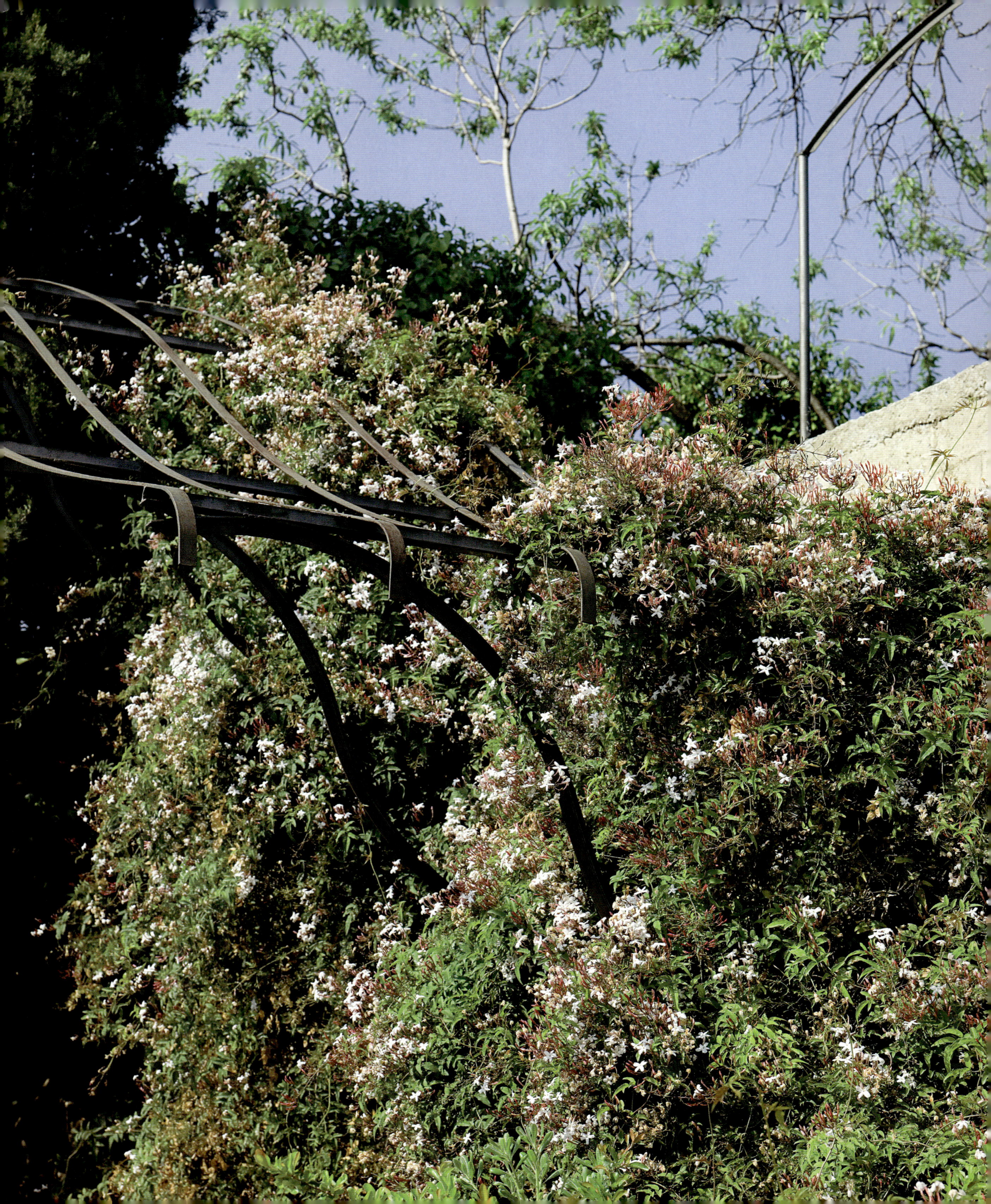

Links: Um das geschwungene Eisengitter, welches den Aufgang zum Schwimmbad säumt, windet sich betäubend duftender, immergrüner Jasmin (*Jasminum officinale*).

Folgende Doppelseite, links: Vom großen Platz vor dem Haus blickt man auf die Hügel des Hinterlandes von Nizza. Unter einer knorrigen, alten Kiefer liegt die Skulptur »Position V« aus dem Jahr 2000 von Helga Lannoch (links und rechts oben). Mediterrane Pflanzen wie Olivenbäume (links) oder Yuccas (rechts) dominieren den Garten, der nach Norden in drei Stufen abfällt.

Folgende Doppelseite, rechts: An einer markanten Stelle in der Auffahrt spielt ein »Torso III« (1992) mit den Formen der Umgebung: Die Pfeilgerade der hohen Koniferen und die Rundung des ansteigenden Weges finden sich in den beiden Flügeln der Skulptur wieder. Im Hintergrund die Skulptur »Geknickter Kopf«.

Seite 194 und 195: Hohe Kiefern gehören neben Platanen zu den unabkömmlichen »Sonnenschirmen« der Provence. Helga und Hans-Jürgen Lannoch ziehen sich an heißen Sommertagen gerne in den am tiefsten gelegenen Abschnitt ihres Gartens zurück, um im Schatten dieser Bäume die kühlende Brise, die hier unentwegt weht, zu genießen.

sich spaltende Stamm eines hohen Lorbeerbaumes. Die optische Verbindung zwischen den beiden Gebäuden stellen braunrote Scheinarkaden dar, die an die teils von Efeu überwucherte Mauer, die das Grundstück vom Nachbarn trennt, gemalt wurden.

Ein paar Schritte weiter liegt das strahlend weiß getünchte Wohnhaus, dessen hellblaue Fensterläden das Blau des Himmels aufnehmen. Vor dem Haus erweitert sich die Terrasse zu einem größeren Kiesplatz, von wo aus man einen weiten Blick über die Bucht von Nizza und das Meer genießt. Nur eine einzelne Kiefer schiebt sich von rechts ins Bild, und ein alter Telefonmast mit einer Menge von Kabeln durchkreuzt die Sicht. Das Ehepaar empfindet diese Präsenz von Technik direkt vor ihrer Haustür jedoch keineswegs als störend. Der Telefonmast und eine daneben stehende gebogene Straßenlaterne erinnern in ihrem Erscheinungsbild vielmehr an jene längst vergangenen Tage, als diese Technik noch in den Kinderschuhen steckte. Sie bekommen so in den Augen des Künstlerpaares gleichermaßen eine nostalgische Note.

Zwei Fächerpalmen in Holzkübeln flankieren den Aufgang zu einer Veranda. Als einziger Blütenschmuck überwältigt im Frühjahr ein duftend gelber Mimosenbaum (*Acacia baileyana*), der auf der freien Fläche des Platzes vor dem Haus stehen bleiben durfte. Von dieser Ausnahme abgesehen, entfernte Helga Lannoch die meisten Blumen aus dem Garten. Dies hat zum einen praktische Gründe, da das Ehepaar sein Haus als Zweitwohnsitz nutzt. Zum anderen verbannte Helga Lannoch bewusst alle Bunttöne, um den Blick ganz auf das Spiel von Licht und Schatten, von Hell und Dunkel zu konzentrieren, so, wie sie es auch in ihrer künstlerischen Arbeit tut. Grün, Grüngrau und Blautöne dominieren die Pflanzenwelt. Die im Garten verbliebenen Blumen wie Agapanthus, Iris und Lavendel spiegeln Variationen von Blau und Violett.

In diesem Sinne schmiegt sich ein Beet um eine mit Steinplatten belegte Terrasse neben dem Haus, in dem hohe Yuccas und andere Palmenarten von einem Kranz von Agapanthus eingefasst werden, deren blaue Blütenkugeln im späten Frühjahr mit dem Blau des Himmels konkurrieren. Das Silberblau einer Konifere, deren Krone eine mächtige Kugel bildet, rundet das Bild ab. Die Form des Baumes findet ihr Äquivalent in der Ferne in der abgerundeten Bergkuppe des Mont Chauve, der im Nordwesten dominiert.

Nach Norden hin fällt das Terrain ab. Eine Treppe führt über das steil gefaltete Gelände zu drei Ebenen. Die oberste, die »grüne Fläche«, ist der Obstgarten Helga Lannochs. Hier gedeihen Weinstöcke und Feigenbäume. Die üppig über die Böschung hängenden Salbei- und Rosmarinstauden ergänzen das kulinarische Angebot um eine würzige Komponente. Blau blühende Iris und ein Oleander umrahmen die Reihe der Weinstöcke.

Eine Ebene tiefer liegt der »silberne Garten«. Hier geben die silbrigen Blätter der Olivenbäume den Ton an. Ihnen antwortet als Einfassung der niedrigen Steinmauer, die den Hang abstützt, das Silbergrau der Lavendelbüsche, deren violettblaue Blüten im Juni ihren intensiven Duft verströmen und für jeden Nordländer Inbegriff von Süden sind.

Wenige Stufen führen in den am tiefsten gelegenen Abschnitt, in den »schattigen Garten«, der sommers wie winters von einem dichten Dach alter Kiefern überspannt ist. Doch selbst hier, obgleich vom dichten Grün der Bäume und Büsche eingeschlossen, weitet sich der Blick auf die Hügel und Berge im Norden.

Immer wieder begegnet man auf dem Spaziergang über das Grundstück Skulpturen von Helga Lannoch, wie etwa dem »Torso III« in der Auffahrt. Der »Geknickte Kopf« einer anthropomorphen Gestalt einige Meter weiter leitet den Schritt sowohl Richtung Haus als auch auf den Garten am Nordhang des Grundstücks. Das Aluminium ist gegenüber schädigenden Umwelteinflüssen resistent und besitzt im Vergleich zu Eisen oder Kupfer eine geringe Dichte, weswegen das Metall sehr leicht ist. Diese physikalische Eigenschaft unterstreicht wiederum die inhaltliche Botschaft der Künstlerin. Sie formt keine runden, dreidimensionalen Gestalten, sondern geht stets von der Zweidimensionalität einer Fläche aus, die sie nach genau festgelegten, meist zuvor am Computer erarbeiteten »Schnittmustern« faltet. Allein durch diese Knickungen und Faltungen entstehen Formen und Gebilde, die eine dritte Dimension evozieren, in Bewegung geraten und mit der Umgebung in Kontakt treten. Die Zweidimensionalität soll bewusst sichtbar bleiben, da sie für die Künstlerin den Einfluss der binom programmierten elektronischen Medien ausdrückt, denen der Mensch tagtäglich ausgesetzt ist. Helga Lannoch ist davon überzeugt, dass diese im reinsten Sinn des Wortes »abgeflachte« Bilderwelt nicht nur das Sehverhalten verändert hat, sondern die Wahrnehmung insgesamt. Diesem Gedanken folgend, tragen die Skulpturen der Künstlerin nur noch die Idee von Dreidimensionalität in sich, bleiben letztlich jedoch plan wie ein Bildschirm.

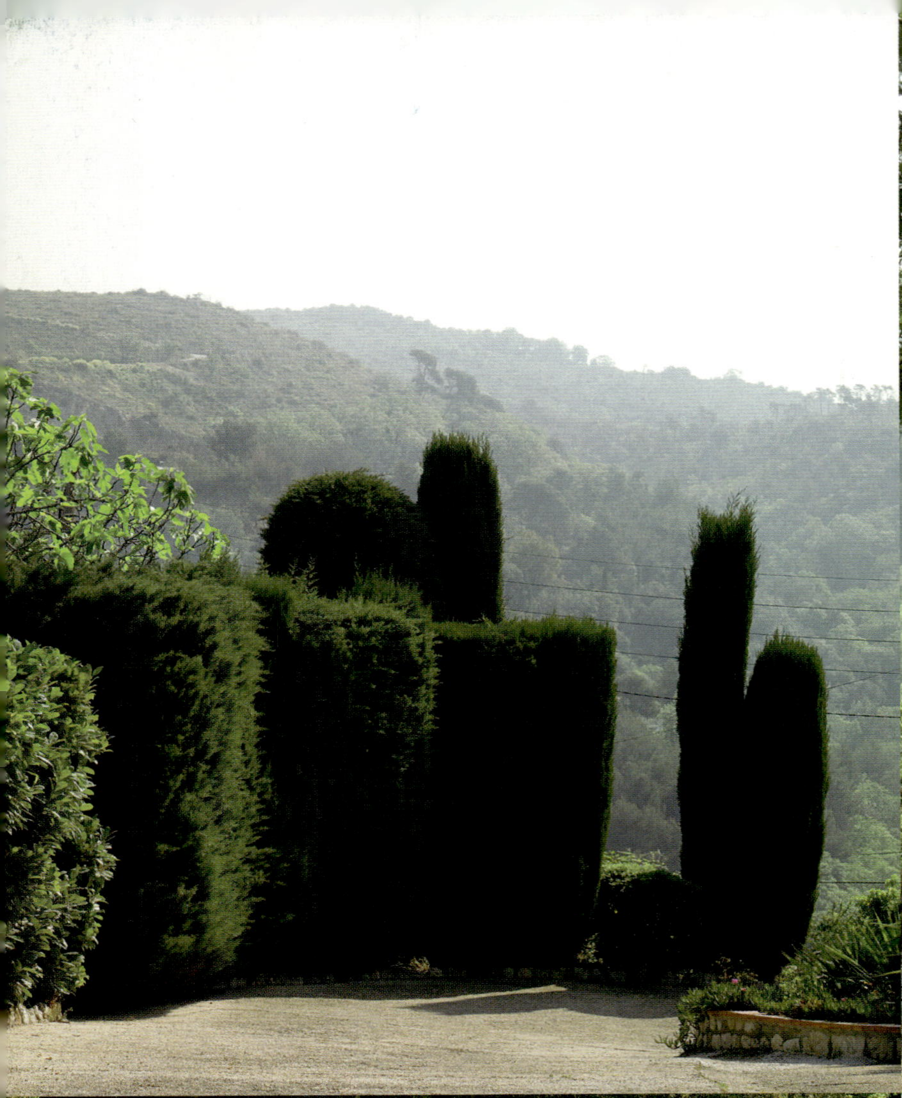
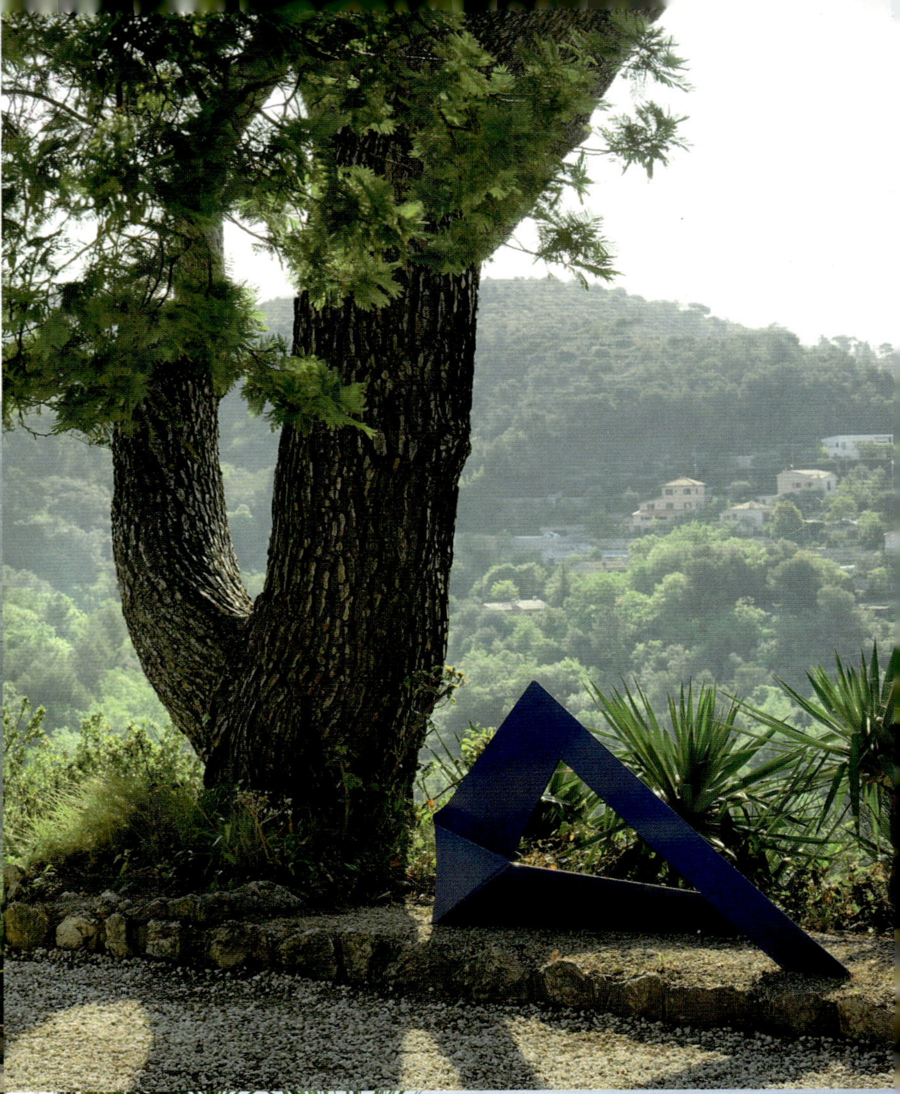
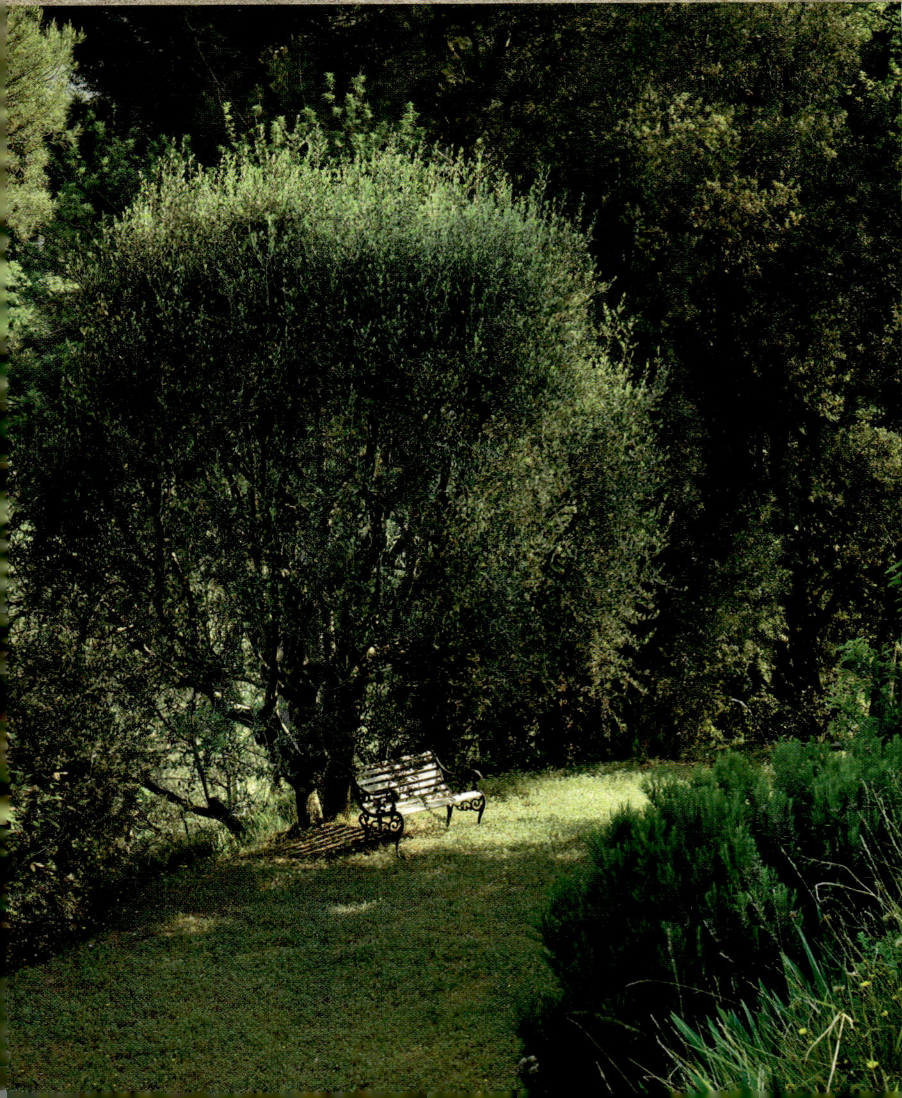
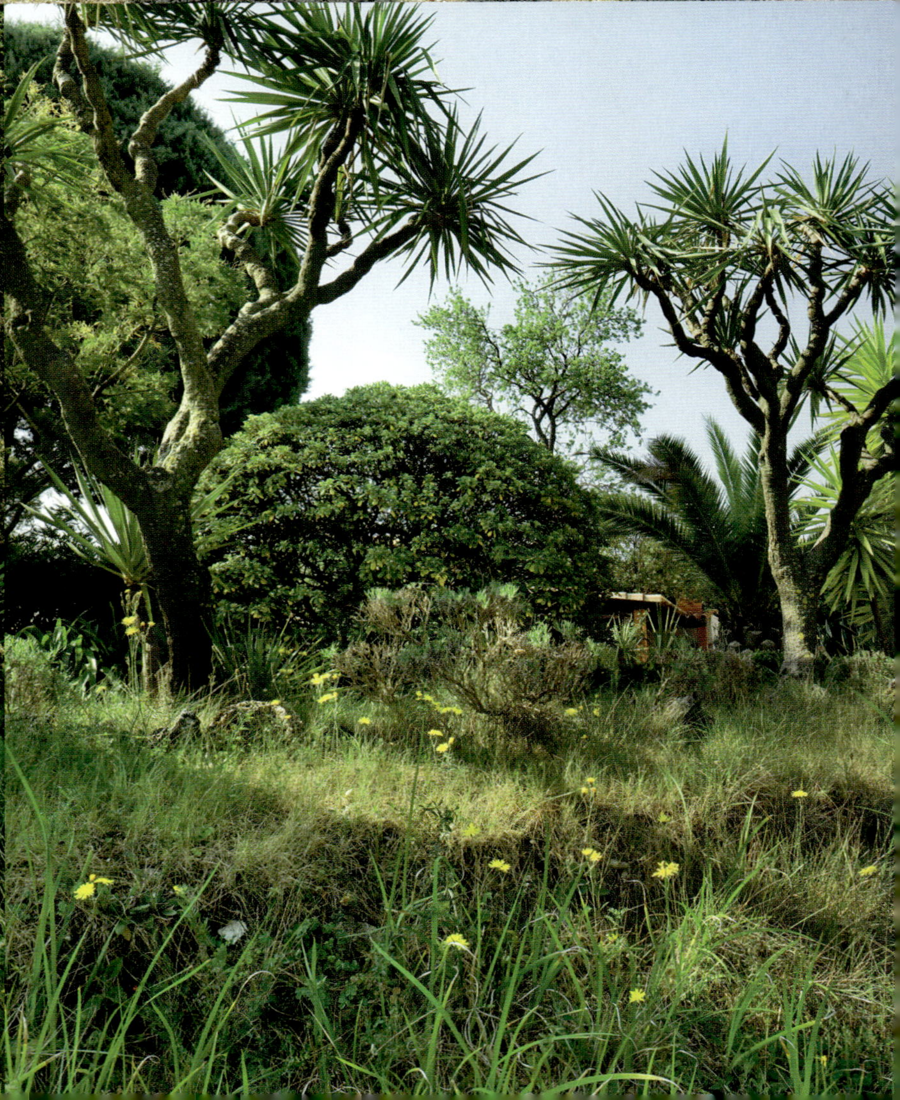

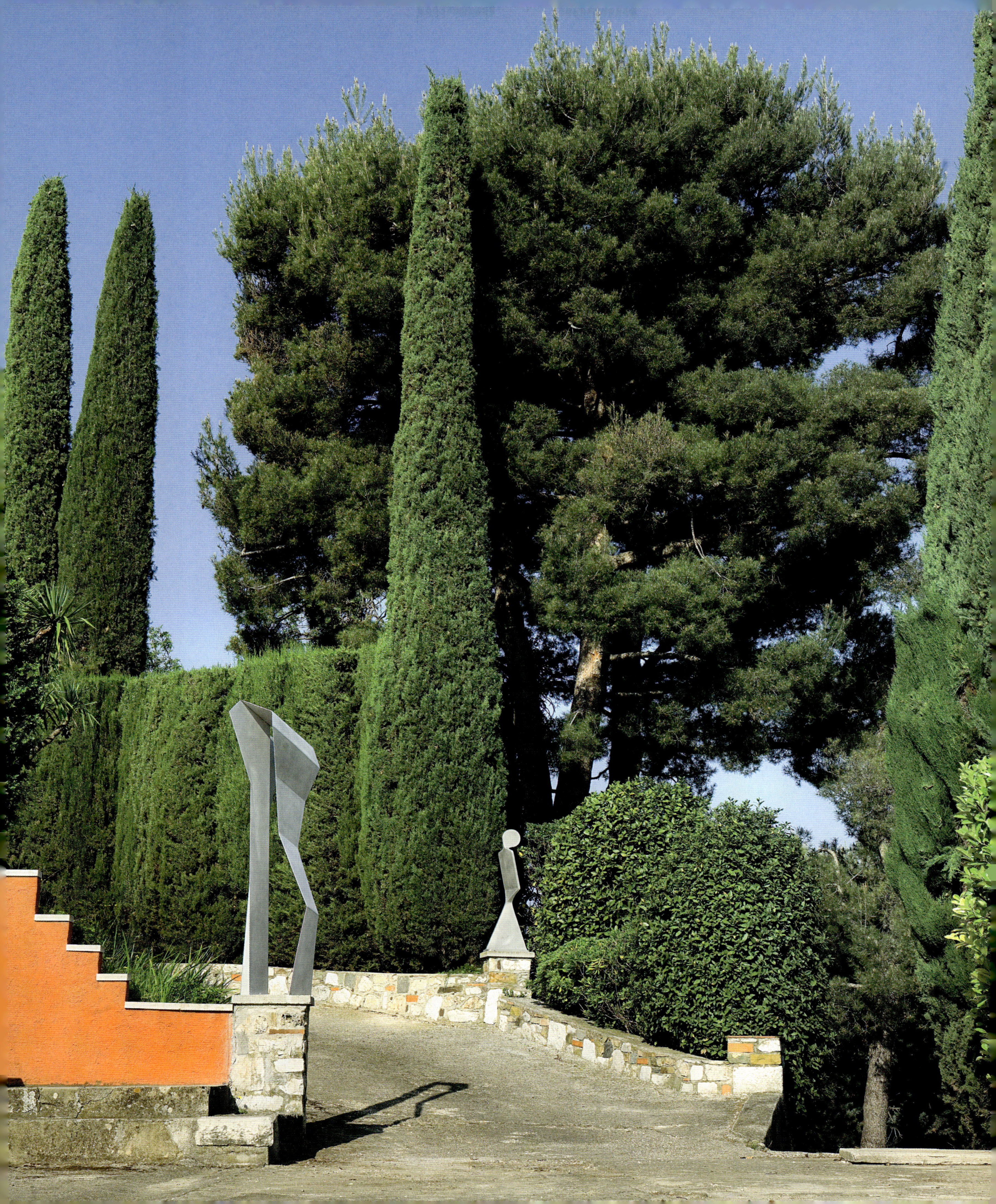

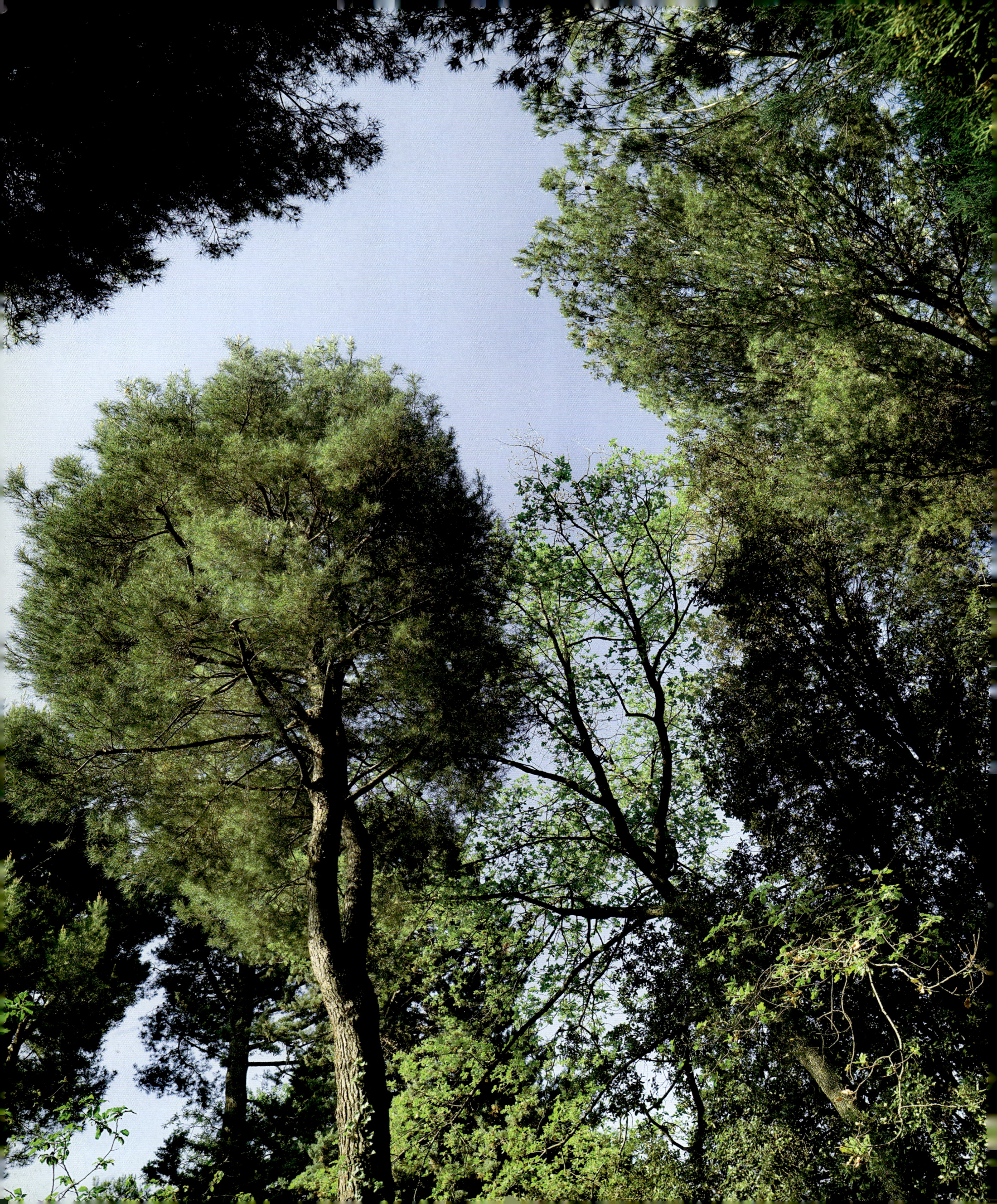

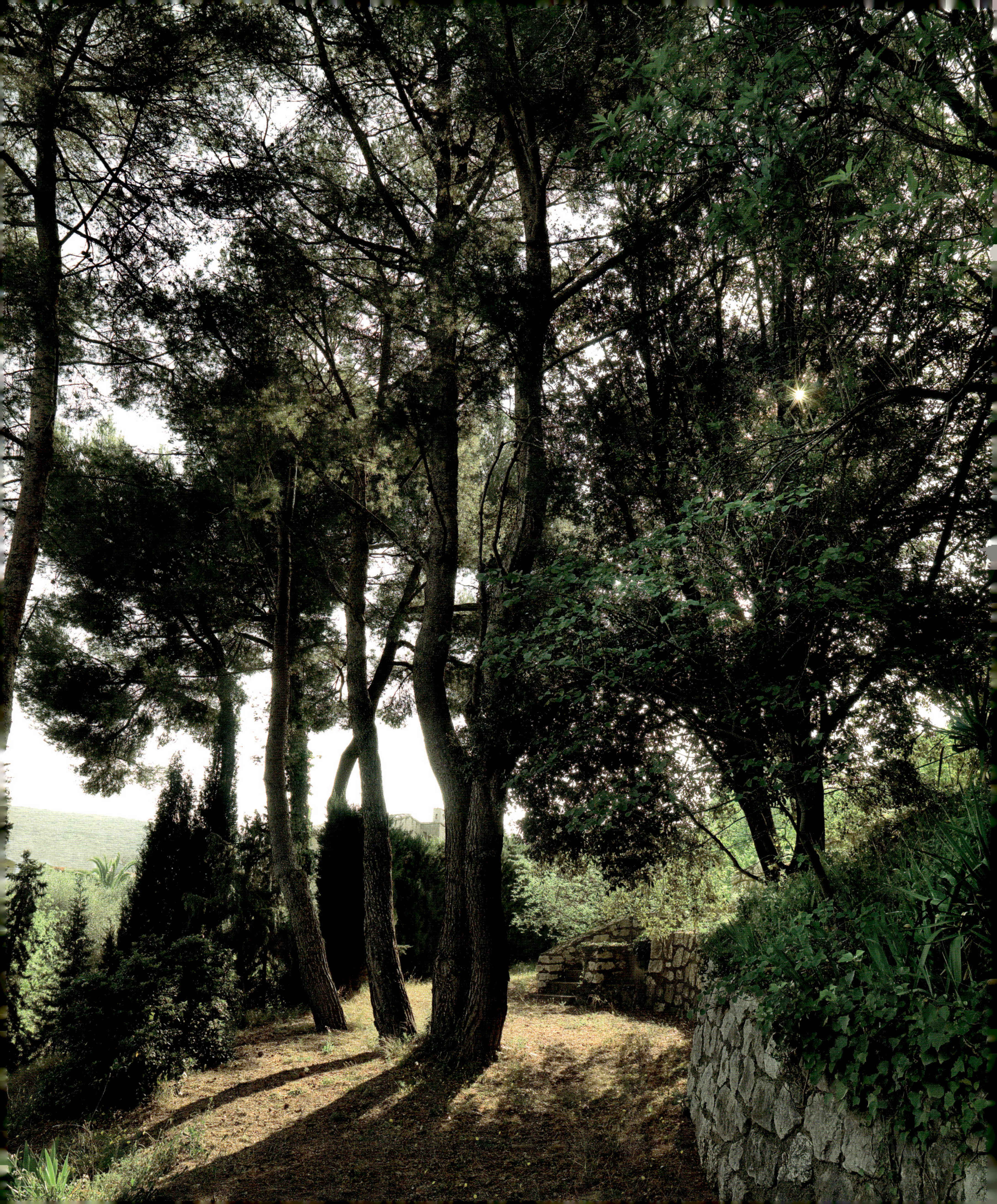

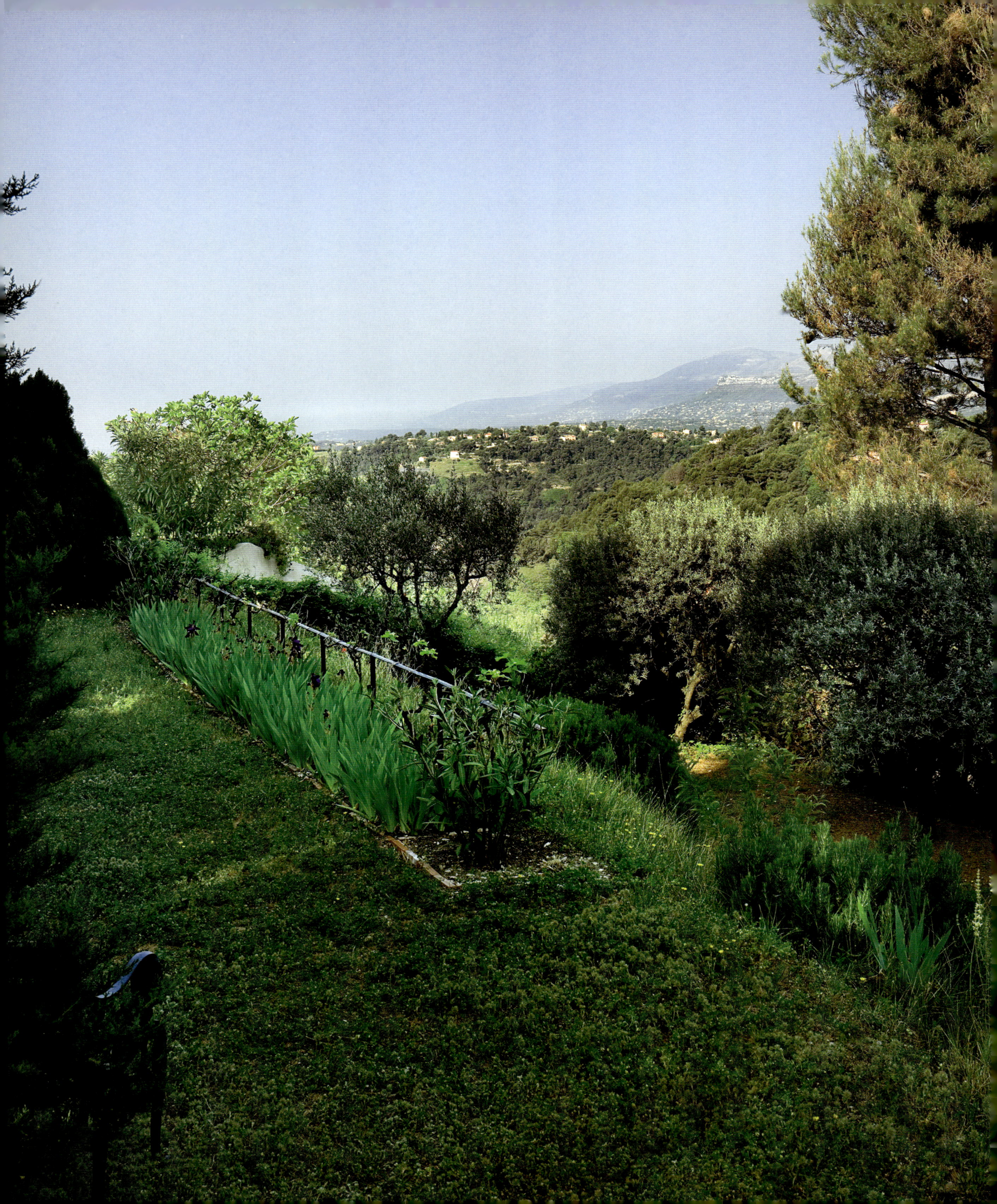

Helga Lannoch hat darüber hinaus eine besondere Technik zur Bearbeitung der Oberfläche entwickelt, um eine feinporig weiche, fast samtene Struktur zu erzielen. Durch diese Oberfläche schimmern die Skulpturen je nach Einfall des Lichts mehr oder weniger hell, ohne jedoch jemals grell zu blenden oder ganz vom Schatten verschluckt zu werden. Dies wird etwa anhand ihrer Arbeit »Drapé V« aus dem Jahr 2003 deutlich, die seitlich des schmalen Steinweges, der das Gelände hinunterführt, aufgestellt ist und die Knickungen des Geländes motivisch aufnimmt.

Licht und Schatten, Hell und Dunkel, Ebene und gefaltete Fläche ziehen sich als roter Faden durch Werk und Garten von Helga Lannoch. Die Verbindung dieser beiden Gedanken verschmilzt auf ihrem Anwesen in St-Pancrace zu harmonischer Einheit.

Links und rechts: Dunkelviolett blühende Iris rahmen die Weinstöcke auf der obersten Ebene des nach Norden ausgerichteten Gartens, von wo aus Helga Lannoch gerne die weite Aussicht auf den Ort St-Jeannet und die Felsnase des Bergs Baou de St-Jeannet genießt. Im Hintergrund rechts steigt das Massiv zum Col de Vence hin an.

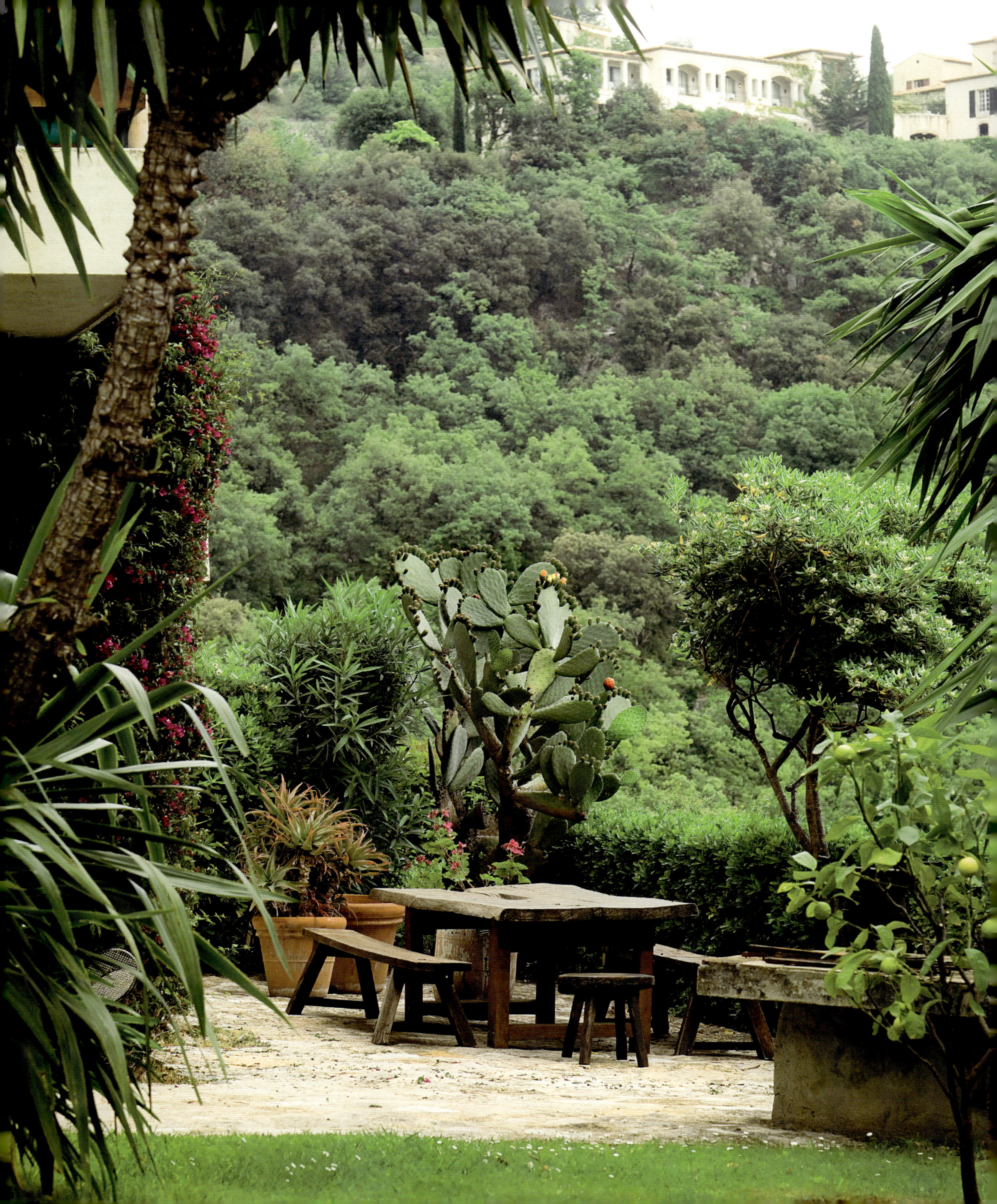

FRANTA

DER BLICK IN DIE FERNE

Franta wurde 1930 als František Mertl in der tschechischen Stadt Třebíč (Trebitsch) geboren. Von 1948 bis 1952 besuchte er die Kunsthochschule in Brno (Brünn), anschließend bis 1957 die Akademie der schönen Künste in Prag. Eingeengt durch das politische Regime und die entsprechend akademisch-ideologisch orientierte Ausbildung, floh Franta über Berlin in den Westen, wo er zunächst in einem deutschen Flüchtlingslager aufgenommen wurde. Sein Ziel war jedoch Frankreich, dort wollte Franta seine spätere Frau Jacqueline wiedersehen, die er bei einem Studienaufenthalt im italienischen Perugia kennengelernt hatte.

Aus der Sicherheit des Lebens in seiner neuen Heimat Frankreich heraus begab sich der Künstler nun auf Reisen, um dem Ursprung der »tragédie humaine«, der menschlichen Tragödie, auf den Grund zu gehen. Spanien, Griechenland und das ehemalige Jugoslawien waren nur einige seiner Ziele. Reisen nach Asien, vor allem Japan, und in die Vereinigten Staaten kamen hinzu.

Frantas künstlerisches Ausdrucksmittel ist die Malerei, in geringerem Umfang auch die Skulptur. Er thematisiert in seinen Bildern die Zerbrechlichkeit des Menschen gegenüber den Errungenschaften der Zivilisation. Auch die Hektik und die immer brutaler werdende Maschinenwelt, die den Menschen in ihre Schraubstöcke zwingen, schlagen sich namentlich nach den Aufenthalten in den Vereinigten Staaten in Frantas Bildern nieder. Sein expressionistisch-neorealistischer Stil steigerte sich in diesen Jahren zu einer Hyperrealität, welche die Bedrohlichkeit der Sujets umso deutlicher machte.

Einen tiefen Einschnitt in Leben und Werk bildete Frantas erste Begegnung mit Afrika, das er seit 1980 regelmäßig bereist. Auf dem »schwarzen Kontinent« lernte er unendliche Stille und Weite kennen. Hier erfuhr der Künstler, dass Werte, die in der industrialisierten und materialisierten westlichen Welt oftmals zu kurz kommen oder ganz untergehen, hoch gehandelt werden: Zeit für zwischenmenschliche Beziehungen und die innere wie äußere Schönheit. Franta träumt in seinen Afrikabildern von einer ursprünglichen, unverfälschten, von der westlichen Zivilisation unberührten Welt.

Ab den 1990er Jahren schuf der Künstler neben seinen Afrikabildern Gemälde, die in hektischem Duktus vom Leben in Amerika erzählen. Es ist das Gegenüber des Traums von Eden und jenes des Exilanten von einer besseren Welt. In dem Chaos der Großstädte (»Bronx«, »Harlem«) ertrinkt dieser Wunsch jedoch in einer hektischen und unpersönlichen Materialwelt und weicht der Einsamkeit des Entwurzelten.

Traum und Wirklichkeit, Angst und Geborgenheit sowie die Suche nach einer neuen Heimat spiegeln als wiederkehrende Themen wohl nicht zuletzt Teile aus Frantas eigener Biografie wider.

Dass Franta heute in Frankreich lebt, ist der tatkräftigen Unterstützung Amors zu verdanken. Der Gott der Liebe lenkte den jungen Künstler in die Arme der Französin Jacqueline, und so zog Franta nach seiner Flucht aus der Tschechoslowakei in die Heimat seiner späteren Frau. Die beiden fanden 1959 ein Grundstück in

Blick auf die Terrasse, in deren Ecke ein prächtiger Feigenkaktus (*Opuntia ficus-indica*) den Blick auf sich zieht. Aus den orangegelben Blüten entwickeln sich die saftigen, gelben und roten Früchte der Kaktusfeigen, die fester Bestandteil der südlichen Küche sind. In Mexiko verzehrt man auch die jungen Blätter dieser Kaktusart.

Rechts: Im Osten erhebt sich die runde Kuppe des Baou blanc, was auf Provenzalisch »kleiner weißer Berg« bedeutet. Die umliegenden Häuser der an sich dicht bebauten Hügel sind von hier aus kaum wahrnehmbar.

Unten: Der rechte Teil des modernen Wohnhauses wurde für die Kinder Frantas und deren Familien errichtet. Den großen Pool und den weiten Blick in die Landschaft genießt man gemeinsam.

Folgende Doppelseite, links: Inmitten niedrig wachsender Stauden wie etwa dem silbrigen Katzenpfötchen (Santolina) und vor einer nordisch-dunklen Kiefer erhebt sich in strahlender Eleganz eine gelb gestromte Agave (Agave americana »Striata«).

Folgende Doppelseite, rechts: Unter den zahlreichen Pflanzenarten sticht der Pfriemenginster (Spartium junceum), auch »Spanischer Ginster« genannt, mit seinen leuchtend gelben Blüten ins Auge. Der zu den Schmetterlingsblütengewächsen zählende Strauch wird bis zu drei Meter hoch und erfreut sich im gesamten Mittelmeerraum großer Beliebtheit.

Vence an der Côte d'Azur. Auf einem steilen Hang errichteten sie ein geräumiges Haus, das sie im Laufe der Jahre vergrößerten, so dass auch die Kinder und Enkel hier einziehen konnten. Der gepflegte Garten gibt von jeder Stelle aus den Blick auf das überwältigende Panorama frei: Über St-Paul hinweg wandert das Auge über die gesamte Baie des Anges. An klaren Morgen, so schwärmt der sonst wortkarge Künstler, sieht man weit über das Meer hinweg bis nach Korsika.

Über eine mit Hecken gesäumte Einfahrt gelangt man auf einen Platz hinter dem Haus, wo eine Skulptur des Künstlers steht: »Der achte Tag« (1992) zeigt einen lebensgroßen, nackten Mann aus Bronze, der seinen linken Arm weit in den Himmel reckt. Frantas Erfahrungen mit der Politik der alten Heimat brannten sich tief in seine Seele und wurden zu einem wichtigen Bildthema. Er malt jedoch keine politisch-provokanten Sujets, sondern zeigt vielmehr die Einflüsse von Manipulation und Einengung auf den Menschen. Der unterdrückte, leidende, unfreie Mensch steht seither im Mittelpunkt seines Schaffens.

Einige Schritte weiter befindet sich das Atelier des Künstlers. Unter dem Vordach, das aus einer einfachen Schilfmatte besteht, befindet sich das »Sommeratelier«, das Franta vornehmlich für seine bildhauerische Arbeit nutzt. Hier liegen auch die entsprechenden Gerätschaften dazu in akkurater Ordnung bereit. Ein mächtiger Lorbeerbaum spendet mit seiner wohlgeformten Krone Schatten. Dahinter öffnet sich das geräumige Atelier, in welchem die großformatigen Ölgemälde entstehen.

Der Blick aus dem »Freiluftatelier« fällt auf eine von hohen Bäumen und Büschen überschattete Wiese. Kirschlorbeerhecken rahmen das Rasenstück, das von Zedern, hohen Yuccas, einer Blutpflaume (Prunus Cerasifera Nigra), Oleander, Apfel- und Zitrusbäumen eingefasst wird. Dieser Fleck Garten ist fest in den Händen der Enkelkinder, die direkt unterhalb von Großvaters Atelier auf Schaukeln und Klettergerät vor der Sonne geschützt spielen können.

Hohe Hecken umrahmen das gesamte Grundstück mit einem grünen Gürtel, das auch ein weitgehend ungenutztes Wiesenstück mit einschließt, auf dem niedriger Bambus wächst und wo sich eine kleine Feuerstelle befindet. Es ruft jene längst vergangene Zeit in Erinnerung, als das Ehepaar das Grundstück gekauft hatte. Damals war an der Côte d'Azur noch Platz, und nicht jedes freie Fleckchen Erde wurde sofort in teuren Baugrund umgewidmet und verkauft.

Stufen führen auf die Ebene darunter, der Rasenteppich geht hier in eine Terrasse über, deren helle Platten von der West- über die Süd- bis an die Ostseite des Hauses führen. Auch hier strukturieren niedrige Hecken die Freiräume, verschleifen die Übergänge zwischen ihnen oder grenzen sie gegeneinander ab. An der Schnittstelle zwischen Rasen und Terrasse steht vor einer mächtigen, vierstämmigen Yucca ein solider, gemauerter Tisch, dessen Mitte ein Loch aufweist. Unterhalb befindet sich die Feuerstelle, so dass direkt auf der mit Platten belegten Tischfläche der Grillrost aufliegt. Neben der Grillstelle dient ein mächtiger Baumstumpf als Hackstock für das Feuerholz. Aus diesem ehemaligen Baum wurde die Platte für den Tisch gezimmert, der, von zwei rustikalen Bänken begleitet, auf der Terrasse vor dem Haus steht. *Pittosporum, Santolina*, Agapanthus und eine kleine Bananenstaude bilden ein bunt gemischtes Massiv am Rande des Rasens. An der Südostecke der Terrasse ragt ein mächtiger Feigenkaktus (*Opuntia ficus-indica*) durch die Hecke. Kräftig leuchtet das Purpurviolett der an der Hausmauer hochklimmenden Drillingsblume (*Bougainvillea glabra Variegata*).

An der Westseite des Hauses liegt zwischen zwei Gebäudeteilen eine kleine Terrasse, an deren Nordwand an einem Gestell eine Bleiwurz (*Plumbago auriculata*) emporrankt. Das Hellblau der Blüten findet sich in einem mit hellblauen, gebrochenen Kacheln belegten niedrigen Tischchen wieder.

Gegenüber führt der Weg an einer riesigen Fächerpalme vorbei zu einer weiteren Ebene. Die gelben, der Margerite ähnlichen Blüten des Halbstrauches *Argyranthemum* »Jamaica Primrose« strahlen am Fuß der Palme, Yucca und Agaven, Lavendelpolster, eine *Cycas Revoluta*, Oleanderbüsche und ein prächtiger Magnolienbaum rahmen das hier liegende Schwimmbad. Blickt man über das kühle Nass gen Süden, so verschwimmt das helle Blau des Wassers mit jenem des Meeres am Horizont und am Himmel. Die über sechshundert Meter hohe Kuppe des Baou des Blancs fängt im Osten den weitschweifenden Blick ein und holt ihn in die Nähe zurück.

Der Garten Frantas verströmt in seiner wohlgeordneten Anlage jene Sicherheit und Ruhe, die man gleichermaßen in Haus und Atelier wiederfindet und die ihm als Exilanten in der neuen Heimat Struktur verlieh. Doch zugleich weckt der unendlich weite Blick über das Meer das Fernweh und die Sehnsucht des Künstlers nach Afrika, seinem nostalgischen Garten Eden.

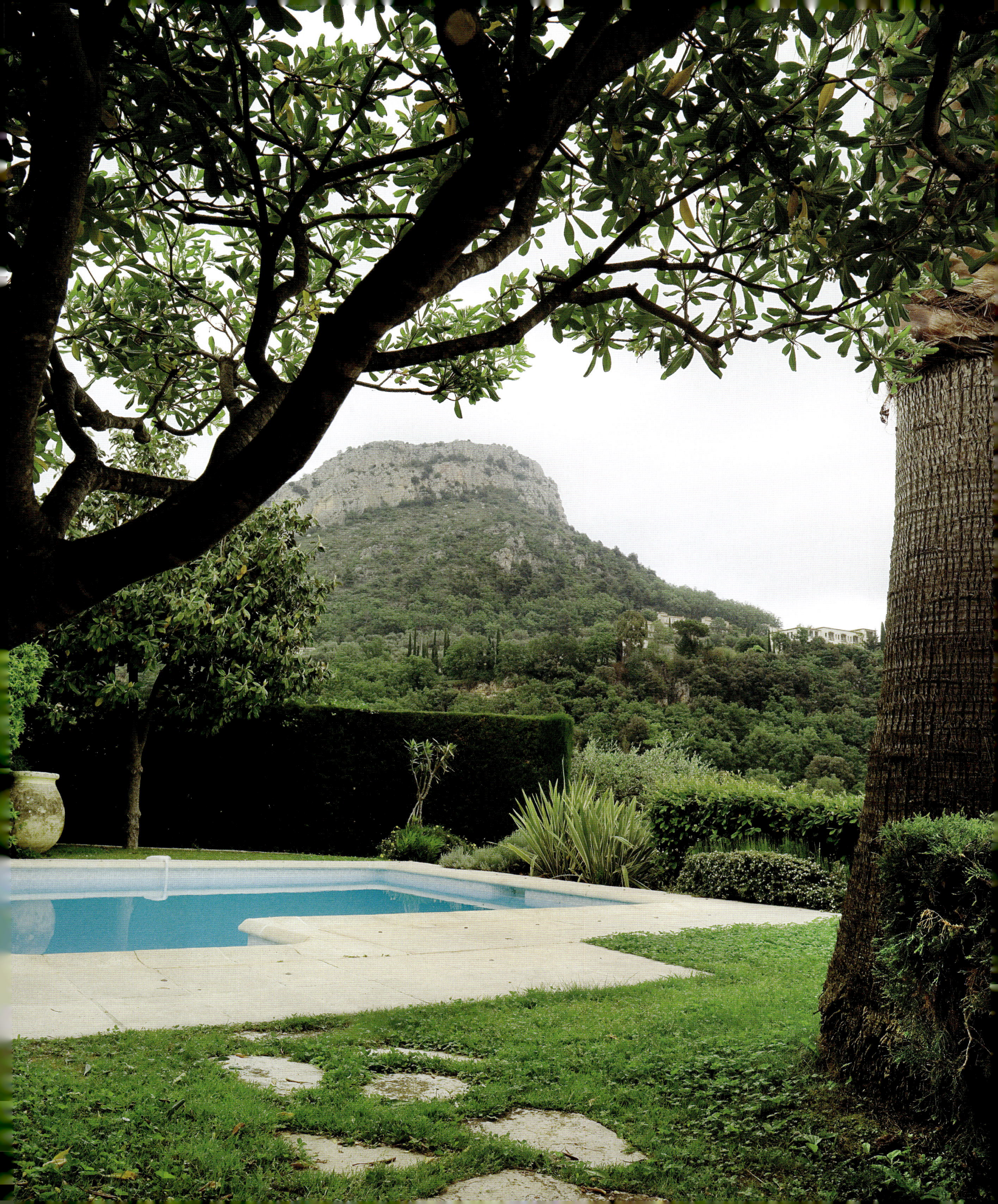

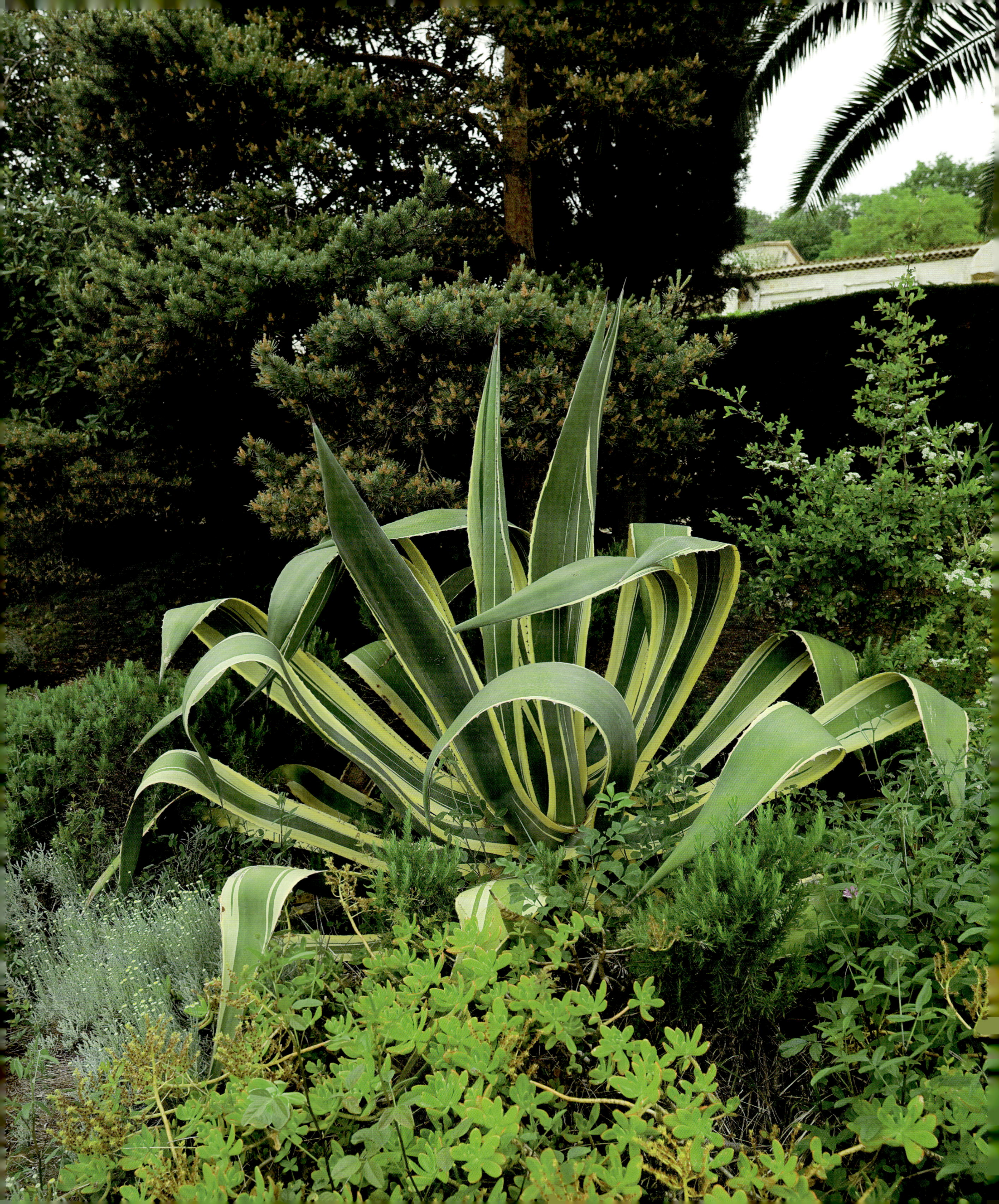

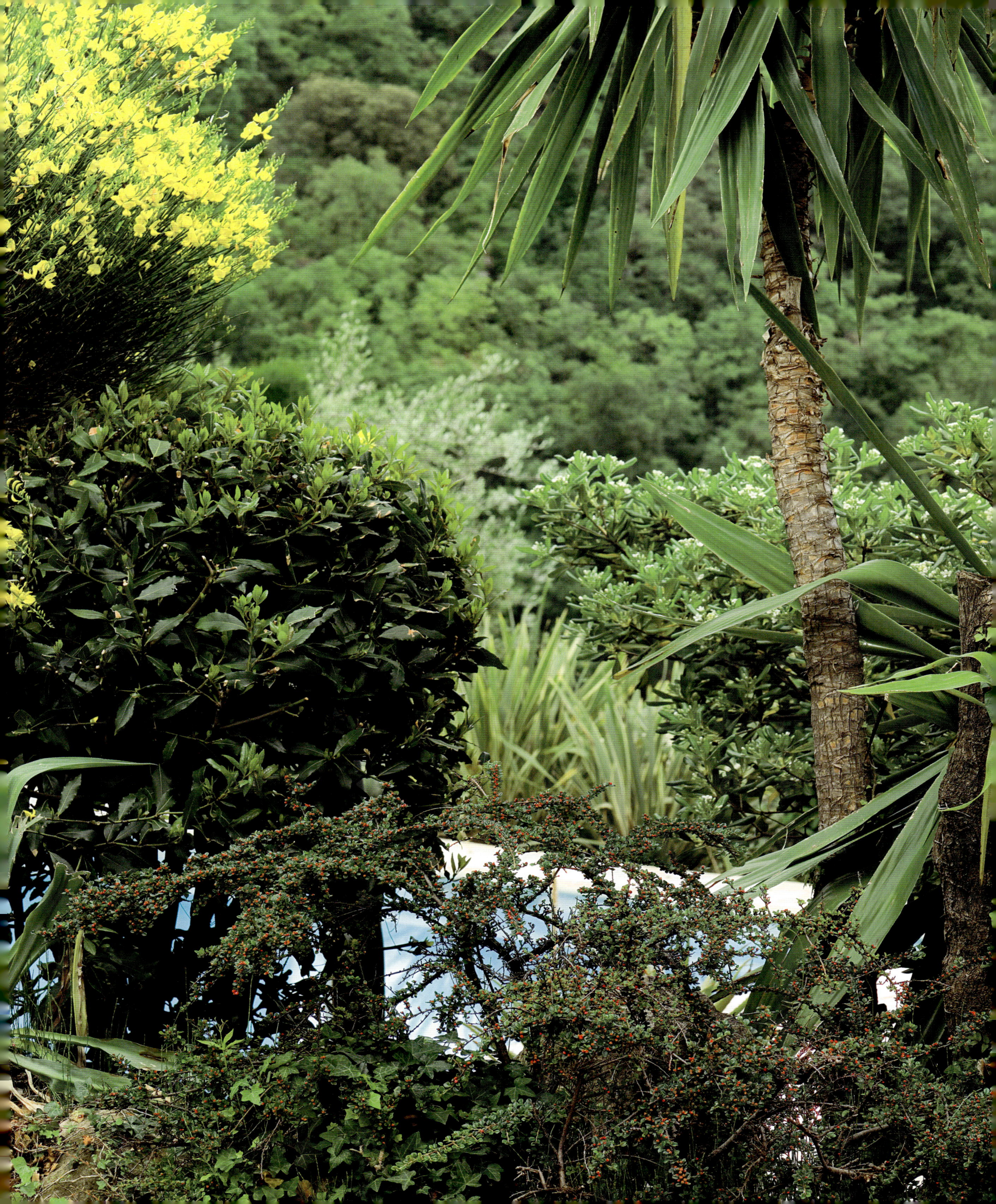

Links: Eine Brücke zwischen den Generationen – das Haus Frantas rechts und jenes seiner Kinder auf der linken Seite: Die Familie ist dem Künstler eine wesentliche Stütze.

Rechts: In der Bronzeskulptur »Der achte Tag« sieht man einen sich aufbäumenden Menschen, der zwar laut Titel erst am Beginn der Schöpfung steht – Adam und Eva sind am achten Tag noch im Paradies – und dennoch mit geschundenem Körper gen Himmel schreit, als würde er sein späteres Schicksal erahnen.

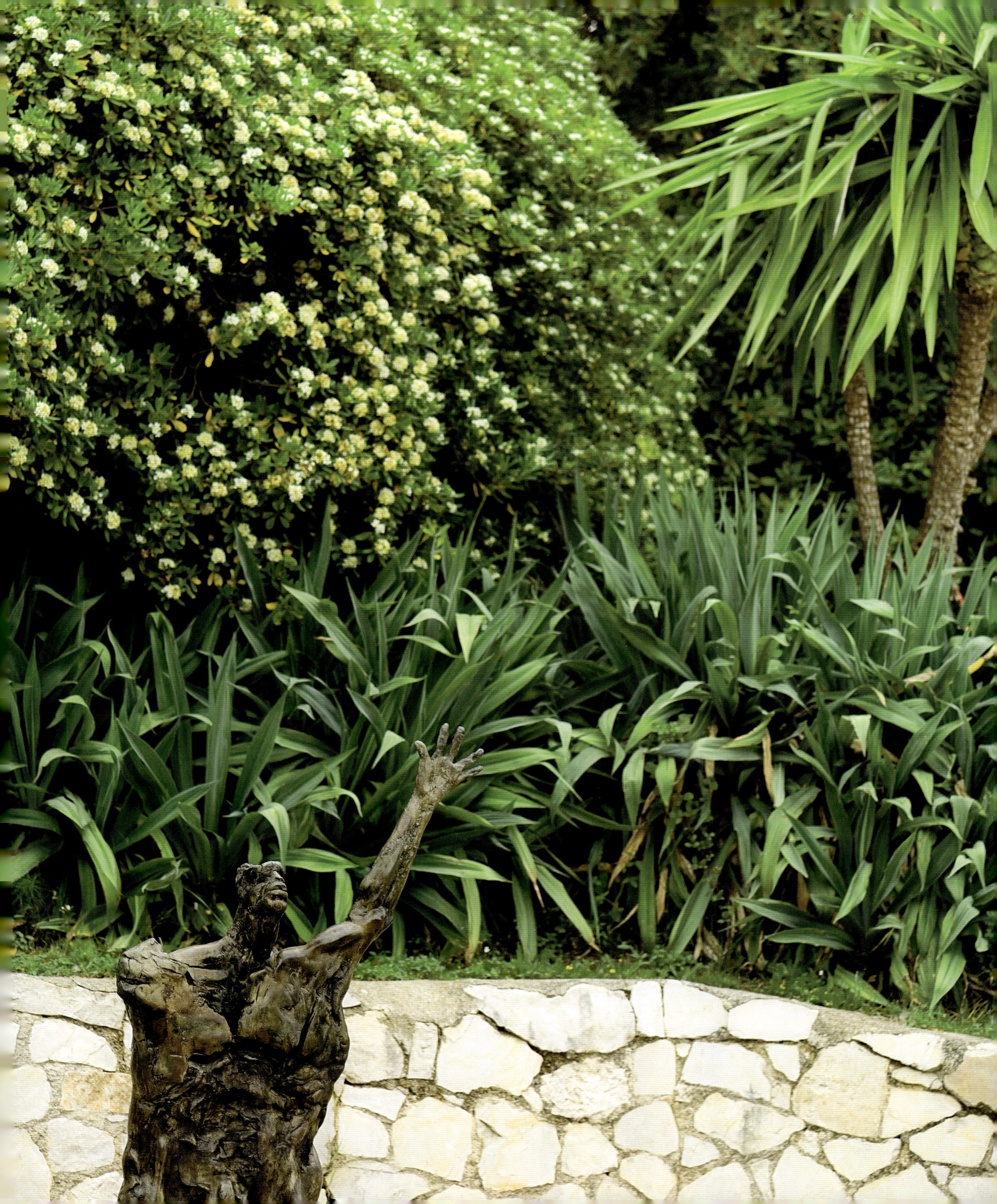

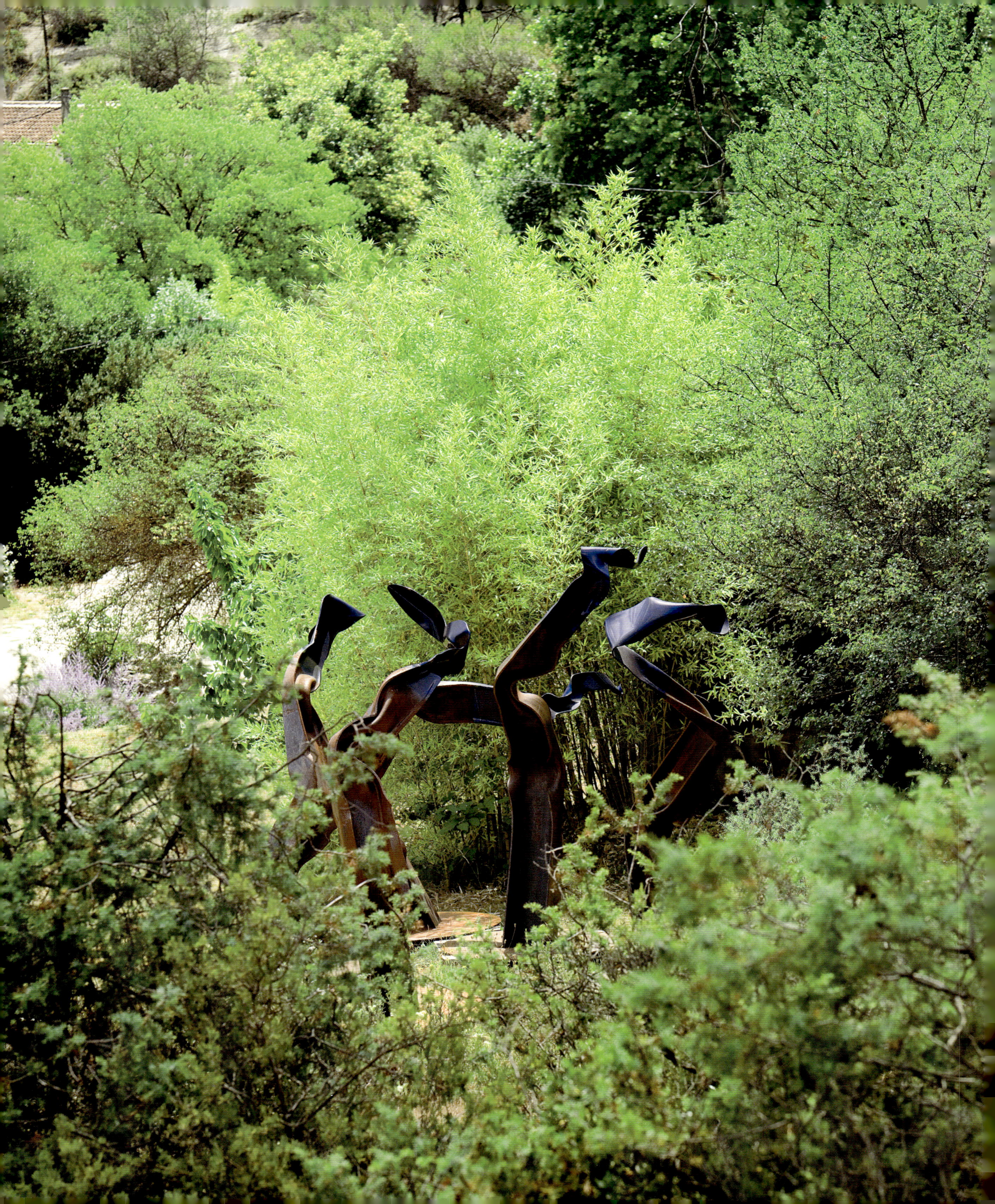

BERNARD PAGÈS

DER GARTEN, DER KEINER IST

Bernard Pagès wurde 1940 im südwest-französischen Cahors geboren. Im Alter von zwanzig Jahren besuchte er das Pariser Atelier d'art sacré, um sich als Maler ausbilden zu lassen. Als er jedoch eine Ausstellung des Bildhauers Constantin Brâncuși (1876–1957) besuchte, war Bernard Pagès derart von der Kraft der Skulpturen beeindruckt, dass er die Malerei zugunsten der Bildhauerei aufgab.

1965 zog er nach Coaraze, einem kleinen Ort in der Nähe von Nizza. In der Stadt am Meer herrschte in jenen Jahren neben Paris die aktivste Kunstszene. Bernard Pagès lernte bald deren Mitglieder kennen, allen voran die »Nouveaux Réalistes«, die den jungen Bildhauer darin bestärkten, sich von tradierten Formen und Vorstellungen innerhalb der Kunst zu lösen. Derart unterstützt, experimentierte Pagès mit unterschiedlichen Materialien wie Sandstein, Gips, Stein, Holz und Metall. 1968 und 1969 nahm er an den Gruppenausstellungen der »Nouveaux Réalistes« teil. Doch seine künstlerischen Recherchen führten ihn weiter und in die Nähe der Gruppe »Support/Surface«, die ihn auf Initiative von Claude Viallat und des Kritikers Jacques Lepages zur Teilnahme an zahlreichen Gruppenausstellungen einlud.

Als sich 1971 die Gruppe »Support/Surface« auflöste, zog sich Bernard Pagès völlig von der Kunstszene zurück. Drei Jahre konzentrierte er sich ganz auf sein künstlerisches Schaffen und nahm an keiner Ausstellung teil. Es war eine Zeit intensiven Experimentierens, als deren Früchte die ersten Assemblagen des Künstlers entstanden. Werkgruppen von »Piquets«, »Fléaux« und »Acrobats«, die aus unterschiedlichen Materialien zusammengesetzt sind, bestimmen seither das Schaffen des Künstlers.

Bernard Pagès erhielt ab den 1990er Jahren neben zahlreichen öffentlichen auch zunehmend private Aufträge, darunter den einer »Fontaine parfumée« (»Parfumbrunnen«) für eine bekannte Parfumerie in Eze an der Côte d'Azur. Einzelausstellungen in wichtigen Museen, wie dem Centre Pompidou in Paris oder zuletzt 2006 dem MAMAC, dem Musée d'art moderne et d'art contemporain in Nizza, sichern Pagès seinen Rang innerhalb der zeitgenössischen Kunst.

Werke von erheblichen Ausmaßen bestimmten seit den 1980er Jahren das künstlerische Schaffen von Bernard Pagès. Das geeignete Umfeld für die Herstellung seiner Großskulpturen fand der Künstler in einem Anwesen in der Nähe von Contes. Der kleine Ort liegt im Hinterland von Nizza, weitab des Trubels der Großstadt, inmitten unberührter Natur. Hier herrschen auch andere klimatische Verhältnisse als am Meer, die Jahreszeiten sind in ihren Charakteristika – heiße Sommer, kalte, frostreiche Winter – klar abgezeichnet, was den Künstler, wenn er im Freien arbeitet, häufig stöhnen lässt.

Das weite Grundstück liegt direkt an der Straße und steigt von dem Wohnhaus wegführend sanft einen Hügel bergan. Schon der erste Blick verrät, dass es sich nicht um den Garten eines Botanikers oder eines passionierten Gartenliebhabers im landläufigen Sinn des Wortes handelt. Hier konzentriert sich vielmehr alles auf die Arbeit des Künstlers, der

Die massiven Eisenträger der »Cariatides« (2006) stehen gekrümmt wie eine Gruppe diskutierender Menschen in einem Kreis beieinander. Die zugespitzten blauen Enden des Metalls heben sich effektvoll vor dem hellen Grün des Bambuswaldes ab.

Unten und rechts: Auf den weitläufigen Wiesen erhalten die großformatigen Skulpturen jenen Raum, den sie zu ihrer Entfaltung benötigen. Die bevorzugten Materialien sind Eisen, Holz, Stein und Beton. Hier stellt Bernard Pagès seine vor Ort gefertigten Werke aus, ehe sie in Ausstellungen oder zu den Auftraggebern transportiert werden. Auf der rechten Seite im Vordergrund die »Cariatides«, im Hintergrund »L'Acrobat au grand fusain«.

Folgende Doppelseite: Die weit ausladenden Werke treten mit ihrer Umgebung in einen Dialog. Sie sind wie Sinnbilder dafür, dass Stabilität und Instabilität zur selben Zeit möglich sein können. Dies wird etwa an der mehrfach sich windenden »L'Echappée« (2006), einer »Entflohenen« (links und rechts im Mittelgrund), deutlich, die sich aus einer Schräge kommend in die Horizontale und von dort erst gen Himmel dreht.

große Freiräume benötigt. Ein Schotterweg führt an dem Wohnhaus vorbei zu einer Konstruktion aus Wellblech: dem Atelier. Der Platz davor ist so geräumig, dass auch große Maschinen wie Kräne, Gabelstapler und Lastwagen hier manövrieren können, wenn Skulpturen bewegt oder abtransportiert werden müssen.

Hinter dem Atelier öffnen sich weite Wiesen, die zu dem Anwesen des Künstlers gehören und in mehreren Stufen den Hügel leicht emporsteigen. Es gibt keine Zäune – Felsen und Gräben bilden die natürliche Grenze. Hochwachsende Kiefern bilden jenseits der Wiese einen lichten Wald.

Auf dieser freien Fläche, nur von Ginstersträuchern unterbrochen, stellt Bernard Pagès seine Skulpturen aus. Sie scheinen aus der Erde in den Himmel zu wachsen und mit den Elementen eins zu sein. Materialien wie Holz und Stein, mit denen er schon seit Jahren arbeitete, fügte Pagès als neues Element dicken Eisendraht hinzu und entwickelte seine erste Serie von »Piquets«, Pfähle, die in schrägem Winkel aus unregelmäßigen Sockeln aus Beton oder Stein sowie miteinander verschweißten Metallstücken staken. Die Pfähle selbst sind aus Holz, gebogenen Eisendrähten oder bemaltem Waschbeton, sie sind in Stücke geschnitten und geschichtet, einfach, oder mit Objekten behängt, welche die instabile Lage betonen. Der Künstler, der jede Skulptur mit genauen Bleistiftzeichnungen vorbereitet, verleiht seinen Werken trotz der objektiven Schwere des Materials eine spielerische, humorvolle Leichtigkeit.

Die Idee der »Piquets« konsequent weiterentwickelnd, kreierte Pagès, der sich zwischenzeitlich durch zahlreiche Ausstellungen und Ankäufe wichtiger Museen seinen Platz in der Kunstwelt erobert hatte, ab den 1990er Jahren die »Fléaux«. Es handelt sich dabei um dicke, sich unmotiviert wie »Geißeln« windende Eisenstäbe, die aufgrund ihrer Länge Instabilität erzeugen, und als Gegengewicht hohe Sockel aus gegossenem und gefärbtem Beton benötigen oder – den Eindruck des Haltlosen noch unterstreichend – aus ihrerseits schräg gestellten und lediglich mit Steinen gefüllten Drahtkörben ragen.

Pagès ging in seinem künstlerischen Spiel mit den Gegengewichten bis zum Äußersten, was ihm mit den »Acrobates«, Skulpturen, die an die artistischen Balanceakte von Akrobaten erinnern, gelang. Er verbindet in diesen Werken nahezu alle Elemente seiner früheren Arbeiten. Auf dem Boden bieten ein großer Stein, Gussbeton oder eine »zerknüllte« Eisentonne den Sockel für eine dicke Eisenstange. Diese ragt in schrägem Winkel aus dieser Grundlage in den Raum, steigt auf oder sinkt ab, und trägt an ihrem äußersten Ende einen Pfeiler aus Eisen, Holz oder Stein. Die Urwüchsigkeit der Arbeiten geht in der Unbezähmbarkeit der Natur dieser Gegend auf und wird eins mit ihr. Zahlreiche Fotografien seiner Werke, die in Ausstellungskatalogen und Monografien über Bernard Pagès abgebildet sind, wurden hier aufgenommen.

Das Wohnhaus des Künstlers steht unterhalb des Ateliers. Es ist ein altes Haus, gelbbraun verputzt und wirkt nicht zuletzt aufgrund des relativ geringen Grundrisses sehr steil aufragend. Unterhalb davon liegt umrahmt von zahlreichen Büschen ein kleines, gepflegtes Wiesenstück. Varianten von Cotoneaster verschleifen den steilen Hang zwischen Haus und Wiese, und Gruppen naturbelassener Steine schieben sich zwischen die dichten Büsche. Entlang einer niedrigen Mauer, die das Rasenstück begrenzt, wachsen Lavendelbüsche.

In der Nähe des Wohnhauses liegt ein Gemüsegarten, umgeben von wildem Lavendel und Rosmarin. Alte Apfel- und Nussbäume breiten ihre weiten Baumkronen aus, Kirsch- und Pflaumenbäume vervollständigen den fruchtigen Reigen.

Der Garten von Bernard Pagès gleicht seinen Skulpturen: Er ist ungezähmt und kräftig, voller Steine und hoch daraus aufragender Bäume, die ihre weiten Arme den Bergen der Region entgegenstrecken. Es ist ein Stück Land, das den Skulpturen des Künstlers jenes Gleichgewicht zurückgibt, das sie selbst verloren zu haben scheinen.

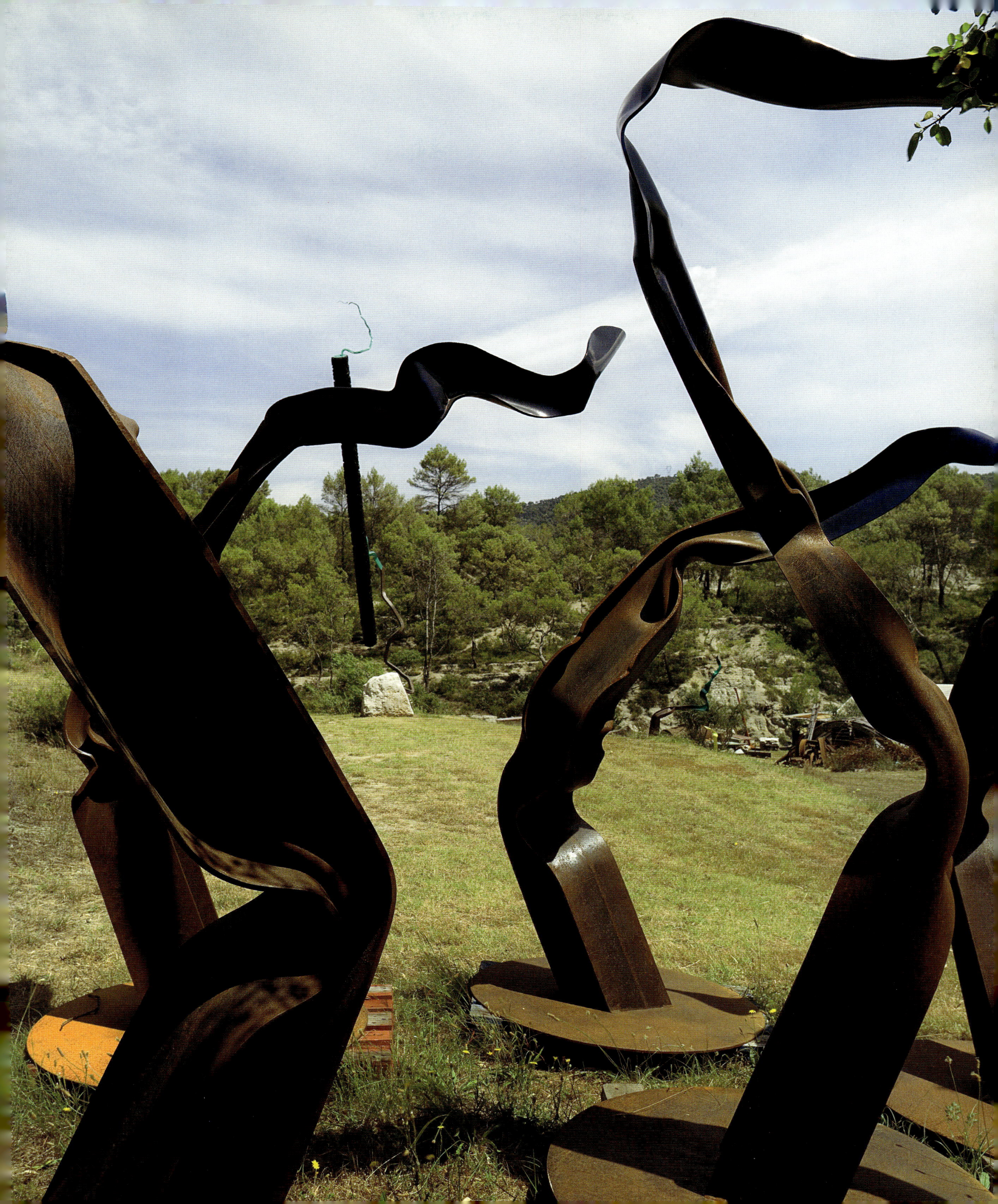

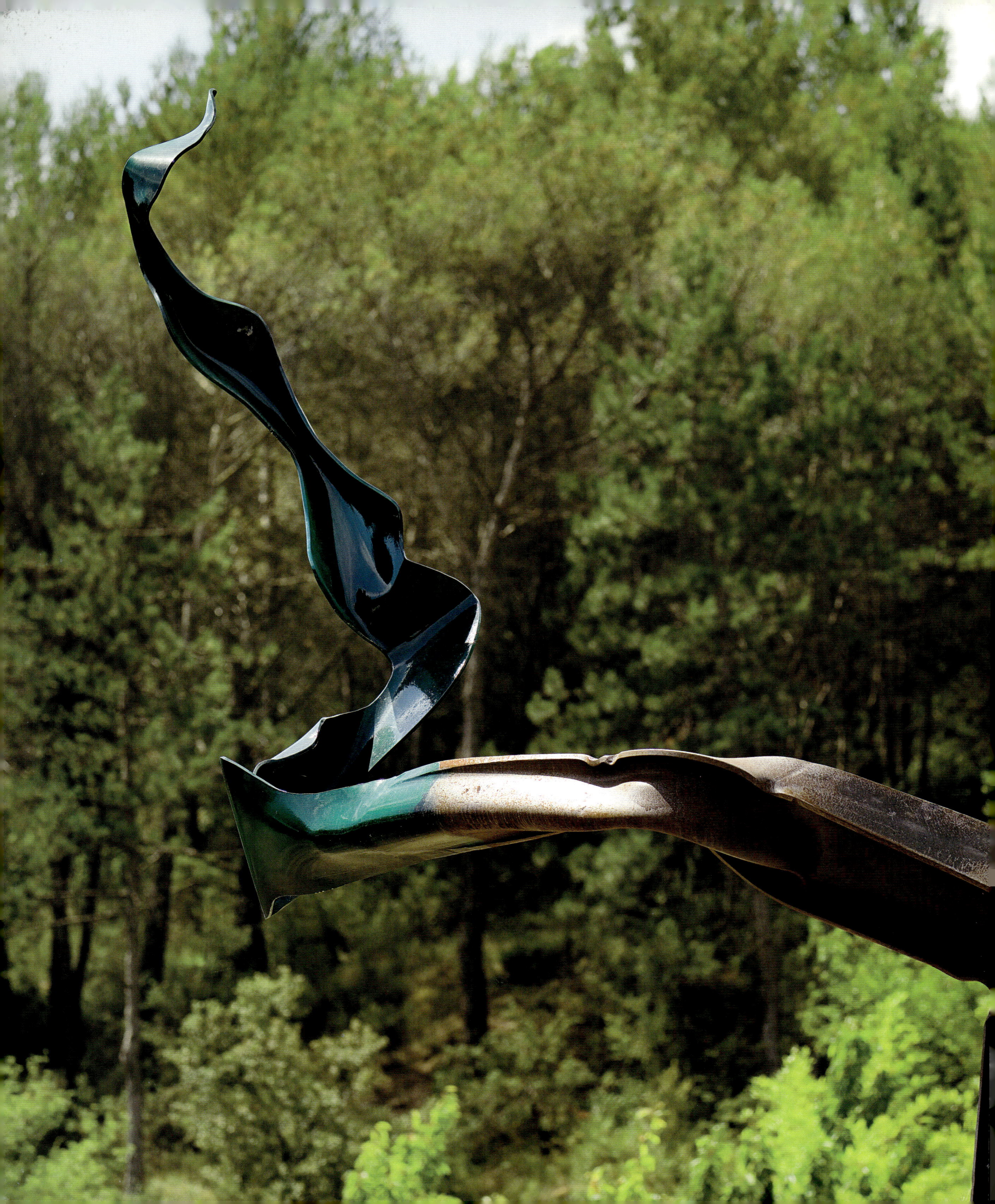

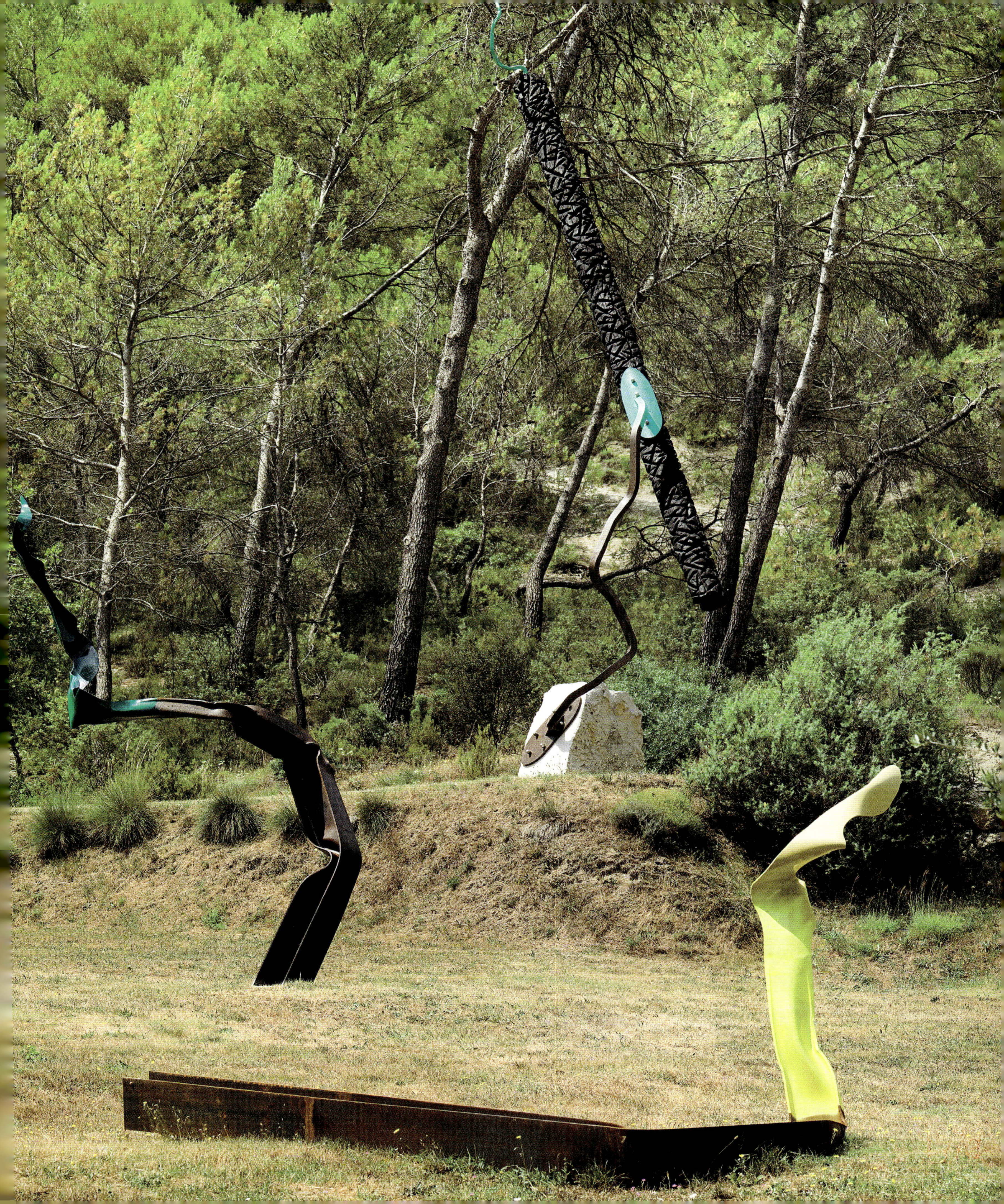

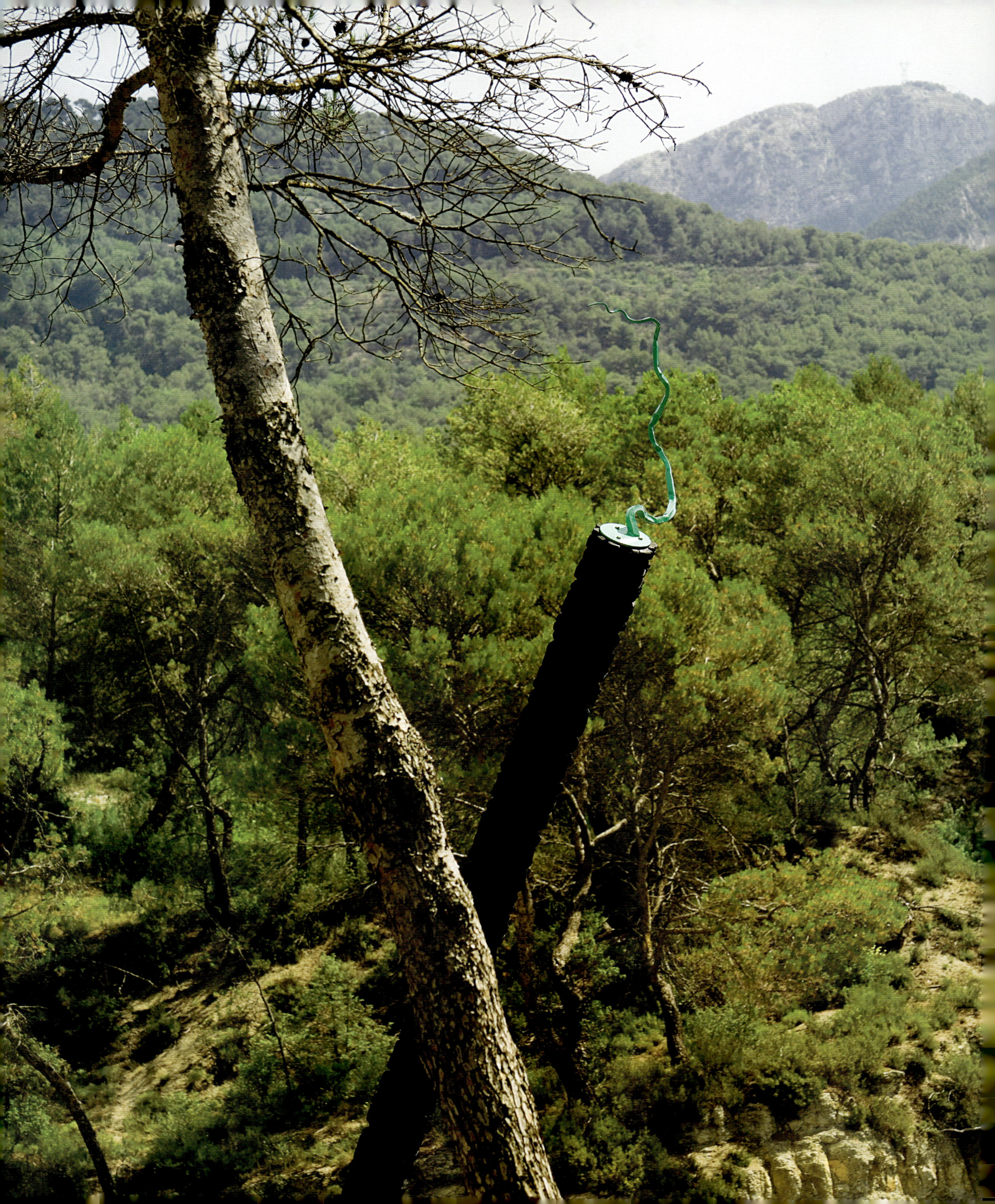

Links und rechts oben: Der verkohlte und mit tiefem Eisenschnitt bearbeitete Holzstamm des »L'Acrobat au grand fusain« (2002), eines »Akrobaten mit großem Kohlestift«, am Waldrand nimmt motivisch die Schräge der Kiefern auf. Ein wie ein zartes Band geschwungener, verhältnismäßig zierlicher Eisenträger verbindet den mächtigen Stamm mit einem großen Stein, der als Gegengewicht fungiert. Aus dem oberen Ende des Holzes »flattert« ein gebogener Eisenstab wie ein Stoffband im Wind und betont die Leichtigkeit der Skulptur.

Rechts unten: Ein »Toupet« (»Bündel«, »Haarbüschel«, 2006) zerzauster Metallfäden, deren zu Pfeilspitzen zulaufende Enden sich parallel bündeln, steht vor dem lichten Grün eines Mandelbaums. Die Arbeit zählt zu den jüngeren Arbeiten des Künstlers.

Folgende Doppelseite: Vor dem leuchtenden Blau einer Blauraute (*Perovskia »Blue Spire«*) liegen in dem unter der südlichen Sonne goldgefärbten Gras die »Éléments métalliques des fléaux«, eine Skulptur aus dem Jahr 1994. Im Gegensatz zu den jüngeren Arbeiten des Künstlers greift dieses Werk kaum in den Raum aus. Bernard Pagès posiert auf einer der geknickten Metallplatten, die in die wie Geißeln (»fléaux«) gewundenen, kantigen Eisenstangen geschweißt sind.

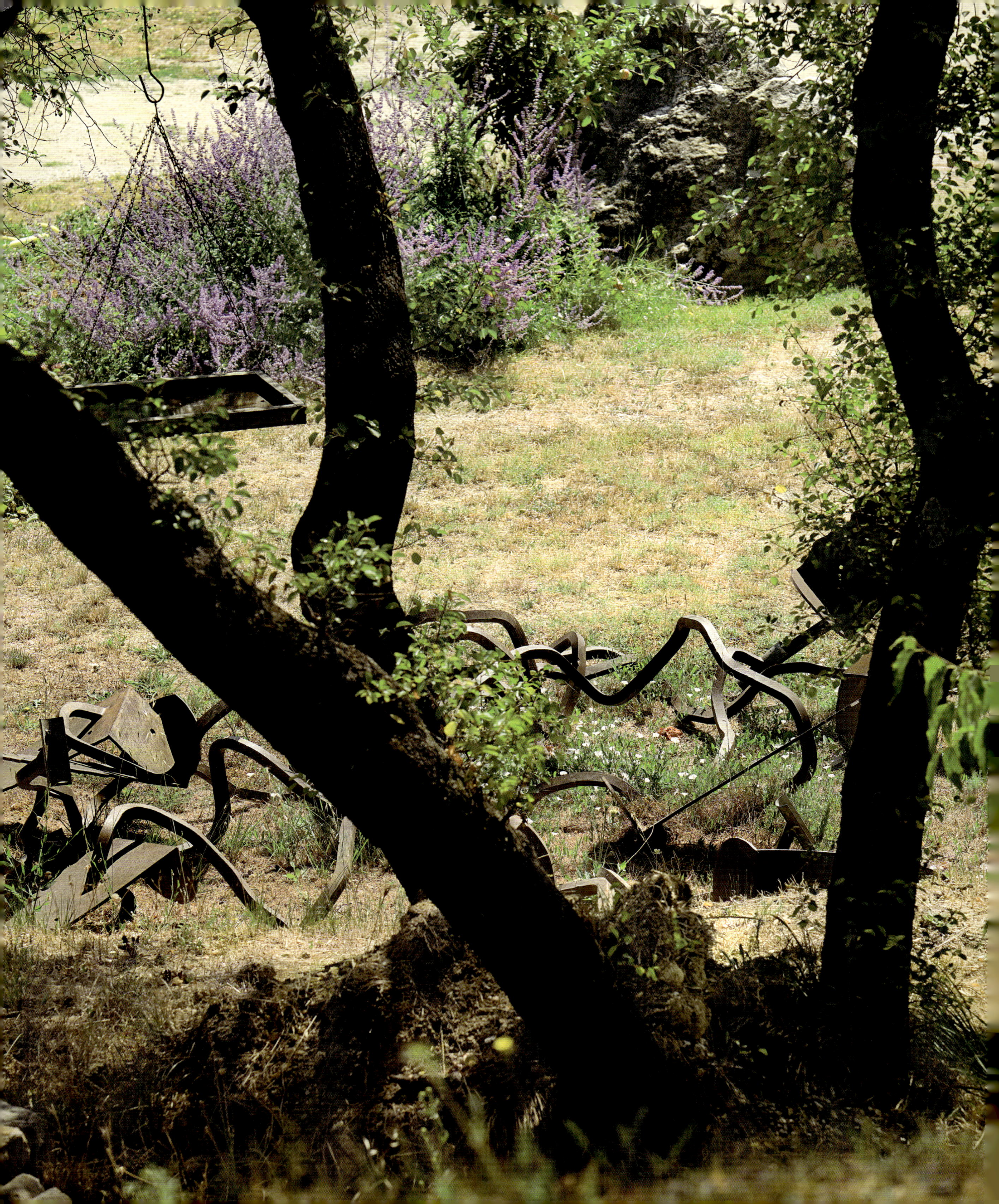

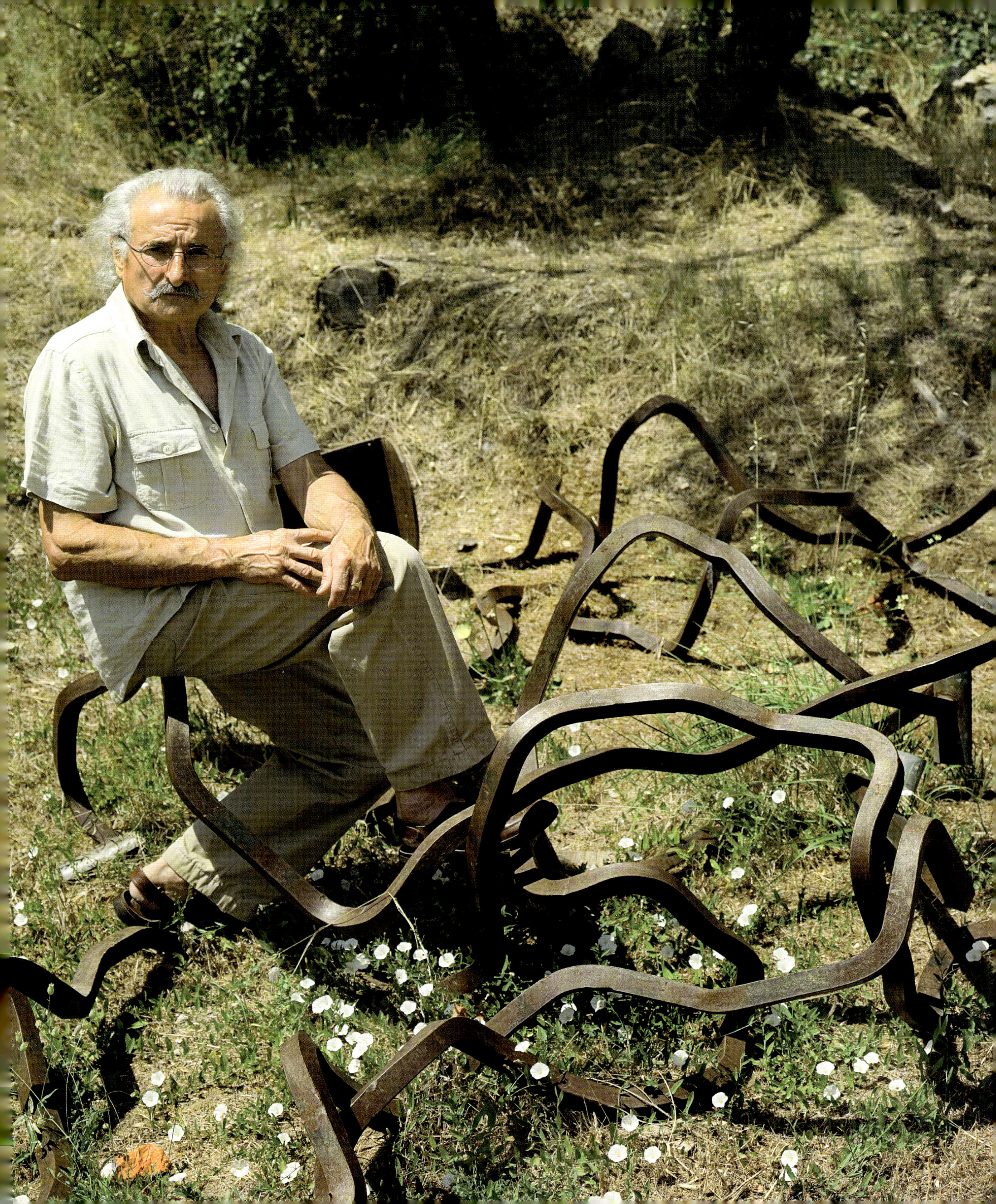

ANGELICA JULNER UND MICHEL MURAOUR

EIN GARTEN ALS STILLLEBEN

Oben: Angelica Julner und ihr Mann haben ein relativ kleines Terrain in einen liebevoll und ideenreich komponierten Garten verwandelt.

Rechts: Ein selbst gemauerter, runder Pool trägt im heißen Sommer zur Erfrischung der Besitzer bei. Das rechteckige Schwimmbecken der japanischen Zierkarpfen, auch Kois genannt, besteht aus einer alten Badewanne, die das Künstlerpaar in die Erde eingelassen und mit einem rötlichen Ziegelrand eingefasst hat.

Michel Muraour wurde 1943 in Grasse geboren. Nach dem Abitur studierte er an den Kunsthochschulen in Bourges und in Nizza. Eigentlich hatte er Designer oder Architekt werden wollen, doch als Muraour 1964 an der Kunsthochschule von Barcelona (Escuela Massana) in die Klasse des berühmten Keramikkünstlers Josep Llorens Artigas eintrat, wusste er, dass die gebrannte Erde sein Medium sein sollte. Sein Lehrer Llorens Artigas (1892–1980) revolutionierte die Kunst der Keramik, indem er traditionelle Formen mit neuen Techniken verband. Zahlreiche bedeutende Künstler des 20. Jahrhunderts wie Raoul Dufy oder Albert Marquet realisierten dank Artigas' Hilfe ihre Werke, und vor allem Pablo Picasso legte auf die Zusammenarbeit mit dem Katalanen und dessen gleichermaßen begabten Sohn Joanet Gardy Artigas größten Wert. In seinem Atelier lernte Michel Muraour, der während vieler Jahre ein enger Mitarbeiter von Vater und Sohn Artigas war, Joan Miró kennen. 1966 richtete er sein erstes eigenes Atelier ein und realisierte gemeinsam mit seinem Mentor die »Déesse de la Mer« für Joan Miró, die am Golfe de Juan ausgestellt wurde.

1970 kam Michel Muraour auf Bitte des Kunsthändlers und Mäzens Aimé Maeght nach St-Paul, um dort ein Keramikatelier einzurichten, das den Künstlern der Fondation zur Verfügung stehen sollte. Hier realisierten unter anderen Pierre Tal-Coat, Hans Hartung und Eduardo Chillida wichtige Keramiken. Zwei Jahre später ging Michel Muraour nach Katalonien zurück, um zahlreiche Aufträge für Joan Miró auszuführen.

Während all der Jahre, in denen Michel Muraour seine Hände anderen Künstlern geliehen hatte, um für sie Werke zu realisieren, entwickelte er unabhängig von diesen Einflüssen seine eigene Ausdrucksform. Seit seiner Rückkehr nach Frankreich stellt er Keramiken im eigenen Atelier her oder hilft anderen Künstlern bei der Herstellung.

Angelica Julner erblickte 1937 in Stockholm das Licht der Welt. Als vielseitig begabte und interessierte Künstlerin probierte sie verschiedene Kunstrichtungen aus: Collage, Skulptur, Keramik und vor allem die Fotografie, mit der sie ihre größten künstlerischen Erfolge feierte, wurden zu ihren bevorzugten Ausdrucksformen.

Die Schwarz-Weiß-Arbeiten der Schwedin sind keine Bilder, die gängigen ästhetischen Idealen entsprechen. Ihr Hauptthema ist der menschliche Körper, wobei sie nie perfekt gestylte, jugendlich straffe Models zeigt. Schnappschüsse von Kindern, eine Schweineschlachtung oder inszenierte Situationen wie die Aktbilder alternder Frauen und Männer, die ihre Gesichter hinter Masken verstecken, sind ihre Themen. Ungewöhnliche Blickwinkel zeichnen die Fotografien aus, die niemals voyeuristisch oder vulgär sind, sondern vielmehr voll von Humor, Situationskomik und Liebe zu den Menschen in all ihrer Verletzlichkeit und Sensualität. Es sind die unangepassten Bilder einer Frau, die das Leben liebt und es bejaht. Angelica Julner bezeichnet ihre Arbeiten selbst als »naturrealistisch«, da sie die Natur von ihrer ungeschminkten Seite zeigt. Zahlreiche Ausstellungen vor allem in Frankreich und Schweden bestätigen ihren internationalen Erfolg.

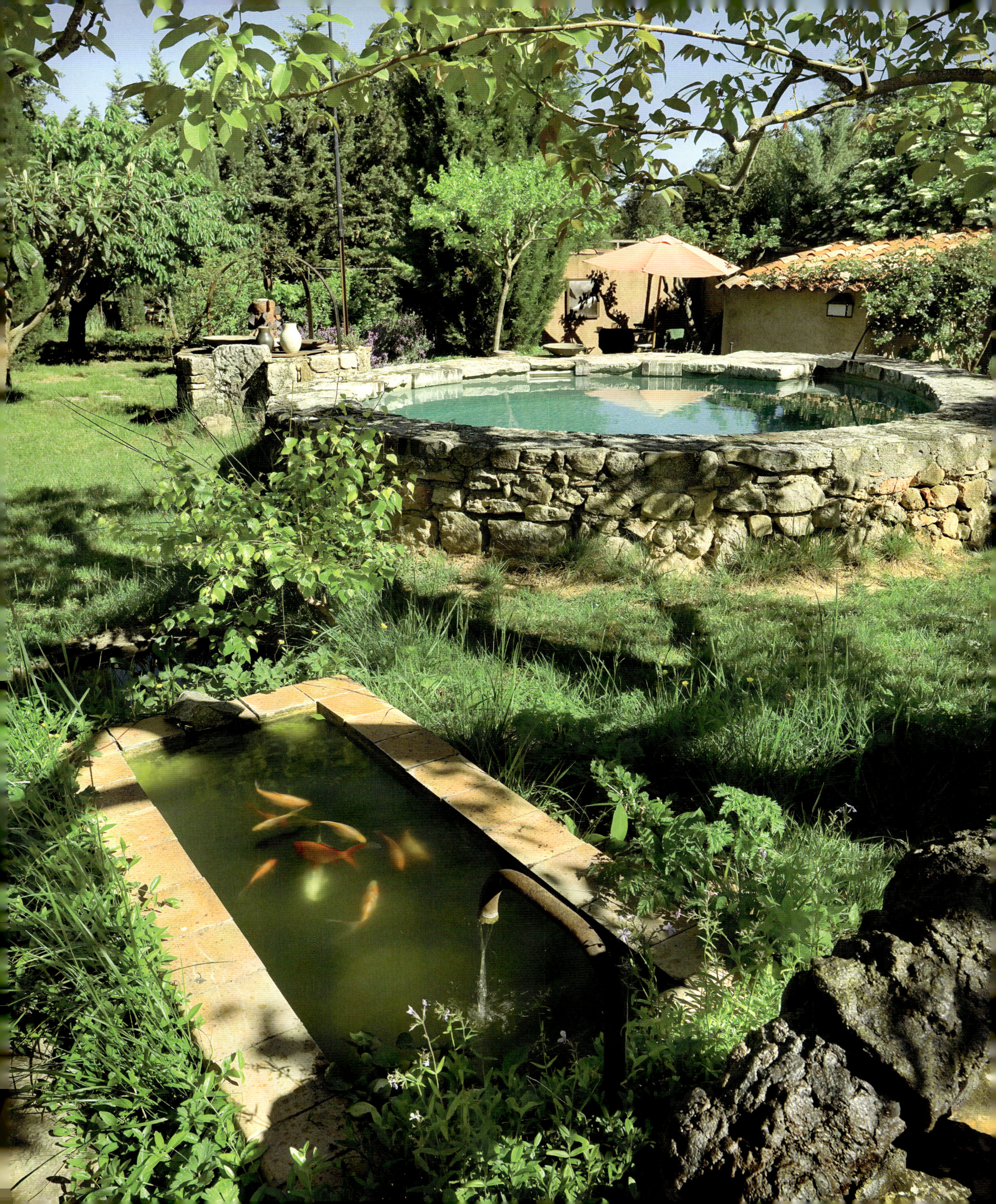

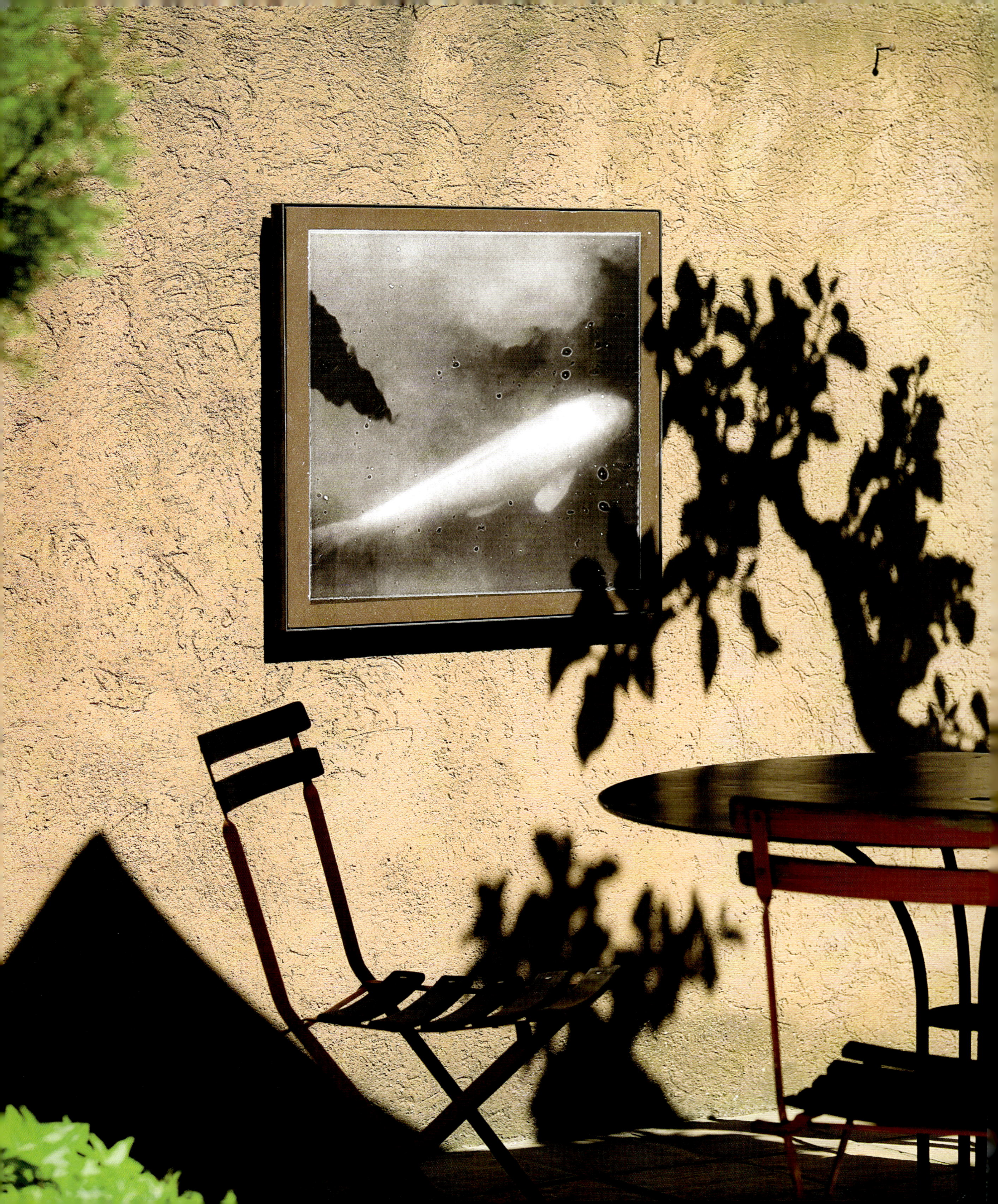

Links: Die Außenmauer des Gartenhauses schmückt eine wetterbeständige Arbeit von Angelica Julner, in der sie die Fotografie eines Koi-Karpfens mit Keramik verschmilzt. Den Untergrund bildet eine dunkle Platte aus Lava.

Folgende Doppelseite, links: Der Garten besticht durch das Zusammenwirken von Pflanzen und Keramiken, wie hier durch eine Schale und eine große Vase von Michel Muraour (links oben und rechts unten) sowie einen »Kimono« von Angelica Julner (links unten). Die Skulptur der beiden einander verschlingenden Monster, »Les Impossibles«, ist eine Arbeit von Peter Tillberg, der wie zahlreiche andere Künstler zeitweilig mit Michel zusammenarbeitet.

Folgende Doppelseite, rechts: Blick durch die offene Holztür auf einen »Palmenstamm« von Michel Muraour, der an dem Übergang zwischen äußerem und innerem Garten steht.

Eigentlich wollten Angelica Julner und Michel Muraour gar nicht in Abgeschiedenheit weit außerhalb eines belebten Ortes wohnen. Als Angelica Julner Anfang der 1970er Jahre nach Frankreich kam, ließ sie sich darum auch in Fox-Amphoux nieder, wo sie 1984 im Ortskern die Ruine eines alten Hauses kaufte und renovierte. Doch verlangten die Keramikarbeiten des Künstlerpaars einen geräumigen Brennofen, der wegen seiner Größe und aus Sicherheitsgründen nicht inmitten einer Ortschaft errichtet werden konnte. So erstanden Michel Muraour und Angelica Julner ein Grundstück in der Nähe von Fox-Amphoux, um dort einen ersten Ofen zu bauen, ein zweiter kam einige Jahre später hinzu. Doch im Laufe der Zeit erwies sich das Hin- und Herpendeln zwischen dem Wohnhaus im Ortskern und dem Atelier als unpraktisch. So errichtete das Künstlerpaar neben dem Keramikatelier ein kleines, gemütliches Wohnhaus, unter dessen Dach auch die Dunkelkammer zur Entwicklung der großformatigen Schwarz-Weiß-Fotos Platz fand.

Man gelangt über freie Wiesen und Äcker auf einem Feldweg zu dem Anwesen, das man aus der Ferne lediglich aufgrund eines kleinen Waldes ausfindig macht. Es liegt isoliert auf dieser weiten Ebene, die ungeschützt den Kräften des Mistrals ausgesetzt ist, eines kalten Nordwinds, der den Boden austrocknet und seit jeher das Leben der Provenzalen beeinflusst hat. Aus diesem Grund ist das Haus von Angelica Julner und Michel Muraour niedrig und duckt sich in den Garten. Um Haus und Garten gegen die Nordwinde zu schützen, mussten die beiden zunächst ihr Terrain mit einem dichten Wall aus hoch wachsenden Koniferen und Zypressen umpflanzen. An der Nord- und Nordwestseite des Grundstücks wurde diese grüne Mauer zum Teil durch Steinmauern oder eine zweite Reihe aus Hecken verstärkt, und bei jedweder weiteren Pflanzung wurde die Kraft des Windes mitberücksichtigt.

In einer solchen Region müssen sich die Bewohner nicht nur gegen den Wind, sondern auch gegen die Sonne schützen, die im Sommer gnadenlos die Erde versengt. So bestimmen neben den als Windschutz dienenden Hecken hohe Bäume mit dichten, weit ausladenden Kronen als Schattenspender die Gärten. Während auf öffentlichen Plätzen riesige Platanen diese Funktion übernehmen, überspannen vor allem Nuss- und Maulbeerbäume mit ihrem dichten Blattwerk den intimen Privatgarten. Schon vor dem Haus teilen sich ein Maulbeerbaum und eine Weinlaube diese Aufgabe. So wie in jeder schattigen Ecke des Gartens befindet sich auch hier eine Sitzgruppe, deren runder Tisch mit hohen, eckigen Keramikvasen von Michel Muraour geschmückt ist. Es ist, als ob bereits im Eingangsbereich ein Thema angestimmt wird, dessen Variationen man allüberall im Garten begegnet: Töpfe, Vasen oder Schalen aus Keramik gruppieren sich auf kleinen Mauern oder Tischen zu Stillleben, oder man trifft unter Bäumen einen »Palmenstamm« von der Hand des Künstlers. Die Schalen und Vasen des Künstlerpaares zeichnen sich durch besonders feine Glasuren und emaillierte Oberflächen aus. Michel Muraour entwickelte eine besondere Technik zum Brennen seiner »Palmstämme«, großformatiger, glasierter Keramiken, die wie Abgüsse dieser Bäume wirken und sich in die Umgebung eines Gartens oder Parks ganz natürlich einfügen. Die Keramiken von Michel Muraour und Angelica Julner treten immer mit ihrer Umgebung in einen sanften Dialog, fügen sich ein und betonen die Formen und Farben der sie umgebenden Pflanzen.

Durch ein seitliches Holztor gelangt man in den inneren Garten, der geschützt hinter dem Haus liegt. Umschlossen von Hecken und Bambus, besticht die grüne Oase durch eine Vielfalt unterschiedlicher Blumen und Stauden, die sich mit den künstlerischen Arbeiten ein attraktives Stelldichein geben.

Eine alte Glyzinie (*Wisteria*) spannt sich als dichtes Dach über die Gartenterrasse, auf der schattenliebende Pflanzen wie Funkien (*Hosta sieboldiana*) in großen Töpfen prangen. Unmittelbar vor der Terrasse liegt in das Gras gebettet ein von Ziegeln eingefasstes, rechteckiges Wasserbecken. Über eine gekrümmte Leitung fließt in leisem Plätschern unentwegt etwas Wasser zu, das auf der gegenüberliegenden Schmalseite in ein rundes Becken überläuft. Das Wasser wirkt durch den tiefen Schatten der alten Kastanie, die hier im Sommer angenehme Temperaturen garantiert, dunkelgrün. Umso heller leuchten die weißen, gelben und orangefarbenen Körper der Brokatkarpfen (Kois), die sich in dem Becken tummeln.

Inmitten der Rasenfläche fasst eine etwa einen Meter hohe Mauer aus Natursteinen ein rundes Schwimmbecken ein, das man über zwei hohe Stufen erreicht. Die beiden Künstler strichen das Innere des selbst gebauten Pools, der sich mit fünf Metern Durchmesser harmonisch den Dimensionen des Gartens anpasst, in einem dunklen Türkiston, der die Farbe des Himmels widerspiegelt.

Ein weiteres Element vollendet die Trilogie zum Thema Wasser: Direkt neben dem Schwimmbecken

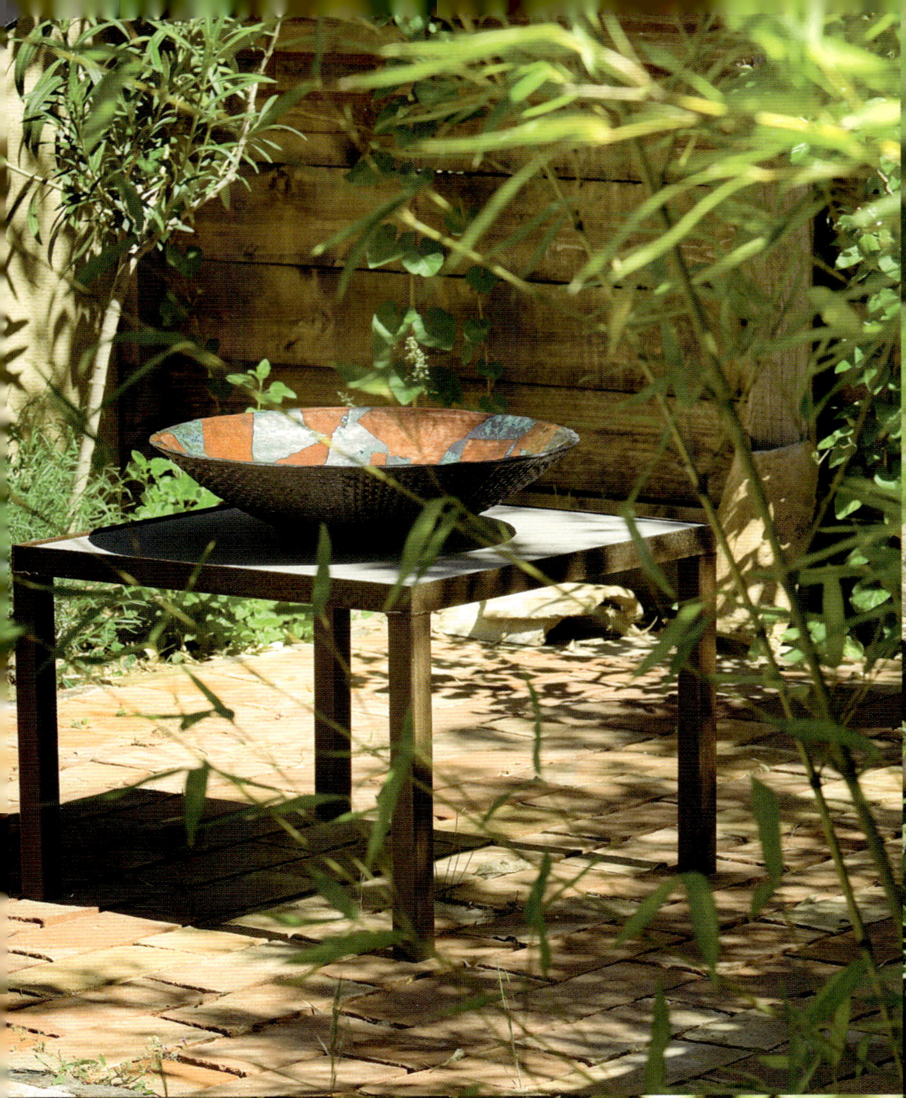
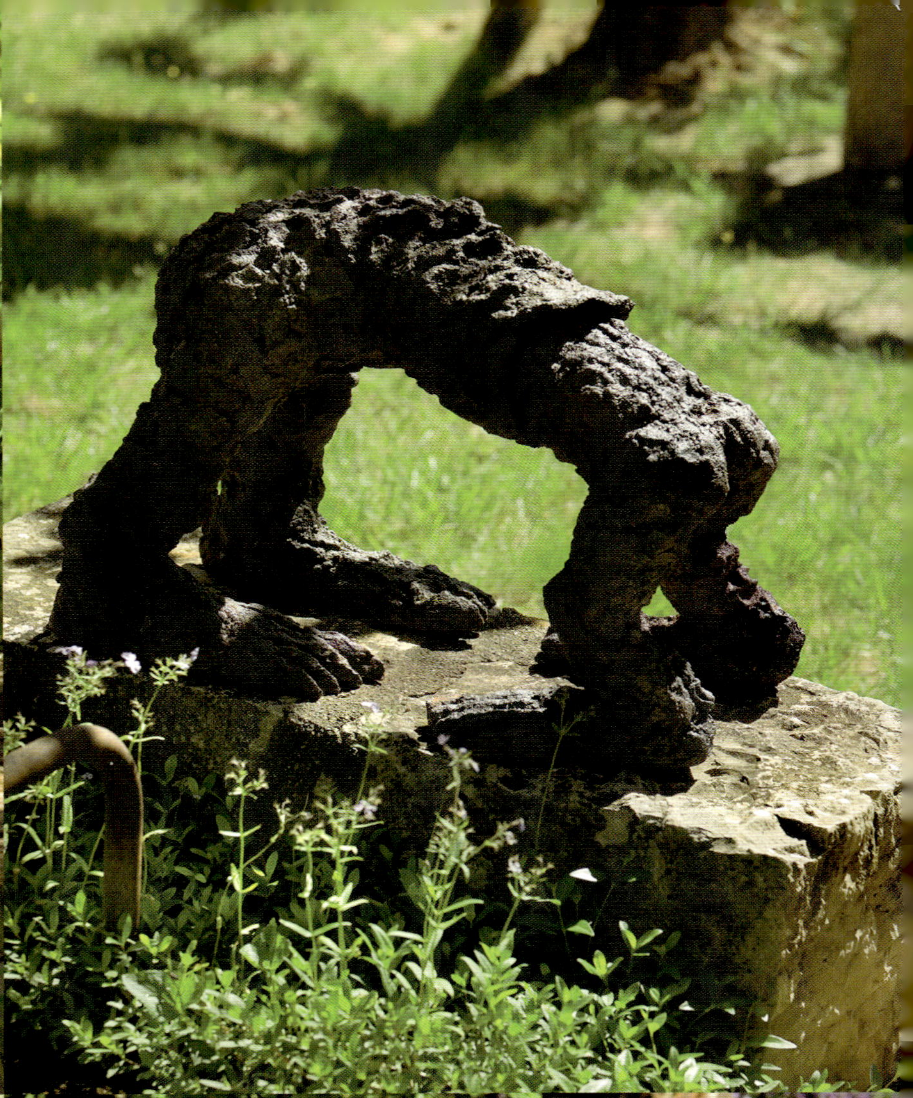
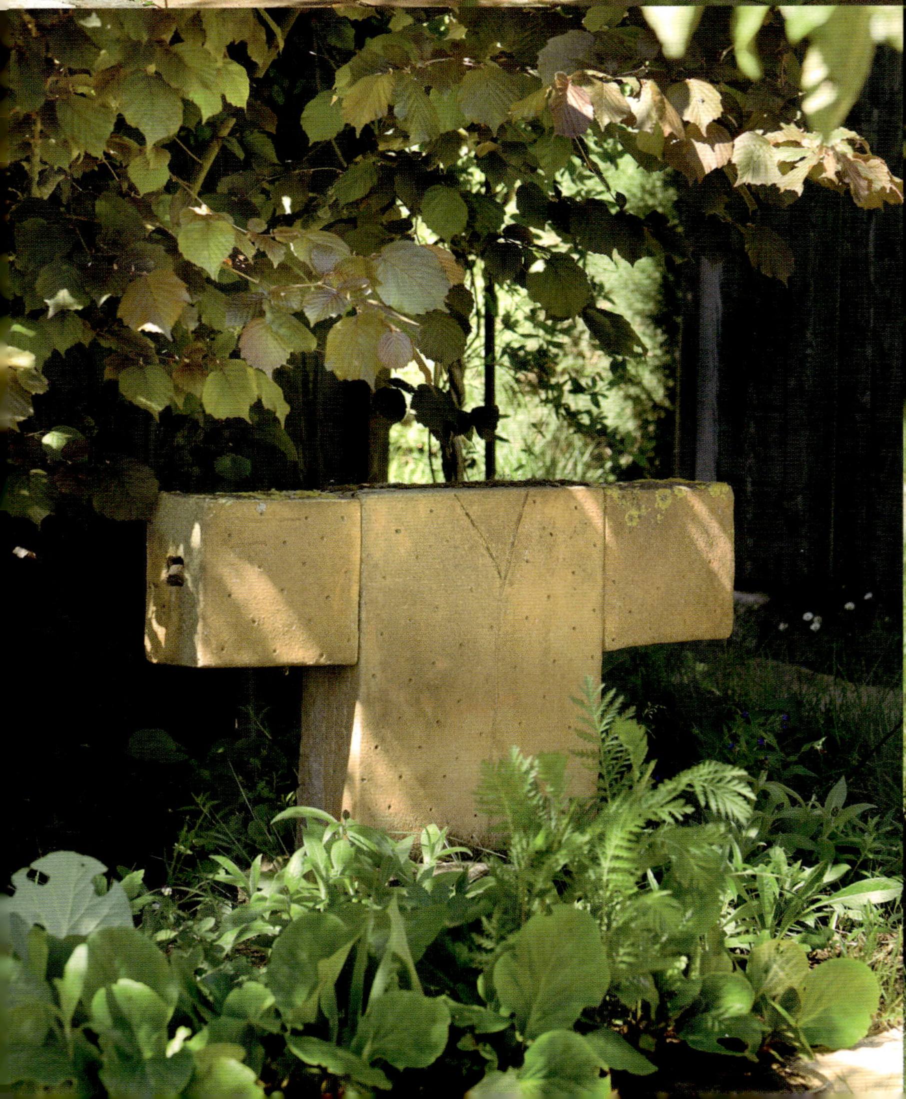
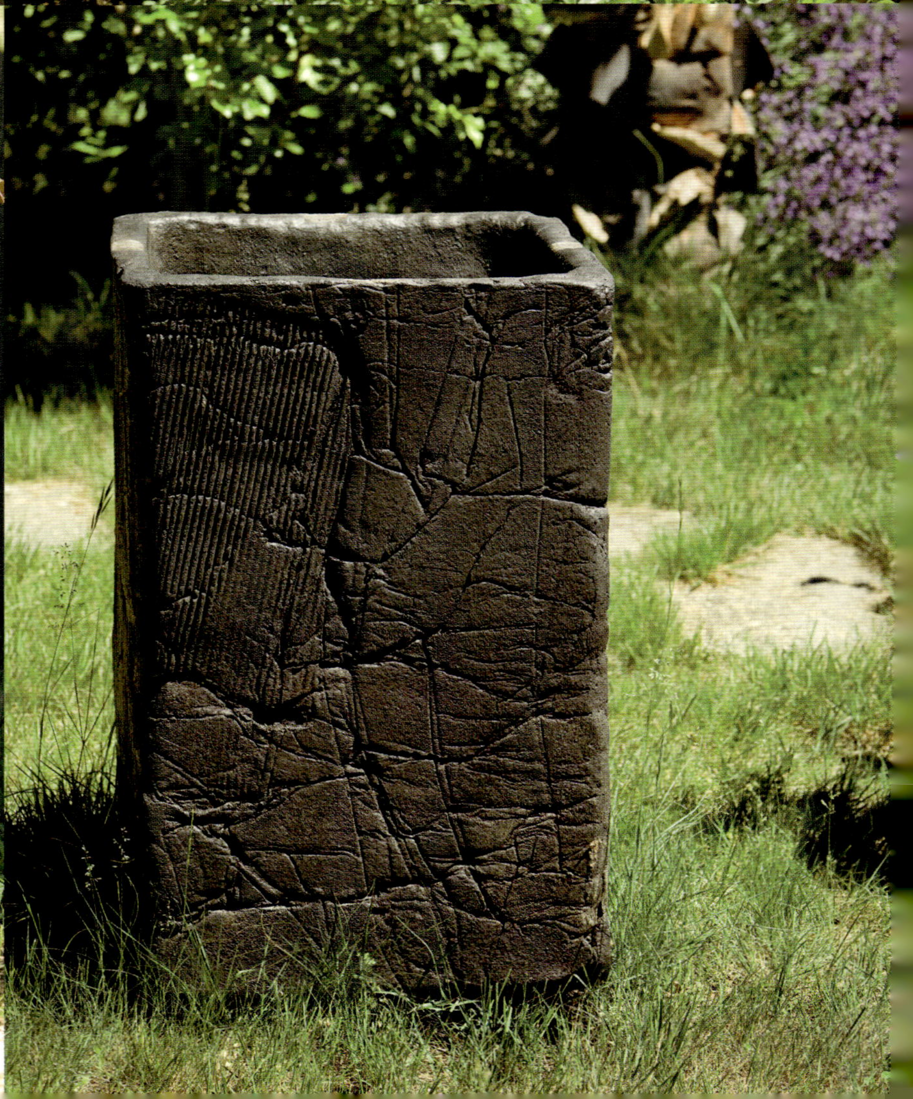

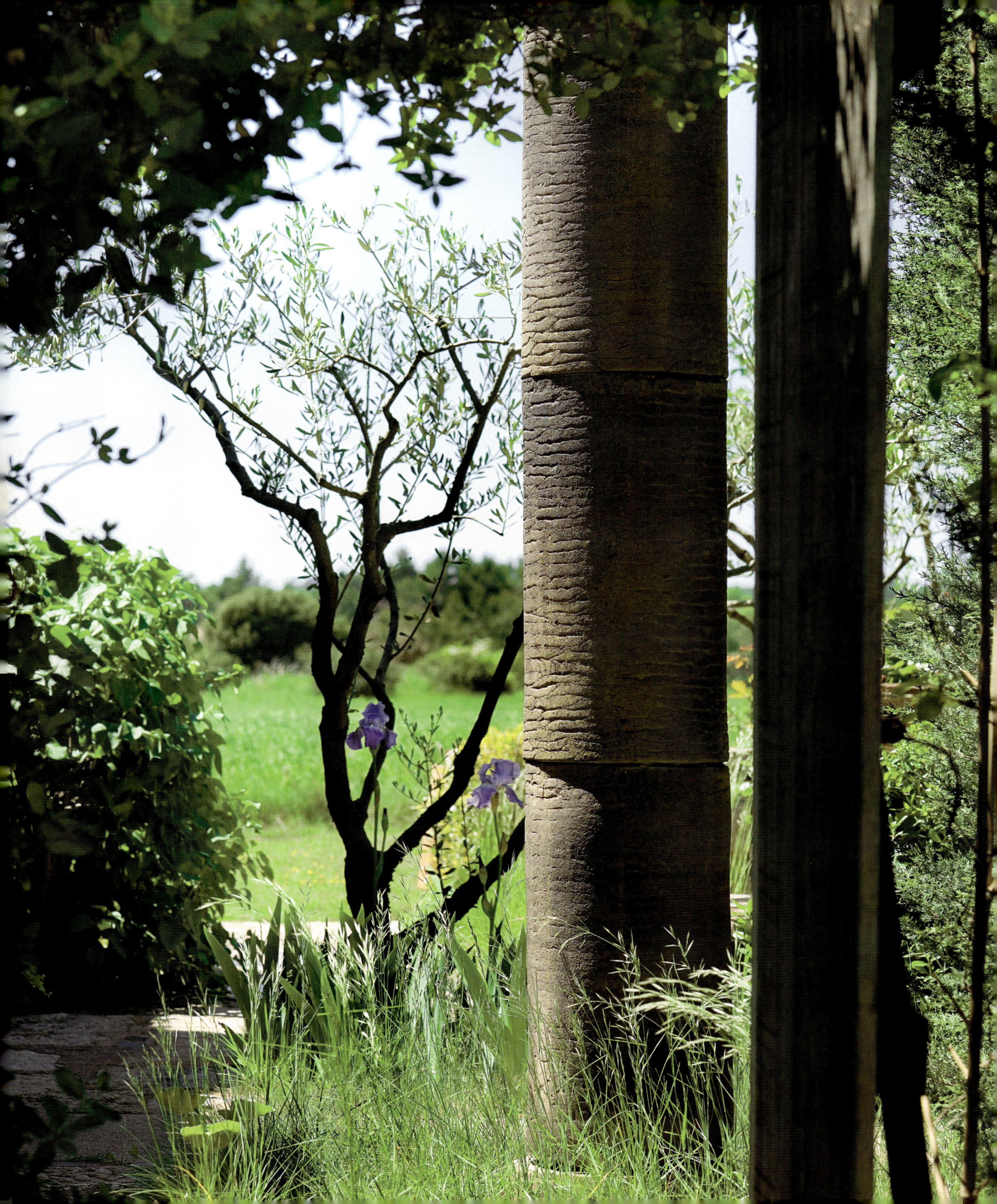

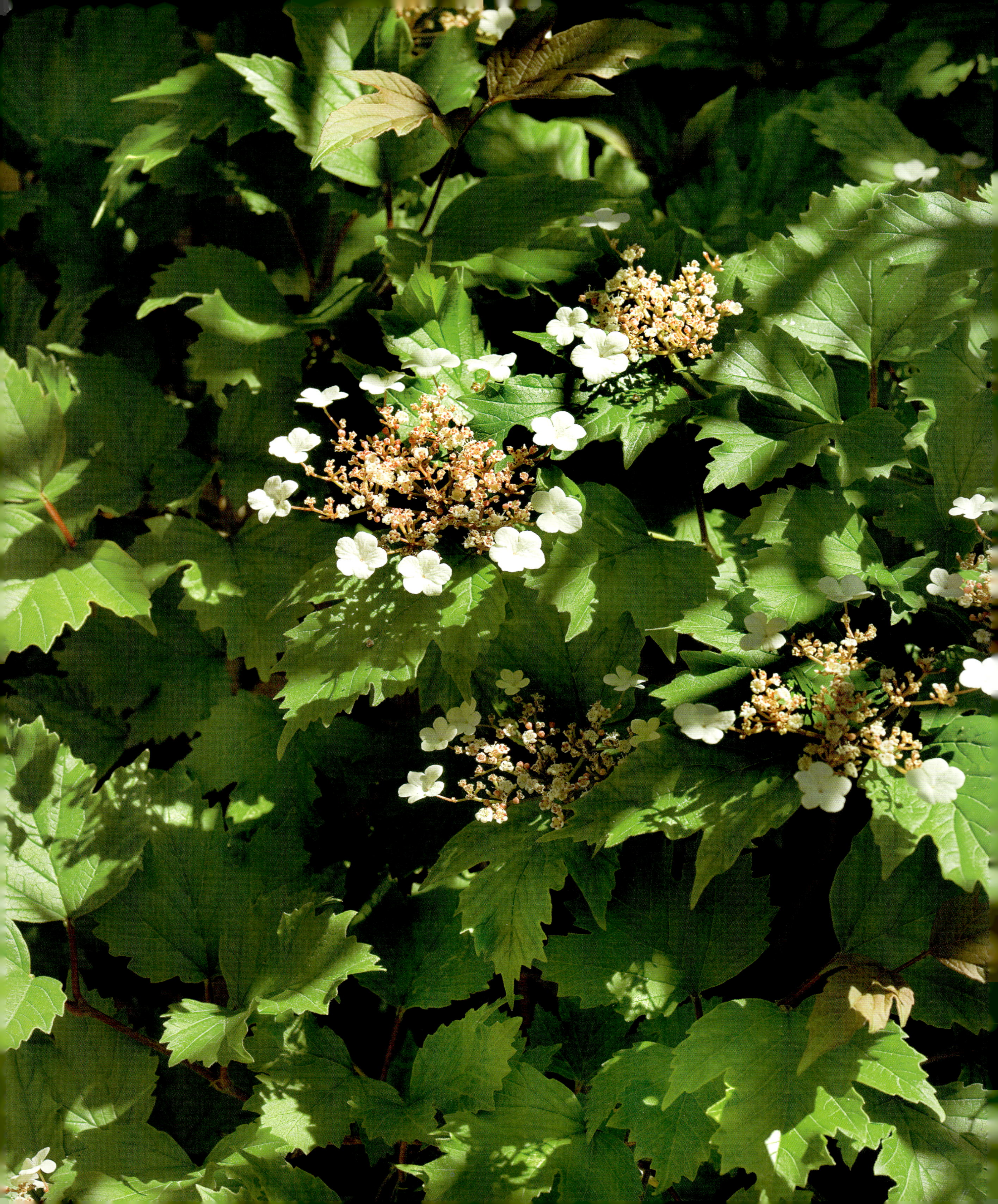

Oben: Stillleben von Keramiken des Künstlerpaars finden sich an verschiedenen Stellen des Gartens, so auf einem stillgelegten Ziehbrunnen (links) oder auf und entlang einer Mauer (rechts).

Links: Die zarten, weißen Blüten der *Hydrangea quercifolia*, einer Hortensienart, öffnen sich gleich Feuerwerkskörpern vom Rand der Dolde zur Mitte hin. Der lateinische Name bezieht sich auf das dem Eichenblatt ähnliche Laub.

Folgende Doppelseite: Rosen aus dem eigenen Garten schmücken den Tisch unter einer Laube aus wildem Wein, wo sich Angelica Julner und Michel Muraour gerne aufhalten.

steht ein alter, steinerner Ziehbrunnen, der heute allerdings außer Funktion ist. Auf einer großen Eisenplatte, die das Brunnenloch abdeckt, arrangiert Angelica Julner je nach Jahreszeit ihre Stillleben aus hohen Vasen, Schalen oder kleinen Töpfen mit Sukkulenten unterschiedlicher Art und Struktur. Über den eisernen Bogen, der einstmals die Winde trug, mittels derer ein Eimer in den Brunnen gelassen werden konnte, rankt sich eine *Rosa banksiae*. Hohe Stauden gelber Schafgarben und Phlox runden das romantische Bild ab. Ein Duo in Weiß und Silber bilden die Gruppen der Floribunda-Rose *Fée des Neiges* (auch als »Iceberg« oder – im deutschen Sprachraum – als »Schneewittchen« bekannt), die vom Frühjahr bis in den Spätherbst mit schneeweißen Blüten überschüttet ist, und eines üppigen Salbeibusches, ergänzt durch eine Keramikskulptur.

Von hier aus gelangt man über einen schmalen Pfad in ein dichtes Bambus-Wäldchen, welches den Garten nach hinten abschließt. Dort versteckt sich – völlig abgeschieden von Haus und Garten – ein kleines Gästehaus, welches das Ehepaar für ihre erwachsenen Kinder errichtet hat.

Einige Schritte weiter befindet sich das geräumige Atelier mit den beiden Brennöfen. Häufig stellen Angelica Julner und Michel Muraour ihre Kenntnisse und ihr Atelier Künstlern zur Verfügung, die, aus anderen Sparten wie etwa der Malerei kommend, Erfahrungen mit der Technik der Keramik sammeln wollen.

Auf der dem Atelier gegenüberliegenden Seite des Gartens liegt ein großer Obstgarten mit Weinstöcken und Olivenbäumen. Auch in diesem Teil beleben Stillleben mit großen, bauchigen Gefäßen und Schalen die Pflanzungen. Zwischen den ziegelfarbenen Kacheln des Weges, der dorthin führt, leuchten Bruchstücke weiß-blau gemusterter Fliesen.

Der Garten von Angelica Julner und Michel Muraour trägt die Handschrift zweier Künstlerpersönlichkeiten: Michel, der durch seine Keramiken präsent ist, und Angelica, die mit dem Auge der Fotografin die Arbeiten ihres Mannes wie auch ihre eigenen in eine Wolke von Blüten und Grün hineinkomponiert.

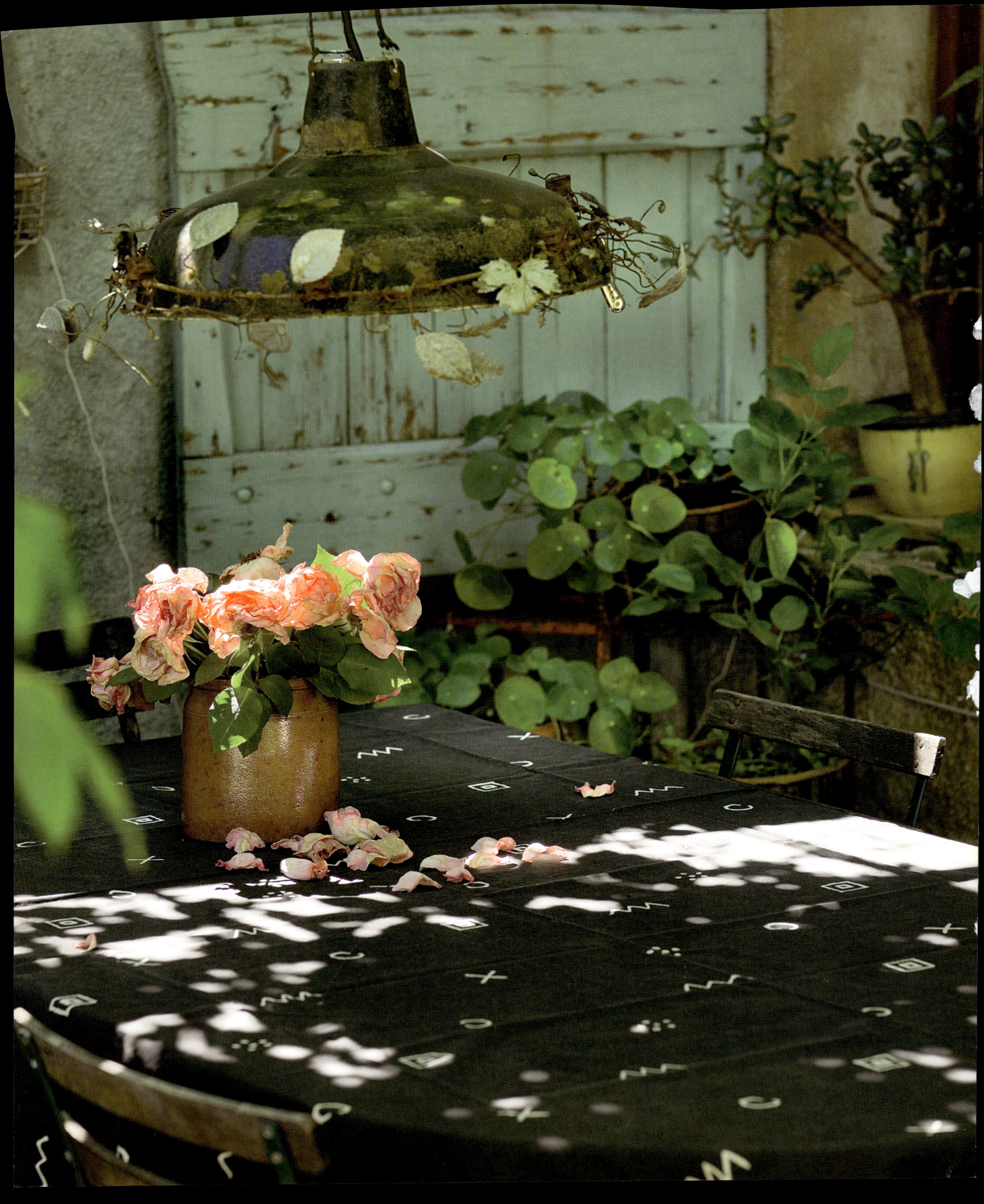

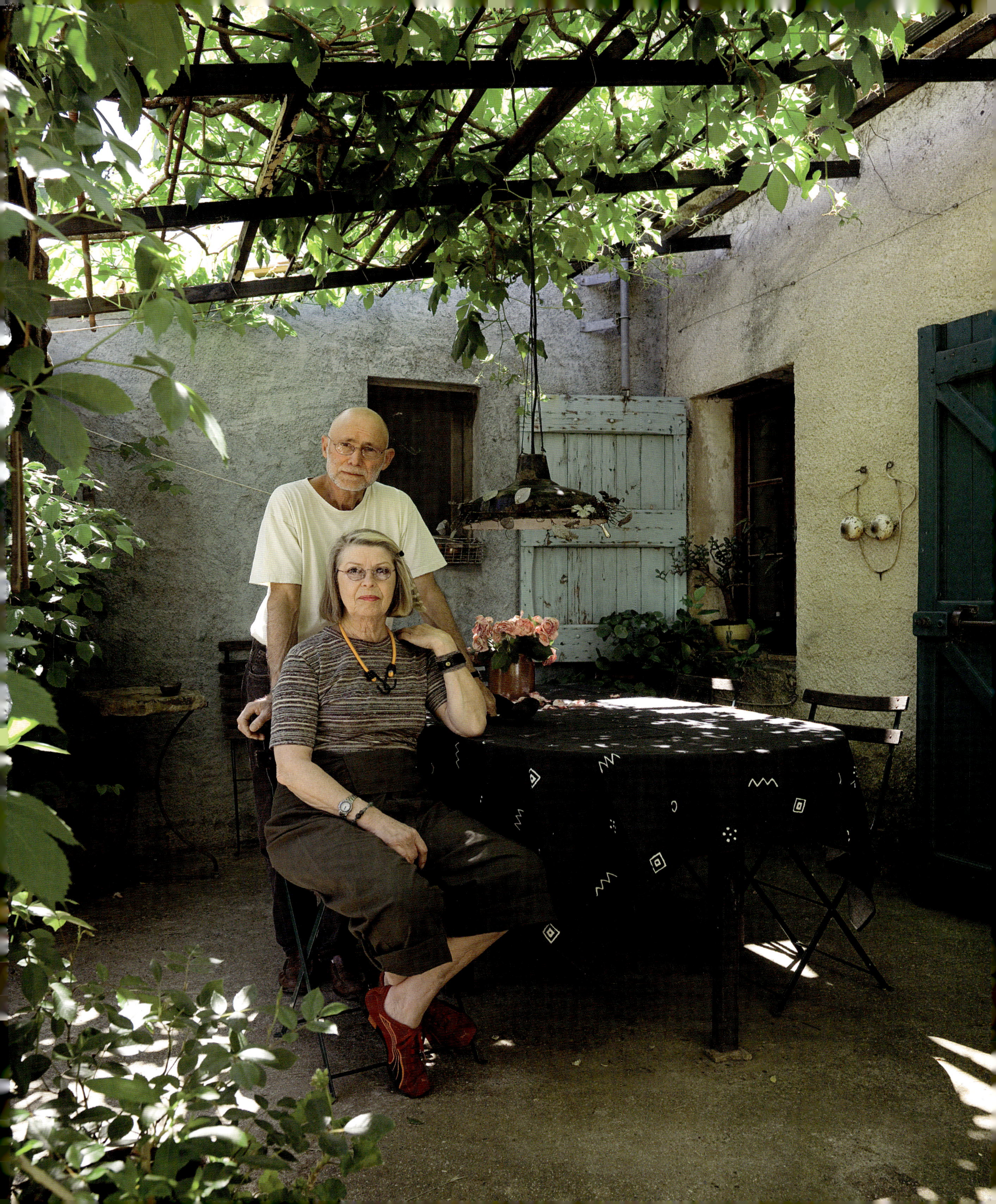

FONDATION MAEGHT

EIN KOLLEKTIVER TRAUM

Rechts: Joan Miró war als enger Freund von Marguerite und Aimé Maeght wesentlich an der Entstehung der Fondation und des Gartens beteiligt. Die über fünf Meter hohe Skulptur »La Fourche« (»Die Gabel«) hat der Künstler 1963 für das »Labyrinth« geschaffen, dessen Endpunkt sie weithin sichtbar markiert.

Folgende Doppelseite: Die alten Bäume sind konstituierender Bestandteil des Gartens, der rund um die Stiftung angelegt wurde. Die langen Schatten der alten Kiefern auf dem Rasenteppich vor den Gebäuden der Sammlung sind Teil der Komposition dieses Bereichs. Hier sind neben wechselnden Skulpturen Werke von Eduardo Chillida (»Iru Burni«, 1966–69, links vorne), Alexander Calder (»Les Renforts«, 1965, links hinten) und Hans Arp (»Pepin géant«, 1966, rechts im Hintergrund neben dem Eingang) zu sehen.

Die Geschichte der Fondation Maeght ist an zwei außergewöhnliche Persönlichkeiten geknüpft, das Ehepaar Marguerite und Aimé Maeght, und deren Freundschaften zu bedeutenden Künstlern des 20. Jahrhunderts.

Aimé Maeght wurde 1906 in Hazebrouk in Nordfrankreich in einfachsten Verhältnissen geboren, Marguerite erblickte 1909 in Cannes als Kaufmannstochter das Licht der Welt. Durch die Wirren des Ersten Weltkrieges in die Provence gekommen, absolvierte Aimé die Technische Hochschule in Nîmes und anschließend eine Ausbildung als Zeichner und Lithograf in der Druckerei Robaudy in Cannes. Hier lernte er Marguerite kennen, die er 1928 heiratete. Zwei Jahre später gründete Aimé seine erste eigene Druckerei, behielt jedoch seine Arbeit bei Robaudy bei. 1932 gab Pierre Bonnard, der zu diesem Zeitpunkt bereits ein anerkannter Künstler war, den Druck einer Lithografie bei Robaudy in Auftrag. Aimé Maeght übernahm die Arbeit. Bonnard erkannte sofort die hohe Sensibilität und das Geschick des jungen Druckers, der seinerseits zu diesem Zeitpunkt noch wenig von zeitgenössischer Kunst verstand.

Im selben Jahr eröffnete das Ehepaar Maeght in Cannes ein Geschäft für Dekoration und Funkgeräte, das beide mit Bildern lokaler Maler dekorierten. Mit dem Beginn des Zweiten Weltkrieges wurde die Versorgungslage schwieriger, und so musste das Ehepaar beobachten, wie ihre Handelsartikel abverkauft wurden und nur noch die Gemälde übrig blieben. Auf diese Weise verwandelte sich der Laden völlig unvermutet in eine Galerie. Da die Côte d'Azur trotz der Kriegswirren ein Schmelztopf intellektueller und vor allem auch finanzkräftiger Persönlichkeiten blieb, fanden sich ungeachtet der politischen Situation Käufer für Kunst. Die erste Galerie des Ehepaars Maeght, »Arte«, war geboren, lebhaft unterstützt von Pierre Bonnard, der ein Freund der Familie geworden war. Er war es auch, der Aimé Maeght dazu überredete, sich in Paris als Kunstverleger und -händler niederzulassen. Bonnard stellte dem Ehepaar Henri Matisse vor, der damals in Vence nur wenige hundert Meter von den beiden entfernt wohnte. Matisse, mit dem ihn bald eine Freundschaft verband, sagte Aimé seine uneingeschränkte Unterstützung zu und stellte zur Eröffnung der Pariser Galerie »Maeght« seine neuesten Werke zur Verfügung.

So ergab sich ein Kontakt nach dem anderen, und schon bald zählte die »Crème de la Crème« unter den Künstlern des 20. Jahrhunderts nicht nur zu den »Geschäftspartnern«, sondern vielmehr zum Freundeskreis von Marguerite und Aimé Maeght, deren Gastfreundschaft legendär war. Künstler waren für sie Freunde und Teil einer großen Familie, weshalb auch niemals Verträge ausgehandelt wurden: Alles basierte auf dem gemeinsamen Enthusiasmus für die Kunst und auf gegenseitigem Vertrauen.

Die Pariser Galerie zählte bereits Anfang der 1960er Jahre zu den wichtigsten Foren innerhalb

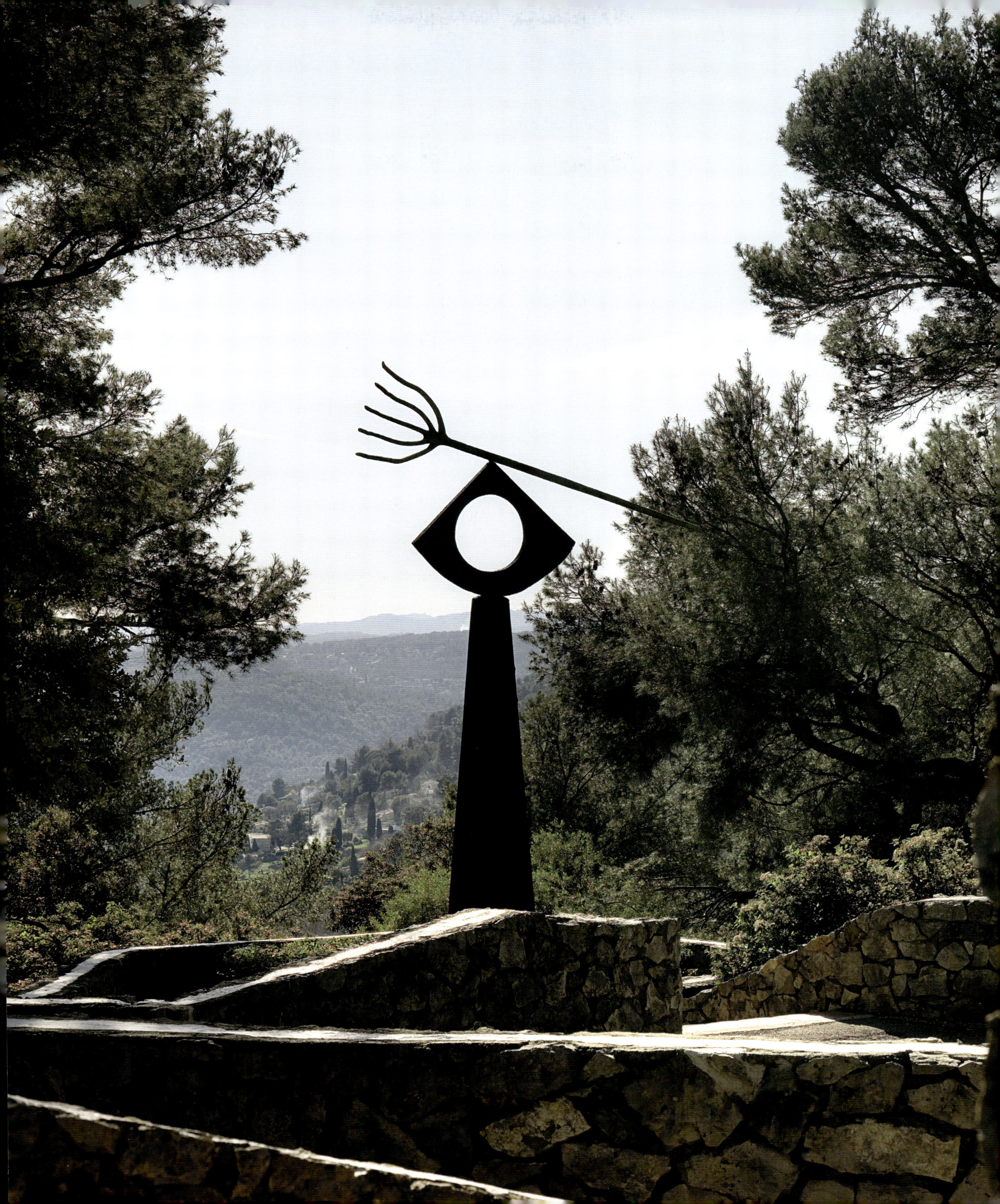

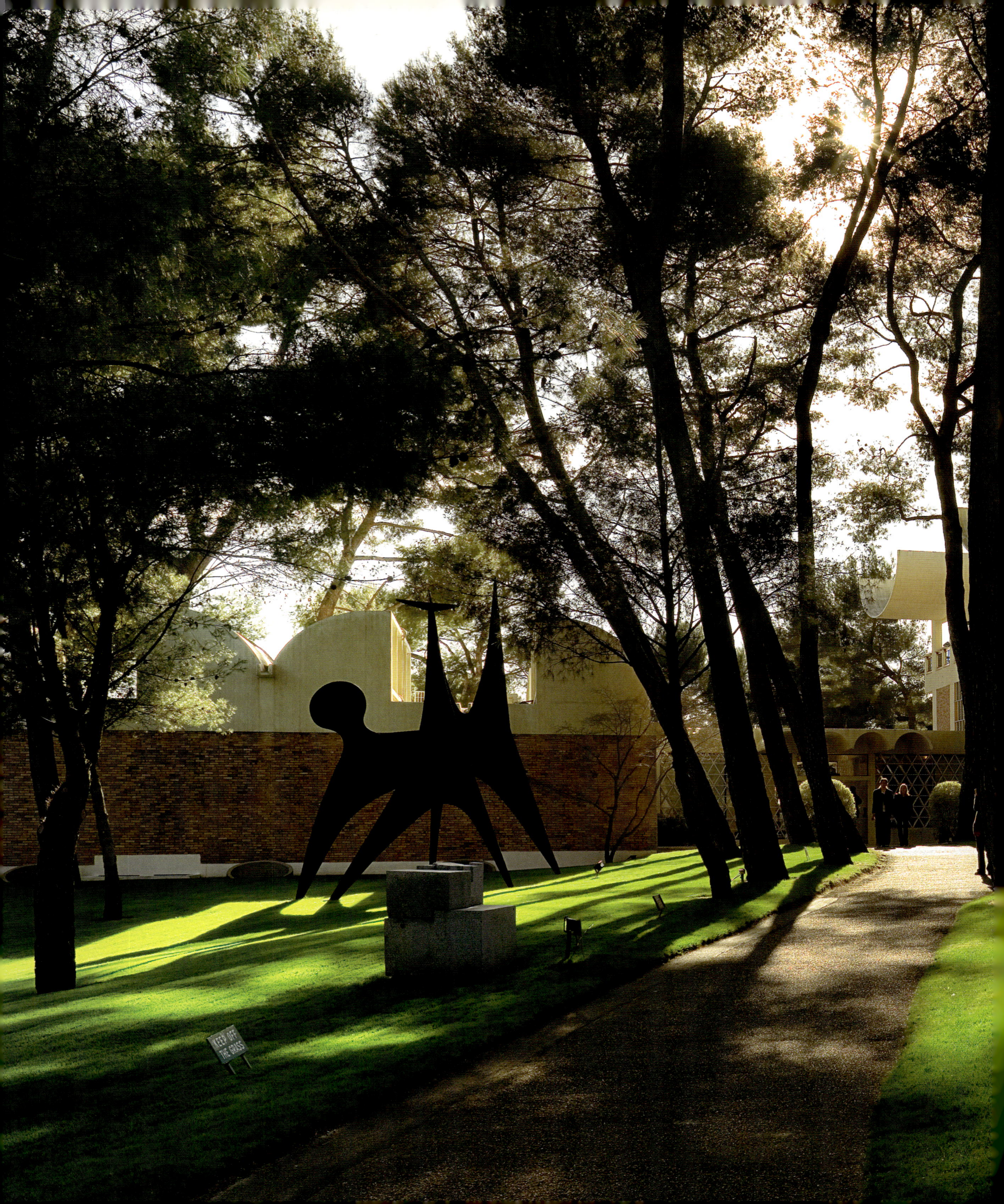
KEEP OFF
THE GRASS

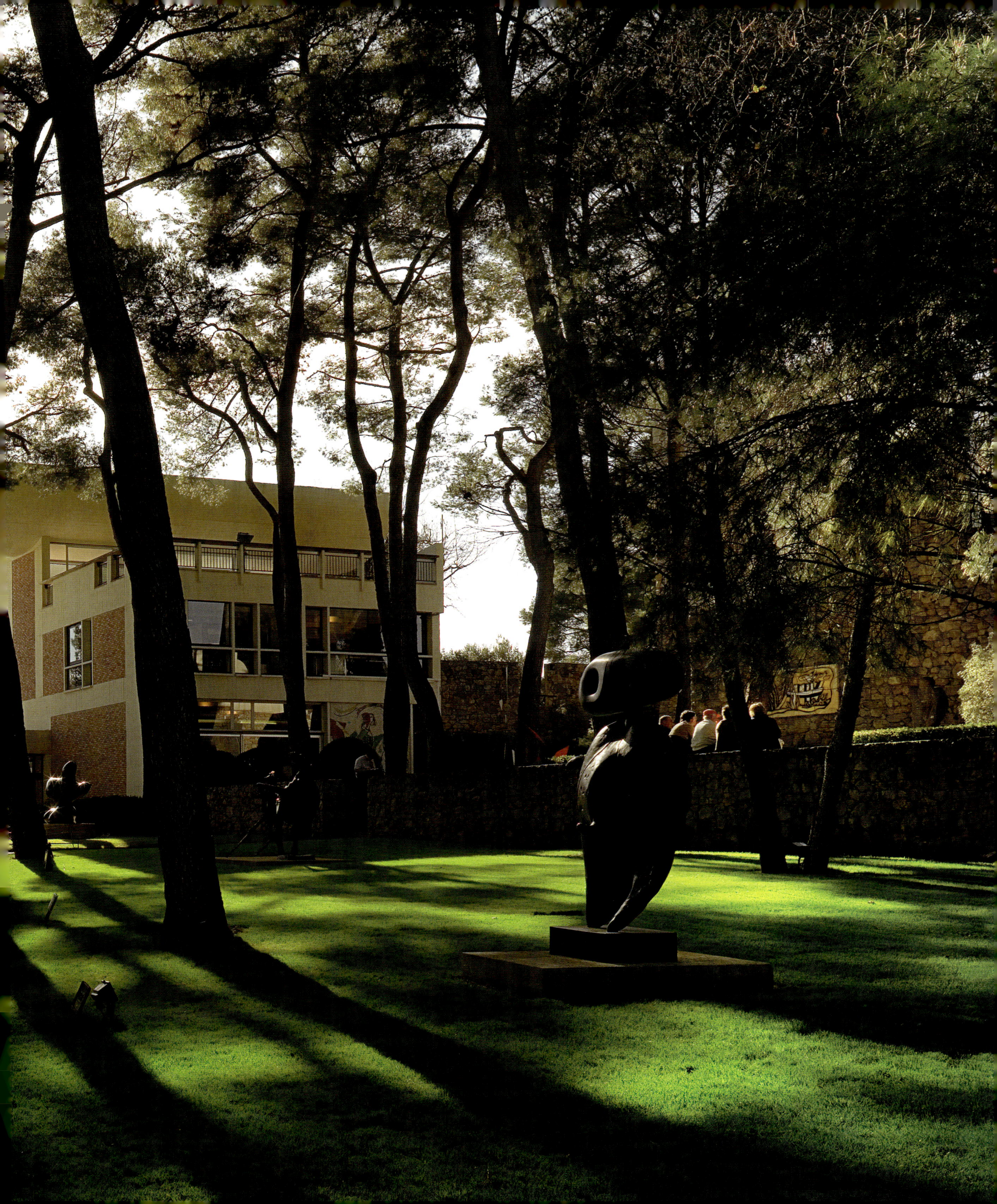

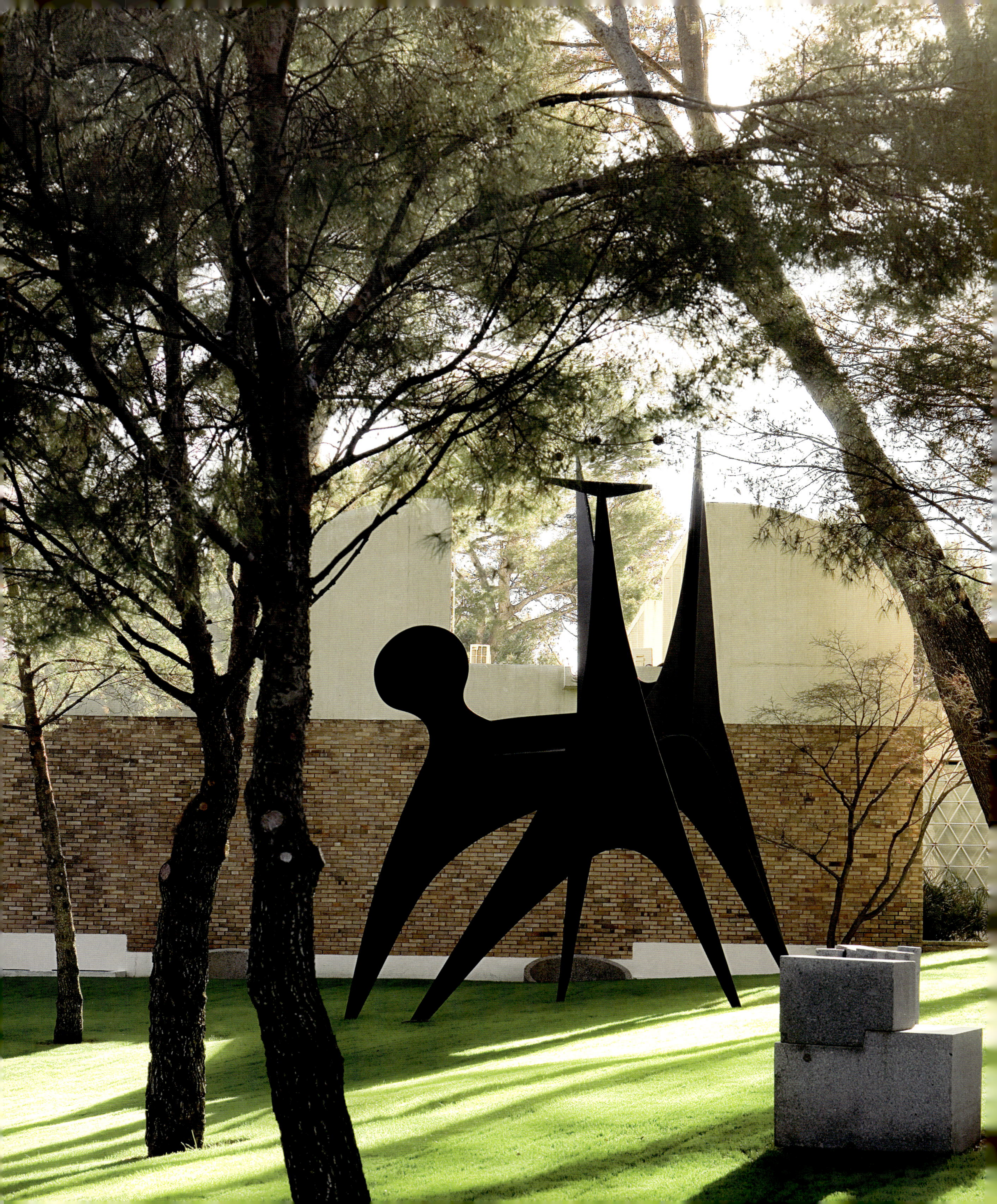

Links: Die für die Fondation entstandene Skulptur »Les Renforts« von Alexander Calder vermittelt trotz ihrer ausladenden Dimension Leichtigkeit und fügt sich in ihrer Schablonenhaftigkeit spielerisch in das Licht- und Schattenspiel der vom Wind geformten Pinienstämme ein.

Folgende Doppelseite, links: In einer Achse des »Labyrinths« platzierte Miró seine »Déesse«. Diese »Göttin« ist über einen Meter fünfzig hoch und entstand 1963 im eigens für die Künstler der Stiftung eingerichteten Keramikatelier vor Ort.

Folgende Doppelseite, rechts: Auch im »Labyrinth« Joan Mirós wurde die vorgefundene Natur weitgehend respektiert und erhalten, wo es irgend möglich war. So wachsen mitten im Weg oder auf einem Platz alte Pinien, und manche Stämme drängen aus engen Mauerritzen hervor. Dazwischen stehen die Skulpturen des Künstlers: »L'Oiseau lunaire« (1968), ein »Mondvogel« aus Carrara-Marmor.

der modernen Kunst weltweit. Ein Kunstverlag sowie ein Lithografie- und Druckeratelier schlossen sich an und deckten damit die zweite Leidenschaft Aimé Maeghts ab. Neben dem Druckereihandwerk und der Galerie für zeitgenössische Kunst war die Fondation Maeght das dritte große Projekt des Ehepaars.

Die Fondation Maeght in St-Paul zählte von Anfang an zu den international bedeutenden Stiftungen zeitgenössischer Kunst, die der Malerei gewidmete Ausstellungsräume sowie Skulpturen in einem ausgedehnten Außenbereich umfasst.

Ihre Vorgeschichte beginnt im Jahr 1953, als der jüngste Sohn des Ehepaars an Leukämie starb. Das Unglück riss das Ehepaar in eine tiefe Depression, aus der es keinen Ausweg sah. Es waren die Maler, die sie »auf den richtigen Weg setzten«, wie es der Mäzen später ausdrückte. Georges Braque regte ihn an, etwas zu unternehmen, das seinen Schmerz lindern sollte. Die Idee einer Kunststiftung war geboren. Auf ausgedehnten Reisen durch die Vereinigten Staaten besuchten Marguerite und Aimé Maeght die Stiftungen Barnes, Guggenheim und Phillips. Der museale Charakter dieser Stiftungen überzeugte die beiden jedoch nicht und sie entschieden sich für die Idee einer lebendigen Begegnungsstätte, an deren Entstehung ihre Künstlerfreunde aktiv beteiligt sein sollten. Diese brachten zahlreiche Ideen zur Realisierung der Architektur ein: Joan Miró gestaltete einen bedeutenden Teil des Gartens, und zahlreiche Künstler entwarfen Werke eigens für diesen Ort, so dass man die Fondation Maeght mit Fug und Recht als Gesamtkunstwerk bezeichnen kann.

Zur Errichtung der Fondation gewann Aimé Maeght als Architekten Josep Lluís Sert, den er in Harvard kennengelernt und der Mirós Atelier in Palma de Mallorca errichtet hatte. Drei Jahre zog sich die Planung der Gebäude, die völlig in die Landschaft integriert sein sollten, hin. Da so wenig Bäume wie nur irgend möglich gefällt werden durften, entstand eine Baustelle inmitten eines Pinienwaldes. Sert kam häufig nach St-Paul, wo oberhalb des kleinen Ortes, der bereits seit geraumer Zeit ein Treffpunkt für Künstler war, in den Hügeln der Gardettes das Projekt entstehen sollte. Nach jahrelanger, intensiver Zusammenarbeit zwischen Architekt, Künstlern und Bauherren wurde die Fondation am 28. Juli 1964 von dem damaligen Kulturminister André Malraux feierlich eingeweiht.

Ausgangspunkt für die architektonische Gesamtanlage war die Ruine einer kleinen, dem heiligen Bernhard geweihten Kapelle, die, neu errichtet, in die Fondation integriert werden sollte. Die zwei einander gegenüberliegenden Gebäudeteile aus rotem Ziegel, die einen Großteil der Gemälde beherbergen, sind durch eine Eingangshalle miteinander verbunden. Auffallend sind die großen, weißen, nach oben gewölbten Dächer. Dem Problem des Wassermangels in heißen Regionen Rechnung tragend, ersann Josep Lluís Sert diese eigenwillige Dachform, die dazu geeignet ist, Regenwasser aufzufangen und in Zisternen weiterzuleiten. Mit diesem Wasser werden die zahlreichen Wasserbecken und Brunnenanlagen auf dem Gelände gespeist.

Vom Eingangstor der Stiftung führt ein Schotterweg auf die Eingangshalle zu. Die weißen Kiesel dieses Pfades nehmen thematisch die sanfte Schwingung der Baumstämme auf und rhythmisieren diesen Teil des Gartens, der inmitten eines alten Pinienhains liegt. Ein kurzer, »englischer« Rasen überzieht das unebene Gelände und erscheint mit seinem hellen Grün nahezu unwirklich in Anbetracht der alten, krummen Baumstämme des Waldes, der mit seiner mediterranen Vegetation die Stiftung umringt.

Der Rasen reicht bis an die Mauer, die aus den groben, gelbtonigen Steinen der Gegend errichtet worden ist und diesen Teil des Gartens umfasst. Erst auf den zweiten Blick wird man des Mosaiks gewahr, das Pierre Tal-Coat, der eigentlich Maler und einer der Mitbegründer der Stilrichtung des Tachismus (von »la tache«, französisch für »Fleck«) war, 1964 hier angebracht hat. Es ist 44 Meter lang und nimmt die gesamte Höhe der Mauer von 2,20 Metern in Anspruch. Helle und dunkle Steine folgen den Erhebungen des unebenen Untergrundes, so dass das Werk trotz seiner monumentalen Größe kaum auffällt. Man findet merkwürdige Zeichen und Muster wieder, die an Ritzzeichnungen vorgeschichtlicher Höhlen erinnern, aber auch Feuersteinadern, Hexenkreise und ähnliches Machwerk, das auf alte, auf die Natur bezogene Rituale abzielt. Zwischen den Pinien stehen auf der Rasenfläche mehrere Skulpturen, die je nach Ausstellung wechseln. Zu den wenigen fest im Boden verankerten Werken in diesem Teil des Gartens zählt die schwarz bemalte, über sechs Meter hohe Skulptur »Les Renforts« (1965) von Alexander Calder. Sie zählt zu der Gruppe der »Stabiles«, großformatigen Stahlkonstruktionen, die sich im Gegensatz zu den beweglichen »Mobiles« auf die Erdkraft beziehen.

Stufen führen nach rechts an dem großen Wandmosaik »Les Amoureux« (»Die Verliebten«) vorbei,

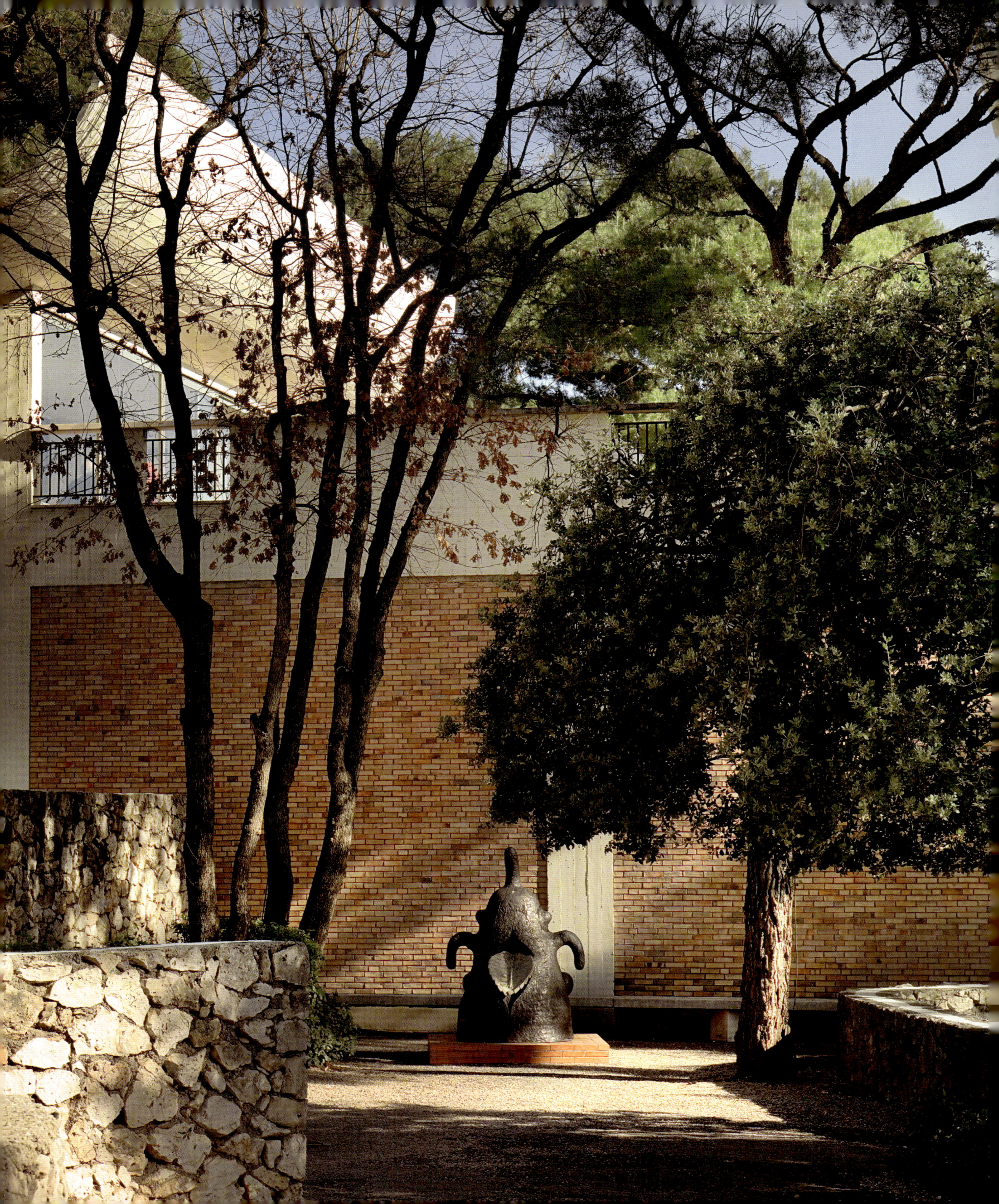

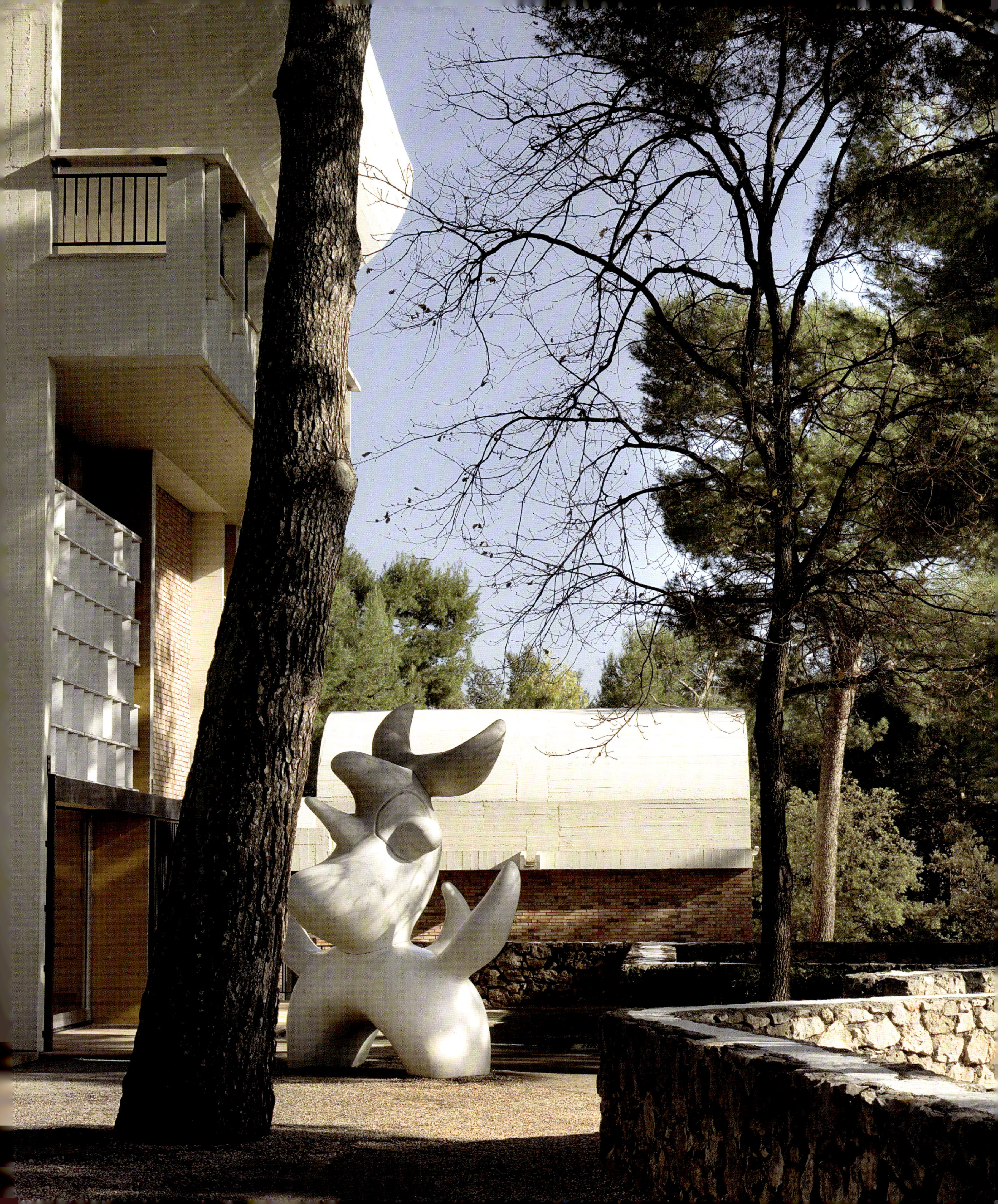

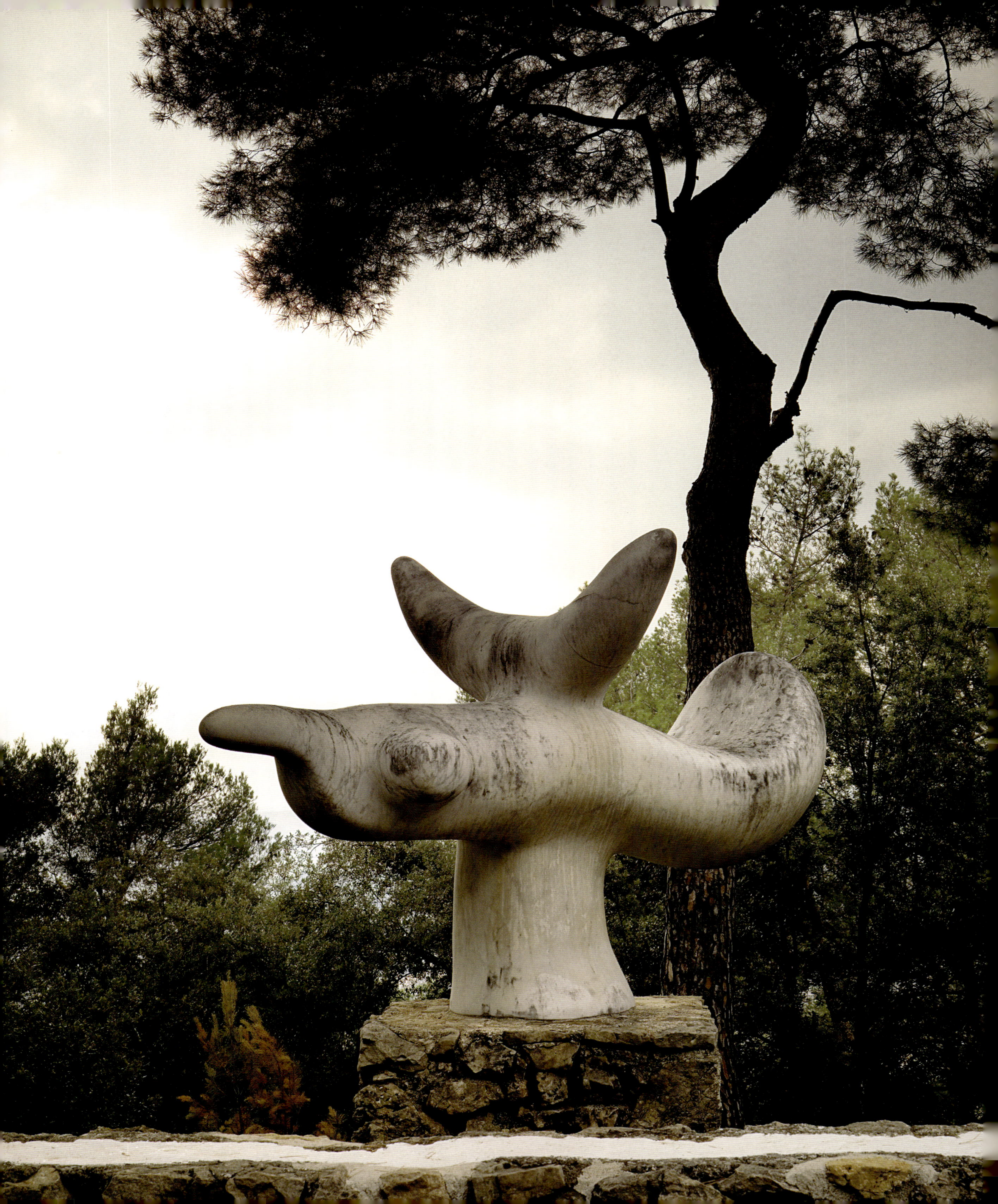

Oben: Ein Grundprinzip der Stiftung ist die Einheit von Natur und Kunst: So bevölkern die vegetabil-zoomorphen Skulpturen Joan Mirós den Garten, als wären sie die Ureinwohner dieses Ortes. Im Hintergrund erkennt man den »Grand Arc«.

Links: Auf einem Sockel der Umfassungsmauer thront der »Oiseau solaire« aus weißem Marmor (1968). Auch dieser »Sonnenvogel«, dessen Gegenstück »Mondvogel« in unmittelbarer Nachbarschaft steht, entspringt der Wunderwelt Mirós.

das Marc Chagall in den Jahren 1964 bis 1967 für die Wand des Hauptgebäudes der Stiftung schuf, zu der Kapelle, vor welcher die stilisierte Skulptur des heiligen Bernhard von Eugène Dodeigne steht.

Wenige Schritte weiter befindet sich zwischen der Kapelle und dem Café der Stiftung ein Brunnen von Pol Bury aus dem Jahr 1978. Nach seinen Anfängen in der Malerei widmete sich der Künstler ab 1957 ganz der Skulptur und entwickelte seine ersten kinetischen Figuren. 1976 kreierte Pol Bury einen hydraulischen Brunnen. Aimé und Marguerite Maeght waren so begeistert von dieser Idee, dass sie einen solchen für die Fondation in Auftrag gaben. Inmitten eines Wasserbeckens steht ein Gebilde von mobilen Rohren aus rostfreiem Stahl. Eine unterhalb des Brunnens versteckte Pumpe drückt das Wasser in die einzelnen Rohre, die sich langsam anfüllen, bis sie, aus dem Gleichgewicht gekommen, kippen und mit einem leisen Geräusch auf eine darunter liegende Röhre fallen und sich entleeren. Gleich einem »Perpetuum mobile« setzt sich dieser Vorgang ad infinitum fort und nimmt thematisch den Kreislauf des Wassers auf.

Zurück durch den Eingangsgarten führt der Kiesweg auf die verglaste Eingangshalle zu und durch diese hindurch in den »Giacometti-Hof«. Er trägt seinen Namen nach den extrem gelängten Skulpturen Alberto Giacomettis, die der zur Zeit der Errichtung der Fondation bereits arrivierte Künstler eigens für diesen Ort geschaffen hat. Dieser Hof dient häufig wechselnden Ausstellungen. Mit Marguerite und Aimé Maeght verband den steten Zweifler Giacometti eine tiefe Freundschaft, so dass er der Bitte, diesen Hof zu gestalten, mit Freuden nachgekommen war.

Von dort führt ein Weg in das »Labyrinth«, von Joan Miró für seine Freunde Marguerite und Aimé Maeght entworfen und ausgeführt. Das Labyrinth zählt zu den umfassendsten Werken des Meisters, der wie der Architekt Josep Lluís Sert und der Keramiker Josep Llorens Artigas Katalane war. Der Irrgarten führt über mehrere Ebenen den Abhang entlang und mündet in jenen Hof, der von dem Bibliotheksgebäude begrenzt wird. Breite Wege öffnen sich in kleine Plätze, begleitet von einer niedrigen, gerade abschließenden Mauer, deren obere Fläche

Oben und rechts: Der Giacometti-Hof mit Skulpturen des gleichnamigen Künstlers: Mit den beiden weit ausschreitenden Männergestalten, die über der Erde zu schweben scheinen und allein durch ihre überbetonten Füße mit ihr verbunden sind, nimmt Giacometti eines der großen Themen der Skulptur in der Kunstgeschichte auf. Der »Kopf« und die durch ihre extreme Längung abstrahierte Frauengestalt sind hingegen weit überlebensgroß und schaffen einen statischen Ausgleich zu der Bewegung des Mannes.

weiß getüncht wurde. Blickt man von oben auf das Labyrinth, so zeichnen die weißen Linien den Weg nach und bestimmen den inneren Rhythmus dieses Teils des Gartens. Allgegenwärtig sind die Skulpturen Mirós, die mythologische Kräfte der Natur oder Phantasiewesen darstellen, wie etwa der »Lézard« (»Die Eidechse«) von 1963, der sich die Wand hinauf windet, »La Déesse« (»Die Göttin«) oder »L'Œuf de mammouth« (»Das Ei des Mammuts«). An prominenter Stelle steht »La Fourche«, eine überdimensionale fünfzinkige Gabel, die nahe der Mauer vor der Weite des Tales die Blicke auf sich zieht. Der große Torbogen auf der Ebene darüber, der ebenfalls zoomorphe Formen aufweist, ist in seiner Positionierung irreführend, denn er überfängt nicht den Weg, der den Besucher weiterführt. Er steht am Übergang zu einem kleinen Platz an der äußeren Begrenzungsmauer, so dass sich der Gedanke an eine Sackgasse aufdrängt.

Das Labyrinth Mirós ist Ausdruck seiner für ihn überaus reellen Phantasiewelt und fügt sich so in jenen großen Traum ein, den 1953 Marguerite und Aimé Maeght geträumt hatten: Sie wollten gemeinsam mit ihren Künstlerfreunden einen lebendigen Rahmen für zeitgenössische Kunst erschaffen, wo wechselnde Ausstellungen ein Forum für junge wie für etablierte Künstler bieten, wo in einer Fachbibliothek wichtige Literatur zur Kunst des 20. Jahrhunderts gesammelt wird, und darüber hinaus ein Verlag und eine Druckerei das ihre dazu beitragen, Kunst einer breiteren Öffentlichkeit zugänglich zu machen.

DANKSAGUNG

Wenn eine in Frankreich lebende, österreichische Autorin für eine Koproduktion eines deutschen und eines englisch-italienischen Verlagshauses in Zusammenarbeit mit einem italienischen Fotografen über Gärten in der Provence schreibt, deren Besitzer Künstler aus so verschiedenen Ländern wie den USA, Polen, Italien, Schweden, Deutschland, Frankreich oder der Tschechoslowakei sind, dann liegt es in der Natur der Sache, dass die Gestaltung der Zusammenarbeit manchmal etwas komplizierter ist als üblich. Darum möchte ich an dieser Stelle jenen Menschen danken, die mir während der langen Zeit der Entstehung des Buches tatkräftig und moralisch zur Seite gestanden haben.

Zuallererst danke ich meinem Mann Thorsten und meiner Tochter Laura, die all meinen Mut und Unmut, die das Projekt begleiteten, hautnah miterlebt und mich während der Zeit seiner Entstehung fast öfter in den Gärten der Künstler als im eigenen gesehen haben.

Durch die Gespräche mit Monique Lichtner-Lubcke in ihrem wunderbaren Garten taten sich – gedanklich und reell – die Türen zu weiteren Künstlergärten auf. Hierfür gilt ihr mein herzlicher Dank.

Christa Lube, die mir mit ihrer Begeisterung für das Projekt eine wichtige Stütze war, nahm sich neben vielen inspirierenden Gesprächen in unserem Garten der »Urfassung« des Textes an und spürte Unstimmigkeiten auf.

Kerstin Ludolph, Ines Dickmann und Karen Angne als Lektorinnen des Hirmer Verlages haben sensibel und doch in der Sache unerbittlich das ihre dazu beigetragen, dass aus dem Text das wurde, was er ist.

Steve Sears arbeitete wesentlich an der Entstehung der italienischen, englischen und französischen Ausgabe des Verba Volant Verlages mit.

Ohne die einfühlsamen, humorvollen und poetischen Fotografien von Mario Ciampi, dem Zauberer unter den Fotografen, hätte jede noch so blumige Beschreibung eines Gartens im Reich grauer Phantasie verbleiben müssen.

Auch dem Fernsehteam der ARD mit Hendrik Stegner, Martin Volker, Franz-Josef Ludwig und Knut Meierfels sei für die sehr gute Zusammenarbeit gedankt, denn sie verwandelten das Thema »Künstlergärten in der Provence« noch während der Entstehung des Buches mit Enthusiasmus in einen Film.

Vor allem aber gilt mein Dank den Künstlern, die mir die Tore zu ihren wunderbaren Gärten geöffnet haben. Ich danke für die Zeit, die ich mit ihnen verbringen durfte, und die zahlreichen, fruchtbaren Gespräche, die mir erlaubten, mir nicht nur die Welt ihrer persönlichen Gärten zu erschließen, sondern auch Einblick in den Kosmos ihres Künstlerdaseins gewährten. Diese großzügigen und großartigen Begegnungen haben mich tief geprägt.

Rechts: Von üppigem Grün flankiert, führt eine Treppe in den unteren Innenhof des Gartens von Werner Lichtner-Aix.

Seite 240: Blumenvielfalt im Garten von Werner Lichtner-Aix